《政治经济学研究报告》编委会

主　编　王振中

编　委　（按姓氏笔画排列）

　　　　　丁任重　王　洵　王天义　王振中
　　　　　文　魁　毛立言　白永秀　卢现祥
　　　　　吴　栋　宋冬林　李江帆　杨国昌
　　　　　杨瑞龙　周　冰　柳　欣　胡家勇
　　　　　钱　津　顾海良　晏智杰　黄少安
　　　　　程恩富　焦斌龙　简新华　蔡继明
　　　　　樊　明　臧旭恒

编辑部　钱　津　陆梦龙

政治经济学研究报告13

中国社会科学院经济研究所/编　王振中/主编

中国的
城镇化道路

THE ROAD
OF CHINA'S URBANIZATION

社会科学文献出版社
SOCIAL SCIENCES ACADEMIC PRESS (CHINA)

关于中国城市化道路的理论探讨
（代序）

王振中

在国内一直盛传着这样一段话，就是诺贝尔经济学奖获得者斯蒂格利茨1998年曾预言："21世纪对世界影响最大的有两件事：一是美国的高科技产业，二是中国的城市化。"① 也许是历史的巧合，根据国家统计局的数据，中国的城市化率自1997年跨出30%的门槛以后，几乎以年均提高1个百分点的速度在发展，以至于2011年城市化率首次超过50%。这的确令人感到兴奋，因为城市化在19世纪工业革命后开始兴起，1920年美国城市居住人口首次超过50%②，而我们竟然在中华人民共和国成立62年的时间里就实现了美国建国144年才达到的目标。据此趋势，国内有关研究机构进行预测，中国的城市化率2020年将达到60%，2030年将达到65%。③ 这个预测是极其谨慎的，似乎也是相当乐观的。面对城市化的冲动，为了尽量避免在城市化问题上少走弯路，去掉一切"伪城市化"（pseudo urbanization）色彩，进一步取得共识，因此

---

① 程必定：《从区域视觉重思城市化》，经济科学出版社，2011，前言。
② Arthur O'Sullivan, *Urban Economics*, McGraw-Hill Companies, 2000.
③ 《Cities called key to growth》，2012年3月18日《中国日报》。

我们仍然需要对诸多问题进行深入的理论探讨。

探讨之一：理念的表述是城市化还是城镇化

通过仔细分析《中华人民共和国国民经济和社会发展第十二个五年规划纲要》（以下简称为"十二五"规划），我们可以看出，城市化与城镇化这两个概念是混用的。例如"十二五"规划的第五篇第二十章的题目是"积极稳妥推进城镇化"，在表述其核心内容时说："优化城市化布局和形态，加强城镇化管理，不断提升城镇化的质量和水平。"而且其第一节的题目是"构建城市化战略格局"，在这不到50字的表述中，城市化与城镇化混用了两次。① 城市化与城镇化的一字之差反映了什么？至少反映出我国对城市化的理解还没有达到完全成熟的程度。按照目前我国的管理体制，县级市以上的城市才属于城市管辖范围，而县以下（县级市除外）包括县城城镇则属于农村管辖范畴。② 也就是说，即使农民工"在县及所在镇解决了户口"，但仍然属于农村管辖范畴。这样的城镇化难道也能等同于城市化？而且大家都清楚，所谓城市化就是各种生产要素在城市空间上的集聚，政府官员希望农民工"在县及所在镇解决户口问题"，这可能纯属于一厢情愿。因为目前在中国，县及镇的生活质量是无法与城市相比的（当然虎门镇等例外，尽管其管理级别仍为镇，但它实际上早已成为了一个名副其实的城市）。我国早在1997年就开始在四百多个小城镇进行了户籍改革试点，四年后大多数小城镇的户籍对本地农民基本上放开了，可效果并不好。因为有的地区要求农民获取城镇户籍与放弃农村土地挂钩，更明显的是，小城镇的公共服务设施和就业

---

① 《中国人民共和国国民经济和社会发展第十二个五年规划纲要》，人民出版社，2011，第58页。
② 转引自国家发改委城市和小城镇改革发展中心李铁主任在清华大学的演讲《我国城镇化进程的现状、问题和政策研究》。

机会都非常短缺，根本无法满足群众的需求。正因为如此，我们看到人口在镇的集聚程度是相当差的。例如2007年，我国建制城镇19249个，人口6559万，城乡居住用地15399平方公里，即2309万亩，每万人用地2.35平方公里。而同期368个县级市，人口15571万，城乡居住用地11978平方公里，即1797万亩，每万人用地0.76平方公里。① 这就引出了一个问题，为什么在居住用地方面，建制镇比县级市多3421平方公里即512万亩，但是人口却比后者少9000多万？其根本原因就是，按照农村管辖范畴的镇，其生产方式和生活方式基本是农式，而不是非农式，因此生产要素是分散的、松散的，而不是集聚的、集中的。从中我们也可以领悟到，之所以我国要探讨城市化与城镇化之间的不同表述，决不是咬文嚼字的无聊游戏，而是通过细分，我们才可以掂量出两者的差异。在管理体制上，城市化要求的是城市性质的管理，而城镇化则是城市管理与农村管理的混合体制，它强调的管理体制和政策实施重点与城市化大不相同。所以，尽管"十二五"规划提出的城镇化率要从2010年的47.5%提高到2015年的51.5%，这对完善城市化布局和形态是有推动作用的，但对于不断提升城市化的质量和水平是很有局限的。如前所述，我国与国际上大多数国家城市化实践的最根本的区别，就是目前我国城市不仅是等级管理，而且对人口的迁徙设有户籍等限制条件。所以我们看到，在世界银行的城市化报告中，尽管当前全世界仍然有大约一半的居民居住在50万人口以下的中小城镇，例如在设市的规模方面，美国要求3000人以上，巴西要求5000人以上，德国要求3000人以上，② 但在其理念表述上仍称为城市化，因为在其国内，人员流动是不存在户籍限制的，公民所享受的权利和服务是均质的。正因为如此，在我国的表述中，城市化与城镇化虽然只有一字之差，但是两者的制度内涵是有明显差异的。从这个意义上我们是否可以说，中国的城镇化只是"准城市化"。

---

① 周天勇：《中国向何处去》，人民日报出版社，2010。
② 2009年我国19322个小城镇的平均规模则为10749人。

探讨之二：城市化动力是制造业还是服务业

从中华人民共和国建立至今六十多年过去了，2010年我国的城镇化率已达到47.5%。如果和美国相比，我们只相当于人家100年前的水平。所以从城市化的发展程度来看，我国落后很多。联合国人口与发展委员会2005年2月16日公布的报告曾强调，世界各国城市化发展水平不一，发达地区约3/4的人口居住在城市，而在不发达地区，这个数字仅为43%。目前我国47.5%的城市化率也从一个侧面表明了目前我国仍属于发展中国家。

在城市化道路的探讨中，无论是理论还是实践，我们都需要搞清一个看似无足轻重、实则不然的问题，那就是推动一个国家城市化进程的动力究竟是什么？通过实证，从发达国家城市化的历史进程可以看出，农业的发展在城市化初期是推动城市化的原始动力，工业化是推动城市化进程的后续动力，第二次世界大战后服务业则是推动城市化进程的持续动力，最明显的特征就是，发达国家城市化率与就业结构一致。如表1所示。

表1 发达国家的城市化率与产出结构

	第一产业	第二产业	第三产业	城市化率
日本05	2	30	68	66
美国05	1	22	77	81
德国05	1	30	69	75
法国05	2	21	77	77
俄罗斯05	6	38	56	73
澳大利亚05	3	27	70	88

也就是说，当前发达国家的城市化率与就业结构的高度一致表明服务业是推动其城市化的基本动力，而我国城市化之所以滞

后，就是因为产业结构的滞后。如表2所示。

表2 2010年我国的产值结构（%）

	第一产业	第二产业	第三产业
产值结构	10.2	46.8	43.0
1980年世界平均水平	8左右	37	55

从表2中我们可以看出，与发达国家相比，我国三次产业的产值结构偏差是很明显的。我国"十一五"规划曾要求2010年第三产业增加值占GDP比重提高3个百分点，即由2005年的40.5%增加到2010年的43.5%，实际上到2010年只提高了2.5个百分点，达到43%。即使如此，我们离世界1980年55%的平均水平还差12个百分点。我们已经深刻体会到，正是服务业滞后阻碍着我国城市化进程，因为从就业结构来看，"十一五"规划服务业的就业比重预计提高4个百分点，即由31.3%提高到35.3%，但实际只提高了3.5个百分点，仅达到34.8%，与其他国家相比相差甚远。"十二五"规划又提出加快发展服务业，服务业增加值在国内生产总值中的比重提高4个百分点，即达到38.8%。但这也只是半个世纪之前日本的水平。所以加快发展服务业，对于我国城市化进程是十分迫切的课题。这是因为随着我国农业劳动生产率的提高和农村剩余劳动力的转移，城市中的第三产业是吸纳劳动力就业的主要领域。我国长期以来第三产业的发展速度滞后于城市化的发展速度，原因当然可以列出很多，但是最为关键的是体制机制的障碍甚多。很明显，在城市中要搞服务业，就必然要向小微企业和民间资本开放，而目前城市中的政府管制严重影响着服务业的发展。以某个大城市运输服务业为例，长途客车运输的司机必须是本地户口；出租车司机没有从事个体或组合选择的自由，必须隶属于出租车公司并交纳高额的"份钱"；三轮车等非机动车的运输，规定非本地户口的运输个体不许拉人、只准拉货；等等。这些莫名其妙的带有歧视性的种种规定严重限制了人们从事运输

服务业的积极性。在这种制度规定下,人为地增加了"乘车难"的问题。

探讨之三:城市化重心是大城市还是中小城镇

到目前为止,世界城市化的轨迹是以发展大城市为主的。例如,1950年时,超过1000万人的超大城市只有2座,即纽约和东京;1975年超大城市又增加了上海和墨西哥城达到4座;2005年,超过1000万人的超大城市有20座,其中15个在发展中国家,相当于全球人口的4%。预计2015年,将有22个超大城市,其中16个在发展中国家。

在衡量城市化时有两个指标是大家较为关注的。一个指标是百万以上城市的聚集人口占总人口的比例。2005年,我国在百万以上城市的聚集人口占总人口的比例为18%。而同期这一指标的世界平均水平为20%,低收入国家为12%,中等收入国家为20%,高收入国家(欧盟)为18%。

另一个指标是最大城市的人口占城市人口的比例。2005年,我国最大城市的人口占城市人口的比例为2.8%。而同期这一指标的世界平均水平为16%,低收入国家为18%,中等收入国家为14%,高收入国家(欧盟)为15%。在有数据的114个国家和地区中,最大城市人口占城市人口比重方面的数据如下:超过50%的有12个国家,40%~50%的有20个国家,30%~40%的有25个国家,20%~30%的有28个国家,10%~20%的有19个国家,10%以下的有10个国家;其中中国2.8%,德国5.5%,印度5.8%,波兰7.1%,美国7.8%,马来西亚8.1%,乌克兰8.4%,意大利8.5%,荷兰8.8%,比利时9.9%。

从这些数据中,我们可以得出如下的基本印象和差距。2005年如果与世界平均水平相比,我国在百万以上城市的聚集人口占总人口的比例仅比前者(20%)低2个百分点。但是在最大城市的人口占城市人口的比例方面,我们比世界平均水平(16%)低13个百分点,比中等收入国家平均水平(14%)低11个百分点,比高收入国家(欧盟)平均水平(15%)低12个百分点,比低收入国家平均水平(18%)低15个百分点,可以说差距是明显的。

我国在百万以上城市的聚集人口占总人口的比例和最大城市的人口占城市人口的比例方面之所以与众不同,根本原因是我国一直走的是发展小城市之路。如表3所示。

表3 60年来我国城市化规模结构变化

城市规模	1949年	1978年	2008年
城市数量	132	193	655
200万以上人口	3	10	41
100万~200万人口	7	1	81
50万~100万人口	6	35	118
20万~50万人口	32	80	151
20万以下人口	84	49	264

从表3中我们得知,1949~2008年,20万以下人口的小城市数量增长了2倍多,占城市总数的40%;20万~50万人口的中等城市数量增长了将近4倍,占城市总数的23%;50万~100万人口的大城市数量增长了将近19倍,占城市总数的18%;100万~200万人口的特大城市数量增长了将近11倍,占城市总数的12%;200万以上人口的超大城市数量增长了将近13倍,占城市总数的6%。也就是说,到2008年时我国所谓的城市化是63%的人居住在50万人口以下的中小城市。这种城市化发展的轨迹,不仅体现在各省区域之间,而且也体现在一个省的内部。例如四川省,2008年全省的城镇化率是37.4%,但是在21个市及民族自治州中,成都市的城镇化率最高为63.6%,最低是甘孜州的18.9%。如果从21个100万人口县区的城镇化率来看,水平是令人诧异的。最高的射洪县为22.1%,最低的安岳县为10.4%,而在这21个县

区中，有10个县的城镇化率低于15%。① 由此带来的一个问题值得我们思索：城市化如同发展其他经济一样，也要进行成本—效益分析。当政府抉择是发展50个20万人口的小城市，还是发展一个1000万人口的大城市时，有四个问题要认真加以思考：两者的产业集聚效应差异，两者的建设规模效益差异，两者的社会管理成本差异，两者的人力发展机遇差异。正如有人提醒的那样，大力发展1.9万个小城镇让其遍地开花不是明智之举。② 我们仅从城镇规模、土地的利用以及产出效益之间的关系就可以略见一斑。周天勇的研究提供了两个数据：一个是地级以上城市每万人用地0.63平方公里，建制镇2.35平方公里；另一个是400万~1200万人口城市的每平方公里产出为73570.16万元，20万人口以下城市为26575.38万元。③ 从上述数据中，我们可以揭示两个现象，一个是城镇规模越小，其土地的利用效益越低，建制镇每万人用地是地级以上城市的3.73倍；另一个是城市规模越大则土地产出效益越高，在每平方公里的产出方面，400万~1200万人口的城市是20万人口以下城市的2.76倍。

探讨之四：城市化发展是利农还是欺农

城市化发展应该有利于"三农"，这是毋庸置疑的。但在实际发展过程中似乎又不完全是这样。例如在"十二五"规划中指出的不平衡、不协调、不可持续的十几个问题中，几乎条条都与"三农"有关。在经济增长的资源环境约束强化方面，农村的污染最为严重；在投资与消费关系失衡方面，农民的消费最为滞后；在收入分配差距较大方面，农民最为贫困；科技创新能力不强方

---

① 杜漪：《低碳城市化：四川省的战略选择》，《河北经贸大学学报》2012年第1期。
② 清华大学政治经济学研究中心：《第二届统筹城乡发展论坛论文集》，2011，第62页。
③ 周天勇：《中国向何处去》，人民日报出版社，2010。

面，农业最为弱势；在产业结构不合理方面，第一产业最需转型；在农业基础仍然薄弱方面，水利问题极为危险；在城乡区域发展不协调方面，城乡差距越来越大；在就业总量压力和结构性矛盾并存方面，农村剩余劳动力转移是一大问题；在社会矛盾明显增多方面，农村土地引发的矛盾尤其突出。

当前在地方政府的实践中，非常强调"六个一体化"，即城乡基础设施一体化，城乡公共服务一体化，城乡经济发展一体化，城乡社会管理一体化，城乡组织建设一体化，城乡生态文明一体化。这是有道理的。根据世界银行的统计，2004年，我国能饮用安全饮水的城市人口比例为93%，农村人口比例为67%，但世界上有32个国家的城乡人口比例都达到了100%，包括美国、英国、澳大利亚、奥地利、捷克、丹麦、德国等国家。此外，能饮用安全饮水的城市人口比例达到100%的有57个国家，能饮用安全饮水的农村人口比例达到100%的有32个国家。

在使用卫生设施方面[1]，我国能使用卫生设施的城市人口比例为69%，农村人口比例为28%，但世界上有18个国家的城乡人口比例都达到了100%，包括美国、澳大利亚、奥地利、芬兰、德国等国家。能使用卫生设施的城市人口比例达到100%的有31个国家，能使用卫生设施的农村人口比例达到100%的有20个国家。

由此我们看到，"六个一体化"的思路在构建富裕文明方面缺乏力度，我们是否在"六个一体化"里忽略了些什么？其实城乡公民权利均质化才是城乡一体化的核心。从世界城市化的发展历史来看，文明程度是随着社会的发展而演进的：首先，是财产权等经济权利得到保障；其次，是言论自由、信仰自由、迁徙自由等公民权利得到承认；再次，是普选权、参政权等政治权利得以实现；最后，是社会保障、教育等社会权利得以实施。但我国在城市化过程中，农民的各种权利受到漠视的现象则比比皆是。

---

[1] 所谓获取改善的卫生设施的人口是指城市或农村人口中能够使用至少足够的排泄物处置设施（私有或共用，但是非公共）的人口百分比。这些排泄物处置设施能够有效地防止人、动物和昆虫接触排泄物。改善的卫生设施范围从简单但有保护的茅坑到连接污水处理系统的冲洗型厕所。

2011年的《政府工作报告》说，2010年农民人均纯收入达到5919元，彻底取消农业税和各种收费，结束了农民种田交税的历史，每年减轻农民负担超过1335亿元。对此，农民会买账吗？政府仅在2009年和2010年这两年得到的土地出让金就达4.2万亿元，是每年减轻农民负担1335亿元的31.46倍。假设2010年农民是71288万人（2009年数据），那么农民纯收入总计等于4.2万亿元，也就是说，仅仅这两年土地出让金就相当于2010年农民的全年纯收入。"十一五"期间，新型农村合作医疗基金支出总额为832亿元，但是仅2010年土地出让金的规模就是新型农村合作医疗基金支出总额的32.45倍。按2010年农村贫困标准1274元测算，年末农村贫困人口为2688万人。但是仅2010年土地出让金的规模就是农村贫困总规模的78.94倍。显然，今后在征用农村集体土地的问题上，我们的政策是亟须调整的，特别是集体土地合理溢价应与农民分享。

探讨之五：城市化过程是长期的还是短期的

2011年底中央提出经济发展要"稳中求进"，我们今后在城市化发展道路上也应该认真贯彻这一思路。目前令人担心的是，城市化进程中充满了各种急躁情绪。的确，与发达国家相比，我们在城市化率方面有明显的差距。但是如果只拿简单的城市化率来比高低也是不科学的。例如，很多人偏好用韩国、日本等国家以及中国台湾地区的情况作为强调今后中国城市化要加快速度的根据和理由，甚至提出在今后二三十年内要达到某些发达国家和地区的城市化水平。例如，有学者就提出，到2040年，中国城市化水平将达到90%，理由是那时我国的人均GDP水平相当于目前韩国和我国台湾地区的发展水平，而后者目前的城市化水平已达到95%左右。[①] 这种心情是可以理解的。但是这种比较却忽略了一个

---

① 周天勇：《中国梦与中国道路》，社会科学文献出版社，2011，第196页。

基本事实,即它们都是地表面积的小国和地区。其实大家想想,台湾地区仅仅3.8万平方公里,韩国9.9万平方公里,日本38万平方公里。显然在这些地表面积非常小的区域内搞城市化,其难度要比大国小得多。同理,在人口少的地区搞城市化,其进程也要比大国快得多。例如根据世界银行的统计,截至2005年,城市化率达到100%的只有6个国家和地区,即百慕大、开曼群岛、中国香港地区、中国澳门地区、摩纳哥、新加坡,并预计2015年时,城市化率达到100%的仍是这6个国家和地区。但百慕大只有6.4万人,开曼群岛4.4万人,中国香港地区700万人,中国澳门地区45.7万人,摩纳哥3.3万人,新加坡400万人。

　　中国内地不仅国土面积大,而且人口众多,因此中国的城市化发展需要冷静思考。在2012年的中国经济发展高层论坛上,国家统计局官员马建堂用发达国家的平均城市化率是66%的数据也进行了这方面的暗示。① 中国的城市化率自1980年的19.39%,已发展到2010年的49.68%,从这一数据我们可以看出,在过去30年的时间里,我国城市化率基本上是年均提高一个百分点。如果今后20年继续按照这一速度发展,到2030年我国城市化率应该是70%。也就是说,从1987年的25.32%算起到2030年的70%,我们要用43年的时间。这又意味着什么?根据有关学者的研究,英国城市化率从26%提高到70%用了90年,法国城市化率从25.5%提高到71.7%用了120年,美国城市化率从25.7%提高到75.2%也用了120年。② 这足以说明城市化是一个长期的历史过程。展望我国今后20年,如果按照最低的年均一个百分点的速率提高城市化水平,那就意味着我们仅用43年的时间就要走完英、美、法等发达国家90~120年的路程。这种被国外学者称为是"浓缩式发展"的特征必然使各种"城市病"在我国爆发式的呈现。所以今后对于我国城市化进程来讲,稳中求进才是上策。我们首要的不

---

① 2012年3月18日的《CHINADAILY》报道,马建堂说:"The average urban share in developed countries is 66 percent."
② 陈哲、刘学敏:《"城市病"研究进展和评述》,《首都经济贸易大学学报》2012年第1期。

是盲目地追求"拔高"城市化率,而是要真正解决"半城市化"状态,使在城市生活6个月以上的农民工,尽快享受到和城市居民同等的公共福利和政治权利待遇,使在镇区生活但从事务农的农业户籍人口真正转变身份。

简短的结语:中国城市化应吸取美国的教训

本文只是从五个角度对中国城市化问题进行了粗浅的理论探讨。应该说,需要探讨的问题还有许多,例如,难道城市群、都市圈只意味着集聚或集中,而没有扩散功能?难道城市群、都市圈只宜建在沿海,而不宜建在内地,特别是建在西部地区?难道城市化只是城市向农民开放,而农村则对城市居民关闭?这些问题都需要我们深入探讨。尤其是在发展路径上,许多人都试图模仿美国模式,其实这是不现实的。在中国城市化的问题上,不少老外都曾明确地对我们国人提出过"城市化别走美国弯路"的有益警告,其中世界银行前驻中国首席代表鲍泰利提出的见解就很具有前瞻性。他指出,未来中国的城市化发展必须坚持可持续的、能源高效型模式,对建筑的节能更要给予特别的重视。中国的城市化一定要避免走20世纪美国在该问题上所走的弯路,即基于能源廉价的基础,将城市建在远郊,居住分散,且完全无视建筑的节能性,建筑物的能耗、能源低效已成为其发展的一个负担。[1] 这些警告对我们的城市化来讲是非常及时的。有文章披露,"在第六届国际绿色建筑与建筑节能大会上,中国自称世界上每年新建建筑最大的国家,每年20亿平方米新建面积,相当于消耗了全世界40%的水泥和钢材,而且只能持续25~30年,建筑物'三十而夭'。"[2] 实际上,中国每年新建建筑面积20亿平方米的速度早已

---

[1] 马小宁、李纡航:《城市化,别走美国弯路》,2011年3月15日《文摘报》。
[2] 国务院法制办公室政府法制研究中心:《转变经济发展方式的法治保障研讨会论文集》,中国法制出版社,2011,第45页。

成为老皇历。中国自1994年起，每年的房屋施工面积都超过了20亿平方米，2002年突破30亿平方米，2005年突破43亿平方米，2007年突破54亿平方米，2008年突破63亿平方米，2009年突破75亿平方米。照此计算，不知我们消耗了全世界多少的水泥和钢材？如此下去，全世界的邻居能不紧张吗？

王振中
2012年3月20日于北京

目录

关于中国城市化道路的理论探讨（代序） …………… 王振中 / 1

中国的城市化与土地制度改革 …………………………… 蔡继明 / 1

中国工业化和城镇化的特殊性分析
　　——中国与西方发达工业化国家的比较研究 ……… 简新华 / 13

加快破解二元经济结构
　　推进城乡一体化进程 ………………………… 李炳炎　向　刚 / 26

城镇化与转变经济发展方式关系研究 …………………… 李红梅 / 37

论中国农业现代化与工业化、城镇化 …………………… 钱　津 / 49

关于当代中国城镇化模式发展的研究 ………… 刘　毅　徐雅雯 / 60

中国特色城镇化与统筹城乡发展 ………………………… 房宏琳 / 74

中国城市化中的主要问题及解决途径 ………… 耿莉萍　陈易辰 / 86

中国城镇化发展道路与房地产开发 ……………………… 包亚钧 / 95

积极发展第三产业
　　加速推进城镇化进程 …………………………… 龚晓菊　郭　倩 / 110

由城乡统筹走向城乡融合
　　——基于江苏实践的前瞻性思考 …………… 周明生　李宗尧 / 123

东北地区城乡协调发展的模式选择与对策思考
　　——重新发现资本主义的秘密 ……… 金兆怀　李　刚 / 141
马克思的城市化思想与"成都模式"
　　实践经验 ………………………… 朱方明　刘得扬 / 153
中国城镇化的一条优质高效道路
　　——浙江东阳推进园林生态城镇建设的
　　　经验调查 …………………… 张明龙　张琼妮 / 164
新型城镇化带动城乡土地资源统筹配置
　　——来自传统农区的经验 ………… 杜书云　高　雅 / 176
新型城镇化推动的城乡一体化
　　——浙江慈溪市的实践 ………………… 李淑梅 / 188
无土安置移民：城乡一体化的创新模式探索 ……… 敖　华 / 197
农民自主城市化模式探索 ………………………… 王　栋 / 204
新疆与兵团"兵地"城市化融合发展研究 ……… 黄志宏 / 215
当前中国小城镇发展问题研究 …………………… 刘晓华 / 227
城镇化与加工贸易发展
　　——城镇化中的三种悖论组合 …………… 许　军 / 238
农村城镇化建设：扩大内需的新动力 …………… 吕景春 / 247
从"无嫉妒公平观"看城乡一体化 ……… 辛　波　孙滕云 / 258
城中村的形成及解构
　　——基于中西方比较视角 ………………… 樊　明 / 267
生态——中国城镇化的历史考量 ………………… 贾后明 / 278
福利追求与中国城市化道路及其制度匹配
　　——基于可持续发展视角的分析 ……… 王树春　王　俊 / 286
中国的土地使用权安排、
　　人口流动与城镇化 ………………… 郭　毅　丰乐明 / 304

农村土地制度对新生代农民工市民化的影响 ……… 黄　锟 / 316

中国城镇化与耕地危机 …………………… 郭馨梅　张佩妮 / 332

"人本城镇化率"指标的构建 …… 马怀礼　华小全　李　颖 / 340

二元经济转型与中国粮食安全 ………………… 张桂文 / 350

农地股份合作制增收效应的实证研究 …… 葛　扬　贾春梅 / 365

中国区域收入不均等统计分析 …………………… 潘建伟 / 379

中国农村居民消费现状及制约因素分析 … 康静萍　漆　玲 / 387

政府参与、农民自组织与土地流转价格确定 ……… 杨新铭 / 399

英、法城市化模式比较及其对中国的启示 ………… 秦　震 / 413

国外关于农村劳动力转移的研究 ………………… 陈宏伟 / 428

【 CONTENTS 】

Theory Discussion on China's Urbanization Way (preface)
　　　　　　　　　　　　　　　　　　　　Wang Zhenzhong / 1
Land System Reform in the Urban and Rural Development
　　Planned as a Whole　　　　　　　　　　*Cai Jiming* / 1
China's Industrialization and Urbanization of the
　　Particularity—Comparative Study on China and Western Countries
　　　　　　　　　　　　　　　　　　　　　　Jian Xinhua / 13
Speed Up the Cracking of Urban and Rural Dual Economic Structure to
　　Promote the Integration Process　　*Li Bingyan, Xiang Gang* / 26
Urbanization and Changes in the Relationship of Economic
　　Development　　　　　　　　　　　　　　*Li Hongmei* / 37
On China's Agricultural Modernization and Industrialization and
　　Urbanization　　　　　　　　　　　　　　　*Qian Jin* / 49
Patterns of Urbanization on the Development of Contemporary
　　China Studies　　　　　　　　　　*Liu Yi, Xu Yawen* / 60
Urbanization with Chinese Characteristics and the Urban and
　　Rural Development　　　　　　　　　　*Fang Honglin* / 74
China's Urbanization, the Main Problems and Solutions
　　　　　　　　　　　　　　　　　　Geng Liping, Chen Yichen / 86
Development Path of China's Urbanization and Real Estate
　　Development　　　　　　　　　　　　　　*Bao Yajun* / 95

Actively Develop the Tertiary Industry to Accelerate the
  Urbanization Process   Gong Xiaoju, Guo Qian / 110
By the Integration of Urban and Rural to Urban and Rural
  —Forward Thinking Based on the Practice of Jiangsu
                               Zhou Mingsheng, Li Zongyao / 123
Coordinated Development of Urban and Rural Areas in Northeast
  Mode Selection and Countermeasures
  —To Find the Secret of Capitalism Again
                                    Jin Zhaohuai, Li Gang / 141
Marx's Ideas of Urbanization and "Chengdu Mode" Experience
                                 Zhu Fangming, Liu Deyang / 153
China's Urbanization of a Quality and Efficient Road—Promote
  Gardens of the Construction of Ecological Cities and Towns
  Experience Investigation in Dongyang of Zhejiang Province
                             Zhang Minglong, Zhang Qiongni / 164
New Urbanization Drive Overall Configuration of Urban and Rural
  Land Resources—Experience from Traditional Agriculture
                                        Du Shuyun, Gao Ya / 176
New Town to Promote the Integration of Urban and Rural
  —The Practice of Cixi of Zhejiang Province   Li Shumei / 188
Soilless Resettlement: the Integration of Urban and Rural Areas to
  Explore Innovative Models   Ao Hua / 197
Farmers to Explore Their Own Patterns of Urbanization
                                                 Wang Dong / 204
Xinjiang Corps' Soldiers to the Development of Urban Integration
                                            Huang Zhihong / 215
China's Current Development Problems of Small Towns
                                             Liu Xiaohua / 227
Urbanization and Development of Processing Trade   Xu Jun / 238
Rural Urbanization: New Impetus to Expanding
  Domestic Demand   Lü Jingchun / 247

From "No Jealousy Fair View" to See the Integration of
    Urban and Rural   *Xin Bo, Sun Tengyun* / 258
The Formation and the Deconstruction of "Villages of Urban"
    —Based on the Comparison between Chinese and
    Western Perspective   *Fan Ming* / 267
Ecology: Consideration of the History of Urbanization
    in China   *Jia Houming* / 278
Welfare and the Pursuit of Urbanization in China and Its System of
    Road Matches—Based on the Analysis of the Sustainable
    Development Perspective   *Wang Shuchun, Wang Jun* / 286
China's Land Tenure Arrangements, Population Mobility and
    Urbanization   *Guo Yi, Feng Leming* / 304
Influence on New-generation Migrant Workers from Rural Land
    System and Institutional Innovations   *Huang Kun* / 316
China's Urbanization and Land Crisis   *Guo Xinmei, Zhang Peini* / 332
"People of the Urbanization Rate", the Construction of
    Indicators   *Ma Huaili, Hua Xiaoquan, Li Ying* / 340
Dual Economic Restructuring and China's Food Security
    Zhang Guiwen / 350
Farmland Shareholding Cooperative System Increase
    Empirical Study   *Ge Yang, Jia Chunmei* / 365
China's Regional Income Inequality and Other Statistical Analysis
    Pan Jianwei / 379
Consumption of China's Rural Residents and Constraints
    Analysis   *Kang Jingping, Qi Ling* / 387
Government Involvement, Farmers from the Land Transfer
    Prices to Determine the Organization   *Yang Xinming* / 399
Britain and France's Urbanization Patterns and Implications for
    China More   *Qin Zhen* / 413
Foreign Research on Rural Labor Transfer   *Chen Hongwei* / 428

□蔡继明□

中国的城市化与土地制度改革

一 征地的二律背反及其解决方案

中国城市化进程中遇到的所有问题几乎都与土地制度有关。我们首先从征地的二律背反及其可供选择的解决方案谈起。

一方面,《宪法》规定城市的土地归国家所有,农村的土地归集体所有,当然意味着凡是城市化、工业化新增的土地需求,无论是公益性的还是非公益性的,都必须通过国家的征地行为来满足,必须先变成国有;另一方面,《宪法》明确表明,国家只有出于公共利益的需要,才能对农地进行征收或者征用。《宪法》的这两个规定显然是矛盾的。

根据上述规定,改革开放三十余年来,地方政府80%的征地行为都是违法《宪法》的,因为80%征用的土地不是出于公共利益的需要。可是从另一个角度讲,我们也可以说地方政府的征地行为又是符合《宪法》的,因为恰恰是通过这种征地行为保持了城市土地国家所有的纯洁性。那么既合法又违法,这不是自相矛盾吗?如果这个矛盾不解决,单纯缩小公益性征地范围,根本摆脱不了困境。

如何消除上述二律背反?

第一种途径就是扩大国家的征地范围。方法就是凡纳入城市规划的,都可以由国家去征。那就意味着把公共利益与整个城市规划画等号，而是城市规划就是公共利益。这样扩大范围，当然就可以解决《宪法》中的二律背反了，也就是说不仅是出于纯公共利益的需要，而是只要城市建设和城市规划需要都可以征地。这样一来，国家的征地范围会扩大到什么程度呢？最近正在讨论的土地管理法修改草案中，除了城市规划圈内的土地完全可以实行国家征收外，城市规划圈之外带有公共利益性质的项目，国家也可以征地。这样的话，估计80%～90%的城市用地就都纳入了公共利益的范围。土地管理法修正案的这种规定，在目前还只是一个草案，但我认为这是一个严重的倒退。它不仅对《宪法》是一个倒退，而且对中共十七届三中全会决定也是一个倒退。中共十七届三全会决定强调要缩小公益性征地的范围，在城市规划圈之外，允许农民集体建设用地进入市场。所以对于这个修改草案，很多学者提出了尖锐的批评意见。

我认为，国家征地是非常高的权力，只能用于公共利益，否则的话便有悖于市场经济国家通行的一般原则。尤其是在中国目前的这种政治体制下，土地领域的腐败行为已经非常严重，十个贪官有八个跟土地有关，再把全国的土地都纳入国家征地范围，那么腐败行为更难以遏制。

第二种途径是要改变城市土地所有制结构。也就是说，国家公益性征地的规定保持不变，政府严格界定公益性征地的范围，但城市的土地制度要实行多元所有。非公益性的土地实行非国有，不通过国家征地行为获得，而通过用地单位和供地单位（农民）直接的市场交易获得。这样城市就必然出现多元的土地所有制。经过三十多年的改革，中国的所有制结构本来就由单一的公有制变成了多元的所有制结构，因此，进一步推进土地制度的改革既不会改变我们国家的性质，也不会改变《宪法》的基本精神。《宪法》说社会主义初级阶段就是实行公有制为主体，多种所有制并存，只不过具体涉及城市土地时，规定了一个国有制。如果城市土地实行国有制为主体，多有制并存，这与《宪法》的基本精神就是一致的。

第三种途径是不改变城市的国有制结构，同时又严格界定公益性征地范围，非公益性的土地要变成国有，不是通过征收，而是通过征购，即向农民购买。在这种购买行为当中，政府不是作为国家利益的代表，作为非公益性的行为，它只是一个纯粹的市场主体。这如同在西方，政府出面购买私人的财产，变私人财产为国有财产，人家愿意卖你就买，人家不愿意卖你就不能强买。在这里，政府和农民是平起平坐的。这是购买行为，而不是征收行为。但是这样一种行为其实又是不必要的。为什么呢？如果农地的价格真实反映了农地的机会成本，政府没有利用任何强权压低价格，政府用真实的市场价格购买来的土地转手按市场价格再卖给开发商，这样一买一卖政府什么也没有赚到，岂不是多此一举吗？更何况在现行的政治体制下，政府官员在买地时可能出高价，然后得到卖方回扣，而在卖地时又可能收低价，然后从买方那边又得到回扣。所以政府插手其间，只能对市场行为造成扭曲，因此，这种方式不可取。

所以，我认为，第三条途径只能是权宜之计，上述矛盾的最终解决，只能通过第二条途径。

沿着上述第二条途径进一步改革，就是要统一整个城乡土地所有制结构，除了增量之外，存量也应该改革，也就是说整个城乡的土地，都应该按照公益性和非公益性的原则进行调整。与公共利益相联系的土地，无论是城市的还是郊区的，都可以归国家所有。新增的土地通过行政性征地获得；其他非公益性的土地都归各个经济主体所有，包括集体的，也包括个人的。无论是国有还是私人企业，只要是商业开发，只能通过土地市场，与土地所有者进行公平交易来获得土地。

另外，国有的土地也应该打破目前这种产责权利益不清的局面。现在说是普天之下莫非王土，也不知道国有的土地到底归谁所有？其实即使中南海的土地也不归中央所有。所以我们应该确立中央一级所有、省政府所有、地市级县级政府所有，这样才能够避免现在每一届政府都把以后几届的土地指标以及十几届政府的土地收益全部用完，避免出现一届一届政府不断扩大城市土地范围的现象。

与土地国有制相关的还有矿产资源。《宪法》规定矿产资源归国家所有，但是中国在矿产资源开发中存在着很多问题亟待解决。首先是矿产资源补偿费过低，尤其是石油、天然气、煤炭、煤层气等重要的能源矿产资源，它们的补偿费大都只有其价格的1%，而发达国家，即使像美国、澳大利亚、加拿大这些矿产资源极其丰富的国家，其矿产资源补偿也高达10%。另外，我们的矿产资源税是从量征收。我们知道，一吨石油、一立方米天然气、一吨煤，它们的价格在不断上涨，而我们还总是按照原定的实物量标准征税，严重滞后于价格的上升。这两方面现象导致了如下后果，就是极大地低估了矿产资源的价值。因为价格过低，造成了最终产品的需求过高，从而造成矿产资源浪费。同时，由于国家的矿产资源所有权并没有真正在经济上得到实现，大量的矿产资源价值，实际上变成了矿产资源开发商的利润，以至于从事矿产资源开发的行业都富得流油，利润率极高。

特别以西气东输为例。按一线工程1200亿元投资以及12%的利润率计算，开发商大概得到144亿元的利润，而矿产资源补偿费按中央政府与地方政府5∶5分成，西部30年内只能得到38亿元。所以，西气东输谁受益最大是非常明显的。

由此，我们建议把中国的矿产资源也分成中央所有的，比如战略性矿产资源，和地方政府所有的，如一般性矿产资源。改革开放30年，沿海地区之所以高速发展，除了其他的原因之外，一个很重要的原因，就是它的地理位置，濒临沿海、港澳台，它们占有优越的地理环境，其发展超过中西部。而当中西部、北部这些落后地区想发展的时候，一个明显的优势就是地下的矿产资源。为什么不承认其地下的矿产资源是它们天然的特权，应该归它们所有？果真如此，我国可以在很大程度上缩小东西部的差距。

我们建议参照国际标准，把中国矿产资源补偿费由原来的1%调整到10%。这个建议曾经得到原国务院副总理曾培炎的批示，国土资源部2007年也向国务院提交了报告，但是国土资源部提高的幅度很小，其建议是从1.18%逐步提高到3%。

另外，矿产资源税应由从量征收改为从价征收。这样，矿产资源补偿费相当于绝对地租，矿产资源税相当于级差地租，而无论是级差地租还是绝对地租，都应该归矿产所有者所有，战略性的资源归中央政府所有，一般性资源归地方政府所有。

二　农地产权的还权赋能

成都市和重庆市在统筹城乡改革试验中提出了农地产权要还权赋能。农地产权的还权赋能指什么呢？是还集体土地所有权还是农民个人土地所有权？

首先我们需要指出，所谓农村集体土地所有权是不完全的。

其一，它不能够自由转让，一个集体对其财产是买还是卖，是增加还是减少，应该有完全的决定权。目前集体土地所有权根本不可能在经济上实现。从内部来说，集体土地已经无偿地交给了农民使用，这是从内部对集体土地所有权的一个否定。从外部来说，国家对非公益性的用地，也要强行征收，这是从外部对集体土地所有权的一种否定。这两个否定就造成了恩格斯所说的，当一个土地所有权不能在经济上实现即带来地租时，这种所有权事实上是被废除的。

其二，现行的集体土地所有权与稳定家庭承包关系是矛盾的。既然每一个所有制成员一出生就理所当然地成为集体所有制成员，那就应当获得一份土地。而土地分完以后再进行调整，又违反《土地承包法》。《土地承包法》说要保持长久不变，任何组织不得改变承包这种关系，包括集体所有权人本身都不能够改变。这里显然又出现了互相矛盾的规定。

其三，集体土地的使用权不能够自由转让，它只能在集体所有制内部转让，不能转让给集体所有制以外的成员。而国有企业的国有土地使用权可以随意转让。这就是所谓同地不同权。

其四，集体土地所有权分成三个层次：有乡镇的，有村集体的，还有村民小组的。那么这三者之间的关系是否互相包容、是否涵盖，是否是个人的、小组的，是否能够享受村集体的，村集体的是否能够享受乡镇政府的？没有办法确定。

其五，宅基地的集体所有权与房屋私有权之间的相互矛盾，这个后面再具体谈。

我认为，这个"还权"应该还到1954年《宪法》赋予农民的土地所有权。1954~1982年这28年中，中国的《宪法》一直没有否定农民的土地所有权，包括中间的合作化运动、人民公社，实际上都是在违反《宪法》的情况下发生的。如果我们把土地的所有权交给农民，首先宅基地可以率先实行农户所有，进而就是承包地。至于农村的集体建设用地，公益性的继续实行集体所有，非公益性的可以按户均分，分到每个人头上，这是我理解的完全的还权赋能。

这里肯定会引发人们对土地私有的担忧。

其一，有人说土地私有会导致土地兼并，失去土地的农民会失去社会保障。首先土地兼并并不可怕，城市产业都有土地兼并，我们为什么要害怕土地兼并呢？至于农民的社会保障，当年我们之所以没给农民建立社会保障，据说是因为农民有土地，现在我们又以农民失去社会保障为理由，不让农民真正获得土地。

其二，有人担心土地私有会导致大量失地农民涌入城市，从而增加城市的就业压力。这次国际金融危机爆发后，一直有人庆幸，幸好中国农村土地没有私有，否则那2500万农民回到家乡怎么办呢？但恰恰是我们的城市化没有进行到底，进城的农民并没有真正变成市民，他们招之即来，挥之即去，才有了现在2500万农民回乡，这与土地私有没有什么关系。而且，在整个工业化、城市化进程中，也就是说从现在开始到21世纪中期，整个城市要增加7亿多人口，按一半的劳动力算就是4亿~5亿人，这些劳动力只能在城市安排就业，在农村只有失业。如果城市解决不了这些人的就业，中国也就没有希望了。所有发达国家都走了这条路，没听说农村能够自己吸纳剩余劳动力的。

其三，有人担心土地私有会导致大量耕地流失。刚刚我已经说了，在三十多年的改革开放中，在公有制条件下，3亿多亩耕地不就流失了吗？这与土地产权没有直接的关系。至于国家粮食安全,那是由土地使用制度即用途管制决定的,与土地所有制无关。至于有人说土地私有会导致农民流离失所,这主要是指宅基地。即使城市周边出现大量贫民窟也不可怕,贫民窟增加,很重要的一个原因是政府没有提供大量的廉租房。

其四,有人担心土地私有会产生大地主。多大的地主算大地主,后面我们讲土地经营规模时再说。城市里可以有大资本家,我们为什么要担心农村出现大地主呢?

其五,有人担心,土地私有会导致征地成本提高。我认为,这种征地成本的提高恰恰是转变经济发展方式所需要的。原来那种低价征地的方式是不可持续的,我们没有那么多廉价的土地供地方政府去征收。只有土地成本提高了,使土地的征地成本真实反映土地的价值,土地的集约和节约使用才能真正实现。

其六,有人担心宅基地流转会导致农民失去住所,尤其是城市居民到农村购房建房。我觉得只要符合规划没有什么不可以。为什么我们现在土地的供给这么单一,全国人民都被房地产商"绑架",为什么不能让农民自己建房,让城市居民自己建房呢?只要符合城市规划和城乡统筹规划,就应该允许。

其七,有人担心农地私有会否定农村集体所有制。我们通过调查,更进一步证实农村本来已经没有多少集体所有制了。绝大多数乡镇企业都已经改制了。否定一个本来不存在的东西,这种担心恐怕是不必要的。

其八,有人认为土地私有会违背《宪法》。确实是会违背现在的《宪法》,但是《宪法》是可以修改的。

三 增减挂钩与土地增值分配

这涉及所谓的平等和公平问题。我们知道重庆市和成都市都在试行增减挂钩。周其仁教授在其针对重庆市所写的调研报告里特别强调增减挂钩实现的基础是土地级差地租。但是必须指出,按照马克思主义的地租理论以及任何其他地租理论,地租是土地所有权在经济上的实现，不管是级差地租还是绝对地租，它一定是归土地所有者所有的。当然级差地租Ⅱ在租期内可以归土地使用者。如果你看着城市周边地区的农民富起来，觉得不公平，所以，你想把集体土地变为国有土地，然后由你获得地租，在这个改变过程当中，必须对农民、对土地私有者支付等价。

马克思、恩格斯都讲过，未来社会（就是我们今天的社会）土地归国家所有，由国家收取地租。但是在没有把土地收归国有之前，级差地租一定要归原来的土地所有者，要归农民所有。而现在的城乡建设用地增减挂钩，实际上指的是城市周边较优等土地的部分或大部分级差收益由政府拿走了，其中只有少部分，比如说成都市每亩拿出15万元，转给偏远的地区。这就是增减挂钩。

如何看待这样一种土地增值分配呢？土地收益的分配到底公不公平？如果我们国家根本不存在保护耕地的问题，当然也没有必要实行增减挂钩。只要符合规划，城市建设需要农村的土地，只要申请就可以将其变成建设用地，没有必要实行增减挂钩。这样一来土地的级差收益，当然应该完全归优等地的所有者。劣等地没有级差收益。

在目前这种情况下，一方面实行严格的耕地保护制度，另一方面我们又实行增减挂钩。但增减挂钩不必通过国家的征地方式来实现。偏远地区的劣等地所有者可以通过市场与城市周边优等地的所有者交换建设用地指标。他把建设用地指标交换给城市周边的优等土地所有者，他们之间可以讨价还价以确定指标的价格。现在政府还是通过征地方式推行增减挂钩，不一定合理。至于落后的偏远农区与城市周边农区之间的差别，应该通过适当的财政转移支付来缩小，而不宜采取直接的"平调"，政府更不应该在"增减挂钩"中占有本属于农民的土地增值收益。

四　农民进城和农地的退出机制

我们在调研中多次听到各级部门提出退租机制问题。随着城市化进程的推进，大量农民进城，甚至从历史上看，许多党政干部和大学毕业生原来都是从农村来的，他们中还有很多人仍然保留着农村承包地和宅基地。这一方面造成土地资源的浪费和建设用地的扩大，另一方面他们的土地权益也不能得到实现。

第一个退出机制：我认为应该将承包地和宅基地私有。私有之后，已经进城落户的农民，包括党政干部和大学生，完全可以通过市场转让其承包权和宅基地使用权，从中得到一笔补偿，由此切断他和农村土地的联系。

第二个退出机制：可以不改变所有制，在现行的法律下，强化承包地和宅基地的物权属性，允许其转让继承和抵押。这样进城落户的农民，就可以在有偿转让其承包地和宅基地使用权的同时，放弃集体所有制成员的身份。因为那个农地承包权和宅基地使用权，其实已经相当于所有权了，其全部权益都在承包权和使用权中体现出来了，放弃了农地承包权和宅基地使用权，最终也就放弃了集体所有者的身份。

五 城市化道路与土地的集约化

我们在调研中还发现，许多城市在城市化建设中存在的大量问题，包括污染问题、城市经济实力不强问题、基础设施不到位问题、就业问题等，其实都是小城镇存在的问题。这里涉及城市化道路到底是优先发展大城市、中等城市还是小城市，抑或大中小并举的问题？我们可以比较一下，20万人以下的城市，我们习惯叫小城市，20万～50万人是中等城市，50万～100万人是大城市，100万～200万人是特大城市，200万人以上是超大城市。人们一说大城市，马上想到北京、上海、天津，那已是XXXL（巨无霸）城市了。我们国家有多少个大城市呢？到2007年为止在655个城市当中，100万～200万人的城市才83个，200万人以上的城市才36个。我们另外有19000个建制镇，还有2000多个县。所以你说城市化应该走什么道路？你要让小城镇遍地开花，大中小并举,大中小城市和小城镇同时发展,19000个小城镇怎么去发展?一个城镇平均5000人口,基础设施根本不可能建设,哪儿来的服务业,哪儿来的集聚和辐射功能?说句老实话,能把2000个县(城关镇)建好就不错,一个县如果能建成100万人口的城市,你算算2000个县又能容纳多少,哪里还轮得上那些中心镇,更轮不上那些小城镇了。事实上,从农村的居民点到建制镇,从小城市到中等城市,再到大城市、超大城市和特大城市,人均占用的土地面积是依次递减的,由170平方米依次降到154、143、108、88、75平方米。所以,如果我们再继续强调"大中小并举",中国的18亿亩耕地恐怕很难保持。

有人说大城市污染严重。事实上从控制污染的效率来看,创造同样的GDP,大城市污染的排放量远远低于中小城市,成本也远远低于中小城市。至于从就业来说,当然是大城市比小城市容纳的就业岗位更多,养活的穷人更多。第三产业的发展更要依托大城市。当然,大城市的生活质量肯定高于中小城市,特别是小城镇。

由此,我们提出如下建议。

一是希望重庆市和成都市以及各地方政府不要满足于新农村建设节省出来的一点点土地,满足于新村整治节省的建设用地。我们应该着眼于农村人口向大中城市转移,那样可以节省更多的建设用地。如果只图眼前的利益,现在建成了这个新村、那个新村,再过10年、20年,是不是会变成一堆钢筋混凝土?随着大量的农村人口进入城市,那些房子又有谁来住呢?恐怕难免会出现"两只老鼠"现象——农村的房子里没人住老鼠住进去,城市的农民工没有房子住在地下室,变成了老鼠。

二是要把城镇化战略改变为城市化战略。虽然是一字之差,但我们中国人就爱在文字上做文章:你只要加上一个小城镇,小城镇肯定会遍地开发。强调城市化战略,就是要用优先发展大城市的战略取代大中小城市和小城镇协调发展战略。人口规模和经济总量已经达到中等城市水平的镇,应尽快提升为市。而对于小城镇的建设要严格加以限制,包括已经建制的镇在空间上要限制扩展。

六　土地适度规模经营与农村剩余劳动力转移

我特别强调在统筹城乡发展的过程中，与其着眼于建设新农村，不如致力于加快城市化进程，而对农村土地实行适度规模经营。到底什么叫适度规模经营？我们了解到的农业部的标准是，平原地区每个劳动力平均20亩就可以达到经营规模适度，后来针对山区调整为每个劳动力平均5亩就可以了。

但我们在调研中发现，即使按照重庆市2008年劳均8.1亩的标准，还有92万剩余劳动力在农村。这劳均8.1亩还是一个低标准。什么叫适度规模经营呢？从另一个标准说，至少要保证从农业生产得到的收入不低于进城务工的收入。这意味着一个劳动力应该至少耕种十亩以上的土地。按照这个标准，一户如果有三个劳动力，就应该是户均30亩。如果到21世纪中期，中国的城市化水平达到75%（这并不是很高的标准），那时候农村人口仍然高达4亿。按照人口和劳动力1:0.66的比例，那时农村的劳动力仍然还有2.64亿。而即使按照我们现在的生产力水平（别说再过40年），耕种18亿亩耕地，1.7亿的劳动力就够了。因此，40年之后，农村仍然还有9400万剩余劳动力需要转移。所以，适度规模这个标准定得过低，可能会人为地减轻我们转移农村剩余劳动力的压力。比如说重庆市，按现在的适度规模标准只有几十万农村剩余劳动力，如果把这个适度规模的标准提高，以后恐怕就不是几十万，而是以百万计了。

七　城乡宅基地同地同权同价

1954年的《宪法》和1958年的《中华人民共和国户口登记条例》都规定中华人民共和国的公民有居住和迁徙的自由。虽然后来的《宪法》没有写上中华人民共和国公民有居住和迁徙的自由，但是也没有禁止公民有居住和迁徙的自由。既然没有禁止，我理解公民还是应该有居住和迁徙的自由。可是我们现在只允许把农民的房子卖给本集体所有制成员，禁止城镇居民到农村买房或购买宅基地建房。这一方面限制了居民居住和迁徙的自由，另一方面也违反农村居民一户一宅。你不允许卖给城市居民，但卖给农村居民，一户不就有了两宅？

城市居民使用廉价的征自农民的土地，可以一户多宅，甚至有豪宅别墅，为什么农村居民在自己的土地上却只能一户一宅？这不是明显的身份歧视吗？小产权的买卖屡禁不止，其实既是农民对城乡二元土地产权的积极抵制，也是我们城市居民面对城市住房价格居高不下的一种无奈选择。谁愿意去买小产权房？离得远，没有法律保障，不能再交易，那是一种无奈的选择。对农民宅基地产权的限制，实际上阻碍了农民财产性收入的实现，不符合中共"十六大"、"十七大"的精神，同时也堵塞了农民融资的渠道。

有人认为，限制农民宅基地流转是为了保护农民的利益，我说即使不是醉翁之意，至少也是替古人担忧。怎么会是保护农民的利益呢？农民把自己的小产权房卖给城镇居民，可以得到两倍、三倍的收入，卖给本村的居民或者没有人买，就是买的话也是出低价，这到底是保护农民利益还是损害农民利益呢？

在此我们建议赋予农民宅基地和城市宅基地同等的权利，允许农民宅基地使用权在不同所有制成员之间以及城乡居民之间转让。能不能突破一户一宅呢？我认为在确保耕地面积不减的情况下，应该允许农民在通过旧村合并、整治节省出的建设用地上兴建第二套住房，包括改善性的和商品性的。拥有两处以上的住房，当然就可以进行抵押。事实上现在很多地方的农民已经有了两套以上的住房。退一步讲就算只有一套住房，农民也应该有抵押的权利，至于银行接不接受，那是银行的事。我们城市居民绝大多数都是一套住房，为什么城市居民一套住房就可以抵押，农村居民一套住房就不能抵押呢？

（作者单位：清华大学政治经济学研究中心）

□ 简新华 □

中国工业化和城镇化的特殊性分析
—— 中国与西方发达工业化国家的比较研究

在进入 21 世纪的时候，中国提出要走中国特色的新型工业化道路和中国特色的城镇化道路，这是中国实现现代化的重要战略方针。提出这两条道路的主要依据在于，中国的工业化和城镇化与其他国家的工业化和城市化相比，具有许多不同的特点。但是，目前我国对中国工业化和城镇化的特殊性缺乏系统、深入的研究，为弥补这一缺失，本文特进行集中分析，以加深对这两条道路的认识，以利今后走好这两条道路。

中国的工业化和城镇化与西方发达工业化国家、新兴工业化国家、其他发展中国家相比，都具有不同的特点。由于中国与其他发展中国家和新兴工业化国家的相同点较多，工业化和城镇化的特殊性主要表现为与西方发达工业化国家相比呈现不同的特点，所以我们这里主要分析中国现在的工业化和城镇化与西方发达工业化国家以往的工业化和城市化之间不同的特点。

中国目前工业化和城镇化的特殊性主要表现它们的时代背景、国情条件、过程和道路具有不同的特点。

一 中国工业化和城镇化时代背景的特殊性

西方发达工业化国家是世界上最先实现工业化和城市化的国家。其工业化和城市化进程是在农业经济时代开始的,当时世界自然资源非常充足,煤炭、铁矿等重要矿产资源开采很少,石油等许多资源甚至还没有开发利用,生态环境也相当好,基本上没有什么污染。一些国家不仅可以开发利用本国资源,还能够利用在国际经济关系中的主导地位,通过侵占殖民地、控制国际贸易资本输出等手段,甚至发动侵略战争,掠夺开发利用国外廉价的资源,进行资本积累。在工业化的早期和中期,这种做法虽然造成过严重的环境污染,但往往可以把环境成本外部化,也没有多少国际环境法规的限制。这些国家虽然已经发生技术革命,拥有技术领先、规模经济、竞争能力强等方面的先发优势,但工业技术仍然不是非常先进而且主要由自己研发,特别是最早开始工业化的英国基本没有后发优势。此外,这些国家的国际资本严重短缺。

中国现在实现工业化和城镇化的时代背景与它们完全不相同。现今,人类社会正在向经济全球化、信息化、知识化、服务化时代迈进,这既给中国带来融入全球化、获得参与国际分工的比较收益、通过技术引进低成本地直接采用信息技术等高新技术、加快工业化和城市化步伐的机遇,也向中国提出了严峻挑战,即在国际竞争更为激烈,我们在全球化中处于不利地位、只能受制于发达国家的情况下,如何在实现工业化和城市化的同时,还能努力跟上信息化的步伐。一方面,发达工业化国家的存在使中国拥有后发优势,国际过剩资本的大量存在也使中国能够通过引进外资以克服资金不足的困难;另一方面,中国也面临着自然资源相当缺乏、价格猛涨、开发利用国外资源困难重重、成本高昂、环境污染特别严重、国内外各种资源环境法规限制、环境成本必须内部化的困难局面。此外，社会主义国家的性质、和平和发展的世界时代主题、新的国际经济政治军事关系，也决定了中国只能主要依靠自己的力量，平等有偿地利用国外资源和资本，而不能对外掠夺。

二 中国工业化和城镇化国情条件的特殊性

中国是世界上正处于经济转型过程中的人口最多的最大的发展中的社会主义国家。人口最多的国家、发展中国家、经济转型国家、社会主义国家，这四大基本国情特征决定了中国在工业化和城镇化过程中会碰到许多别的国家碰不到的特殊问题。可以说，中国是在工业化和城镇化过程中面临特殊问题最多的国家。

中国是人口最多的国家，现有13亿人，使得资源、环境、就业、供求、协调等方面的问题更为突出，甚至更为严重。"什么用13亿一除，都变得很小；什么用13亿一乘，都变得很大"；"中国人买什么，什么就贵；中国人卖什么，什么就便宜"。这些流行的说法，生动地凸显了中国的特殊性。中国是最大的发展中国家，尽管拥有后发优势、劳动力充足、价格低廉的比较优势，但也存在资本短缺、技术和管理落后、人均资源占有量低、劳动力素质不高、国际竞争力不强的后发劣势和比较劣势。

在资源严重短缺、环境压力巨大的情况下，发展中国家还要不要搞工业化和城市化？如果要，怎样才能有效推进工业化和城市化？这是西方发达国家在工业化和城市化过程中不存在的问题，也是西方发展经济学中没有研究和说明的问题，而发展中国家却要正确回答和有效解决这个问题。尤其是中国，作为人口众多、特别是农民数量庞大、人均资源占有量大大低于世界平均水平、人地矛盾十分尖锐、典型的二元经济结构、城镇化滞后、"三农"问题突出的最大的发展中国家，面临的问题更多，碰到的困难更大，实现工业化和城镇化的任务更艰巨。比如，中国现在处于工业化的什么阶段，面临什么任务，应不应发展重化工业；中国怎样才能有效地推进工业化，如何才能克服资源环境和就业的制约；什么是新型工业化道路，具有什么特点和优越性，为什么要走新型工业化道路，怎样走新型工业化道路；中国的城镇化是否滞后，为什么滞后，带来什么不利影响；中国需要实现的是什么样的城镇化，需不需加快城镇化的步伐，如何合理地推进城镇化；什么是中国特色的城镇化道路，具有什么特点和优越性，为什么要走中国特色的城镇化道路，怎样走中国特色的城镇化道路；中国工业化与城镇化是什么关系，如何实现二者的协调发展；"农民非农化"与"农地非农化"是工业化和城镇化的必然趋势，在人多地少、人地矛盾十分尖锐的条件下，如何既能有效推进工业化和城镇化，又不会占地太多以维护粮食安全，怎样实现工业化、城镇化和农业现代化的协调发展，如何做到"农民非农化"与"农地非农化"的协调有序发展；中国数量庞大的农村剩余劳动力转移的过程和方式有什么特点，如何才能实现有效转移，为什么要先非农化、后城市化分两步转移；为什么会出现农民工、"民工潮"、"民工荒"，怎样才能最终解决农民工问题；农民工为什么要市民化，怎样才能市民化，如何解决市民化面临的制度障碍和成本问题；中国这样一个人口众多、地区差别极大的发展中国家，怎样才能实现区域工业化的协调发展，克服自成体系、产业趋同、大而全、小而全的偏差，真正做到地区产业的合理布局、恰当分工、专业化和有效合作；工业化就是要实现机器大生产，在劳动力充足、就业形势严峻的情况下，如何正确处理机械化与就业的关系；发展中国家只有在更短的时间内、以更快的速度实现工业化，才有可能赶超发达国家，世界工业化发展的实践也表明实现工业化的时间存在缩短的趋势，短期快速实现工业化和城市化会产生什么特殊问题、需要采取怎样的措施解决；等等。

中国是经济转型国家，正在实行三大转变，即由传统计划经济体制向社会主义市场经济体制转变，由落后的二元经济向一元现代化经济转变，由粗放增长、数量扩张、重速度、靠投入、高消耗、低效益的不可持续的发展方式向集约增长、重质量、靠科技和管理、低消耗、高效益的可持续的发展方式转变。如何实现这些转变，也面临许多特殊问题。比如，中国为什么要采取渐进式的改革方式，有何利弊，怎样才能突破改革的难关特别是国有企业改革的难关，建立起完善的社会主义市场经济体制；为什么中国的粗放型增长方式长期不能转变成集约型增长方式，困难和原因何在，如何克服；在工业、城市、东部地区发展快，农业、农村、中西部发展滞后，城乡、地区发展差距扩大的情况下，怎样有效纠正重工轻农、重城市轻农村、重东南沿海轻中西部的偏差，如何找到切实实现工农、城乡、地区协调平衡发展的有效途径；面对资源短缺、环境污染、引进技术困难、自主创新不易，外贸依存度过高、人民币升值压力过大、贸易摩擦增多、内需不足、扩大困难，收入差距扩大、基尼系数超过西方国家，发展成果分享不均、社会公共品供给不足，看病难、上学难、买房难、就业难、社会保障难，生产安全和社会治安问题比较严重，农民、农民工、下岗职工等弱势群体问题比较突出，"三农"问题严重、"三无农民"出现，行政权力市场化、腐败现象严重、社会矛盾显现等状况，怎么在经济增长已经取得重大成就的情况下，保持中国经济发展的持续性，实现中国经济发展的普惠性，形成切实实现经济社会协调平衡发展的有效机制，真正做到广大人民群众共享经济增长的成果。

中国是社会主义国家，虽然拥有社会主义制度的优越性，但也面临着西方国家经济、政治、军事、外交、科技、文化等多方面的压力，如何才能合理有效地应对西方国家的各种压力；中国以前实行的是计划经济体制，现在要发展社会主义市场经济，社会主义市场经济是世界上独一无二的，也是人类历史上从未有过的，更是国内外经济学家以往都没有研究过的，那么如何消除传统计划经济体制的不利影响，克服就业、户籍、社会保障、土地、财政、金融等制度不完善的障碍，怎样才能真正实行社会主义与市场经济的对接，实现社会主义市场经济的发达繁荣；中国为什么要以公有制经济为主体、国有经济为主导，怎样才能真正做到，公有制经济如何发展，国有企业怎样才能适应市场经济的要求；

等等。以上这些问题同样是中国在发展过程中面临的重大特殊问题。

三 中国工业化和城镇化过程的特殊性

时代背景、国情条件的特殊性决定了中国工业化和城镇化过程也具有与发达工业化国家不同的特点。

(一) 工业化阶段的特点

西方主要发达工业化国家的工业化依次经历了三个阶段的产业结构演进过程：第一阶段是工业化初期，以轻工业为主导即先轻工业化；第二阶段是工业化中期，以重工业为主导即再重工业化；第三阶段是工业化后期，以服务业为主导即最后的发达工业化。这是主要发达国家工业化的实践证明了的工业化过程的一般规律。

工业化进程中产业结构演进出现"先轻、后重、再服务化"的趋势具有必然性。其原因在于以下几个方面。第一，在工业化初期，资本缺乏，技术落后，劳动力充足、价廉，市场需要的主要是工业消费品，工业消费品主要由轻纺工业生产，而轻纺工业的特点就是投资少、技术要求不高、见效快，因而发展轻纺工业最为有利，所以第一阶段以轻纺工业为主导。第二，在工业化中期，随着工业化的推进，使得收入增加、城市化加速、基础设施大规模建设。收入增加产生对更多更好工业消费品的需求，则要求轻工业进一步发展和优化，而轻工业发展和优化就需要得到更多更好的机械设备和原材料；工业发展和收入增加需要更多的农产品，要求农业加快发展，农业要发展也必须进行技术改造，实现机械化，农业的技术改造和机械化则需要提供大量农业机械设备和能源；城市化加速意味着要建更多更大的城市，城市建设和基础设施建设也需要大量的机械设备、能源和钢材、水泥等原材料。由于上述所需的机械设备、能源和原材料主要由重化工业生产，导致我国特别需要大力发展重化工业。重化工业是资本密集型、技术密集型产业，而此时资本已经大量积累，技术已有长足进步，劳动力成本也大幅度提高，发展重化工业更为有利，所以第二阶段以重化工业为主导。第三，在工业化后期，随着工业化的基本实现，收入大幅度增加引起需求结构变化，恩格尔系数下降，非物质需求大量增加。非物质需求主要由服务业（第三产业）来满足，服务业主要是劳动密集型、技术密集型产业，而此时轻工业和农业技术改造、城市和基础设施建设的任务已经基本完成，技术也有了巨大的进步，劳动生产率大幅度提高，从事物资生产的劳动力大量减少，从而为服务业的发展提供了必要条件，所以第三阶段以服务业为主导。

与西方发达工业化国家不同的是，新中国的工业化历程多了一个发展阶段，起始阶段也不同，依次要经历四个不同的阶段：第一阶段是新中国成立初期至改革前的重工业优先发展阶段，工业化过程的起点不是轻工业化，而是重工业化；第二阶段是改革开放时期的轻工业发展阶段；第三阶段是进入 21 世纪后开始的重新重工业化阶段；第四阶段将是 2020 年基本实现工业化以后的以服务业为主导的发达工业化阶段。①

社会主义国家在工业化初期之所以不像西方国家那样首先发展轻工业，而是普遍优先发展重工业，主要是社会主义国家开始工业化时，基本上都面临严重的外患内忧，处于敌对势力的包围之中。因此，为了生存和发展，这些国家必须加快工业化进程，迅速增强国防实力和经济实力；又由于这些国家急于赶超西方发达国家，而重工业的发展是工业化的集中体现，也是经济和军事实力的基础，还是西方国家强大的主要表现；再加上理论上对生产资料生产更快增长规律的片面理解，过分强调发展重工业，因而特别重视重工业的发展。结果导致这些国家自然而然地走上了优先发展重工业的道路。

中国也不例外，造成这种情况的原因是多方面的。一是开始工业化时，中国面临严峻的国际环境，敌对势力的经济封锁和抗

---

① 简新华、余江：《论中国的重新重工业化》，《中国经济问题》2005 年第 5 期。

美援朝战争迫切需要发展自己的重工业和军事工业；二是受苏联工业化模式的影响，在产业选择上采取了重工业优先发展的战略；三是旧中国的重工业基础极为薄弱，严重影响国家的生存和发展，我们急需改变这种落后面貌；四是西方国家的强大主要表现在重工业的发达而不是轻工业的先进上，中国要赶上和超过西方发达国家，就必须主要发展重工业；五是对生产资料增长更快理论的认识上存在偏差，片面强调重工业优先发展，忽视了轻工业的发展。第一阶段的工业化，虽然打下了比较好的重工业基础，但造成了"重工业太重、轻工业太轻、农业落后、服务业太少"的畸形产业结构和严重的短缺经济，所以改革开放后的第二阶段又回过头来重点发展轻工业，以调整产业结构，消除短缺经济。从21世纪开始，中国进入工业化的第三阶段，重新发展重工业。在消费结构的升级、基础设施的建设、城镇化进程的加速、轻工业的优化、农业的技术改造、装备制造业落后面貌的改变、国际制造业的转移等多重因素的作用下，中国形成了巨大的重工业产品的市场需求，导致重工业产品价格的上涨，从而推动重工业的快速发展。[①] 在2020年基本实现工业化以后，中国将进入以服务业为主导的发达工业化阶段。

（二）工业化的时间和速度的特点

发展中国家只有在更短的时间内、以更快的速度实现工业化，才有可能赶超发达国家，否则只能永远落在发达国家后面。世界工业化发展的实践也表明，由于后发优势的存在，后发国家实现工业化和城市化的时间存在缩短的趋势。比如，英国基本实现工业化大约用了100年，成为发达工业化国家大约用了230年；法国则分别是120年和160年；美国是90年和150年；德国是70年和140年；日本是60年和90年；韩国更是在不到30年的时间内就基本实现了工业化，成为"新兴工业化国家"。短期快速也是中国实现工业化的

[①] 简新华、余江：《重新重工业化不等于粗放增长和走旧型工业化道路——对吴敬琏研究员相关论述的质疑》，《学术月刊》2006年第5期。

突出特点，改革开放30年的实践就证明了这一点。

（三）城镇化过程的特点

工业化必然导致人口城市化。工业化与城市化是必然伴侣，工业化是城市化的发动机，城市化又是工业化的促进器，二者关系密切、互为因果、相互制约。

西方发达国家的工业化过程经过初期、中期和后期三个阶段。城市化实现的过程基本上与工业化的过程相适应，大致上也要经过三个阶段的发展，即城市化起步阶段、城市化实现阶段、高度城市化阶段。与工业化初期相对应的是城市化起步阶段，与工业化中期相对应的是城市化基本实现阶段，与工业化后期即发达的工业化阶段相对应的是高度城市化阶段。

新中国城镇化的历程和工业化历程一样，也与西方发达工业化国家不同，经过了一个曲折的过程。新中国的工业化历程依次经历四个不同的阶段，与此相应，中国城镇化也要经历四个不同的阶段：一是与重工业优先发展阶段相适应的滞后城镇化阶段；二是与轻工业发展阶段相适应的城镇化加速阶段；三是与重新重工业化阶段相适应的城镇化基本实现阶段；四是与发达工业化阶段相适应的高度城镇化阶段。[1]

（四）城镇化滞后的特点

世界各国工业化和城市化发展的经验教训表明，虽然工业化必然伴随城市化，但只有正确处理二者的关系，二者才能相辅相成、互相促进，否则会形成病态的工业化和城市化，使二者都难以顺利有效实现。"过度城市化"会造成严重的"城市病"和"农村病"，"滞后城市化"则会严重阻碍工业化的进程和农村贫穷落后面貌的改变，都不利于社会经济的健康发展。只有工业化与城市化适度同步发展的"适度城市化"，才能实现工业化与城市化

---

[1] 简新华、何志扬、黄锟：《中国城镇化与特色城镇化道路》，山东人民出版社，2009，第275页。

的健康协调发展。① 西方发达工业化国家在工业化过程中，没有限制城市化的发展，工业化与城市化基本上是同步推进。② 虽然也付出了相当大的代价，曾经出现城市剥削农村，造成城乡差别扩大、尖锐对立，产生过严重的"城市病"，但在工业化的同时，还是成功地实现了城市化。城乡差别和"城市病"在工业化的中后期逐步消失或缓解，基本没有出现严重的超前城市化，更没有出现滞后城市化。与此不同的是，中国城镇化过程中，从改革开放以前到改革开放以来的20世纪90年代初，工业化水平虽然有了较大提高，城镇化却长期滞后，这是世界上少有的特点。改革开放以前，由于人为限制城市化的发展，结果造成严重的"滞后城市化"；改革开放以后城市化进程加速，城市化滞后的局面开始改变；进入21世纪，我们正在努力实现工业化与城市化的适度同步发展。

（五）农业劳动力转移的特点

西方发达工业化国家的工业化和城市化历程表明，工业化和城市化必然发生农业劳动力转移，导致农业劳动力非农化、农村人口城市化，工业化和城市化的过程也是大多数农民转到工业等非农产业就业、迁移到城市的过程，也就是农民非农化、市民化的过程。由于工业化与城市化的过程基本上是同步的，所以西方发达工业化国家农民的非农化与市民化的过程也基本上是同步的，农业劳动力转移一次性完成，在非农化的同时也市民化。再加上没有人为地把城乡隔离开来的户籍制度、就业制度等制度障碍，所以与中国改革开放以来的情况不一样，西方发达工业化国家基本没有出现所谓农民工群体。虽然这些国家在工业化工程中也会出现劳动力流动、过剩或短缺等情况，但不是中国式的"民工潮"、"民工荒"。与此不同，由于中国农村劳动力数量特别庞大，农民市民化的成本比较高，城镇化发展严重滞后，户籍、劳动就

---

① 简新华、向琳：《论中国新型工业化道路》，《当代经济研究》2004年第1期；简新华：《论中国特色城镇化道路》，《中国经济发展探索》，武汉大学出版社，2007，第159页。

② 马尔科姆·韦利斯等：《发展经济学》，经济科学出版社，1990，第716页。

业、土地、社会保障等制度存在缺陷等原因,使得中国农村剩余劳动力转移要经过一个曲折的过程,农民的非农化与市民化不是同步实现的,而是分为两步,即先由农民转变为农民工、实现非农化,再由农民工转变为市民、实现市民化,并且出现了"民工潮"、"民工荒"等世界上特有的现象。①

四 中国工业化和城镇化道路的特殊性

时代背景、国情条件、过程的特殊性决定了中国工业化和城镇化道路具有与西方发达工业化国家不同的特点。

(一) 工业化道路的特点

工业化道路是实现工业化的原则、方式和机制,是决定工业化能否顺利有效实现的关键。西方发达工业化国家走的是一条主要由民间力量发动、科学技术革命推进、通过市场机制实现,逐步由以粗放型增长方式为主转向以集约型增长方式为主,先以轻纺工业为主导后以重工业为主导,先工业化再信息化、重机械化、轻就业,资本来源多样化,工业布局基本合理,工业化与城市化基本同步,工农和城乡差别先扩大后缩小,先污染后治理的外向型发展的工业化道路。这是一条有缺陷的成功之路,成功主要在于,这条道路具有能够发挥民间力量、科学技术革命、市场机制的作用,多渠道筹措资本,利用世界市场和资源形成适合生产要素禀赋特点的产业结构和空间布局等长处,使西方国家成功地实现了工业化,成为发达的工业化国家;主要缺陷则是实行对外掠夺,始终存在失业大军,不能有效地解决就业问题,导致贫富两极分化,曾经扩大了工农和城乡差别,造成严重的城乡对立,引起农村经济的衰败,出现过多种"城市病",导致自然资源的大量

---

① 简新华、张建伟:《从农民到农民工再到市民——中国农村剩余劳动力转移的过程和特点分析》,《中国地质大学学报》2007 年第 6 期。

消耗和环境的严重污染，付出了巨大的环境和资源代价，始终存在周期性暴发的生产过剩经济危机，导致社会生产力的巨大浪费和破坏，加剧了工业化发展的曲折波动，延缓了工业化的进程。

改革开放以前，中国走的是一条主要依靠国家力量、由政府发动和通过计划推进、优先发展重工业、相当大的程度上依靠农业提供工业资本积累、以粗放型增长方式为主、过分追求高速度、工业布局政治因素影响大、排斥城市化、忽视环境保护和资源节约、被迫且片面强调自力更生、实行进口替代战略的工业化道路。这是一条不成功的道路，虽然使中国奠定了必要的工业基础，形成了比较完整的工业体系和国民经济体系，但存在许多严重的弊端，并没有带来发达繁荣的工业化。进入21世纪，中国提出要走"一条科技含量高、经济效益好、资源消耗低、环境污染少、人力资源优势得到充分发挥的新型工业化路子"。① 具体来说，这条中国特色的新型工业化道路具有以下特点和优越性信息化带动，工农业协调发展，技术引进与自主创新相结合，以集约型增长方式为主，协调兼顾机械化与就业、通过不断调整力求产业结构优化，合理进行工业布局，资本来源多样化，与城镇化适度同步，以经济效益为中心，节约资源、保护环境，力求实现可持续发展，实行对外开放，发挥比较优势和后发优势，发展内外向结合型经济、民间和政府力量相结合，市场推动、政府导向，等等。

（二）城镇化道路的特点

城镇化道路是实现工业化的原则、方式和机制，是决定城市化能否顺利有效实现的关键。多数发达国家以往走过的城市化道路，虽然产生过许多经济社会问题，付出了很大的代价，但在实现发达工业化的同时也成功地实现了高度城市化。

与此不同的是，中国过去走的是一条城镇化滞后于工业化、严格限制城市尤其是大城市发展、在城乡关系上偏向城市、城镇

---

① 江泽民：《全面建设小康社会，开创中国特色社会主义事业新局面》，人民出版社，2002。

规模结构和空间布局基本恰当、由政府发动和推进、排斥市场作用、忽视民间力量、城市建设和管理落后的城镇化道路，结果造成城镇化的严重滞后，加剧和固化了二元经济结构特征，也不利于工业化的发展。进入21世纪，中国提出要走一条有中国特色的城镇化道路，这是一条城镇化与工业化和经济发展适度同步发展、注重城乡协调发展、实行城市反哺农村、城镇化的形式多元化、集中型城镇化与分散型城镇化相结合、据点式城镇化与网络式城镇化相结合、大中小城市和小城镇协调发展、城市功能合理有效发挥、市场推动、政府导向、政府发动型城镇化与民间发动型城镇化相结合、自上而下城镇化与自下而上城镇化相结合、城市发展方式多样化和合理化、以内涵方式为主的路子。① 实际上中国传统的城镇化道路也是有中国特点的，只不过这些特点主要是缺点，而新提出的中国特色城镇化道路是新型的中国特色城镇化道路，这里的特色主要是优越性。

（作者单位：武汉大学经济发展研究中心）

参考文献

[1] 简新华、黄锟等：《中国工业化和城市化过程中农民工问题研究》，人民出版社，2008。

[2] 简新华、余江：《中国工业化与新型工业化道路》，山东人民出版社，2009。

[3] 简新华、何志扬、黄锟：《中国城镇化与特色城镇化道路》，山东人民出版社，2009。

---

① 简新华、向琳：《论中国新型工业化道路》，《当代经济研究》2004年第1期；简新华：《论中国特色城镇化道路》，《中国经济发展探索》，武汉大学出版社，2007，第159页。

〔李炳炎 向 刚〕

加快破解二元经济结构
推进城乡一体化进程

按照发展经济学的一般原理，伴随经济持续发展，中国应该逐步淡化二元结构，但是，从中国经济发展进程来看，二元结构不仅没有弱化，反而有不断加强的趋势。中国农民收入与城市居民收入差距越来越扩大的实际情况表明，中国城乡二元经济结构正呈现强化势头。另外，参照东南亚四小龙经济发展的经验，伴随经济的快速拉升，其基尼系数会在前期增大的情况下呈现出不断缩小的趋势，它的变异系数也会呈现稳定的态势。然而，中国的基尼系数自20世纪90年代初以来一直呈现扩大趋势，这说明，中国的城乡二元经济结构不仅没有磨合的趋势，反而呈现出固化与超稳态特征。十六届三中全会的重大理论突破之一，就是第一次明确提出要建立有利于逐步改变城乡二元结构的体制，城乡二元体制改革从此被正式提上了议事日程。这是关系到贯彻落实科学发展观，完善社会主义市场经济体制，让广大农民分享发展与改革成果的重大举措，具有极其深远的历史意义。

一 中国城乡发展差距扩大的成因剖析

（一）社会历史原因

城乡发展失调并非中国所独有，但中国有其特殊性。这种特殊性就是中国长期处于封建社会，资本主义这一人类社会发展的关键阶段在中国似乎先天不足。而在半封建、半殖民地社会中，大量资源和财富被掠夺，不可能形成经济社会的快速发展期，更谈不上实现工业化。这就是新中国成立后接受的一笔最大的经济、政治、社会遗产。所以，在一个人口多、底子薄、一穷二白的农业大国建设社会主义，缩小城乡差距，解决"三农"问题，始终是个全局性的、长期的、复杂的、特殊的战略问题。现在有人把"三农"问题的成因集中在执政党和政府头上，是极不公平的。

（二）思想认识原因

新中国成立后，尤其是改革开放以来，党领导农村工作取得了巨大成就，这是毋庸置疑的。但是，我们需要认真总结经验教训。就思想认识而言，主要表现在以下方面：对农业基础地位的认识不高，讲的和干的有一定距离；一味要求"三农"作贡献，忽视了大力支持与帮助；改革后对"三农"的变化及所取得的成就盲目乐观，对严峻的挑战估计不足，因而导致在实际工作指导中对"三农"取得多，给得少；农业积累不足，农民失去了投资能力；长期实行城乡分割，农村难以得到城市文明和工业文明的辐射和带动，更谈不上工业反哺农业、城市支持农村了。所以，导致中国城乡发展失调的根本原因是社会等级制度及其思想观念下的社会运行机制和运行方式。

（三）宏观环境原因

1. 体制性障碍

一是城乡二元经济结构矛盾突出是造成城乡发展失调的最主要的原因。统筹城乡经济社会发展，改善二元经济结构，逐步实现向一元经济的转换，是中国现代化的必由之路。值得深思的是20世纪80年代原本趋于弱化的城乡二元经济结构，到了90年代反而出现了趋于加剧的走势。导致二元经济结构加剧的表层原因是20世纪90年代由农村新一轮改革所产生的激励效应衰减，城市工业发展速度远远快于农业和农村经济发展速度；究其深层原因，则是农村剩余劳动力无法顺利实现向城镇的转移。因为二元经济结构转换不仅意味着产值比重和劳动力比重在农业和非农部门之间的有效转换，还意味着其在转换方向上具有同一性，在转换程度上具有一致性。统计资料显示：中国在20世纪90年代的十年中，产值比重由农业向非农业转化了44%，而农村劳动力的非农化转移幅度却不足17%。因此我们可以判断，农业剩余劳动力不能顺利地向城镇转移是导致中国二元经济结构趋于严重的关键所在。

二是双重的社会管理制度的存在。中国二元经济结构的基本特点是经济技术与制度机制双重结构相互交织，且制度性约束是主要矛盾。它不单是农业与工业发展的二元问题，很大程度上更是城乡二元的社会管理制度问题，是体制问题。这种城乡分离的二元结构体制包括经济、社会、人口等方面的内容，突出表现在以下方面：城乡分割的户籍制度；城市部门过度地汲取农村剩余；城市优先的投融资体制；农民国民待遇低和公共权利存在着扭曲和事实上的不平等。这种城乡分治的二元结构体制是导致城乡经济差距拉大、城乡失调最直接的原因，是城乡关系失调的制度基础。

三是宏观管理体制大而无当。由于现有的管理体制缺乏对农业发展大政方针起主导作用的权威决策部门，致使有关农业和农村发展的方针政策的意见很难集中统一，即使意识到有问题也得不到及时纠正，正确的意见得不到及时采纳。因此，政府应当理顺关系，深化改革，建立强有力的农业和农村问题的宏观管理体制。

四是统分结合的农村双层经营体制缺乏有效载体。当前，不管是产业化还是农产品的产供销过程中，农民谈判地位往往较低，经常处于不利的地位。究其原因是农民没有自己的组织。虽然在名义上农民过去有信用社、供销社等各种组织，但这种组织实际上是带有政府性质的，并不代表农民，自己发育起来的农民组织还很不成熟。一家一户的生产经营体制优越性的发挥，必须以把农户组织起来为前提，只有这样，才能解决小规模的家庭经营和大市场的对接问题。

2. 政策性障碍

一是农村土地政策成为新的"剪刀差"。自 20 世纪 90 年代以来，土地政策安排已经影响到"三农"问题和城乡关系，这在开发区建设、城市化和房地产开发中表现得尤其明显。一方面，由于土地政策特别是土地市场政策不健全，土地所有权集体所有，产权不清，导致谁对土地都没有指挥权。这样，在土地流转过程中，特别是在土地的农转非方面，土地虽然增值了，但农民却很少得到好处。另一方面，国家规定农民的土地不能进入一级市场，在二级市场上农民也没有发言权。这样就出现了强买强征、低价征购土地的行为，造成农民的土地利益流失。

二是农村税费政策改革还未触及更实质的问题。这些问题从政策上怎么解决，还需要探索农村税费改革，还未从根本上理顺政府和农民的分配关系问题。农民和城市居民纳税现在是两种体制。现行的农村税费政策只是一种过渡性的改革方案，从长远看，政府应统一城乡税制。

三是财政金融政策安排轻视"三农"。目前，农村金融供给总体不足，从金融机构得到资金支持十分困难。据统计，近年来国家金融机构向农业领域发放的贷款额度只占其贷款总额的 5%，而农业投资构成中贷款比例还不到 15%。中央发出文件，采用 3 种模式、4 种形式（股份制、股份合作制、联社、破产）、4 种性质，对农村信用社进行改革，显示了很大的改革力度。但对农村金融而言，仅靠信用社显然还远远解决不了农村、农民和农村企业的资金供给问题。

此外，国家对农民的粮食价格实行补贴，还进行农村电网改造，道路、交通设施的改造，通信设施建设等。由于中国农村人口众多，国家对农业的投入与农业对投入的需求存在着巨大差距，限制了农业生产力的发展。

3. 结构性障碍

农村相对人口多，文化水平相对较低，劳动力素质低下，制约着农民收入的提高和农村经济的发展。具体表现为以下几个方面。

一是劳动力结构。由于联产承包责任制的高效率,1978年后中国农村的剩余劳动力问题日益严重。据估算,中国农村劳动力目前的总数是6亿多,以今天农村生产力的水平,按农业生产资料现有科技含量、现有机械化、现代化水平,中国现有的19.5亿亩耕地只需要1亿多劳动力就可以解决问题,其余的5亿劳动力都需要在农业之外寻找出路。

二是人地结构。中国人均耕地与世界水平相比少得可怜,即使按农村总人口(2002年8.7亿人)计算,人均占有耕地仅2.38亩,实际上东部人口稠密地区人均耕地仅1亩左右。现有耕地中,2/3分布在山地、丘陵和高原地区,有灌溉设施、旱涝保收的耕地不足40%,近20%的耕地受到工业"三废"和农药污染,使每年有数百万亩土地减产,甚至绝收。干旱、半干旱地区耕地的40%受水土流失、荒漠化的侵蚀,质量严重退化。所以,在这种自然状态下,如此多的人口拥挤在如此少的土地上谋生,无论怎样精耕细作,也无法获得很高的回报。

三是文化结构。中国农村人口平均教育水平不足初中。由于缺乏教育和科技投资,文盲、半文盲比重很大,非文盲中85%以上只有小学或初中水平,约5%受过职业教育和培训,所掌握的科学文化知识、生产技术、市场经济知识远不能适应市场经济、社会进步的需要。

(四)微观营运原因

1. 农村土地制度落后

中国现行土地制度存在的突出问题是分散、闲置、非流动性、农地所有者主体缺位、农民承包经营土地存在不稳定性。这种人人有地种、家家有田包的分散化、小规模的农民家庭难以利用先进技术,生产效率低下;单位土地占有劳动力过多,种地成本上升,无法形成规模经营,导致农民收入下降;土地不能流转难以实现土地资源的合理配置和高效利用。

2. 农村经营制度落后

目前中国农业经营方式仍然停留在自给自足的小农分户经营方式上，由于所生产的农产品大部分用于满足自身生存需要，只有很少一部分用于交换，因此，农民难以有大规模交换的基础和实力，发展不了商品经济，显然难以增收。这种家庭联产承包责任制下的农户分散经营模式日益暴露出自身的弱点，土地规模过小导致农业科学技术很难应用，无法形成规模效益；分散的小规模经营模式在组织、管理、科技、资源运用等方面同社会化大生产极不适应，农户生产各自为政，资金分散，行为短期化，使农业生产投入大、产出小、效益低，更不适应大市场交换。农业技术水平低、生产效率低和竞争力差的现状导致农产品大路货多、名优产品少，初级产品多、精加工品少，需求普遍缺乏弹性，严重制约了农民收入增长。

3. 农业基础设施投入严重不足

国家对农村基础设施建设支持不够，农业基本建设投资的比例下降，"六五"时期是5%，"七五"时期是3.3%，"八五"时期是2.2%。农村道路、水利、电力设施及学校等基本上由农民集资建设。

4. 农民负担过重

目前的农业税费负担仍然较重，并且税费标准混乱，适用税率复杂，税费征管缺乏约束。加之一些乡村干部以权谋私，导致对农民收费范围扩大，种类增多，数额增加，这不仅直接减少了农民收入，而且严重影响了农民生产和经营的积极性。

5. 农民整体素质不高

总体看来，目前中国农民知识水平低、整体素质不高，致使科技对农业的转化和贡献率低。发达国家农技人员与农业人口之比为1∶100，中国仅为1∶1200，中国每年约有2000余项农业科技成果获奖，但只有600~800项被推广应用。由此导致农村劳动力转移就业难，已成为制约其收入增长的关键因素。

总之，城乡协调发展的实质是解决"三农"问题，促进二元经济结构体制的转型。我们要将"三农"问题放在全面建设小康社会和实现工业化与城市化的大战略中统筹考虑,通过工业化、城市化与"三农"的充分互动,依靠城市的力量、资源和优势,走城乡统筹、以城带乡、以工促农、城乡互动、协调发展之路。这是缩小城乡经济社会差距并走向城乡共同富裕的唯一选择。

二 走向城乡共同富裕的途径及对策

由于中国统筹城乡发展中所面临的二元结构体制、农民收入、农民就业、农民教育、农产品供给和社会保障制度、土地制度、户籍制度等现实问题,因而要求我们在观念上必须转换立场,在战略上必须转变路向,在措施上必须大胆创新。总的来说,我们必须由安于"二元"现状向积极消除"二元"转变;由工业城市倾斜向工农城乡协调发展转变;由吮吸农业向保护农业转变;由粗放投入(劳动、土地、政策)向集约投入(资本、科技、制度)转变;由追求短期效益向可持续发展转变。当然,这是一个漫长的渐进过程,必须坚持依次逐步推进的方针。

(一) 走向城乡共同富裕的近期对策

1. 统筹考虑城乡发展的制度体系和政策安排

政策是政府实施宏观调整的重要手段。在制定经济和社会发展政策时,政府要根据当前城乡发展不平衡的状况,把统筹城乡经济社会发展的重点放在农村,转变"城市偏向"的发展战略,更多地考虑农村经济和社会发展的需要。这并不是要在现阶段将城乡的经济社会水平划一拉平,也不是要把城市的资源转移到农村,而是利用国家的公共资源和制度变迁,千方百计地弱化城乡二元结构,防止"三农"这条腿过短引起城乡发展严重不协调。当前和今后一段时间内,政府在处理城乡发展关系上应采取"补短而不截长"的宏观政策。在具体的制度安排中,包括以下一些具体措施。研究改革农村土地、住房、资金等产权制度,建立城乡统一的产权制度;以消除工农业产品价格"剪刀差"和城市垄断行业的垄断定价为重点，建立城乡统一的价格制度；按照居民身份证管理为主、人口自由流动的要求，建立城乡统一的户籍制度；以取消就业歧视和限制、提倡同工同酬为中心，建立城乡统一的就业制度；以恢复农民的"国民待遇"为主题，建立城乡统一的福利保障和教育制度；以改变农村资源净流出的局面为目的，建立城乡统一的财税金融制度；等等。

2. 加大对农业和农村的财政投入

财政支农不仅是总量不足的问题，更多的是财政支出效益问题。为解决这一问题，政府可采取以下措施。第一，要明确规定财政支农增长幅度，各级政府在编制财政预算时，新增财政支出应以支农为主；第二，适应入世的新要求，探索多种形式的财政支农方式，如对生产者的直接支付、基础设施和农科教的投入、农业保险补贴、为保护环境所提供的补贴、地区性援助等；第三，财政支农的重点应放在解决影响农业整体效益提高的薄弱环节上，促进农业和农村经济结构的战略性调整；第四，加大对农村社会事业发展的投入，使农村也享受到更多、更好的公共服务；第五，加大农民教育培训投入，财政支出科目应尽快单独列支；第六，把加强农村中小型基础设施建设，作为加强农业和农村发展支持的重点；第七，国家应该改革目前城乡二元公共产品供给政策，把农村公共基础设施建设由农民投资为主变成以国家财政投资建设为主，让农民在公共产品享用上能够获得"市民待遇"。

3. 积极推进农村社会公共事业改革

促进农村社会公共事业发展，最主要的是要抓紧解决农村教育和卫生事业发展存在的突出矛盾。加快农村社会公共事业发展，除增加对农村社会公共产品的投入外，政府还要加大农村公共事业改革的力度，以改革促发展。政府要通过增加投入与改革并举，推进农村教育的发展，积极完善农村义务教育的管理体制和投入体制，使增加财政教育投入的重点由城市转向农村，由高等教育转向义务教育和职业教育；政府要调整和优化农村中小学布局结构，促进农民培训，提高农民培训和农村职业教育的针对性和实用性；政府还要加大对农村卫生的投入，把增加公共卫生资源和加快医疗卫生体制改革的重点放到农村，引导建立医疗保障，同时加快构建最基本的农村社会保障体系。

4. 提高农民组织化程度

只有解决农民组织化问题，才能改变其弱势群体的社会地位，提高其对资源的控制能力、利益表达能力和社会行动能力。农民的权益要靠组织有序地去争取，就目前生产方式而言，家庭联产承包责任制是典型的小农生产方式，它与大市场格格不入。统筹城乡发展，我们必须走一条农业企业化、产业化、规模化和现代化的农民组织化之路。

当前，政府应该按照以人为本，促进经济社会和人的全面发展的要求，以提高农民能力为主线，把加强农民合作组织与农民专业协会的发展作为提高农民组织化程度的主要方式。政府可通过建立农民经济合作组织，推动农村组织制度的创新和农村服务体系的完善；通过促进农业产业化经营，降低农业的经营成本和市场风险；通过促进农业生产链的科技进步和提高竞争力，促进农业和农村的结构转型，为实现农业现代化提供坚定的组织基础。

5. 加速实现农村剩余劳动力向非农产业转移

世界各国经济发展的历史已经表明，实现农村剩余劳动力向非农产业的转移是工业化过程的一项基本内容，也是提高农民生活水平的一条根本途径。当前中国重要的是实行有利于扩大就业的政策，促进农村劳动力向非农产业顺利转移。中国现在城乡就业人数7.5亿，比整个发达国家就业人口多2亿以上，每年新增劳动力1000多万人。据估计，目前中国需要向非农产业转移的剩余劳动力约1.5亿人左右，如果每年向外转移800万人，要花近20年时间。所以，中国完成工业化面临的最严峻的问题之一就在于此。农民增收难和城市贫困问题，在很大程度上是就业问题。为了扩大就业，中国的就业取向应该是：在产业类型上，注重发展劳动密集型产业；在企业规模上，注重扶持中小企业；在经济类型上，注重发展非公有制经济；在就业方式上，注重采取灵活多样的形式。这些举措有利于缓解就业压力和改变城乡二元经济结构。

6. 统筹城乡发展

在城市支援农村、工业反哺农业的基础上,我们要积极寻找有利于城乡协调发展的正确途径。统筹城乡发展的关键是构建城乡经济社会协调发展的内在机制,使中国逐步由目前的城乡分制走向城乡融合,使城乡居民和各类经济主体都能拥有平等的权利、义务和发展机会,使生产要素合理流动,经济社会水乳交融,促使农村由农业社会向工业社会发展,农民由基本温饱向小康目标迈进,在城市支援农村、工业反哺农业的基础上逐步实现农业生产产业化、政府管理服务化、农村经济民营化、生产投资民间化、社会事业民主化的发展态势,从而实现城镇化和工业化同步发展,城乡经济社会共同繁荣。

(二)走向城乡共同富裕的长期对策

1. 实现农民市民化

农民市民化指农业人口转移到城镇的过程中,农民变成了市民,在政治权利、社会生活、经济政策诸方面,农民与市民享有相同的待遇,即城乡居民政治权利平等、劳动待遇公平、社会资源享有平等、教育资源分享公平、公共资源配置平等和社会公平等。世界上所有发达国家都不是以农民为主体,英国农民只有3%,美国是6%,日本是16%,韩国是20%,而中国目前是67%,可见,中国农民的市民化任重道远。统筹城乡发展,最终促进人的自由全面发展,这是统筹城乡发展的最终目的。

2. 实现城乡一体化

城乡一体化的基本内涵是坚持以人为本的科学发展观,坚持城乡统筹,消除城乡二元经济社会结构,促进要素自由合理流动和优化配置,使城乡居民拥有平等的权利、义务和发展机会,使城市和农村在平等互利的基础上,通过城市与乡村的有机结合,以城带乡,以乡促城,互为资源,互为市场,互为服务,达到城乡间经济、社会、文化、生态等协调发展,最终实现城乡全面、协调、可持续发展的目标。

苏南和上海等发达地区实现城乡统筹发展起步于20世纪80年

代中期，这个地区当时的人均 GDP 已达到 800~1000 美元；90 年代中期已达到 2000~3000 美元；2004 年则达到 5000 美元左右。它们所走过的道路代表了中国未来城乡统筹的发展方向，30 年来在城乡统筹发展方面积累了丰富的实践经验，对于指导中国其他地区统筹城乡工作具有十分重要的意义。总而言之，在统筹城乡发展，走向城乡共同富裕的进程中，政府是推动城乡统筹发展的主体，产业是城乡统筹发展的基础，改革是城乡统筹发展的动力，提高农民生活质量是城乡统筹发展的目标，循序渐进是统筹城乡发展必须遵循的客观规律。

(作者单位：中共江苏省委党校)

□ 李红梅 □

城镇化与转变经济发展方式关系研究

党的"十七大"提出转变经济发展方式,体现了我们党对经济发展规律认识上的深化。经济发展方式转变主要从三个方面来进行:在需求结构上,要从过度依赖投资和出口转变到消费、投资、出口协调拉动,增强消费对经济增长的拉动作用;在供给结构上,要从过度依赖第二产业转变到一、二、三产业协调发展,着力发展第三产业;在生产要素结构上,要改变经济增长过度依赖物质资源消耗的状况,主要通过技术进步、提高劳动者素质和管理创新来拉动经济增长。

一 城镇化创造需求:提供转变经济发展方式的内在动力

实现经济发展方式转变,我们特别强调要以拉动内需为主,实现经济增长立足国内市场的培育和开拓,为经济健康平稳和可持续发展夯实基础。

(一)需求是经济发展的动力

消费特别是内需成为经济发展的动力,来自于消费是生产过程的一个重要环节。在生产、分配、交换、消费的经济循环系统中，任何一个环节都不可或缺，否则，正常的经济循环就会中断。这四个环节，在不同的历史条件下，重要性会有所不同。消费环节的重要性在当代过剩经济条件下，尤为突出。

中国从20世纪90年代中后期迈入过剩经济时代，市场需求成为经济发展的重要驱动力量。而中国的市场表现却不佳，拥有世界22%人口的中国，经济发展却严重依赖外需，在2008世界金融危机中，这一点已经让中国吃尽苦头。这种"抱着金碗要饭吃"的状况让我们不得不反思自身的发展模式。对此，我国于2010年底，在《中共中央关于制定国民经济和社会发展第十二个五年规划的建议》中明确要求，把扩大消费需求作为拉动内需的战略重点，加快释放城乡居民消费潜力，逐步使我国国内市场总体规模位居世界前列，将扩大消费需求，特别是居民消费需求作为"十二五"时期我国重点任务之一。

（二）城乡差距是内需低迷的重要原因

那么导致我国内需低迷，市场规模无法与人口大国规模相匹配，无法拉动中国经济的原因是什么呢？居民消费率低是表象。居民为什么不消费，主要在于国民收入分配结构不合理。其中，除了城乡居民收入占国民总收入的比重逐步下降之外，收入结构不合理，特别是城乡居民收入差距不断拉大，成为消费持续低迷的重要原因。

众所周知，居民的需要转化为拉动经济增长的内需，有两个条件：第一，消费者有购买欲望；第二，消费者有购买能力。只有在消费者既买得起又愿意买的情况下，才会有需求。消费者是否买得起取决于他们的历年积累和收入，消费者是否愿意买取决于他们的消费水平以及家庭的耐用消费品拥有量。而目前城乡差距带来的结果是想购买的买不起，买得起的不想买，这一点可以从城乡收入的差距中看出来。改革开放初期，城乡居民收入比例是2∶1，现在扩大到3.3∶1。由于占全国人口多数的农民收入上不去，使得农村消费占全社会消费的比重逐渐下降。改革初期，县及县以下消费品零售总额与城市消费品零售总额基本上是各占一半，2009年下降到30%。农村7亿多人口，消费了不到1/3的商品，城市6亿人口消费了2/3的商品。① 整体上，农村居民的消费水平尚处于温饱向小康过渡的阶段，而城市则处于小康向富裕阶段的过渡，很多工业产品在城市已经饱和，而在农村却买不起，城乡之间消费出现断档。因此，实现农民收入的提升和消费结构的改变，最现实的途径，就是城镇化。

（三）城镇化是大规模需求的升级过程

城镇化是一个创造需求的过程，这个过程不仅是宏观层面上经济结构、社会结构、空间结构、文化观念的变迁过程，还是微观层面上人口的聚集过程；是一个个具体而微的个人为了更好的生活而奋斗的过程，也是一个人从就业方式、出行方式、居住方式、消费方式、休闲方式、思想观念的现代化转变过程。而这一切的转换都会有一个物质化的外在表现，即消费结构的转变。

首先，城镇化是消费人口的集中过程。人要生存，就要有衣食住行，所以，人是消费和需求的主体，人在哪里，需求和市场就在哪里，"城市已经表明了人口、生产工具、资本、享受和需求的集中这个事实，而在乡村则是完全相反的情况：隔绝和分散"。② 改革开放以来，我国城镇化水平迅速提高，已由1990年22%上升到2009年的46.6%。城镇人口随之快速增长，由2.54亿人增加到6亿人以上。中国发展研究基金会发布的《中国发展报告2010》指出，今后20年，中国将以每年2000万人的速度，实现农民向市民的转化。也就是说，到2030年将有4亿农民进城，中国城镇人口中有一半是农村移民。

其次，城镇化不仅是需求在空间上的简单集中过程，还是一个需求的提升过程，它引发新的需求和增大市场空间。这是因为

---

① 郑新立：《转变经济发展方式是刻不容缓的战略任务》，《时事报告》2010年第7期。
② 马克思、恩格斯：《马克思恩格斯选集》（第1卷），人民出版社，1995，第104页。

人们背井离乡来到城市,不是为了远行,而是为了梦想,为了提高收入、改变命运、体验文明。对此马克思在《政治经济学批判》中写道:"在再生产的行为本身中,不但客观条件改变着,例如乡村变为城市,荒野变为开垦地等等,而且生产者也改变着,他炼出新的品质,通过生产而发展和改造着自身,造成新的力量和新的观念,造成新的交往方式、新的需要和新的语言。"[①] 在新的生产方式下,进城农民的生活方式、居住方式、思想观念发生了巨大变化,对城市电力、燃气、道路、交通、通信、文化、教育、医疗体育、休闲等城市基础设施和公共服务的需求会日趋增加,并向原有城市居民看齐。据统计,城市人口每增加一个人,其用于消费的支出要增加5倍左右,另外拉动的城市基础设施和公共服务的潜在投资需求是10万元左右。如果每年有2000万人进入到城市,那么,仅城市基础设施的潜在投资需求每年大约就为20万亿元。[②]

最后,城镇化是创造需求的长效机制。城镇化是人类发展的必然趋势,同时又是一个循序渐进的历史过程。按照美国地理学家诺瑟姆的划分,10%~30%的城镇化水平为城镇化的起步阶段;30%~70%的城镇化水平为城镇化的加速阶段;70%以上城镇化水平为城镇化的后期阶段。大多数学者都把城镇化作为现代化的重要衡量标准。美国社会学家英格尔斯就将70%的城镇化水平作为现代化的重要标志。目前,现在中国的城镇化率是46%,到2020年城镇化率将提高到60%,到2030年将达到65%。城镇化水平每提高一个百分点,将有1000多万人转移到城市,因此,持续近20年的城镇化快速发展阶段,将产生巨大的投资和消费需求,足以拉动中国经济在10~20年内以较快的速度增长。在世界经济纷纷寻找经济热点和经济动力的时刻,城镇化将为中国未来10~20年的经济增长拓展巨大的发展空间。城镇化对于中国发展的意义可能用斯蒂格利茨的话表述更准确:"在21世纪初期,影响世

---

① 马克思、恩格斯:《马克思恩格斯全集》(第30卷),人民出版社,1995,第487页。
② 郑新立:《转变经济发展方式是刻不容缓的战略任务》,《时事报告》2010年第7期。

界最大的两件事，一是新技术革命，二是中国的城市化。"

二 城镇化创造供给——提升转变经济发展方式的品质

　　转变经济发展方式的目的在于提高经济发展品质，以人为本为核心，实现全面协调可持续发展。具体表现在通过技术进步、提高劳动者素质和管理创新来拉动经济增长，实现经济结构和生产要素结构优化，经济效率和效益提高，经济与社会协调发展。

　　目前，我国经济发展水平之所以不高，主要体现在经济增长还没有摆脱粗放式、高投入、高消耗的增长模式，科技水平、劳动者素质、生产集约化程度不高，管理水平有待提高等方面。尤其在农村，由于人多地少，我国近60%的人口依然以比较传统的方式从事农业生产。城镇化水平较低本身就会制约农业发展方式的转变。在我国，农业作为国民经济的基础行业，很多地方还是靠天吃饭的状况。要改变农业的落后状况，只有通过城镇化。城镇化可以提高农村资源的规模利用水平，通过减少农业人口，提高农村人均占有土地资源水平，提高农耕地的适度规模经营水平，使留守在农村的劳动力资源得到更有效利用，提高农业现代化水平和人均发展水平。

　　城镇化是农业发展方式转变的前提，还能提升资源利用效率和带动经济结构的转换。首先，城镇化是一个劳动力资源的优化配置过程，也是一个劳动力素质提高的过程。农业是一种季节性劳动，农忙与农闲的分隔，使得农民就业不充分，劳动力的利用效率较低，而工业和服务业的劳动方式不受季节影响，因此，农民进城，意味着劳动力的充分利用。农民进城，主要是由于工业化迅速扩张产生的就业效应。对此，恩格斯在《英国工人阶级的状况》中写道："工业的迅速发展产生了对人手的需要；工资提高了，因此，工人成群结队地从农业地区涌入城市。人口以令人难以相信的速度增长起来,而且增加的差不多全是工人阶级。"① 农民之所以愿意进城,按照刘易斯二元结构理论,在于工业能够提供比农业更高的工资。

其次,城镇化是一个聚集经济效应和规模效应的发挥过程。城市的聚集效应一般是指经济活动在空间上的相对集中,使得经济活动更加节约成本费用,提高效率,增加效益。城镇化的聚集效应主要体现在:人口规模的扩大,资本、技术、人才、产品等各种生产和生活要素集中于城市,成为企业发展的理想场所。

马克思的产业循环理论指出,一个生产性企业的运转要经历购买—生产—销售这样一个完整的循环过程,无论购买或销售,都要面对商品市场、劳动力市场和消费市场,因此,生产过程和买卖市场的时间和空间距离决定了该企业产业周转的速度,从而决定了该企业的竞争力和赢利能力。而城镇化恰恰是通过将人口、资本、技术、人才等诸多发展要素进行空间集中和压缩,使企业和其所依赖的买卖市场高度压缩于同一时空中,从而提升企业的经济增长能力。对此,马克思有形象的描述:"城市愈大,搬到里面就愈有利,因为这里有铁路,有运河,有公路;可以挑选的熟练工人愈来愈多;由于建筑业中和机器业中的竞争,在这种一切都方便的地方,开办新的企业……花费比较少的钱就行了;这里有顾客云集的市场和场所,这里跟原料市场和成品销售市场有直接的联系。这就决定了大工厂城市惊人迅速地成长。"②

城镇化不但能使企业获得巨大外部经济和规模效应,还会使城市本身实现循环累积扩大效应,即 1+1>2。"这种大规模的集中,250 万人这样聚集在一个地方,使这 250 万人的力量增加了 100 倍"。③ 城市的聚集效应和规模效益还体现在城镇化的新形

---

① 马克思、恩格斯:《马克思恩格斯全集》(第 2 卷),人民出版社,1957,第 296 页。
② 马克思、恩格斯:《马克思恩格斯全集》(第 2 卷),人民出版社,1957,第 301 页。
③ 马克思、恩格斯:《马克思恩格斯全集》(第 2 卷),人民出版社,1957,第 303 页。

态——城市群和大都市连绵带，一种基于地理接近在城市之间进行分工以提高经济效率的区域经济发展新形态。城市群和大都市连绵带通常以修建高层建筑、大规模的基础设施、大容量交通工具为标志，形成资源的节约与集约利用，使单个企业分摊的建设成本降低，能够产生良好的集聚经济效果和较高的产出效率，实现城市之间的相互联合与区域经济一体化发展。[1]

再次，城镇化还会带动第三产业的繁荣，优化经济结构。城市之所以会直接带动第三产业的发展，在于城镇化提供了服务业发展的适宜土壤。服务业具有以下特点：一是生产与消费在时空上具有高度同一性；二是需要依托密集的人群和一定数量的服务对象。只有人口集聚达到一定程度时才能分工分业，形成对商业、餐饮、旅店、教育、文化娱乐、卫生、体育、旅游、金融保险、信息咨询等服务业的巨大需求，因此，城镇化的物质表现非常契合服务业的发展条件。城市规模越大，人口数量越多，对服务业的需求越大；市场越大，规模效益越高，就越能推动服务业的发展。同时，第三产业是吸纳农村剩余劳动力转移的主要领域。有专家通过计量分析表明，城镇化进程与第三产业发展相关系数为0.933，与第三产业就业比重相关系数为0.968，都呈现高度正相关关系。这意味着城镇化发展是促进第三产业发展的重要手段。

三 城镇化让生活更美好——实现经济发展方式转变的目标

（一）转变经济发展方式的目的在于使人民幸福

经济发展的目的是以人为本，提高国民的生活水平和生活质量，实现共同富裕。因而，让城市居民和农民共同享受改革开放

---

[1] 周民良：《工业化、城镇化与中国的科学发展》，《甘肃行政学院学报》2010年第1期。

和经济发展的成果,缩小城乡发展差距,本身就是经济发展的目标和价值追求。转变发展方式意味着在追求城乡居民共同富裕的过程中,所秉持的发展理念、发展的手段、发展的战略都要服从于共同富裕和人民幸福、生活美好这一目标要求。实现人民幸福、美好生活,需要经济、政治、社会、文化等多方面发展条件的支撑,其中经济收入是重要前提,共同富裕体现社会主义的本质要求。

从城镇化的历史使命和微观动因看,它也是消除城乡差别,追求城乡文明的一体化过程。人们来到城市是为了追求幸福的,虽然幸福在不同的人以及一个人在不同的发展阶段具有不同的含义,但是这种心愿却是共同的。"城市,让生活更美好",是2010年上海世博会最响亮的口号,给了人们对于未来城镇化更多的美好期待。

(二)人民幸福面临的挑战是城乡差距

那么,城镇化的现状是否满足了人们对于美好生活的所有想象了呢?现实情况是:城乡差距越来越大,城镇建设滥占耕地,农民工群体依然在城乡之间过着两栖生活,拥堵和高昂的生活成本让很多的年轻人逃离"北上广",强制拆迁、强迫"农民上楼运动"等事件时有发生。虽然人民生活水平提高了,自由选择度扩大了,但人民似乎更不满意了。

从农民工的角度看,虽然农民工已经成为我国产业工人的重要组成部分,但社会身份依然尴尬。虽然他们在统计数字里是"城里人",但在现实生活和社会制度里还是"农村人"。截至2009年,中国城镇人口已经达到6.2亿,城镇化率达到46.6%。我国现有城镇化率的统计口径包括了1.45亿左右在城市生活6个月以上但没有享受到和城市居民同等的公共福利和政治权利待遇的农民工,也包括约1.4亿在镇区生活务农的农业户籍人口。这些并没有真正转变身份的人口约占城镇总人口的一半,这些人的工作条件和生活水平相对较差,他们不属于真正意义上的城镇人口。从这个角度讲,我国目前的城市化仍属于"半城市化",距离"全城市化"还有很大距离。对此,有学者指出中国真实的城市化率大概就是1/3,也就是30%多的城市人口。①

(三) 城镇化是弥合城乡差距的桥梁

实现人们对于城镇化让生活更美好的期待,需要政府以科学发展观为指导,善于发挥城镇化的三大效应。

第一,转移效应。城镇化的历史使命内含着消除城乡差别、实现城乡文明共享。无论是从概念、历史发展还是从发达国家的发展经验来看,城镇化是一个人口从低收入产业和地区向高收入产业和地区流动的过程,是一个缩小"发展洼地"面积、扩展"发展高地"覆盖范围的过程。当然也有发达国家通过农村建设、发展现代化农业、转移支付等方式,从"发展高地"向"发展洼地"注入富农之"水",提升农村的现代化水平,达到缩小城乡发展差距的目的。在转移过程中,第三产业是吸纳农村剩余劳动力的主要领域。与工业相比,服务业吸纳劳动力的能力更强。据测算,目前中国第三产业每万元增加值吸纳的劳动力数量平均是第二产业的两倍以上。

政府的政策对于转移效应的充分发挥也起到重要作用,目前我国政府正着力解决"半城市化"问题。中国发展研究基金会的《中国发展报告2010:促进人的发展的中国新型城市化战略》显示,从"十二五"开始,用20年时间解决中国的"半城市化"问题,使中国的城市化率在2030年达到65%。据课题组调研后测算,中国当前农民工市民化的平均成本在10万元左右。每年为解决2000万农民工市民化需投入2万亿元,到2030年基本解决4亿农民工及其家属的进城和落户问题,使他们享受与城市原有居民同等的公共服务和各项权利。②

城镇化作为一个文明的提升过程,文明的成果属于所有社会

---

① 王建:《用城市化创造我国经济增长新动力》,《宏观经济管理》2010年第2期。
② 刘鹤:《中国城市化的全球地位和均衡模式》,2010年11月15日《第一财经日报》。

阶层，是农村与城市、农民与市民双赢的过程。但是这种双赢并不会自动出现，因此要加强社会建设和社会管理。农民工市民化的过程要面临社会融入等一系列问题。需要社会各阶层的良性互动，如大大小小的各类企业经营者、老板、城市管理者、城市市民、社会组织等，各个阶层在不同的层面上对农民工融入城市发挥着作用，其态度和开放接纳程度决定着农民工融入城市的难易程度。城市政府作为城市管理者，必须妥善处理城市中各社会阶层的生存、发展与城市建设与管理之间的矛盾，必须从制度、教育、宣传上来营造城市的和谐关系。城市政府要加强各方的良性沟通，消除歧视、敌对、冲突和误解，妥善处理城市各阶层之间的矛盾，同时积极引导城市各种社会组织的建立，使之成为组织人群、维护权利、对话协商、化解冲突的"安全阀"。

第二，辐射效应。从城镇化的目的和追求看，主要是城乡文明的趋同化，这一历史进程，固然是以大部分农民居住到城市为完成标志，但也不排斥城市文明向农村地区辐射和传播，以农民就地实现现代化这一过程。因此城镇化既包括了农村各种资源向城市的集中过程，同时也包括了城市现代化文明成果向农村的扩散过程。城镇化作为城乡之间的资源重组和优化配置，不是一个单向的过程，而是双向的过程。

从经济学角度看，城市的聚集经济效应和规模效应发展到一定阶段，各种资源的边际收益就会下降。因此，辐射效应即是城市聚集的各种优势资源通过资本的纽带或政府宏观调控之手，以市场或转移支付等方式向城市周边地区扩散的过程。在经济利益的驱使下，资本本身会寻找最佳投资场所，农业现代化会成为城市文明的第一个辐射对象。政府层面也会对城乡一体化进行统筹安排和重点扶持，实现电力、道路、燃气、交通、通信等基础设施和教育、文化、医疗、社会保障等基本公共服务的均等化，以工业反哺农村、城市反哺农村，实现城乡协调发展。

第三，回流效应。主要是指从农村走出去的人，经过城市工作生活的洗礼，又返回农村，带动农村走向现代化的过程。农民工返乡必然要带回一定数额的资金，这对于加快新农村建设，扩大内需也将起到一定作用。同时，返乡农民工还会带回先进的技术和市场信息，能有效带动社会各个领域的创业，推动地方经济社会发展。返乡的农民工在外出务工的过程中，经过了发达城市先进技术文化和发展思想的洗礼，活跃了思维，开阔了眼界，积累了一定的管理经验，将推动地方经济快速发展。

城镇化的推进，要以市场机制为主、政府宏观调控为辅的双结合为依托。城镇化不能仅追求城市人口数量的增加，更要追求城镇化的质量，即让那些真正愿意到城市，并且有能力在城市生存的人顺利定居下来。城镇化的推进过程中，要给予所有人选择和竞争的机会，同时给予在城市不能和不愿意生存下去的人一个很好的退路，即尊重农民意愿，同步推进农村现代化，让农村成为社会稳定的磐石。这既是对个人的关怀，也是对我国现阶段经济发展水平所能提供的城市容纳能力的客观估计。在 2008 年世界金融危机中，新农村建设巨额投入所打下的基础和城乡二元结构给予农民工"进可攻退可守"的自由选择空间，给了中国经济社会发展一个巨大的缓冲和调整空间。当然，农村现代化的意义远不止于此，它本身就是现代化的内容之一。

（作者单位：北京科技大学文法学院）

参考文献

[1] 马克思、恩格斯：《马克思恩格斯选集》（第1卷），人民出版社，1995。

[2] 马克思、恩格斯：《马克思恩格斯全集》（第30卷），人民出版社，1995。

[3] 马克思、恩格斯：《马克思恩格斯全集》（第2卷），人民出版社，1957。

[4] 郑新立：《转变经济发展方式是刻不容缓的战略任务》，《时事报告》2010年第7期。

[5] 周民良：《工业化、城镇化与中国的科学发展》，《甘肃行政学院学

报》2010年第1期。

[6] 王建:《用城市化创造我国经济增长新动力》,《宏观经济管理》2010年第2期。

[7] 刘鹤:《中国城市化的全球地位和均衡模式》,2010年11月15日《第一财经日报》。

□ 钱　津 □

论中国农业现代化与工业化、城镇化

中国最早提出要实现农业现代化是在 20 世纪 50 年代。1954 年召开的第一届全国人民代表大会第一次明确地提出要实现工业、农业、交通运输业和国防四个现代化的任务。1956 年又一次把这一任务列入党的"八大"所通过的党章中。在 1964 年 12 月召开的第三届全国人民代表大会第一次会议上，根据毛泽东建议，周恩来在《政府工作报告》中首次提出，在 20 世纪内，把中国建设成为一个具有现代农业、现代工业、现代国防和现代科学技术的社会主义强国，实现四个现代化目标的"两步走"设想。第一步，用 15 年时间，建立一个独立的、比较完整的工业体系和国民经济体系，使中国工业大体接近世界先进水平；第二步，力争在 20 世纪末，使中国工业走在世界前列，全面实现农业、工业、国防和科学技术的现代化。2010 年 10 月 18 日，十七届五中全会通过的《中共中央关于制定国民经济和社会发展第十二个五年规划的建议》中，再一次明确提出："在工业化、城镇化深入发展中同步推进农业现代化，是'十二五'时期的一项重大任务，必须坚持把解决好农业、农村、农民问题作为全党工作重中之重，统筹城乡发展，坚持工业反哺农业、城市支持农村和多予少取放活方针，加大强农惠农力度，夯实农业农村发展基础，提高农业现代化水平和农民生活水平，建设农民幸福生活的美好家园。"因此，农业现代化的重要性在于它不仅是不可忽视的，而且，还必须与工业化、城镇化同步推进。在"十二五"规划期间,我们必须高度重视农业现代化,并以此保障工业化和城镇化深入发展的顺利进行。

一 中国实现工业化需以农业现代化为基础

中国的农业现代化问题并不仅是农业经济学研究的问题,而是整个国民经济发展研究的问题。国家社会科学基金重点课题《市场经济条件下农业扶持与保护的理论与实践研究》的最终成果指出:"农业是国民经济发展、社会稳定、国家自立的基础;农业、农村和农民问题始终是中国革命和建设的根本问题。没有农村的稳定和农村经济的全面振兴,就不可能有整个社会的稳定和全面进步;没有农民生活的小康和富裕,就不可能有全国人民生活的小康和富裕;没有农业的现代化,就不可能有整个国民经济的现代化。这是中国人民在中国共产党领导下,经过长期实践、不断探索得出的科学结论,也是国民经济和社会发展的内在规律。"[①] 在中国的现代化进程中,新型工业化是主导,农业现代化是基础,更准确地说,农业现代化也是新型工业化的基础。

如果仅仅是从解决"三农"问题出发,那么,是否需要实现农业现代化不过是或然的,而非确定的。在尚未改变小农生产结构的现实中,中国已经有不少的农民富了起来,已经有不少的村庄建成社会主义新农村,已经实现了18亿亩耕地的有效利用,基本上可以保证年产粮食在1万亿斤之上。依此基础,我们继续努力,中国的农民就可以走向更加富裕,中国的农村就会获得更多的来自政府和社会各界的民生关怀,就会有更新的形象,中国的农业也会更上一层楼,将小农生产结构的潜能发掘到极致。因而,就现实的情况讲,目前中国经济学界正在讨论解决的"三农"问题,其实在具体的内容上并没有与中国农业现代化的实现积极地

---

① 徐逢贤、唐晨光、程国强:《中国农业扶持与保护》,首都经济贸易大学出版社,1999。

联系起来。甚至种种迹象还表明，在全国各地，实施农村民生改善工程、加强农村小额信贷投放和组建农村小小银行、扶持农村专业户等措施，无不是在进一步地强化和稳定中国的小农生产结构，事实上并没有直接地走上农业现代化之路。不可否认的是，有很多人关心"三农"问题，但却很少有人研究和重视农业现代化，好像只要让农民吃饱了就行了，让农民稍微地富裕起来就可以了，农业现代化还很遥远。在这其中，维持小农生产结构与推进农业现代化和发展现代农业的要求相悖。比较典型的是，有人认为："大规模经营在提高劳动生产率的同时，又侵占了大量农民从事农业从而从农业中获取收入的机会。我们可以假定农业总收入是固定的（但若如粮食等大宗农产品的生产过多、过剩，粮价下跌，就会出现增产不增收，农业总收入因此反而降低的问题），则因为现代农业的发展、规模经营的发展、农业劳动生产率的提高，而使少数现代农业占有了更多的农业收益，这就使得农业收益在全国9亿农民中的分配更加不平等，占中国农民绝大多数的小农家庭可能只能分享很少部分且会是越来越少部分的农业收益，而资本下乡、规模经营的现代农业，虽然只有很少的人来主持，却可能分享越来越多农业收益。因为这些现代农业的发展、因为资本下乡、因为土地规模经营，而使农业整体生产力提高的同时，却将小农挤压得没有出路。资本下乡，对中国仍然要依靠农业收入来完成劳动力再生产的9亿农民来讲，并非一定是好事，甚至可以说一定是坏事。"①

中国最早研究农业与工业化之间关系的著名经济学家张培刚教授曾经指出："在任何经济社会中，农业和工业之间总保持一种密切的相互依存关系，虽然在经济演进的过程中，其方式屡经变易。"② 从人类社会发展的近代历史看，可以说没有一个已经实现工业化的国家是建立在小农生产结构基础上的。保持小农生产结构与实现工业化尤其是实现新型工业化是相互对立的，不是走在

---

① 贺雪峰：《为什么要维持小农生产结构》，《贵州社会科学》2009年第9期。
② 张培刚：《农业与工业化》（上卷），华中工学院出版社，1984。

一条路上的。从国民经济整体的角度讲，如果哪一个国家的农业基础还是停留在小农生产结构状态，其国家工业化的实现就几乎是不可能的。因为小农生产结构必然需要大量农业人口，相应并不需要特别多的工业产品，农业和农村市场狭窄且疲软，这就从根本上限制了工业就业人口的增加和工业产品市场的发展，所以，小农生产结构的存在无疑是工业化或新型工业化实现的实际阻力。如果人们一定要求先实现工业化，再去实现农业现代化，那就可能会使中国还要在很长的时期内处于发展中国家行列，走不出经济落后的困境，既实现不了工业化，也实现不了农业现代化。

多少年来，在发展中的中国，似乎有太多的人已经习惯了小农生产结构，好像对改变小农生产结构很有一些抵触，况且，这些人一想到改变小农生产结构还需要付出巨大的经济转型成本，就更有充足的理由知难而退了。因而导致中国改革已进行了三十多年，却至今未能大步迈开农业现代化的步伐。从根本上说，这是一个观念严重落后的问题，是在思想上始终尚未明确认识到小农生产结构的延续必然要拖延新型工业化实现的问题。因此，现在我们特别需要认真地学习《中共中央关于制定国民经济和社会发展第十二个五年规划的建议》提出的"在工业化、城镇化深入发展中同步推进农业现代化".的重要意义。

从历史的客观角度讲，中国小农生产结构的长期存在也是与中国的工业化进程缓慢相关联的。日本在20世纪90年代实现工业化并进入世界最发达国家行列，韩国在日本之后也基本实现了工业化并成为世界各国经济总量排名第12位的国家。而中国直至20世纪末，实现工业化还仍是口号，还在继续的努力之中。在这种状态下，中国小农生产结构的存在是一种只能默默接受的无奈。为了到2020年能实现全面小康社会，进入21世纪后，中国已加快了工业化步伐。现在，中国面对的"十二五"规划时期的社会经济形势是，只有抓紧实现工业化，实现新型工业化，才能真实地支撑全面小康社会的建设。因而，在工业化强力支撑下的中国农业必然要走上现代化之路，必然要以农业现代化的实现确保新型工业化的实现。

二 中国实现城镇化需以农业现代化为前提

《中共中央关于制定国民经济和社会发展第十二个五年规划的建议》指出："加快发展现代农业。坚持走中国特色农业现代化道路,把保障国家粮食安全作为首要目标,加快转变农业发展方式,提高农业综合生产能力、抗风险能力、市场竞争能力。实施全国新增千亿斤粮食生产能力规划,加大粮食主产区投入和利益补偿。严格保护耕地,加快农村土地整理复垦,大规模建设旱涝保收高标准农田。推进农业科技创新,健全公益性农业技术推广体系,发展现代种业,加快农业机械化。完善现代农业产业体系,发展高产、优质、高效、生态、安全农业,促进园艺产品、畜产品、水产品规模种养,加快发展设施农业和农产品加工业、流通业,促进农业生产经营专业化、标准化、规模化、集约化。推进现代农业示范区建设。发展节水农业。推广清洁环保生产方式,治理农业面源污染。"

中国的新型工业化是伴随城镇化实现的工业化。传统的工业化是伴随城市化实现的工业化,而今城市化的作用与城市化的弊端同时显现,对于现代社会和现代经济发展而言,没有城市的兴起和城市的经济辐射作用绝对不行,但是高度的城市化造成人口过于密集也带来更多的不经济因素,甚至可能出现人为的灾难。就特大城市讲,仅供水就是一大困难,更不用说一旦发生能源危机,整个城市就要瘫痪。所以,中国新型工业化的解决办法是,既发扬城市化的作用,又抑制城市化的弊端,以城镇化代替城市化去实现工业化,不再一味扩大城市规模,而是将城市人口比重提高的同时安排城市人口主要居住在城镇。这样更有利于人们享受现代生活,也有利于提高工业化的效益。

但是,我们更要明确地认识到,改变小农生产结构,实现农业现代化,是切实推进城镇化建设的必要前提。这就是说,不搞农业现代化,依旧维持小农生产结构是无法实现城镇化的。在客观上，不允许先搞城镇化，再搞农业现代化。必须按照同步的方针，在城镇化深入发展中同步推进农业现代化。

按照城镇化和农业现代化的共同要求，中国在实现工业化的进程中，必须逐步减少农村人口，增加城镇人口。在进入21世纪之后，中国农村人口已经有了大幅度的降低，这种降低从一个侧面支撑了工业化、城镇化的发展。在"十二五"规划时期，当中国农业走上现代化之路，农村人口还需要继续大幅度地下降。如果还是7亿多的农村人口，还是3亿多农业劳动者，那中国的工业化、城镇化是实现不了的。相比美国，3亿人口中只有300多万农业劳动力，中国人口是美国的4.5倍，按同样比例和同样的农业发达程度，中国应该只需要1350万农业劳动力。但这一要求与中国目前的农村现实距离太远，我们不可能一下子消灭与美国的距离。从实际出发，中国实现农业的现代化，恐怕在近期内还不能少于1亿农业劳动力，即中国实现农业现代化时的水平还是相当有限的。达到这个降低农业人口的最低目标，还需要我们付出最大的努力。中国农业的现代化之路，与原先的小农生产结构相比，最大的区别就在于农业人口的大幅度减少。如果中国农业人口的数量降不下来，更准确地说不能显著地降下来，那不仅实现农业现代化无望，而且实现工业化、城镇化也是不具备必要条件的。所以，为了与实现工业化、城镇化同步，为了保证国民经济三大产业的协调发展，我们应将降低农业人口作为全社会的硬任务来抓。但这并不是要将农民硬赶出农村，或硬赶上楼，我们不是这个意思，而是说城市和城镇需要主动地吸收农村人口，工业和服务业要创造更多的条件积极地吸收和妥善安置农业劳动力的转移。就此而言，降低农业人口比重的责任主要不是在农村，而是在于城市与工业的发展，在于城镇化的推进和服务业的振兴。

农村人口的减少，只能是转移到城市或城镇去，这分为异地转移和本地转移，一般而言，应是异地转移较少，本地转移较多；农业劳动力的减少，只能是转移到工业或服务业再就业，就客观的情况讲，应是在工业再就业的相对少，在服务业再就业的相对多。这种转移方式，既与实现工业化的经济结构变化有关，也与走向城镇化之后的社会消费水平的提高和消费结构的变化趋势相一致。

问题在于，中国农业要走现代化之路，不再继续维持小农生产结构，客观需要不断转移到城市或城镇的农村人口和不断转移到工业或服务业的来自农业的劳动力，渐渐地在城市或城镇稳定下来，渐渐地成为工业或服务业的终身就业者。而做到这一点，相比国家和法律的力量，更需要先进文化和中国人民的思想智慧。现在的实际情况是总体上没有做到，只是个别的地方做得比较好。从普遍性讲，全国各地，不论何处，都将进入城市或城镇的农业劳动力称为农民工就是无须再解释的明证。美国前总统布什在家乡拥有广阔的大农场，但是没有一个人称他为农民总统。而我们这里，在城市已经工作了十几年的农村人口，还是要被称为农民工。对于这些人，叫农民工，而不是叫工人，就意味着他们享受不到与城里人同样的工资水平，享受不到基本医疗服务和退休养老等社会保障。而且，"对于农民工来说，现有的制度设置没有为其提供组建自我维权组织的空间"。①

在农业现代化的进程中，农民的减少和转移到城市或城镇人员的社会保障问题，是极端重要的，是需要依靠理论界研究和全社会负责的。特别需要明确的是，这不是农民的问题，不是农村的问题，更不仅仅是农业现代化的问题。这是整个中国社会转型的问题，是中国必须要实现工业化、城镇化的问题。现在，这个问题没有解决好，确实是不争的事实，主要是解决问题的认识深度不够。因此，在"十二五"规划期间，我们必须协调一致，全力以赴地解决好这个问题。只要思想认识达到了应有的深度和统一，在目前的条件下，中国农业现代化中的人口转移和社会保障问题并不是不能解决的。但这需要全社会迎难而上，按照"十二五"规划的部署，积极地建设社会主义新农村，与工业化、城镇化同步推进农业现代化，而不是知难而退，再退回到小农生产结构去消极地寻求旧体制的庇护。

---

① 曹飞：《社会转型视野下的农民工问题解读》，《经济经纬》2009年第5期。

三 "十二五"将开创中国农业现代化新时期

《中共中央关于制定国民经济和社会发展第十二个五年规划的建议》指出:"完善农村发展体制机制。坚持和完善农村基本经营制度,现有农村土地承包关系保持稳定并长久不变,在依法自愿有偿和加强服务基础上完善土地承包经营权流转市场,发展多种形式的适度规模经营,支持农民专业合作社和农业产业化龙头企业发展,加快健全农业社会化服务体系,提高农业经营组织化程度。完善城乡平等的要素交换关系,促进土地增值收益和农村存款主要用于农业农村。按照节约用地、保障农民权益的要求推进征地制度改革,积极稳妥推进农村土地整治,完善农村集体经营性建设用地流转和宅基地管理机制。深化农村信用社改革,鼓励有条件的地区以县为单位建立社区银行,发展农村小型金融组织和小额信贷,健全农业保险制度,改善农村金融服务。深化农村综合改革,推进集体林权和国有林区林权制度改革,完善草原承包经营制度。认真总结统筹城乡综合配套改革试点经验,积极探索解决农业、农村、农民问题新途径。"这就是说,在"十二五"规划时期,通过农村发展体制机制的进一步完善,在现有的农村基本经营制度基础上,中国农业现代化与工业化、城镇化的同步推进,必将开创社会主义新农村建设的新局面。

中国社会科学院经济学部课题组的研究表明:"从全国看,到2005年,中国的工业化水平综合指数达到50,这表明中国刚刚进入工业化中期的后半阶段。如果将整个工业化进程按照工业化初期、中期和后期三个阶段划分,并将每个时期划分为前半阶段和后半阶段,那么中国的工业化进程地区已经过半。1995年,中国工业化水平综合指数为18,表明中国还处于工业化初期,但已经进入初期的后半阶段。到2000年,中国的工业化水平综合指数达到了26,这表明1995到2000年的整个'九五'期间,中国处于工业化初期的后半阶段。到2005年，中国的工业化水平综合指数是50，这意味工业化进程进入中期阶段。也就是说，'十五'期间，中国工业化进入了高速增长阶段，工业化水平综合指数年平均增长接近5%。单独的计算表明，在2002年，中国的工业化进入中期阶段，工业化综合指数达到了33分，如果认为从工业化初期到工业化中期，具有一定转折意义的话，那么，'十五'期间的2002年是我国工业化进程的转折之年。从静态计算，如果在未来中国能够保持'十五'期间我国工业化水平综合指数的年均增长速度4%~5%，到2015~2018年，再经过10~13年的加速工业化进程，我国工业化水平的综合指数将达到100，中国工业化将基本实现，这与我们到2020年长期的现代化战略目标要求是相符合的。即使按照'九五'和'十五'整个10年间我国工业化水平综合指数的年均增长速度3.2%推算，到2021年，我国的工业化水平综合指数也将达到100，中国将实现工业化。"①

依据上述工业化水平综合指数数据，中国工业化进入中后期阶段即腾飞阶段是在2002~2005年，也就是说，这一重大的转折是在"十五"期间实现的。关于这一时段的认定，以及关于腾飞之后中国工业化基本完成时间的推定，不论是从数据出发，还是从事实出发，都是没有争议的。只是认定这一时段之后，更准确地讲，中国工业化腾飞的起点是在2004年。来自国家统计局的权威数据表明：在2004年，中国许多省份的固定资产投资达到2003年固定资产投资的近一倍或数倍以上，带动了"非典"严重影响后的全国市场呈现空前活跃的景象。所以，很自然地在神州大地，从南到北，从东到西，人们的普遍直观印象是2003年有SARS猖獗，在2004年却出现了从来未有过的经济腾飞。这种腾飞就是工业化的腾飞，即工业化的进程进入了高增长的腾飞阶段。

2008年，全球遭遇到海啸般的金融危机；2009年，众多的国

---

① 中国社会科学院经济学部课题组：《我国进入工业化中期后半阶段——1995~2005年中国工业化水平评价与分析》，2007年9月27日《中国社会科学院院报》。

家还在经济大萧条的旋涡中苦苦挣扎。但在这一期间，中国经济似乎是一枝独秀傲立于世界，其中最重要的原因之一就是中国目前正处于工业化的腾飞阶段，具有其他各个国家都不具有的较高的市场承受力，经济快速增长的势头只是有所减缓，而没有发生根本性的逆转，仍是走在不断向上奋进的大路上。所以，无可争议的事实是，中国经济在"十一五"期间取得了前所未有的辉煌成就。然而，由于思想的守旧和理论的落后，或是感觉上的麻木，在中国经济学界，很多人至今还没有认识到这一点，没有认识到中国自2004年就已经进入到工业化的腾飞阶段，更没有认识到中国的工业化腾飞对中国农业现代化的影响和要求。

支持中国工业化腾飞的力量，一方面来自国际先进技术，没有改革开放以来对工业各行业先进技术的引进，就不会搭建起21世纪中国经济高速增长的平台；另一方面来自中国小农生产结构的繁荣和发展，没有改革开放以来农村联产承包制的实行和农业生产历年来的进步，同样也不会出现21世纪中国经济的高速增长和工业化进程的加速。从某种意义上也可以讲，正是小农生产结构在改革开放的大潮中取得的历史成就奠定了中国工业化腾飞的基础，而且，更重要的是，这也造就了终于能够改变中国历史悠久的小农生产结构的可能性和现实性。也就是说，在工业化腾飞之前，中国还只能是依赖和利用小农生产结构；而在工业化腾飞之后，中国就有条件改变小农生产结构并走上农业现代化之路了。因而，在对"十二五"时期的经济研究中，需要明确区分工业化腾飞之前与工业化腾飞之后的不同，绝不能再用工业化腾飞之前的眼光认识当今工业化腾飞之后的事实。

中国的工业化腾飞将带动农业迅速现代化的可能性和现实性，在"十二五"规划时期，具体主要表现在国家财政大幅度增收可以为农业转型提供必要的财力支持，新型工业的崛起将为数以亿计的农村人口进入城镇就业包括在第三产业就业创造基本条件，市场的扩大和规范将为农业的现代化进行广泛而积极的客观导引，高等教育的进一步普及将为农业劳动的主体结构转换即新型农民的培育打下坚实的基础，等等。总之，在小农生产结构基础上实现的工业化腾飞已经使中国农业的现代化之路由过去的遥不可及，转变为在"十二五"规划时期能够见到现实的起点了。

（作者单位：中国社会科学院经济研究所）

参考文献

[1] 徐逢贤、唐晨光、程国强：《中国农业扶持与保护》，首都经济贸易大学出版社，1999。

[2] 贺雪峰：《为什么要维持小农生产结构》，《贵州社会科学》2009年第9期。

[3] 张培刚：《农业与工业化》（上卷），华中工学院出版社，1984。

[4] 曹飞：《社会转型视野下的农民工问题解读》，《经济经纬》2009年第5期。

[5] 中国社会科学院经济学部课题组：《我国进入工业化中期后半阶段——1995~2005年中国工业化水平评价与分析》，2007年9月27日《中国社会科学院院报》。

□刘　毅　徐雅雯□

关于当代中国城镇化模式发展的研究

　　城镇化是社会生产力发展到一定阶段的产物，是经济社会发展的必然趋势，也是工业化、现代化的重要标志。对城镇化的推进，也反过来会促进经济社会的发展。城镇化是中国不断向前的一个必经过程，是中国未来发展的一项重要战略，其已被视为中国未来进一步发展、推动国民经济增长的内在动力。据中国社会科学院的《2010年城市蓝皮书》预计，"十二五"期间，中国城镇化率到2015年将超过50%，城镇人口将首次超过农村人口。2010~2020年，中国还将有约2亿人口从农村转移到城市。

　　从总体量上来看，中国城镇化水平是呈上升趋势的。但是中国城镇化质量的提高相对较为缓慢，这导致中国城镇化速度与质量严重不协调。由于中国人口多、底子薄，耕地相对不足，劳动力素质偏低，各地区自然环境不同，经济发展水平也不尽相同，导致中国在推进城镇化发展中受到很大制约。为此，我们必须找出一条适合中国的城镇化发展道路。

一　中国城镇化模式发展历程

（一）以城市空间划分的城镇化模式

在中国城镇化发展模式的选择中，主要存在小城镇发展模式、大城市发展模式和中小城市发展模式三种选择。20世纪八九十年代，中国实施城镇化的基本方针是：控制大城市，发展中小城市和小城镇，其中，小城镇发展模式对中国城镇化发展产生的影响相对较大。

1. 小城镇发展模式

该模式是以乡镇企业为导向，促进乡村工业化和农村城镇化进而推动城市发展的模式。该模式在当时特定的背景下，解决了大量农村剩余劳动力的就业问题，建立了地方经济基础，有效推动了小城镇发展，同时也带来了布局分散、投资效率低等问题。

2. 大城市发展模式

该模式认为大城市具有明显的经济聚集优势。同中小城市比较起来，大城市在资金、人才、信息、交通、市场、管理、效率等方面，具有显著的优势，这是大城市经济聚集作用的结果。大城市的主要特征是人口在一定规模上的高度密集，具有领头作用和辐射作用。

3. 中小城市发展模式

中小城市在中国城镇体系中处于中间环节，起到了联系大城市和小城镇的作用。中小城市具有点多面广、承上启下、联系广泛等特点，城市基础设施和产业基础具有一定规模；在住房、交通等方面不像大城市那么紧张，生产力水平及文化科学基础又比小城镇优越。因此，合理发展中小城市，对于缓解大城市人口和承载压力及促进小城镇发展都具有十分重要的作用。

以上三种发展模式可以说都具有各自的优势，但却共同忽略了一点，即对中国地区的差异性这一现实考虑，企图以单一的模式解决中国的城镇化问题。由于地区之间在人口密度、居民素质、经济发展水平、生产力状况等方面存在较大差异，因此，试图以局部概括整体发展，必然招致实践中的挫败。因此，对城镇化道路选择不应一概而论，应根据地区的差异区别对待，选择适合不同地区的城镇化发展模式，做到有的放矢。

(二) 以地区性划分的城镇化模式

由于各地区社会与自然发展环境、发展阶段等都有很大差异，在城镇化的实践中，许多地方结合自身的条件和特点走出了一些具有明显特色的城镇化道路，大致可以概括为如下几种城镇化模式。

1. 计划经济体制下以国有企业为主导的城镇化模式

这种城镇化模式的原动力来自于国家计划对资源的大规模开发和生产建设；城镇化水平的提高主要是因为资源开发所引起的大量外来人口的迁入以及相关政策的强制性推动。攀枝花、大庆、鞍山、东营、克拉玛依等许多城市的兴起就是典型案例。

2. 商品经济短缺时期以乡镇集体经济为主导的"苏南模式"

这是一种通过乡村集体经济和乡镇企业的发展促进乡村工业化和农村城镇化进而推动城市发展的模式。这种模式在当时特定的背景下，解决了农村剩余劳动力问题，增强了地方经济基础，有效推动了小城镇的发展。

3. 以分散家庭工业为主导的"温州模式"

这种模式是在由计划经济向市场经济转轨过程中，通过家庭手工业、个体私营企业以及批发零售商业来推动农村工业化，并且以此带动乡村人口转化为城市人口。私人资本投入带动乡镇企业发展，促进城镇化进程，形成了以民营经济发展为动力，以私人资本推动为特点的温州城镇化模式。

4. 以外资及混合型经济为主导的"珠江三角洲模式"

进入20世纪90年代中后期以来，随着全球资本与产业的转移，部分地区大力推动资本结构转型，进入吸引外资的高潮期，形成以外向型经济园区为主体，集聚人口与产业、推动城镇化的有力载体。珠江三角洲通过"三来一补"带动了外向型乡镇企业的迅速发展，形成了以加工工业发展为动力，以外资推动为特点的珠江三角洲城镇化模式。

（三）其他城镇化模式

21世纪初在中国又相继出现了几种极具深远意义的模式。

1. 城市融合扩张型的长、株、潭一体化的城镇化模式

随着城市融合扩张型的城市群的快速发展（即以长沙、株洲、湘潭三个城市为核心，同时带动了常德、益阳、岳阳、娄底、衡阳五个城市的发展），形成了以资源优势互补为动力，以城市融合扩张为特点的长、株、潭一体化的城镇化模式。诸如中原城市群、关中城镇群均属此类。

2. 以某一中心城市为核心建立区域性的城市圈模式

比如长江三角洲城市群、珠江三角洲城市群，就是以某一中心城市为核心，建立起的区域性的城市圈群。

3. 城乡一体化发展型的成都城乡统筹城镇化模式

通过建设"世界现代田园城市"，成都地区建立起了"城乡一体化发展型的成都城乡统筹城镇化模式"。该模式采取"城乡建设用地增减挂钩"、"三规合一"、"三个集中"、"三个一体化"、"四大基础工程"等做法，有力地促进了城镇化的快速发展。

二 中国城镇化模式发展现状

过去10年，是中国城镇化推进速度比较快或者最快的时期。2000年，中国的城镇化率是36.2%，城镇人口是4.6亿人。到2010年底，城镇化率已经提高到47.5%，城镇人口大约是6.3亿人，城镇化成为推动经济社会发展的强大动力。现在全球人口数量超过1亿人的只有11个国家，而10年间，中国城镇化率提高了11.3个百分点，平均每年提高1.13个百分点，城镇人口足足增加了1.7亿人。在"十一五"期间，中国城镇化发展取得了巨大成效：城市规模快速扩张，中心城市地位凸显；城市基础设施不断完善，投融资渠道日趋多元化；城市经济实力显著增强，产业结构进一步优化；城市居住环境明显改善，建设管理水平迅速提高；城市社会事业蓬勃发展，和谐城市建设迈出新步伐。

然而，由于体制和政策不完善，当前中国城镇化发展仍存在诸多问题，如城市土地扩张与人口增长不匹配，城乡与区域发展严重不平衡，收入差距扩大与居住分离加剧，各种城市社会问题日益凸显，城市空间开发无序现象严重，大城市膨胀问题亟待解决，等等。

三 国外城镇化模式比较研究

城镇化是一个国家经济、社会发展客观形态的综合体现，是农业化向工业化迈进的必由之路。当前，城镇化在许多国家以不同的形式相继推进着，并积累了不少经验。因此，吸取并且借鉴这些国家成功的城镇化经验，可以使我们少走弯路，更好、更快地推进中国城镇化发展的进程。

（一）以美国为代表的城镇化模式

在美国的城镇化过程中，市场发挥着重要作用。政府对于城镇化的干预政策是间接的，这导致美国在城镇化过程中，过分依从市场需求和过度消耗自然资源的城市无序蔓延，空间和社会结构性问题日益突出，引发了经济、社会和环境的一系列问题，成为世界各国引以为戒的深刻教训。美国城镇化进程具有两个重要的趋势特点：一是人口不断向大都市聚集；二是在大都市市区内部，人口又不断地从城市中心区迁往外围郊区。这给美国社会经济发展带来了深远的影响，使得人口密度降低，城市与郊区、乡村之间的差距逐步缩小并不断融合。但是这种过度郊区化也使美国付出了沉重的代价，出现了土地资源严重浪费、经济成本居高不下、生态环境遭到破坏、资源和能源过量消耗以及贫富差距不断加剧等一系列社会问题。

20世纪90年代以来，美国开始意识到过度郊区化所带来的灾害，提出了"精明增长"的理念。其主要内容就是强调土地有效利用的紧凑模式，鼓励以公共交通和步行方式为主的开发模式，综合利用土地，保护开放空间和创造舒适的环境，通过限制、保护和协调实现经济、环境和社会的和谐发展。

（二）以英国为代表的城镇化模式

作为工业革命的发源地，英国发展其城镇化道路始终坚持着以城乡规划为主体的公共干预政策，市场机制在其城镇化进程中发挥了主导作用。但与美国不同的是，它更强化了政府的干预职能，政府通过法律、行政和经济手段，引导城镇化健康发展。英国针对市场经济出现的负面影响，推行以城乡规划为主体的公共干预政策，较有效地化解了城镇化进程各个特定时期中出现的问题，保持了经济社会和环境的基本协调发展。多数西欧国家在城镇化进程中也推行了类似的公共干预政策。第二次世界大战后，随着大规模重建、人口快速增长和小汽车日益普及等现象的出现，英国面临郊区化趋势。英国政府设置环城绿带和建设新城的城市规划政策，较好地遏制了大城市的无序蔓延。

（三）以日本为代表的城镇化模式

日本的城镇化是在第二次世界大战后，特别是在经济高速发展时期实现的。日本的城镇化不是一个大城市突起，而是以三大都市圈为核心的空间聚集模式并行发展，以获取资源配置的集聚效益。三大都市圈包括："东京都圈"，有东京都和7个县；"名古屋圈"（又称"中部圈"），有名古屋市和8个县；"大阪圈"（又称"近畿圈"），有大阪府和7个县。这其中，"东京都圈"和"大阪圈"发展速度最快，"名古屋圈"则差一些。主要原因是各都市圈之间人口结构存在一定差异，东京都圈相对来说富人较为聚集，而名古屋圈相对"贫穷"一些。

日本的大城市明显多于美国，日本人多耕地少的国情与中国十分接近。日本地窄人稠的自然条件，重工业化、外向型经济的发展造就了临港工业地带，并形成大规模、高密度的城市社会，促使人口高速增长并加速了城镇化进程，既提高了大型城市的人口规模和密度，又提高了经济效率，形成了日本独特的大城市化和都市圈化的城市化模式。日本都市圈结构的特点是每个都市圈都集中了 3000 万左右的人口，相应有一套较为完整的产业体系，都市圈内部的人口需求基本上可以被其内部制造业的全部产出所满足，因此日本三大都市圈之间的经济交流很少。日本采用的人口大城市化和都市圈化的城镇化模式，一方面大大提高了土地使用的集约化程度，另一方面又减少了对交通、能源的依赖。然而，这种城镇化发展模式也带来了一些问题，其中房地产价格飞涨最为突出。1955~1983 年，日本三大都市圈土地价格上涨 72 倍，而同期消费者物价仅仅上涨 5 倍。由于日本政府没有及时采取有效调控措施，最终酿成泡沫经济破灭的后果，至今仍有巨额的不良资产未能被消化，这对日本经济发展的影响可谓不小。

（四）以拉美等国为代表的城镇化模式

由于历史和现实因素的作用，拉美、加勒比和非洲大部分国家的城镇化水平与这些国家和地区长期沦落为西方列强的殖民地直接相关，因此具有独特的发展模式，主要表现为在外来资本主导下的工业化与落后的传统农业经济并存，工业发展落后于城镇化，政府调控乏力，城镇化发展不稳定。拉美、非洲国家的工业化发展赶不上城市化进程，属于典型的"过度城镇化"。其城镇化水平与西方国家接近，但其经济水平却是西方国家的 1/10~1/20，城市发展质量很低。造成这种结果的主要原因有以下方面。一是城市发展与经济发展阶段脱节。城市工业发展和产业结构的合理对完善城市发展历程、提供城市就业具有极其重要的作用。二是过于强调市场机制而排斥政府作用，奉行土地私有制，加剧了农村土地兼并并迫使大量农民失地破产而涌入城市。三是忽视传统农业的改造与广大农村地区的发展。这些国家在依靠外国资本发展工业的同时，忽视农业现代化和农村的建设，加剧了城乡差距，导致大量农村人口涌向城市，使城市就业、居住、环境和教育设施不足的问题进一步恶化。

四 对国外城镇化模式的总结与借鉴

纵观上述国内外推进城镇化的多种模式，我们可以看出，推进城镇化没有也不会有一个固定模式，它的发展必须和某一国家或地区的经济、社会、环境发展相适应。政府必须抓住区域发展特点，设计不同的发展道路，选择符合本国特征的发展模式。例如中国在可耕地少、人口分布不均、生态环境脆弱等国情条件约束下，必须吸取美国过度郊区化的教训。为此，根据对国外城镇化模式发展情况的回顾，并结合中国的现实国情与时代发展的要求，我们可以得出以下几点值得借鉴和吸取的经验与教训。

（一）城镇化进程需要市场与政府共同推动

在西欧、日本的城镇化发展实践中，我们认识到市场机制对其城镇化进程只能发挥基础性的调节作用，以保证人口、土地、资本等经济要素能够自由流动和配置。而一个城市发展的具体格局、模式要由政府科学合理地进行规划，基础设施建设也是由政府来规划和引导，并通过体制机制的不断完善，用行政、财税、规划等手段来弥补市场机制的不足，构建良好的政策和法律环境。因此，市场和政府在推动整个城镇体系健康有序发展的过程中，都发挥着十分重要的作用。

（二）城镇化发展要均衡协调与可持续发展并重

城镇化道路是世界各国发展的必然趋势。为了避免英、美、日等发达国家在城镇化进程中产生的各种危害，我们一定要坚持从实际出发考虑问题。由于中国土地资源少、耕地更少、人口众多的现实国情，因而要求我们必须走一条健康的、可持续发展的道路，我们必须使城市与生态、城市与农村、城镇化与新型工业化之间相互协调，以达到良性的互动效果。

（三）城镇化模式的选择与地区特定的背景和条件有关

一个国家的城镇化模式离不开本国的社会经济发展状况、文化传统、价值观念等特殊背景。中国的现实位置仍是发展中国家、低城市水平，城镇化处于刚刚进入加速增长阶段的前期。因此，由于中国人口众多，经济发展不平衡，中国的城镇化模式也不会只是一种模式。从总体上说，中国必须以科学发展观为统领，吸收国际城市化模式的有益经验，在经济社会发展的基础上不断推进城镇化进程。

（四）城镇化发展要建立合理规划的城市空间结构

在城市结构上，美国采用的是全国分工的结构，而日本采用的是都市圈结构，主要原因是日本的大城市要明显多于美国。而中国"人口多耕地少"的国情与日本十分接近，为此我们有必要借鉴日本在都市圈化建设上的经验，考虑以几个大城市为核心，若干中小城市环绕周围，更多小城镇零散分布的城市空间结构，使得大城市、中小城市和小城镇的优势同时发挥出来，以实现不同城市模式之间的优势互补。

五　中国特色城镇化模式的探索

世界其他国家的城镇化进程为中国提供了借鉴经验，但由于国与国之间有着很大的差异，因此我们也应结合中国具体的现实条件，并从实践已经证明的中国城镇化发展的成功模式中，探索出一条符合中国国情的城镇化发展模式。

（一）城镇化模式选择应以地区性发展差异为优先考虑

推进城镇化设有一个固定模式，由于地区之间在人口密度、居民的素质、经济发展水平、生产力状况等方面存在着较大的差异，城市发展的主要矛盾也不一样，因此，推进中国城镇化的发展必须和当地的经济、社会、环境发展相适应，必须抓住区域发展特点，设计不同的发展道路，选择符合当地特征的发展模式。目前，虽然我国中西部城镇化率明显偏低，但也意味着将来有较大的提升空间。

中国东部地区的城市分布密度远高于西部地区，东部地区的聚合型城镇相对较多，而西部地区的分散型城镇相对较多，尤其是在西部的少数民族地区，城镇发展面临尴尬境地，传统城镇的农牧资源、文化资源优势正在丧失。另外，当地居民在试图融入现代主流社会的过程中又遭遇到语言、习俗和文化等方面的巨大阻碍和鸿沟，一些文化和地域特色正在逐渐丧失。

为此，政府要考虑各地区的发展特征、拥有的自然禀赋、不同的传统价值观念，来找寻出相应的适应发展的城镇化模式，而不是仅仅在数量上城镇化，却在质量上乡村化、资源荒废化。

（二）城镇化应与新型工业化相互推进、共同发展

城镇化总体上来说是近代工业化的产物。近年随着全球经济一体化和竞争的加剧，城镇化产业结构不断调整和重新分工，城市发展格局显现出新的态势，产业发展与城镇化发展更加密不可分。努力实现工业化与城镇化同步发展，从拉美等地区的城镇化经验中，我们应吸取"过度城镇化"的教训。实现城镇化是一个长期的过程，在一定时期内，一个国家或地区城镇化推进的速度必须与其工业化的进程相适应，与其发展水平和经济实力相匹配。超出了这个能力很可能会出现就业不足、贫困人口增多、两极分化严重等问题，对经济发展、社会稳定、人民生活都会带来严重影响。

从1950年至今，中国的工业化一直超前于城镇化，反过来讲，与工业化水平相比，中国的城镇化一直是滞后的。反映在偏差系数上，在所有年份均为负数。但同时我们还应看到，20世纪80年代以来，城镇化率与工业化率的偏差逐年缩小，到2006年二者偏差只有5个百分点，城镇化滞后问题已经得到很大改观。

在我国，依靠农业、农村、农民的积累搞城镇化的阶段已经

过去了。现阶段我们应大力发展新兴工业，加强第三产业实力，坚持以工促农、以城带乡的方针，加大工业反哺农业、城市支持农村的力度。

（三）城镇化应与自然生态环境相适应，坚持可持续发展

在推进城镇化过程中，政府应积极推进绿色建筑和低碳城市建设，提升城市以及国家竞争力，达到可持续发展要求。例如在建筑方面，推广绿色建筑（具有节能、节水、节材、节地和循环利用等特点）；在社区环境方面，强调社区生态文明和特色魅力再创；在城市基础设施方面，推行可步行街道、绿色交通等适用技术；在城市（镇）方面，实现中小城市和小城镇协调发展，倡导生态城（镇）；在区域层次，倡导生态环境共保、资源共享、绿色发展动力共构和基础设施共建的理念，促使各类人工构筑物和生产、消费活动最大限度地节约资源和减少污染物排放，最大限度地与可再生能源的利用相结合，最终促使低碳城市和区域的蓬勃兴起。

（四）城镇化模式应与政府有效制度改革相互配合

从国外城镇化经验中我们知道，政府在城镇化过程中发挥着不可替代的作用。各国在城镇化快速发展过程中都不同程度地遇到了土地、住房、交通、环境和历史文化保护等方面的问题，政府职能因此涉及的范围也越来越广。加快制度改革是城镇化能否积极稳妥推进的重要保证。中国应从民生、公共服务等方面着手，全面构建推进城镇化进程的制度体系，帮助消除城镇化发展的各种障碍。具体包括以下几个方面。

第一，各地城镇应该根据经济发展水平、现有资源的承载能力等情况继续深化户籍制度改革，逐步废除农业和非农业户口二元制管理模式。

第二，完善外地进城务工人员的就业保障制度，使他们享受与城市市民同等的创业、就业和相关权益保障政策。

第三，创新社会保障制度，完善进城务工人员及其家庭成员

的教育、医疗、社保体系，为他们在城市生存、扎根提供坚强的后盾；保证新进城镇人口与原住居民能够和谐相处，平等享受同一政策。

第四，健全农村社会保障体系，继续完善农村合作医疗制度，扩大养老保险、助学补贴等政策的覆盖面。

第五，继续推进城市公共行业市场化改革，建立多渠道、多元化的投融资体制，积极引导社会资金、银行和境外投资者参与城市基础设施建设。

（五）城镇化模式应以大都市圈作为中国城市空间结构的发展方向

从城市结构角度来讲，当前中国城市结构主要呈现"大城市发展不够、中小城市数量过多"的状态。由于中国人多地少的特征，使得中国未来的城镇化空间格局呈现出更加紧凑的特点，这也决定了中国未来城镇化将呈现集群化的特征。当前，中国沿海地区珠江三角洲、长江三角洲和京津唐三大都市圈已逐步呈现雏形，可以说，中国都市圈化正处在初级发展阶段，中国的人口和经济在不断向三大都市圈聚集。

中国虽然幅员辽阔，但人口数量庞大，适合人类居住和耕作的土地不多，主要分布在东部平原、四川盆地等地势较为平坦的地区，大规模的城镇化建设和都市圈形成所需要的平原地区基本上都在东部。目前中国政府把粮食安全和能源安全视为最重要的战略目标，在平原面积小（只占12%）、绝大多数分布在东部沿海地区的情况下，政府还必须保证18亿亩耕地的红线不被突破，那么唯一的选择就是更有效地利用有限的城镇化土地，由此土地利用效率低下的"小镇化模式"则必须被摒弃。小城镇可以借助中小城市和大城市在社会聚集方面的优势，满足自身在城市建设和社会发展方面的需要。而大城市也能以中小城市、小城镇为依托，实现农村剩余劳动力的梯次储存和逐步转移，避免人口过度涌向大城市，从而减缓大城市的人口压力。而在经济发展上，不同城市之间可以形成明显的优势互补作用。例如大中型企业可以让乡镇企业为自己生产初级产品和原材料，乡镇企业同样可以借助大中型企业提升自己的技术水平，开辟新的市场。总之，大都市圈模式是值得中国在发展城镇化过程中关注与借鉴的一种科学战略选择。

城镇化是人类文明和经济社会发展的必然趋势，是伴随经济发展而出现的人类聚落形态与时代产物。它不仅是第二产业的聚集地，同时也是第三产业的聚集地。它能够带动周边地区的经济发展，随着城市规模的扩大，功能越加齐全，其辐射的范围就越为广大。选择正确的、适合中国发展的城镇化道路，对中国未来国民经济发展的贡献将是巨大的、无可替代的。

综上所述，中国应走出一条具有中国特色的城镇化道路，即新型工业化推动下的以大都市圈模式为主导，以政府加强制度创新为辅助，因地发展策略的新型可持续城镇化发展道路。真正适合中国国情的城镇化模式，必须要处理好城乡和区域的环境、经济、社会这三者之间关系，并具体问题具体分析。无论是城市还是乡村的发展，必须既是生态的、以人为本的，又是对环境负责的，同时又是具有社会效益的。只有这样，这种全新的模式才有生命力，才能健康并可持续地推动中国经济向前发展！

（作者单位：北京工商大学经济学院）

参考文献

[1]《中共中央关于制定国民经济和社会发展第十二个五年规划的建议》。

[2] 朱文明：《中国城镇化进程与发展模式》，《国土资源科技管理》2003年第2期。

[3] 姜爱林：《试析对中国城镇化水平的基本判断》，《云南财经大学学报》2002年第4期。

[4] 欧阳慧：《中国未来二十年城镇化区域格局展望》，《南方人口》2004年第3期。

[5] 肖金成等:《中国特色城镇化道路的内涵和发展途径》,《发展研究》2009年第7期。

[6] 张明霞:《西部地区城市空间结构与城镇化战略模式选择》,《内蒙古科技与经济》2010年第8期。

[7] 白志礼、张绪珠、贺本岚:《中国四大经济区域的城镇化特征与趋势比较》,《软科学》2009年第1期。

[8] 郭金兴:《中国城郊地区城镇化模式的新探索》,《探索与研究》2009年第4期。

[9] 汪立波:《国外城镇化模式纵观》,《聚焦》2010年第1期。

[10] 成德宁:《经济发达国家与发展中国家城镇化的比较与启示》,《经济评论》2002年第1期。

[11] 王秀玲:《对国外城镇化发展的思考》,《河北师范大学学报》(哲学社会科学版)2006年第4期。

[12] 郭荣朝:《城镇化研究综述》,《绥化师专学报》2004年第1期。

[13] 仇保兴:《超越传统:探寻中国城镇化的新模式》,2008年10月27日《21世纪经济报道》。

□ 房宏琳 □

中国特色城镇化与统筹城乡发展

从1978年到20世纪末,中国的经济发展主要体现为"市场化",国民经济成功地实现了从计划体系向市场体系的转型。目前,中国社会已从总体上进入了工业反哺农业、城市支持农村,工业与农业、城市与农村相互嵌入的历史新阶段,从一系列民生政策的出台我们可以看出统筹城乡发展已成为"五个统筹"之首。我们应该看到,尽管中国总体上进入了以工促农、以城带乡的发展阶段,但统筹城乡发展的能力仍显不足。由于中国经济社会发展的不平衡,那些已进入工业化后期或现在实行了工业现代化、城市化率达到50%以上的地区,具备了实施统筹城乡发展的条件,需要在促进产业结构升级的同时加快推进城乡一体化,但其他地区仍要加快城市化步伐。

一 征用农地与城市化

统筹城乡发展、破除城乡二元结构是中国在"十二五"时期带有全局意义的重大体制攻坚任务,也是一项复杂的系统性工程。随着中国城市化的快速推进,统筹城乡发展的难度在于协调城乡经济社会利益格局的调整,利益的交汇点就是农村的土地:地方政府要依靠出让土地增加财政收入,企业需要获得土地以扩大生产，农民指望土地改善生活。由于地方政府事权增加而导致的财政支出迅速加大，目前包括与土地有关的耕地占有税、房地产和建筑业营业税、土地租金、土地出让金等土地财政和土地金融成为地方政府的重要财源，各地方政府看好的土地出让金，也就是以招标、拍卖、挂牌等方式出让土地使用权所确定的土地价款，是土地出让收入最主要的部分。

改革开放以来，中国农地实行家庭承包经营为基础、统分结合的双层经营体制。尽管这种制度极大地解放了农村的生产力，但由于所有权和使用权分离不彻底，致使现行的农地产权具有模糊性的特点。农地产权的模糊不清体现在国家与集体之间、农村集体之间。国家与集体之间的模糊产权产生于两种情况：一是农村和城市的交界处，即农村集体所有土地与国有土地之间的交界地带；二是国有森林、草原和荒地同农村集体所有森林、草原和荒地的交界部分。农村土地产权的模糊性还表现在"集体"内涵模糊，集体到底是什么并没有在法律上明确。到目前为止，中国还没有一部单行的法律专门对农村集体土地产权问题进行规定，这方面的行政法规和部门规章也没有。如2004年修改的《土地管理法》第十条规定"农民集体所有的土地依法属于村农民集体所有的，由村集体经济组织或者村民委员会经营、管理；已经分别属于村内两个以上农村集体经济组织的农民集体所有的，由村内各该农村集体经济组织或者村民小组经营、管理；已经属于乡（镇）农民集体所有的，由乡（镇）农村集体经济组织经营、管理"，上述规定表明农民集体可以有三个："村农民集体所有"、"乡（镇）农民集体所有"和"村内两个以上的集体经济组织中的农民集体所有"。农村土地集体产权的主体不明确产生了一系列问题，低价征收农地导致严重损害农民权利的案例大量涌现，甚至还有人提出"没有强迁就没有中国的城市化"，民众以性命抗争的事例也不少见。

按照中国现行法律，只有建设用地使用权能够独立地进入不动产市场（房屋所有权当然只有在获得建设用地使用权之后才能获得），而是否获得建设用地使用权是进入不动产市场的第一步。

由于中国《土地管理法》等法律建立了"土地一级市场的国家垄断经营"制度和原则,当农村土地转化为城市建设用地时或者城市一般土地转化为市场性质的建设用地时,都必须经过"国家"土地所有权这一基础性权利的运作。所以,"国家"不仅是土地经营的参与者而且是土地经营的发动者、主导者和最重要的当事人;建设用地使用权必须在国家土地所有权基础上设立出来,必须由"国家"作为土地所有权人"出让"建设用地使用权。

中国现行法律规定城市土地所有权一律属于"国家",农村土地一律属于集体;但是法律又规定除原来部分乡镇建设用地之外,所有的建设用地都是城市建设用地,城市建设必须在"国家"享有所有权的土地上运作。由于城市土地所有权的国家垄断,形成了建设用地使用权设立过程由"国家"完全掌控的情形,其中的核心是国家的建设项目审批以及由政府取得土地出让金,审批与否、收取多少出让金都由"国家"单方面决定。但是,"国家"在这里到底指的是谁呢,中国《城市房地产管理法》第十五条规定"土地使用权出让合同由市、县人民政府土地管理部门与土地使用者签订"。依据这个规定,市、县一级政府行使土地出让权,建设用地使用权"一级市场"的经营权垄断在市、县一级政府的手里,真正经营土地者是市、县一级地方政府。地方政府在出让土地时有权利收取土地出让金,土地出让金的30%只有在征收农民的耕地时才上交给中央财政,其他土地出让金一律留存在地方政府手里。这种情形在20世纪80年代初期,各地政府利用土地所有权来实现"旧城改造"等社会利益目标时的确具有合理性,但是在"土地一级市场国家垄断"确立之后,地方政府从土地经营中获得了巨额收入,却渐渐嬗变为与财政收入相当的"第二财政"。

20世纪90年代,地方政府将经营土地取得土地出让金作为一种光明正大的目标提了出来,并且很快在全国推广开来。随后不久,全国耕地大幅度减少。为了保护耕地资源,中央出台了很多监督土地利用的措施,但是这些措施在地方政府面前总是捉襟见肘。现在不少地方政府是靠征收农民土地,依靠土地基金来搞城市建设,因而形成了一种怪现象:一方面,中央政府在大量增加对"三农"的投入；另一方面，地方政府又从征收农地中获得了大量收入。随着城市范围的不断扩大，许多过去归集体所有的土地都被纳入新建城区的范围之内。由于没有解决好征地纠纷，使得各地发生了许多农村群体性事件，其中出现问题最多的就是集体土地的流转和征用。有的地方政府利用模糊的农地产权，不办理正式的土地产权转移手续就征收农村集体所有的土地。

目前，中国正处在城市化加速阶段，大量农村富余劳动力需要转移就业。预计到2030年，中国城市化率将达到65%左右，各类城镇将新增3亿多人口。所谓城市化是指居住在城镇的人口占总人口的比例增长的进程，更准确地讲就是农业人口向非农业人口转化并在城市集中定居的过程，城市化的本质是人口的城市化。中国的现有城市化率统计口径既包括了1.45亿左右在城市生活6个月以上，但没享受到与城市居民同等的公共福利和政治权利待遇的农民工，也包括约1.4亿在镇区生活但从事务农的农业户籍人口，这些没有转变身份的人口根本没有真正地融入城市。另外，受中国城乡分割以及户口制度的约束，在中国城镇人口的增量中约有71.8%是农业户口，尽管大量的农民工居住在城镇并被计算为城市人口，但其并不能同等享受到城市的各类公共服务，其收入水平、消费模式无法等同于同城市民，身份差异带来的歧视也积累了诸多社会问题。① 因此，中国的城市化具有不完全性，仍处在"半城市化"状态：只要大部分农民工没有在城镇实现永久性定居，任何人口城市化指标体现出来的中国城市化率都是不完全的城市化。

破解城乡分治的体制，推动城市化快速而健康的发展，是"十二五"时期亟待解决的重大体制问题。政府只有把符合条件的农业人口逐步转变为城镇人口才能提高人口城市化水平。为了公共利益的需要，尽管国家在城市化过程中的征地行为是必要的，但是我们要在法律上明确农村土地所有权的行使方式和程序，通过立法严格限制公共利益的范围，而且要严格按照法定程序来界

---

① 数据引自2010年10月5日《新京报》。

定公共利益。如果确实属于公共利益的需要而征收、征用，在补偿方面也应及时、足额到位，并解决好失地农民的生存就业问题。中国《物权法》第四十二条规定的关于土地征收和城市拆迁的内容，主旨是要规范政府经营土地的行为，而且要让政府承担征地和拆迁的法律责任。但是，中国《城市拆迁条例》等相关法律又规定政府不参与征地和拆迁的法律关系。因此，作为法律关系的一方当事人，只有让地方政府承担法律义务，直接面对合法权利被剥夺的民众才能解决问题。

　　按照新的贫困标准，中国农村贫困人口现有3597万，城市还有2347万最低生活保障人口。据2010年9月28日《人民日报》发表的《三成失地农民就业难》披露，尽管广大失地农民变成了市民，但是只有69.1%的失地农民实现了就业，其中仅10%通过政府社区介绍就业，拥有失业保险的农民只占2.6%；对比失地前后的家庭收入，仅34.3%的农户收入有所增加，就业难、补偿低、社保不健全等成为城市化的突出问题。因此，只有给"被城市化"了的农民以平等的市民待遇，才能确保他们依法享有公共福利和政治权利。所以，政府制定政策时要主动地吸纳适合到城市居住的农村人口，并对农民工实行保留户籍、总量控制、放宽条件、逐步推进的方式，通过户籍制度改革吸引更多的农村人口入城。

二　"刘易斯拐点"与城乡统筹发展

　　刘易斯（W. A. Lewis）在1954年发表的《劳动力无限供给下的经济发展》中舍弃了新古典经济学有关劳动力不是无限供给的假设，分析劳动力在城乡就业的流动性，并提出发展中国家存在着可以无限供给的边际生产力为零的劳动力。但是，在许多发展中国家，往往是农村富余劳动力在城市已经出现大量失业的情况下依然源源不断地向城市移民。从理论上讲，农村富余劳动力被非农产业吸收完的这个时点被称为"刘易斯拐点"，而国民经济增长是这个转折点到来的根本原因，刘易斯范式反映了劳动力市场的分割状态。转轨时期的中国充分利用了人口红利，突出的表现就是农村劳动力持续大规模地向城市非农产业转移，同时劳动力成本保持相对低廉。这样一方面保证了经济增长过程中劳动力的充分供给，另一方面提高了资本积累率，为经济增长提供了额外的财源。

由于大多数发展中国家都经历了二元经济发展过程，"刘易斯拐点"反映了民众的期望和利益诉求与现实的反差。中国农民工开始大量进城是在20世纪90年代初，目前的城镇登记失业人员有近千万，每年新增劳动力有上千万，还有大量农村富余劳动力需要就业。尽管在2015年前，中国城市人口每年将新增1000万，但是劳动力市场结构已由此前的"无限供应"年代过渡至"有限过剩"时期，关于劳动力从无限供给走向短缺的研究乏善可陈。2010年中国沿海地区的"民工荒"引发了学界关于"刘易斯拐点"等问题的热议，多数学者认为尽管中国还没有出现整体意义上的"刘易斯拐点"，中国的农业与非农业产值和就业人数占比仍不协调，边际产出差距仍然较大，实际工资并未出现大幅上涨，但是人力资源、劳动力的结构正在发生着改变，非农劳动力正在增加，致使各地政府的改革激励、发展动机发生了变化。

进入21世纪以来，中国经济社会发展同时受到农村劳动力过剩和城镇失业人口过多的双重困扰。发端于沿海地区的劳动力短缺不仅是"刘易斯拐点"到来的征兆，而且预示着中国正在走向"刘易斯拐点"，它表明中国劳动力市场的一体化程度在相应提高，劳动力成本开始稳步上升；中国除了要通过增长方式的转变，以获得新经济增长源泉外，还需要进行一系列制度创新，只有构建合理的收入和分配制度才能平稳地实现经济和社会的转型。所以，各地开始利用所提供的基本公共服务等政策手段，吸引劳动力、人才进入本地，加快劳动力市场及其相关制度的建设，力争将"刘易斯拐点"与"库兹涅茨拐点"重合起来，实现收入分配的改善和贫困的消除。因此，只有统筹城乡、兼顾各方利益，大幅度地提高发展方面的支出，进一步提高向外来人员开放的程度，政府与老百姓激励的相容度才能在贫富分化、社会分层的情况下持续提高。与此同时,农民和非农产业的城市居民之间的相容度也会提高,如农民工和城镇就业人员的冲突、就业竞争、利益格局的对峙显著下降,许多地方把外来农民工看做本地经济发展的不可或缺的因素。

改革开放30年来,中国形成了庞大的工业生产能力,具有现代经济特征的非农产业迅速发展引发了劳动力从农村到城市的大规模流动。但是,转移到非农产业就业的劳动力面临着一系列的制度性障碍,其中最根本的制度障碍就是分割城乡劳动力市场的户籍制度。由于这些制度性障碍的存在,地方政府往往把城市的就业压力归咎于外来劳动力的竞争,从而人为控制着城市劳动力市场的开放程度,形成排斥外来劳动力的周期性政策倾向(蔡昉、都阳、王美艳,2003)。每当转移劳动力遇到系统性政策阻挠时,农民工只好退回到农村的承包土地或其他家庭经营上面,而农业和农村家庭经济则周期性地执行剩余劳动力"蓄水池"的功能。这种中国特色的"工资分享制"导致农村劳动力转移的临时性、农户收入的不稳定以及城乡收入差距的持续存在。

"怀忧患以自醒,知不足而前行。"经过三十多年的快速发展,中国经济总量雄踞世界第二,综合国力大幅提升,在"刘易斯拐点"逐步显现的情况下,解决上述问题的条件已经具备。历史的经验表明,在大多数发达国家的发展史上,系统性的劳动力短缺现象的出现通常都成为改善劳资关系、缩小收入差距、政府立法和社会政策转向有利于普通劳动者阶层的转折点。"刘易斯拐点"的临近意味着解决农村劳动力转移不充分、收入不平等、劳动者权益没有得到充分保障等问题的条件已逐渐成熟。

三 统筹城乡规划与城市化发展

目前,中国具有法律效应的规划,涉及空间布局和空间管制的主要是"城乡规划"(主要是实体建设布局规划)及"土地利用规划"(核心是保护耕地)。由于规划理念、规划期限、规划方法、规划思路和主管部门不同，多数的城市规划是按中央要求编制的，鲜有地方政府自觉自愿地开展城市整体发展规划。即使自愿开展规划，多数也是利益博弈的需要，带有明显的利益倾向性，因规划协调不力而出现的扯皮事件屡见不鲜。由于受到土地财政等利益驱动，规划控制指标往往成了可以讨价还价的筹码，进而造成农民"被城镇化"越来越普遍，有的城市规划还延续着罕见的野蛮性。不少城市的规划对城市的历史文化缺乏应有的尊重，导致一些城市在旧城改造过程中大搞"开发性保护"，而无视历史文化遗存和传承。

财政政策是政府履行资源分配、宏观调控和收入分配职能的主要政策工具之一，目前存在的诸多民生问题源自不平等、不合理的福利分配，因此，"十二五"时期亟待形成具有全民福利优化效应的财税制度安排。随着世界经济步入后金融危机时期，中国财政政策已被推至了公共政策的第一层面，如何通过基本公共服务均等化，缩小城乡之间实际存在的社会福利差距是亟待解决的现实难题。财税制度在"十二五"时期必须进行包括缩小收入分配差距、共享改革发展成果等方面的制度安排，尽快减轻地方政府对"土地财政"的依赖。在支出体系的结构改革方面，只有通过实施以"公共化"为取向的一系列改革，才能建立与完善的市场经济体制相适应的公共财政体系；只有加大对以民生为主的社会建设的财政投入，加大对农村教育、医疗、社会保障和基础设施的补助力度，才能让公共财政的阳光普照城乡各地。

"十一五"期间，中国农业和农村经济取得了令人瞩目的成绩。在谋划"十二五"时期农业农村经济的发展时，政府应重点统筹城乡规划，促进社会公平，彻底消除阻碍城乡协调发展的体制机制，建立和完善在城乡之间合理配置各种要素的机制；要保护农民的土地权益，建设城乡统一的资源要素市场，加大金融支持农村发展的力度，最大限度地吸纳农村人口、拓展农民向非农产业转移；要大力提高政府为农民提供公共服务的水平，形成农村教育、医疗、文化和社会保障投入的稳定增长机制；要进一步加强农村社会保障体系建设的力度，扩大农村社会保障范围，提高社会保障水平,稳步提高农村社会保障体系的覆盖面和保障标准,逐步实现城乡基本公共服务的均等化。

"十二五"时期,中国在继续加强农业基础设施、教育、医疗卫生、养老、最低生活保障以及社会救济等公共服务建设的同时,应稳步推进户籍制度改革。中小城市和小城镇应全面放开农民工落户,省会城市、副省级城市、直辖市等大城市也要积极创造条件,逐步剥离附加在户籍制度上的住房、社会保障、公共服务等制度,建立和完善农民工落户制度。政府要维护农民和农民工的合法权益,尽快解决农民基本养老保险等社会保障异地转移接续不畅的问题;要依法打击假冒伪劣产品流入农村市场,维护农民消费者权益;要加强农村职业教育,推进12年义务教育,大力加强农村学前教育,强化农村义务教育基础设施建设,增加优质师资力量的配置,提高农村教育质量。对于农村新型合作医疗制度建设和农村最低生活保障制度,在做到全覆盖的条件下,政府应继续增加国家财政投入,不断提高政府补助标准。

中国农业农村经济已经站在新的历史起点上,发展休闲农业和乡村旅游恰逢其时,此举不仅有利于加快农业结构战略调整,促进农民就业增收,建设现代农业和新农村,而且在加强城乡互动、增强县域经济和城乡统筹发展能力方面也发挥了重要作用。各级农业、旅游部门要从全局和战略高度上充分认识发展休闲农业与乡村旅游的重大意义,共同努力,加快推进,把农业改造成快乐的产业,把农村建设成幸福的家园,让中国的广大农民成为富裕而有尊严的群体。

四 统筹城乡发展的着力点

进入21世纪以来,中国经济呈现出了一系列具有长期影响的阶段性特征,相应地创造了调整城乡关系、改善收入分配状况、加快劳动力市场一体化的条件。尽管还有很多制度性因素制约着农民向市民的转变,如城乡分割的福利体系、城乡公共服务体制、户籍制度和不利的就业环境等，对农业转移出来劳动力的劳动供给产生影响。但是，只要我们能科学地认识这个新阶段，就能最大限度地将其转化为对中国经济发展的积极因素。

准确地判断和把握城乡统筹发展的进程及趋向，为国家宏观决策提供必要的理论依据，始终是学界重要的任务。最近有关户籍制度改革的呼声和试验不断出现，然而消除以户籍制度为基础的城乡分割的福利体系却不是一朝一夕的事情。尽管改革居民户籍管理登记方式是一个积极的信号，但是户籍制度在现行的福利体系中拥有识别城乡和地域的基础性地位，改革城乡分割的福利体系仍然是一个任重道远的工作。但是，只有改变福利体系和公共服务城乡分割的现状，才能增加农村外出务工劳动力的实际工资率，进而增加劳动供给。

贯彻党的十七届五中全会精神，我们必须坚持以加快转变经济发展方式为主线谋划"十二五"发展，更加注重以人为本，更加注重全面协调可持续发展，更加注重统筹兼顾，更加注重保障和改善民生。我们只有坚持把经济结构战略性调整作为加快转变经济发展方式的主攻方向，坚持把科技进步和创新作为加快转变经济发展方式的手段，才能增加农村外出务工劳动力的实际工资率，进而增加劳动供给。我们只有坚持把保障和改善民生作为加快转变经济发展方式的根本出发点和落脚点，坚持把建设资源节约型、环境友好型社会作为加快转变经济发展方式的重要着力点，坚持把改革开放作为加快转变经济发展方式的强大动力，才能顺应人民群众过上更好生活的新期待，不断缩小城乡之间的发展差距，改变边远贫困地区经济社会的落后面貌，促进经济建设、政治建设、文化建设、社会建设以及生态文明建设协调发展、共同进步。具体来讲，我们要解决好以下问题。

第一，城乡发展不平衡是一个历史问题，因此，统筹城乡发展的战略地位要摆在更加突出的位置。我们既要重视大城市规模扩张与提高增长质量，又要注重城镇化发展的质量和效果。作为一种历史进程，城镇化不仅是城镇数量增加与城镇人口规模扩大的过程，也是城镇结构和功能转变的过程，更是人们的生活质量逐步提高的过程。但是，大城市的过度扩张已带来了资源、交通、能源及其他基础设施的超负荷运转，如北京、上海、广州等大城市人口的无序增长扭曲了城市的正常功能，到处堵车等负面效应正在抵消着大城市的规模效应。所以，大城市的发展应与区域资源环境相适应，城市政府应该提高单位面积人口的承载能力，并在加强公共服务设施建设、提高城市化质量、提升城市内涵式发展等方面下工夫。

第二，妥善处理好大城市建设与发展中小城市的关系，更加注重中小城市和小城镇建设。在城镇化和社会主义新农村建设中，大力发展中小城市和小城镇不仅可以有效避免大城市过度膨胀引发的问题，还可以通过产业聚集、基础设施改善来吸纳人口，从而有利于启动农村消费市场。大城市要把发展高新科技、先进文化、医疗卫生、金融服务、战略性新兴产业作为发展重点，其他产业可向中小城市转移。因此，在构建城市群、城市圈的同时，切不可忽视对中小城市和小城镇发展的支持。

第三，正确处理好城镇化与建设新农村的关系，更加注重城镇化和新农村互促、互进机制的形成。政府在坚持城乡统筹发展的同时，要建立城镇化与新农村建设互促共进的新兴城乡关系，使广大人民共享城镇化成果；要积极推进基本公共服务的均等化，同步提升城镇和乡村的现代化水平，防止在城镇化过程中忽视新农村建设，使城乡差距和收入差距继续扩大。我们切不可以牺牲农业、农村和农民利益为代价来推动城镇化发展。

（作者单位：黑龙江省社会科学院）

参考文献

[1] 蔡昉、都阳、王美艳：《转型中的中国城市发展：城市级层结构、融资能力与迁移政策》，《经济研究》2003年第6期。

[2] 蔡昉：《城乡收入差距与制度变革的临界点》，《中国社会科学》

2003年第5期。
[3] 姜长云：《着力发展面向农业的生产性服务业》，《宏观经济管理》2010年第9期。
[4] 陆军、尹慧：《城市群条件下区域性公共产品的区位选择分析》，《中国软科学》2010年第8期。
[5] 赵嫒：《中国社会利益群体的现状及冲突化解》，《党政干部学刊》2010年第8期。

□ 耿莉萍 陈易辰 □

中国城市化中的主要问题及解决途径

城市化（或城镇化）是一种过程，其主要标志是：城市人口比重上升，城市规模增大，城市数量增多和越来越多的人口在城市中就业并按照城市居民的生活方式生活。依此分析，中国近年来在加快城市化的过程中，出现了一些突出的特点，并存在一些深层次的问题值得探究。

一 近年来中国城市化出现的突出特点

（一）区域间城市化非均衡发展

一个地区城市化水平的高低与城市化速度的快慢，主要取决于地区的经济发展水平。中国区域经济发展的不平衡导致了城市化在区域间的非均衡发展。从全国来看，以上海为中心的长江三角洲城市经济圈，以香港、广州、深圳为中心的珠江三角洲城市经济圈，以北京、天津为中心的环渤海城市经济圈和以沈阳、大连为中心的辽中南城市经济圈，是目前城市化水平较高、城市化进程较快、空间上城市密度较高的区域。这些城市圈在全国经济中的地位十分突出。例如上海市加上周边江浙两省 15 个城市共同组成的城市群，集聚了 1.4 亿人，占全国人口的 10%，创造的 GDP 占全国的 22.7%，对财政收入的贡献占全国地方财政收入的 24%。而由北京、天津加上河北省的唐山、承德、秦皇岛、张家口、廊坊、沧州、衡水、保定、石家庄等 9 个中等城市形成的京津冀都市圈，则聚集了全国 9000 万人口，占全国人口的 7%，创造的 GDP 是 2.4 万亿元，占全国 GDP 的 11%，财政收入也占全国的 11.8%。仅上述两个城市圈就占了全国经济总体规模的 1/3。此外，像重庆、成都、武汉等中西部大城市的规模也在迅速扩大。从空间的总体格局来看，目前中国沿海地区与沿长江地区城市化的总体水平相对较高，这与该地区经济发展水平较高是一致的。

当然，伴随中国产业结构的调整和东部地区的产业转移，中西部地区的城市化进程也会加快。但是，地区经济与城市化的非均衡发展是由地区区位、自然资源、人口分布、社会经济发展水平、国家政策等方方面面条件的差异决定的，这是一种客观的事实，我们不必人为刻意地（依靠政府行政的力量）改变这一事实。相反，让更多的贫困地区的人口逐渐地走出来，融入发达地区的城市或许是最为经济与合理的选择。

（二）大城市脱离周围腹地畸形发展

如果是在一个封闭的区域中，城市的发展完全取决于周围腹地（乡村）的经济发展。城市中产业的发展以自身和腹地的市场为依托，城市劳动力的供给以腹地农业劳动生产率的提高为条件，城市发展的投资也主要来自于城市与其腹地的投资者。因此，城市的发展基本是与周围腹地的发展同步的。但是中国对外开放以后，打开了通往国外市场的通道，使得中国区位条件优越的东部城市的经济腹地迅速向国外延伸。外资的进入使一些具备对外开放条件的地区摆脱了单一依靠自身经济腹地筹集发展资金的局面，或者说摆脱了封闭条件下周边腹地对其经济发展和城市化进程的硬约束，发展的空间转瞬变得开阔起来。这时由于国内外市场的高度不对称，东部地区的城市发展节奏开始向海外经济腹地靠拢，也就是所谓的"与国际接轨"。同时又由于城乡分割发展的旧制依然被沿用下来，在城市与乡村之间相互依存的关系被城市与国外市场的依存关系所代替，大城市对于其周围腹地的资源只是单向攫取，从而导致了城乡差距、贫富差距和地区差距的迅速扩大。其间暴露出来的主要问题从宏观上看是城乡发展脱节，城乡之间、地区之间乃至地区内部的经济发展失衡，少数因区位条件优越而与国际市场关联密切的城市和地区畸形发展，其他地区和中小城镇却发展乏力。从微观上看是少数中心城市规模迅速扩张，城市建设的豪华程度、城市日常经济生活和文化生活日渐国际化，大城市在不断扩大海外市场的同时，却独占了从国际市场获得的收益，而且拒绝与农村和对城市发展作出贡献的农民工分享。另外在城市建设、城市管理的制度安排、都市文化观念等诸方面全面排斥、歧视农民，拒绝农民融入城市生活。

（三）土地城市化快于人口城市化

伴随全国城市化速度的加快，城市越来越大，越建越豪华成为一种时尚。在全国各地，无论大城市、中等城市甚至小城镇都在修宽马路，建大广场，修大草坪，发展别墅群等，城市用地因此而无限地向外围扩展。事实上中国土地、水资源、矿产、能源都十分缺乏的国情，决定了我们不可能走美国那样平面发散式的城市化道路，或许我们更应该借鉴像日本、韩国、中国香港等人多地少的国家或地区的城市化发展道路。

与快速的土地城市化相比，近年来全国人口城市化的速度却相对缓慢。大量的农民工长期在城市中从事非农产业的工作，但是却不能在城市安家，也不能享受城市居民所应有的福利，这种现象得不到改变将严重制约中国的城市化进程。按照有关专家的估计，到2030年，中国城镇化率将会从目前的47.5%达到65%，届时全国总人口将达到14.3亿人，那么城镇人口要从目前的6.2亿人达到9.3亿人。也就是说，从现在开始每年平均要有约1500万农村人口转变为城市人口，要让大部分在城市工作的农民工真正转变身份成为城市居民。显然，大多数城市目前并未对此作好准备。

(四) 城市化进程落后于工业化的进程

新中国成立以后，由于我们要在一个落后的农业国的基础上依靠自己的力量尽快地建立一个完整的工业体系，为了降低工业化的成本，国家采取了"先生产、后生活"的政策，并通过严格的户籍制度来控制吃商品粮的城市人口数量。因此，这一时期的工业化进程远高于城市化进程。到1980年，中国的工业化率已经达到44.19%，但同期的城市化率只有19.36%，而且城市的各种服务设施也十分简陋。改革开放以后城市化的进程大大加快了，30年间城市化率已经从不到20%上升到今天的47%，但是仍未达到世界平均水平。在人均GDP达到3000美元的水平条件下，世界多数国家的城市化率都在55%左右。这说明中国在改革开放以后仍然没有能够让城市化的进程与工业的发展同步。大量进城务工的农民支撑着中国的工业化，但是他们并不能够转变身份成为城市居民。此时期城市的发展一方面是依靠数以亿计的农民工所创造的财富，另一方面城市的扩大还让大量的失地农民"奉献"了他们赖以生存的土地。

二 中国城市化进程中存在的几个主要问题

"十二五"期间中国将加快城市化的进程，但是在城市化的进程中我们仍然面临着以下难以解决的问题。

(一) 城市化的道路选择是发展大中城市还是着重发展小城镇

新中国成立以后，中国是在严格控制城市发展的前提下实现工业化的。这一时期全国城市的总体数量也十分有限（全国城市的总数从1949的79座增加到1979年的218座）。这一时期东部人口密集地区以大中城市建设为主，西部地区则以小城镇为主。

改革开放以后，农业劳动生产率得到了大幅度的提升，一些富裕起来的农民希望投资于制造业，但是当时大城市并没有做好吸纳这些农民投资者的准备，于是提出让农民"离土不离乡"、"进厂不进城"，在乡村办起了乡镇企业。但是过于分散的工业化，使资源、环境代价很大，也不经济，所以从20世纪80年代中期开始到90年代，许多以重工业为主的乡镇企业发展得很艰难，自然也难以带动当地城镇的发展。但是同期沿海一些以个体经营、轻工业产品出口加工为主的乡镇，发展速度却很快。伴随出口加工贸易的发展，东部沿海地区城镇化的水平在不断上升，当地的农业人口很多已经转变为城镇人口。但是超过本地人口数倍的外来劳动力虽然支撑着当地加工贸易的发展，却仍不能落户到这些乡镇。

从大城市的发展来看，由于改革开放以后各类资源明显地向大城市集中，政策也首先向大城市倾斜，因此，北京、上海、天津、广州、深圳这些大城市以及各地区的省会城市制造业与服务业发展的条件均优于其他城市。产业发展创造了大量的就业机会，所以吸引了来自全国各地的人才，使大城市的规模不断扩大，目前北京和上海已经成为仅次于墨西哥城的世界最大城市，常住人口分别达到1755万人和1921万人。深圳作为改革开放以后建设的新城，人口也已经突破了900万人。但是，城市越来越大，面临的能源紧张、交通拥挤、土地资源和水资源短缺等问题也就越来越严重，以至于像北京、上海这样的特大城市不得不开始严格控制人口。

从全国农村剩余劳动力外出去向分析，前往大城市的比例最高。真正转向小城镇的只占农村外出总人口的不到10%。大学生、研究生最终就业的城市也主要集中在大城市与中等城市。很显然，大中城市有着更多的就业选择，并且像教育、医疗、住房等各种生活设施也比小城镇更加完善。尽管政府希望城市能够在空间上更加均衡的发展，大、中、小城镇能彼此协调发展，但事实上人口的移动并不像我们规划设想的那样。如今大城市房价超高，客观上起到了抑制人口向大城市集中的作用。因此，如何建立一个更加科学合理的城镇体系，是未来城市发展必然要面对的问题。

（二）城市中需要大量的初级劳动力，但高生活成本又让他们在城市难以生存

城市越大功能就越齐全，尽管每一个城市都有着区别于其他城市的功能定位，但是作为一个经济体，几乎都有着自己的制造业（或高端或中低端），制造业的发展又派生出生产性服务业，并且只要城市人口达到一定规模，为人们生活服务的行业就必将发达。由此可以看出，城市需要各个层次的劳动力。像北京、上海这种特大城市（目前正在打造世界城市、国际城市），不仅需要工程师、企业家、教师、医生、会计师等高端人才，而且更需要大量的一线工人和销售、运输、快递、餐饮、饭店、家政等各类服务人员。由于中国城乡居民收入存在着巨大的差异，因此城市中初级劳动力的报酬一直较低。今天在许多沿海地区城市普遍出现"用工荒"的情况下，一线工人与城市服务员的工资仍然处在1500~2000元的较低水平上，如此低收入显然难以承受大城市中的高生活成本。所以这些外来打工者几乎很少有人把家安在城市，他们在生产企业、提供服务的单位包吃包住的情况下，几乎没有其他消费，只是为了挣钱在城市奋斗着。但是，我们可以想象一旦农业发展、城市化水平继续提高，使城乡居民收入水平的差距逐渐缩小，城市中吃苦受累的工作或许将不再有人愿意做。再过10~20年，中国全面进入老年社会的时候，城市劳动力或将面临全面短缺。为此建立城市多层次的服务体系，让城市能够容纳各个层次的劳动者，特别是让更多的低收入者能够以低成本生活在城市里，将是城市化中一个特别值得重视的问题。

（三）大城市放开户籍管理目前存在着许多难以解决的现实问题

如上文所述，目前大城市以其存在大量的就业机会和提供相对较好的城市服务设施，对其他中小城镇和乡村的居民具有极大的吸引力。如果此时突然放开大城市的户籍管理，可能会使城市住房、交通、教育、水资源、治安管理等在短期内出现供给问题。特别是已经人满为患的特大城市，有些实际问题解决起来有相当

的难度。目前许多城市在向外围发展中，征用了农村的土地，为此将土地上的农民划转为城市人口，为他们安排就业，解决住房；还有大量的本科以上的毕业生进入城市的各工作岗位，能够解决户籍问题，仅这两项人口的增加已经让北京和上海的常住人口突破了2015年规划的限额。当然，未来加快城市化进程，城市必将逐渐放开户籍管理，大多数城市的规模也将继续扩大。为此，城市政府在促进城市经济发展的同时，要重视城市各种基础设施软硬件的建设，为城市吸纳更多的人口提供相应的生产和生活条件。

三　加快城市化进程的政策与措施

中国在"十二五"规划期间的发展重点是：扩大内需和增加国民消费，转变原有的以外部市场支撑国民经济的状态。而加速城市化对中国刺激经济增长具有重要的现实意义。目前很多人把启动"内需"的希望寄托在扩大农村市场上，但是启动农村市场并非易事。目前农村基础设施普遍落后，通信设施、供电、供水等环节直接制约了农村消费市场的形成，因此农村市场的开拓难度很大。由于农村居民居住分散，相关基础设施的建设不仅需要较大的投资和较长的时间，而且其维护成本也相对较高。所以，农村市场的开发将是一个渐进和长期的过程。目前，政府应将农村市场开发的范围扩大到正在或将要转向城镇的这部分农村人口上，加速农村消费潜力向各级城镇的转化。通过加速农村人口向城镇的转移，刺激城镇房地产市场，扩大城市现实需求。当一部分农村人口转移到城市，农村人口出现下降，人均占有的耕地资源有所增加的情况下，农民从农业所获得的收入才可能真正增加，从而扩大消费。因此，扩大内需、增加消费从某种意义上说关键是如何促进城市化。

（一）要逐渐打破行政界限，依托中心城市发展城市群

空间上无论大、中、小城市都不可能孤立地发展。特别是在

市场竞争越来越激烈的今天，城市的生存与发展，日益依靠周围地区的资源。而且任何城市都不可能样样都发展，必须找准自己的功能定位，并在区域上与其他城市形成分工，相互依存，彼此合作，共同发展。目前除了以广州、深圳为中心的"珠三角"，以上海为中心的"长三角"，以北京、天津为中心"环渤海"和以沈阳、大连为中心的"辽中南"等较高层次上的城市圈以外，一些像以成都、重庆、武汉、南昌、长沙、郑州、济南、哈尔滨、杭州等省会城市为中心的次一级的城市群也正在成长。一些跨行政区的城市群的合作需要各城市政府甚至省政府之间的协调。

（二）中国城市化应走集约型的发展道路

中国虽然是一个土地辽阔的国家，但是西部广大地区（即从黑龙江漠河—云南腾冲一线以西）的自然与生态条件十分恶劣（主要是地形与水资源的限制），人口也很稀疏（约占全国人口的10%），并不适合大规模的城市发展。所以将来的城市化会有更多的人口向东部和中部地区集中。为此，东部与中部地区的城市都将会有不同程度的扩大，城市占用的土地也会有所增加。但是，东中部地区是中国耕地的集中分布地区，要保证全国人民生存最基本的食品供应，就必须保住18亿亩耕地，目前我国已经接近该耕地红线。因此，中国未来城市的发展不可能向西方国家那样发展大规模低密度、私人别墅为主的住房，而只能像日本、中国香港地区对城市土地利用进行精心规划，集中发展高密度中小户型为主的公寓式居民住宅。所有扩建、改建的城市，都应注意城市土地的节约使用，那种小城镇也要修宽马路、建大广场的情况应该被禁止。

（三）要实行城乡统筹发展

如果我们放开城市的户籍管制，是否会造成农村人口大量涌入城市，主要取决于乡村农民的收入水平、生活质量与城市的差别有多大。所以，在城市化的过程中要兼顾农村的发展。一方面城市要为愿意进城的农民提供生存条件，另一方面也要在乡村建设方面增加投入。目前政府正在进行的新农村的建设就是要改善农村居民的生活条件，提高他们的生活质量。如果经过多年新农村的建设和农业生产的发展，使城乡差别不断缩小，那就会有一部分的农民自愿选择留在农村从事农业生产，这对于中国农业发展最终保证城市的农产品供应，具有十分重要的意义。

（四）城市必须建立多层次服务体系，保证大量的低收入人口正常生存

作为发展中国家，中国目前居民的收入差距还很大。在未来的城市化过程中，城市要吸收大量的低收入人群，并使其生活条件有所改善，生活质量有所提高。这一方面有赖于这些进城居民自身的奋斗和不断的积累；另一方面，城市必须在规划和制度安排上为这一层次的居民提供相应的生活保障。例如，像公租房、廉租房应允许进城务工的农民租用；城市中要有廉价蔬菜和商品市场；雇工单位应保证农民工进入社会保障、医疗保障系统；城市要建设低成本的幼教、职业教育与培训体系，并无条件地接纳农民工子弟接受义务教育。通过以上措施，中国将逐渐地让进城农民，最起码让他们的第二代真正成为城市居民。

（作者单位：北京工商大学经济学院

北京大学城市与环境学院）

参考文献

［1］薛艳峰、任虎：《中国城市化现状及其问题》，《经济论坛》2007年第6期。

［2］顾朝林：《城市化的国际研究》，《城市规划》2003年第6期。

［3］《工业化与城市化协调发展研究》课题组：《工业化与城市化关系的经济学分析》，《中国社会科学》2002年第2期。

［4］中国社会科学院城市发展与环境研究中心：《城市蓝皮书》，社会科学文献出版社，2009。

□ 包亚钧 □

中国城镇化发展道路与房地产开发

中国国民经济的主要矛盾在于城乡二元经济，矛盾的主要方面在于城市化的滞后。当今世界城市化平均水平是 50%，一些发达国家已经达到 80% 以上甚至更高，而我国至 2009 年底只达到 46.6%。[①] 世界经济发展的轨迹显示，城镇化是现代化进程中唯一有效的综合手段。因此，从理论上正确认识城镇化与房地产开发的关系，并科学地选择中国城镇化发展道路，对于推动我国城镇化进程和提高城镇化水平，具有重大的现实意义和深远的战略意义。

一 房地产开发是城镇化发展的基础

城镇化或城乡一体化发展这种综合过程的直接表现是：一方面，农村人口占城乡人口的比重不断下降，农业人口逐步转变为非农业人口；另一方面，城镇规模不断扩大，数量不断增加，城镇人口的比重不断地上升。发达国家和地区的城市化发展历程表明，城市人口迁入分布函数的总趋势与国民经济的发展动态大体呈现同步同向、互相促进的关系。农村人口一旦脱离农业生产领

---

① 资料来源：2010 年 7 月 15 日《社会科学报》。

域而进入城市生产领域或城市地域范围,必然会引起其生产行为以及消费行为发生向现代城市方式的转变。这就对土地的合理、有效、永续利用和房地产开发提出了更高的要求。

房地产开发源自城镇化发展需要。为了满足日益增长的人口多样化需求(包括生产、生活、娱乐、社交等在内的生存、发展、享受需求),政府需不断建造工厂、商店、办公楼、住宅区、商务区、电影院、体育、娱乐场所等公共服务设施以及各类基础和配套设施,从而扩大了城镇规模。但土地自然资源属性上的有限性,导致了经济属性上的稀缺性,再加上土地位置的固定性、土地的差异性等特点,从而加大了城市土地的压力。城镇化,特别是在大城市和特大城市,因人口失控就会使土地人口承载量和环境人口容量等变得不合理,进而影响城市经济的发展和房地产开发,这种状况的恶性发展就会促使城市走向衰亡。

一方面,城市人口的增长能够满足工业、商业等各行业发展对劳动力的需求;另一方面,人口高度集中带来的多种多样的需求也繁荣了城市。但是,人口的急剧增加以及人口城镇化的加速,对城市房地产经济的发展也会产生巨大的制约和影响作用。

第一,人口的增加会增大城市的环境压力,从而加重城市房地产开发的难度。

随着人口城镇化的加速,城市人口的高度集中,将对城市生态环境造成很大压力。具体表现在以下几个方面。

一是城市用水量递增,工业和生活污水的排放量将增加。一旦排入河、湖的废水超过其"自净"能力,正常的生物循环或生态平衡将遭受破坏,水体将被污染。随着水源被破坏污染,可取水量将不断减少,水质将不断恶化,水短缺将成为城市普遍存在的现象。[1]

---

[1] 据住建部统计数据显示:全国75%的湖泊出现不同程度的富营养化;90%的城市水域污染严重。南方城市总缺水量的60%~70%,是由于水污染造成的。对我国118个大中城市的地下水调查显示,有115个城市地下水受到污染,其中重度污染约占40%。而截至2009年9月,全国655个城市中,仍然有148个城市没有建污水处理厂,缺口率达22.5%;而在473个县城中,污水处理厂的覆盖率仅为29.1%。资料来源:2010年12月8日《上海证券报》。

二是因工业、交通、市政、生活等大量耗能而集中排放出各种废气，导致城市的大气质量不断下降。

三是工业废弃物、建筑垃圾、商业垃圾、医院垃圾和生活垃圾等的数量，会因生活水平的提高、人均消费质量的提高以及市政建设的发展和社会服务的改善而不断增加；同时，还会因文化教育的繁荣以及通信的发展、科技的进步、旅游的开发而产生纸张垃圾、有毒垃圾和旅游垃圾。各种各样的有毒有害的垃圾，既污染了城市自然生态系统中的大气、水体、土地、植物等，又破坏了城市生态环境，危害了市民的身体健康，影响了房地产品的环境质量。这些固体废弃物的堆积存放还会占据大量宝贵的城市土地，加剧房地产开发的用地矛盾。

四是为满足生产和生活的需要，通过房地产的开发所建成的各类水泥建筑物，代替了原来林木覆盖的大地而使城市成为"热岛"。工厂、建筑工地所使用的马达等则构成了城市噪声的点污染；各类机动的运输工具特别是汽车又是噪声的线污染源。

五是城市土地价格会因人口增加对土地需求的扩大而日益高昂，致使绿地被侵占。这会造成城市生态系统的支柱——林木及绿地越来越少，自然生态自净功能日益衰退，最终将导致整个城市环境质量的下降。

城市环境质量的低下，势必要求在房地产开发过程中，首先应改善环境，提高环境质量，这必然导致增大开发成本。因为决定现代房地产品质量高低的一个重要因素，就在于其所处环境状况的优劣。

第二，人口的增加会造成人均资源占有量相对不足，从而加大房地产发展与资源利用的矛盾。

与世界各国相比，我国的自然资源是较为丰富的，但因人口数量庞大，人均占用量少，使得资源组合不够理想，资源分布与生产加工地区错位，优势并不明显。据测算，我国平均每人占有的土地资源还不到13亩，约为世界人均占有量的1/4；耕地面积约14.35亿亩，人均占耕地1.65亩，仅及世界人均占有量5.5亩的30%；人均森林面积不足世界平均水平的1/6，人均草原面积不足1/2，人均矿产资源也只有1/2。随着人口城镇化发展，城市规模将不断扩大，城市建设用地的需求量将增加，这种增长不可避免地带来人均土地资源的下降。城市人均建设用地的绝对或相对减少，加剧了房地产开发与土地资源稀缺的矛盾，在房地产开发和再开发过程中，对土地的集约利用和对环境的保护因此将变得更加困难。

第三，人口的增加将会影响人均收入水平的提高，从而降低社会购买力和消费水平，延缓了城镇化的推进。

社会总体消费水平就数量来说，受社会消费资料总量和人口总量的制约。在社会消费总量一定时，人口总量和消费水平成反比例变化；在人口总量一定时，消费资料总量和消费水平成正比例变化。与此相联系，在既定的生产条件下，如果人口增长速度超过消费资料的增长速度，消费水平将呈下降趋势；即使人口增长速度低于消费资料增长速度，新增人口的消费需求也必然影响人均消费资料的占有，从而加重原有人口的负担。虽然我国每年有大量的商品住宅竣工，但是仍然有许多中低收入者住房困难，其中重要原因是人们普遍感到房价太高，因收入水平所限，只能望"价"兴叹，无力购买。同时，每年不断新增的城镇人口对住房需求形成了沉重的压力，这使提高人均住宅面积和改善住宅质量的任务更为艰巨。

第四，人口的增加会影响人均投资量的增加，制约城市房地产开发和再开发，从而阻碍了房地产业的迅速发展。

人口的过快增长使消费与积累比例失调。随着城市人口总量的迅速增加，消费需求总量也随之猛增，这就要求进一步对城市进行开发和再开发，增加城市的各项基础设施和公共服务设施的容量及功能，以解决因人口增加带来的城市交通、住房、就业等一系列问题。而基础设施和公共服务设施的建设和改善，需要大量的资金和技术的投入。在国民收入一定的情况下，如果新增人口增长过快，必须拿出相当多的一部分用于满足生活消费需求，这样势必减少积累。同时，由于受到固定资产投资系数影响，要保持原有居民生活水平不致降低，需满足新增人口投资增长率①条件，才能保证居民生活水平不致下降。这种随着人口增长而形成的"资本分散化"，使得人均储蓄和人均投资数量都难以提高，这就极大地限制了积累的增加，影响到对城市开发的投入，从而制约了房地产的开发数量和质量，难以为居民提供高质量的生产、生活环境，便利、发达、完善的基础设施和服务设施以及可持续发展的城市环境等。

综上所述，人口压力过大所造成的影响，不仅局限于环境的退化，而且还会严重地制约社会经济的发展，这在房地产经济的发展过程中表现得尤为明显。房地产业的发展离不开土地，土地是环境的基础因素，地球上有限的土地，只能提供有限的资源，养活有限的人口。土地的有限性和人口暂时超过土地承载力的盲目发展，使土地不胜负担，土地资源难以合理使用，结果使再生性资源难以再生，非再生性资源难以找到替代资源，人类自身也难以生活下去。而城镇化发展的最根本要义，就在于人们对自己生存和发展具有"幸福感"②。房屋是人的生产和生活的必备条件，其扎根于土地。房地关系实质是人地关系，房地矛盾根本上是人地矛盾。因此，要保持城镇化的可持续发展，我们必须协调好作为城镇化发展基础的房地产开发与人口、土地资源和生态环境的关系。

房地产开发是城镇化发展的重要基础和保证，但并不意味房地产的发展越快越好，投资越多越有利。房地产业作为国民经济运行状态和社会安定程度的"寒暑表"，其发展的规模和建设必须适当。所谓适当，一是房地产业的发展规模和速度必须同其他产业相协调，与国家的经济承受能力相适应，做到自觉地保持比例；二是开发投放的房地产品的数量和质量必须与市场的有效需求相适应；三是房地产开发，应能促进房地产资源的永续利用和永续

---

① 新增人口投资增长率＝人口增长率×投资系数。
② "幸福感"又称幸福指数或国民幸福指数，用以衡量人们对自身生存和发展状况的感受和体验。其包括环保、教育、公共卫生和基础医疗卫生、社会保障的覆盖面、安全和政府公共服务六个方面的指标。

发展，确保生态平衡、环境清洁。

房地产发展的规模和速度是否恰当，最终要由市场的供求状况来检验。如果开发投放市场的房地产品能被市场所消化吸收，则表明房地产的发展规模速度同国民经济的承受能力是相适应的，同房地产市场经济的发育程度是相适应的。但是房地产市场较一般市场更具有复杂性，存在房地产品需求弹性大而供给弹性小的矛盾，加上周期性运行规律影响，因此我们对房地产开发的速度要进行合理的评价。我们既要看到房地产市场需求巨大，又要看到房地产业增长要受到多种因素的制约，发展不能是无限度的，需要分清虚假需求与真实需求、现实需求与潜在需求、愿望需求与有效需求之间的关系。

有观点认为随着中国城镇化的不断深入发展，城镇人口数量将不断增加，这必然产生住房需求的增加，因而商品房市场将保持持续繁荣，商品房价格会不断走高。需要注意的是，实现对住房的有效需求是有条件的。首先，新增城镇人口必须固定在城镇里，而不是在城镇与乡村之间奔波游走，或是身在城镇家却安在乡村的"新市民"。而实现这一点，这些新增人口需要有充分的就业机会，如果不能在城镇找到与自身能力相适应的岗位，就不可能通过给社会创造财富来实现价值的变现，这样即使拥有城镇户籍，也留不下来。其次，新增城镇人口的收入必须能够满足基本生活的支付需要，并且具有持续性。最后，新增城镇人口有充分、健全和覆盖到位的社会基本公共福利和保障。若以上三个条件不具备，那么这种城镇化仅仅是许多人所进行的一次物理意义上的空间转移与结合，因此，也就不可能促使商品房市场的经久不衰。

虽然，从经济发展规律的角度看，住房现实需求和潜在需求决定了房地产市场的发展，但是未经培育的、没有实际购买力的需求，只能是"空中楼阁"。在城镇化过程中，随着工业和金融服务等第三产业比重的增加，可以增加不少的就业机会，然而工业化和金融服务业的发展，本身也向劳动力转移提出了更高的要求。而受传统产业发展惯性的影响，劳动力水平总体不高，如果不能及时得到提升，是难以符合城镇化发展需要的。尤其当前价格远离实际的商品房市场，对于中国大多数普通家庭（包括新增城镇人口）而言，只能望房兴叹。因此，在城镇人口特别是新增城镇人口初步的财富积累还没有完成时，盲目乐观地强调城镇化对于商品房市场的推动力量，就可能助推泡沫。因为整个商品房市场的推进和房价的高企，完全是给予人们一个虚无的成因。即便受此鼓励勉强将更多人推进城镇、推入市场，也会抑制需求的有序和良性转化与释放，这样的城镇化只能是衰退的、低效率的"伪城镇化"。2010年联合国人居署、住建部等各方机构联合发布的《中国城市状况报告》已明确指出，部分中低收入家庭和大批"新城镇居民"，尤其是"蚁族"的住房问题已经成了城镇化发展的瓶颈。①

因此，房地产开发速度和规模，必须符合我国投资增长需要，即房地产投资的增长，应以满足农业、能源、交通等基础设施建设以及解决瓶颈制约的重点工程投资的需要为前提。同时，我们还应该注意到生产力发展所引起的人们生活水平的提高、消费观念转变程度的制约；还要注意房地产开发建设，经营管理秩序，房地产品质量、售后服务，以及土地使用制度和住房制度改革所牵扯的各方面的利益影响；还有我国人口增加与土地利用，城镇化发展与保护生态环境之间的关系；等等。房地产开发的增长只有符合社会主义市场经济发展的实际而适度发展，才能保证城镇化与房地产开发的协调与可持续发展。

二 城镇化与房地产开发的协调发展

城镇化的过程即是农业人口的城镇化和农民的市民化。农业人口城镇化和农民的市民化是一个国家和地区工业化、城市化水

---

① 北京因"蚁族"聚居而闻名的唐家岭，至少居住着10万名左右的大学生。全国有一千多万户家庭居住在各类城市和国有的工矿棚户区。资料来源：2010年12月22日《上海证券报》。

平的重要标志。从发达国家看,在国家进入后工业化时期后,城镇人口应达到70%以上,而真正的农业人口应在7%以下。因此,农业人口城镇化和农民的市民化是与工业化同时出现的,并且是协调发展的。至2007年,全国农村到外地城镇就业的人数已经超过了1.3亿,加上在本地乡镇企业和城市中小企业工作的人数,共计超过2.2亿,占农村从业人员的40%以上。[①] 农村人口进入城镇后,不但有利于农业劳动生产率的提高和规模集约经营,发展生态农业,而且由于城镇抚养成本的提高,将会大量地减少人口出生。据预测,在相同的生育水平下,农业人口城镇化每提高一个百分点,一年就可以少生20万人,从而可以有效地控制人口过快增长,产生巨大的经济和社会效益。有关资料显示,1982年我国20%的人口住在城市,到了2005年,我国43%的人是城市人口,至2009年提高到46.6%,平均每年增加1个百分点,未来3~5年,中国的城市人口将超过50%。[②] 因此,我国农业人口城镇化发展,必须既要注意到城镇化有利于工业化和现代化,又要考虑到保持国民经济的均衡发展,力求获得最好的经济效益、社会效益和生态环境效益三赢效果,避免"低度城市化"、"浅度城市化"的各种弊病和新的社会问题出现。农业人口城镇化和农民市民化发展的规模和速度,不仅要适应城镇经济和社会发展对劳动力总量和结构的要求,而且也要与城镇基础设施建设、房地产开发以及教育、卫生等社会公益事业的发展(即城镇容量),保持动态的基本协调。当前我们特别需要注意的是以下几个方面。

第一,有序、合理地发展城镇规模,协调城镇化、工业化发展与耕地保护的关系。

我国城市规模扩张速度过快,这与城市社会经济发展迅速有关,也与城市用地粗放化和房地产无序开发有关。因此,政府必须加强对城市土地的管理,严格控制土地供应总量,促进土地利用方式由粗放型向集约型的转变。其中包括以下几点。

---

① 《中国城乡关系演变60年:回顾与展望》,《改革》2009年第11期。
② 2010年7月15日《社会科学报》。

一是新增非农建设用地的供应总量，应根据可持续发展的方针，与城镇化的发展、城市产业结构的调整以及房地产的开发相协调。我们要遵循土地利用总体规划和有关指标进行科学测算，并建立相应的法律法规，保障土地利用总体规划的权威性和有效性。

二是调整结构，转换土地利用方式，提高土地利用效率。具体措施如下：首先，通过城市建成区内部用地结构的合理化和集约利用度的提高，增加土地资源；其次，加快存量土地的市场化，完善非农建设用地的审批办法，充分利用市场机制优化土地资源的配置；最后，加快农地使用权的市场化，促进农地向规模经营形式集中，取得规模效益，提高土地产出率。

三是确立城乡建设用地规模的约束机制。在编制土地利用总体规划时，政府要把控制耕地总量和非农建设用地规模、实现耕地总量动态平衡作为重点。同时要确立省级及市级区域性的城镇规模体系，从宏观上做到城镇体系层次分明、规模适度、布局合理，并针对各个城镇所在地区的土地供给能力、经济发展水平和用地实际，设立城镇建设用地控制区。在县、乡土地利用总体规划的基础上，限定村庄、集镇的非农建设用地规模。

第二，城市建设规划要与土地利用规划相衔接，用地规模不得突破土地利用总体规划。

城市建设总体规划是一定年限内城市各项建设的综合平衡和合理安排。其内容包括城市性质、发展目标和发展规模，城市主要建设标准和定额指标，城市建设用地布局、功能分区和各项建设的总体布置，城市综合体系和河湖、绿地系统的各项专业规划及近期建设等。城市土地利用总体规划是对一定时期的城市土地开发、利用、整治和保护等所作出的战略性、指导性规划。政府通过制定土地规划，控制土地利用活动，促进土地供给在数量和结构上的平衡，实现土地利用的合理布局，达到土地资源最优配置的目标。

显然，城市建设总体规划与城市土地利用总体规划既有密切联系，又有各自不同的特点，二者既不能截然分开又不能相互替代。城市建设总体规划应注意与城市土地利用总体规划相衔接，充分考虑城市土地利用总体规划的目标要求，注意节约用地、合理用地、集约用地，限制城市用地的盲目扩张。在现有城市土地利用中，政府要精打细算、合理布局，严格掌握设计定额，杜绝土地浪费。在制定城市土地利用总体规划时，政府应以全部土地资源为对象，参照城市建设总体规划，考虑社会经济发展对土地供给的要求，对各类用地规划进行科学预测，提出各类用地规模的控制目标，进行有利于结构和布局的合理安排，并制定相应的措施，全面协调土地利用活动中的供需矛盾。

因此，无论是城市建设总体规划还是城市土地利用总体规划，都是房地产开发的基本依据。需要注意的是，我们进行城市建设或土地利用规划的目的，就是要建立起良性循环的人工生态系统，这个系统就是要使人口、资源、环境、经济（包括房地产经济）等相互协调发展。所以，政府必须坚持以低碳理念进行城市规划，包括低碳产业规划、低碳建筑规划、低碳交通规划等；设计城市土地扩张的边界，以保护稀缺的土地资源，如通过在城市集聚区边缘种植林带，构成一道制止城市蔓延的屏障。同时，在用地结构和生产力布局上，政府要更加重视城市基础建设，以便消除诸如城市拥挤、交通混乱、环境污染、住房短缺和生活不便等问题。此外，规划必须具有预期性、经济性和权威性，这是保证规划顺利实施的重要条件。

第三，确定合适的城镇人口规模，加强和完善人口增长计划管理机制。

城镇人口规模是城镇规模的一个重要决定因素，超过城镇土地人口承载力的人口也是"城市病"的重要因素。以绿带来限制城镇用地的盲目扩张，其先决条件是城镇人口增长的压力不再增大，否则，要想控制城镇占地规模只能是一句空话。况且我国还有近四亿的农村剩余劳动力等待转入城镇。可见，要使城镇人工生态系统良性循环，其根本就在于严格控制人口规模。为此，政府必须在计划生育、控制人口数量、提高人口素质的基础上，加强人口的宏观管理，完善机制，促使人口城镇化的健康发展。具体措施包括以下方面。

一要宏观规划和管理全国及各级的人口和劳动力的流向、流量、结构和布局,对人口的迁移,农村人口和劳动力的转移,外省劳动力的适度引进等加强管理。

二要宏观管理和控制农业人口城镇化的规模和速度,结合我国培育现代化大城市,合理发展中等城市,积极发展小城镇的方针,使农业人口城镇化的发展速度与城镇的发展速度相协调;避免人口盲目流动,引导农民向城镇和农村集镇适量、有序地转移。

三要根据城镇发展所提供的就业岗位,控制和调节人口劳动力的需求,有计划地搞好城镇基础设施建设以及文教卫生等设施的建设,并作出年度计划和长远规划,使之与城市经济、农村经济和房地产业发展计划有机结合起来。

第四,建立生态城市[①],发展低碳经济,构建城乡循环经济的产业体系。

随着农村人口不断地进入城镇和消费水平的提高,必然会增加作为城市经济系统中的基本物质要素和生态系统中的环境要素——土地的压力。因此,发展城乡循环经济,促进农业和工业经济发展过程中物质资源的减量和生产要素的知识化,就具有十分重要的战略意义。这里的关键是要遵循资源节约型和环境友好型的低碳模式,构建循环经济的产业体系。

其一是从建设生态城市的角度,大力发展低碳经济。政府要以新能源、新材料、生物医药等为代表的低碳产业为基础,调整优化城镇产业结构;以优先发展大运量公共交通为载体,构建高效、快捷的交通运输体系,实施紧凑型城市空间规划;以绿色建筑为保障,规模化推广和应用高性能、低材(能)耗、可再生循环利用的建筑材料,建造健康、宜居、低碳、绿色、安全的城市建筑;以发展绿色能源、清洁能源、开发替代和可再生资源为重点,推进氢燃料电池等以及碳收集与埋存技术的应用,注重新一

[①] 生态城市是根据生态学原理建立起的一个高效和谐、持续发展的城市。它强调以人的行为为主导,以自然环境系统为依托。其基本要素包括:可持续发展的人工生态系统,安全、和谐的生态环境,高效的生态产业体系,高素质的城市文化以及以人为本的城市景观和低碳消费方式。

代纤维素乙醇和氢燃料等车用燃料生产技术,清洁煤、核能、太阳能和风能等先进发电技术以及先进节能技术、碳捕获和封存技术、可再生能源等的研究与开发,以不断优化城市能源结构;通过建立发展低碳城市的法制保障机制,如设置碳排放标准、收取碳税等,形成具有法律效率的低碳体制;通过市场调节,使低碳产品、低碳技术和低碳服务市场化,以调动企业的积极性并影响居民的消费习惯,逐步改变城镇的消费模式和生活模式。

其二是从企业内部循环的角度,大力发展生态工业和持续农业。生态工业是以清洁生产为导向的工业,它根据"3R原则"①设计生产过程,能实现经济增长与环境保护的双重效益。在中心城区土地使用上,政府要大力发展规模小、占地少、产出高的商业、金融证券业、保险业、房地产业以及文化科技产业和绿色产业。持续农业包括有机农业、生态农业、旅游农业、低碳农业等形式,是既能实现增产又能保护环境的未来农业。郊县农业产品结构要调整为以新品蔬菜、花卉、果木、畜牧业为主,粮棉油为辅,大幅度减少化肥和农药的使用量,增大有机肥的投入,以提高绿色食品量。就发展绿色产业而言,不仅绿色产业的各种产品和各种绿色植物能保护城市生态环境,并且具有调节气候、净化空气和噪声、改善城市空气质量和气候条件的作用,而且可以创造可观的经济效益,增加财政收入。

其三是从生产之间循环的角度,大力发展生态工业链或生态产业园区。具体做法是:把不同的工厂以及农场、农业园区连接起来,形成共享资源和互换副产品的产业共生组合,使得这家工厂的废热、废水、废物成为另一家工厂的原料和能源;工业的废弃物经过生化处理,为农业发展提供必要的资料。为此,城乡在产业结构调整和土地置换过程中,需要按照循环经济要求进行整合,争取资源消耗和污染排放的总体增长速度小于经济增长速度。政府要在生产建设和流通中,注意节水、节能、节林、节地,广

---

① 3R原则是循环经济活动的行为准则,具体包括减量化原则(Reduce)、再使用原则(Reuse)和再循环原则(Recycle)。

泛采用新设备、新工艺、新技术、新产品，并限期淘汰能耗高、耗材多、耗水大的落后技术和产品，减少资源消耗，提高综合利用能力。

其四是从社会整体循环的角度，大力发展绿色消费市场和资源回收产业。绿色消费和资源回收是与绿色生产必须衔接的两个环节，只有这样才能在整个社会的范围内，形成"自然资源—产品和用品—再生资源"的循环经济路线。农村和城镇都应在生活领域倡导3R原则和避免废物产生原则，提倡理性消费和低碳消费。政府要抑制生产和流通过程中的包装过度现象，限制一次性包装品的使用，对销售大的一次性物品应征收环境税，抑制其过量制造和使用；推行净菜进家，发展净菜及半成品蔬菜食品业；大力发展废弃物回收利用和资源化产业，尽量减少用填埋或焚烧等方式处理废弃物，使社会废弃物尽可能转入新的经济流程。同时，政府要加强与循环经济有关的立法和执法，把污染者付费的原则，贯穿于从生产到使用和回收利用的整个产品生命周期；建立起一个能让公众和企业共同遵守的环保准则；加强有关环境无害化技术的研究、开发和产业化进程，为城乡发展低碳、循环经济提供技术上的支持。

第五，赋予转型期农民国民待遇、农民合法的财产权益和农民共享现代文明的权益。

农业人口城镇化与农民的市民化不仅是一部分社会阶层向另一部分社会阶层的过渡，不仅是户口的"农转非"，而是一个国家和地区社会进步的集中体现，它包含着丰富的经济内涵和深刻的社会机理。政府要赋予农民享有与城市居民平等的经济和现代文明的权益，消除城乡居民经济利益的不平等性。

为此，一是政府要赋予农民平等的劳动就业权和社会保障权，使农民与城市居民都成为我国平等的经济利益主体。这是实现农民市民化的关键和根本。这就需要建立城乡统一的劳动力市场，把农村剩余劳动力纳入劳动保障部门统一管理，取消对农民就业的限制性和不合理的政策，推行旨在提高农民社会养老保障水平的镇保制度;① 尽快建立家庭、社会和政府扶持相结合,与市民社会保障相衔接的社会保障制度。②

二是政府要赋予农民以合法的财产权益。对于撤销村、队建制的集体资产要折股量化到人,实行以土地为核心的社区股份合作制;对农民在动迁时让出的宅基地应通过社会中介机构评估,结合动迁补偿政策给予货币化的资产;农民土地承包权作为一种物权形式,实行"依法、自愿、有偿"原则进入交换和流转以实现其价值。

三是政府要赋予农民共享现代城市文明的权益。我国国情决定农民市民化是大部分农民必须就地"城镇化",即进入中小城市和一般城镇。因此,政府要提高农村基础设施建设的水平,使没有进城的农民同样享受到现代城市生活水平,这也是农民市民化的一个重要标志。同时,政府要以产业为支撑、交通为先导、生态为依托,从建设满足生活、生产需求的美丽家园出发,构筑梯度辐射、层次分明、布局合理、各具特色、功能互补、可持续发展的现代城镇体系,提高城镇的能级和水平,为加快农民的市民化创造条件。政府还要进一步完善农村九年义务教育制度,建立农民连续教育和终身学习制度,在实现农民的市民化转型中,加快文化、知识和心理素质结构的转型。

(作者单位:上海财经大学经济学院)

---

① 现在上海正在推行的镇保制度是,以上年全市城镇职工工资平均水平的60%为基数,提取24%作为基本保险的养老基金,再根据各企业、单位实际情况,增加"X"补充养老基金,形成"24%+X"的镇保制度,以达到既能提高农民养老水平,又不过快地提高商务成本的目的。

② 2011年7月1日起,上海让有城镇户籍的外来从业人员及城郊区用人单位从业人员参加城镇职工社会保险,其保险的险种和缴费规则与本市城镇户籍从业人员完全一致;非城镇户籍外来从业人员(农民工)目前按规定参加养老、医疗、工伤三项社会保险。其参加保险后,享受的社会保险待遇按照本市职工相关规定执行。达到法定退休年龄时,累计缴费满15年的可以按月领取养老金并享受基本保险待遇。资料来源:2011年6月28日《新民晚报》。

参考文献

[1] 上海市社会科学界联合会：《改革开放制度、发展、管理：上海市社会科学界第六届学术年会文集》，上海人民出版社，2008。

[2] 王振中等：《共和国经济社会发展与展望》，社会科学文献出版社，2010。

[3] 上海市经济学会：《学术年刊》，上海人民出版社，2009。

[4] 上海市社会科学界联合会：《中国经济60年道路、模式与发展：上海市社会科学界第七届学术年会文集》，上海人民出版社，2009。

[5] 包亚钧：《房地产可持续发展论》，山西经济出版社，2000。

[6] 赵学增：《马克思经济危机理论的争议与评价》，《贵州财经学院学报》2010年第4期。

[7] 陈承明、施镇平：《中国特色城乡一体化探索》，吉林大学出版社，2011。

[8] 王国刚：《城镇化：中国经济发展方式转变的重心所在》，《经济研究》2010年第12期。

□龚晓菊 郭 倩□

积极发展第三产业
加速推进城镇化进程

城镇化作为一个复杂的动态结构系统，其本身承载着人口流向上的农村人口向城镇转移、产业结构上的农业为主导向工业进而向第三产业为主导转变、价值观念上的传统农耕文明向现代城市文明转向等包罗万象的结构体系。但从本质意义上看，产业的支撑作用仍然是第一位的。随着中国区域经济结构的转变，城镇主导产业的定位同样存在着相应的调整。迄今为止，在城镇化过程中，第三产业的发展在吸纳劳动力就业、增加农民收入、建设社会主义新农村、构建完备的城镇体系与和谐城乡关系等方面发挥着不可替代的作用。

一 中国城镇化水平及作用

（一）城镇化水平

"十一五"期间，中国城镇化水平从 2005 年的 43%，提高到 2009 年的 46.6%，年均增长 0.9 个百分点。截至 2009 年年底，中国城镇人口达到 6.2 亿，与 2000 年相比，城镇人口增加 1.63 亿，城镇化率提高 10.4%，年均提高约 1.2 个百分点，为美国人口总数的两倍，比欧盟多出 1/4，城镇化规模居全球首位。

1. 城镇就业人数稳步增加

随着城镇化和工业化进程的不断推进，城镇吸纳就业的能力继续增强，从而有力地促进了乡村富余劳动力向城镇地区的转移。2009 年末，中国就业人员总量达到 77995 万人，比"十五"期末的 2005 年增加 2170 万人，年均增加 542.5 万人。其中，城镇就业人员总量由 27331 万人增加到 31120 万人，年均增加 947.3 万人；城镇就业人员占全国就业人员总量的比重从 2005 年的 36.0% 上升到 2009 年的 39.9%。

2. 城镇居民收入快速增长

与此同时，中国城镇居民生活水平得到明显提高，消费市场愈加繁荣。2010 年全国城镇居民家庭人均总收入达到了 2.1 万元，比上年增长了 11.5%。其中城镇居民人均支配收入达到 1.9 万元，增长 11.3%，扣除价格因素，实际增长 7.8%；比 2005 年的 1.05 万元增长了 82.1%，扣除价格因素，实际增长 59.0%，年均实际增长 9.7%。工资性收入、转移性收入、经营净收入和财产性收入等各分项收入均保持快速增长。

3. 城镇居民消费方式明显改善

中国城镇居民满足温饱的生存型消费正逐步迈向个性的发展型和享受型的消费，在各类消费呈现增长态势的同时，热点消费也快速增长。据统计，2010 年全国城镇居民人均消费性支出达到 13471 元，比 2005 年的 7943 元增长了 69.6%。其中人均食品支出 4805 元，比 2005 年增长 64.9%；人均衣着支出 1444 元，比 2005 年增长了 80.4%；人均其他商品和服务消费支出 499 元，比 2005 年增长 79.7%，年均增长 12.4%，占消费支出的比重为 3.7%，高于 2005 年 0.2 个百分点。此外，城镇居民人均购买金银珠宝饰品、手表支出大幅度增长，5 年间年均增长分别为 26.2% 和 24.1%。对于各项个人服务的消费支出也大大增多，2010 年人均理发洗澡费和美容费相对 2005 年分别增长 104.7% 和 109.6%。

"十一五"期间的城镇化成果，体现为在发展方式转变过程中，不断引导经济结构调整，实现产业有序转移，推动城镇事业发展，从而向更高层次、更高境界的生态文明和精神文明迈进。"十二五"期间，中国将进入城镇化与城市发展双重转型的新阶段，预计城镇化率年均提高 0.8~1.0 个百分点，到 2015 年达到 52% 左右，到 2030 年达到 65% 左右。城市经济发展一个具有里程碑意义的变化是城镇化率超过 50%，城镇人口将超过农村人口。由于城乡人口数量对比的变化，城市经济在国民经济中的主体地位更为强化。

（二）城镇化的地位和作用

城镇是介于农村与城市之间各种经济要素和环境要素的汇集点，是经济和社会发展的驱动力。城镇化作为推动中国三元经济结构发展与转换的支撑点，发挥着重要的轴心作用。具体体现在以下几个方面。

第一，城镇的吸纳功能实现了剩余劳动力的有效转移。造成剩余劳动力转移严重滞后的根本原因在于中国城镇化严重滞后于工业化。因此，大力发展小城镇是有效解决农村剩余劳动力转移问题的根本出路，城镇的发展不仅改善了本地剩余劳动力的困境，而且吸纳了大量外地的富余人员，缓解了就业压力。可见，推行农村城镇化，让广大剩余劳动力流向城镇的非农产业部门，就地转移、就地消化，是促进剩余劳动力有效转移最现实可行的途径。

第二，城镇的集聚效应推动着乡村工业的大力发展。城镇对经济发展的推动作用，最根本的一点体现在集聚效益上。具体表现在以下方面：为城镇企业节约了成本；使本地区的资金、劳动力、技术、管理、交通等各种生产要素相对集中，从而使城镇成为本地区经济社会的"发展极"；扩大了本地市场，提高了市场规模效益；产生了信息效益、人才效益、生态效益，有利于促进技术改造及环境污染的综合治理。城镇化的最大经济效应是创造出持久增长的需求，城镇化对需求的创造源于城镇人口创造出来的消费城镇化，它使市场需求获得倍数扩张的能力。此外，城镇化还会直接或间接创造投资需求，包括基础设施投资需求和住房投资需求。城镇的发展，从根本上改革了乡村企业分散无序的格局，提高了工业生产能力，促进了乡村工业的大发展。

第三，城镇的"增长极"效应促使农村区域经济的快速增长。城镇是一定区域内经济发展的重要突破口和新的增长核心，它处于支配全局的优势区位，集中了各种生产要素的优势，是资金、人才、信息及各种生产资料、生活资料的集散地，发挥着重要的"增长极"效应。城镇人口的城镇化创造出消费的城镇化，从而使经济增长的拉动也城镇化，城镇消费的增长是国民经济增长的持久动力。城镇化进程与经济增长进程是相互适应、相互促进的。而且当城镇这个增长极或中心地发展到一定程度后，又会发挥应有的扩散效应，即以城镇为核心，向乡村扩散信息、技术和城市文明，推进腹地的经济发展。

第四，城镇的调节功能协调着三元经济结构之间的相互关系。三元经济结构（传统农业部门、农村工业部门及现代工业部门）的内部关系，既存在相辅相成、连锁带动发展的一面，也存在相互摩擦、矛盾、牵制的一面。城镇的兴起与发展，通过其特有的调节功能，促使各部门的经济在资源上得到最佳配置，通过市场开拓，促进各部门经济进入一体化良性循环的轨道，从而减少三元之间的矛盾，弥合相互间关系的裂痕。一方面，城镇的发展解决了农村工业与农业之间环境污染、乱占耕地、资金争夺等一系列的矛盾，通过健全基础设施建设，促进市场发育和商品经济发展，把农业与农村工业合理调和，形成有机的市场联系；另一方面，就农村工业与城市工业而言，城镇的发展有利于加强城市工业部门对农村工业部门的带动作用，促进农村工业部门的扩张，城镇的调节作用将使农村工业部门的发展更好地弥补城市工业部门在产业结构方面的不足，推动工业产品总量的增长。

随着城镇化的推进，代表着先进生产力和城镇经济活跃元素的"珠三角"、"长三角"、"环渤海"等地，成为"十一五"期间显现国家竞争力的重要区域。而中西部一些地区，也通过承接产业转移、有序集聚人口和完善公共服务体系，培育出一批分工不同、特色鲜明的新型城镇，形成了生产要素和市场需求由东向西、由南向北的梯次拓展,发挥了大中小城市与农村之间的联结效应。

二 第三产业推动中国城镇化发展的作用机理

城镇的诞生与发展本身就是产业演化的自然结果。从某种程度上讲,城镇主导产业的定位从诞生初期的简单手工业或低层次服务业逐渐过渡到中期的工业乃至后期的第三产业,这也是与经济发展过程中配第-克拉克定理所描述的三次产业的渐进转移相一致的。城镇化发展的基本动因及基本动力可以归结为它所产生的聚集经济效应,它通常是指因企业、居民的空间集中而产生的经济利益或成本节约。从理论上说,经济聚集既是城镇产生的根源,又是推动城镇从低层次向高层次、从孤立个体的形式向紧密联系的群体形式发展的基本动力之一。随着产业结构的转换以及随之发生的农村剩余劳动力职业和就业空间的转移,第三产业的发展便成为城镇化发展的后续动力。产业结构的变革会引起各种生产要素在空间上的流动和重新组合,要素配置由收入弹性较低的以农业为主方的产业向收入弹性较高的以第二和第三产业为主方面转化。这种转化促进以劳动力为主的生产要素在空间上的聚集,加速了城镇化的进程。在后工业时代乃至信息时代,第三产业必将替代第二产业成为城镇经济的核心产业。

随着中国经济发展水平的不断提高以及城镇化进程的加速推进,第三产业作为第一、二产业的后续服务职能日益凸显,相较于第一、第二产业,第三产业的就业弹性相对较大。20世纪80年代以来,中国第三产业的就业弹性就呈现出较强的上升趋势。而且随着产业结构的不断调整和升级,这种趋势将更为明显。这说明在吸纳中国农村剩余劳动力,推动中国城镇化进程方面,第三产业表现出明显的优势和动力。随着乡镇企业不断向城镇集聚,第三产业发展的门槛很容易被突破,这有利于发挥消费的集聚效应。目前,中国城镇第三产业仍处在低层次的以生活服务为主的阶段，这满足了初步小康阶段城镇居民低层次生活消费的需求。第三产业的发展同中国城镇化道路之间具有内在的统一性，城镇化水平的提高为第三产业的发展拓展了空间，而第三产业的发展又为城镇化战略的实施提供了产业支撑。

　　首先，第三产业通过其较高的就业弹性推动了城镇化的快速发展。第三产业就业弹性大的内在特征决定了其在解决农村剩余劳动力就业方面的特殊作用。在工业化的中后期，由于第二产业内部结构的调整，资本有机构成逐渐提高，资本、技术对劳动的替代能力增强，第二产业吸纳就业的空间会不断缩小，因此，仅仅依靠发展第二产业来解决中国艰巨的就业问题不太现实。相反，第三产业本身具备就业弹性大的天然属性，通过发展第三产业不仅可以广泛吸纳大量农村剩余劳动力就业，而且也不至于使工业部门因产业升级而被排挤出的失业人员（其主体为农民工）回流至农村，从而阻止农村土地的适度规模经营。如果说第三产业所提供的基础条件只是使工业化后期的城镇化成为可能，那么第三产业对第一、二产业剩余劳动力的吸纳则使其成为现实的选择。

　　其次，第三产业通过强化城镇聚集效应提供了城镇可持续发展的后续动力。中国的第三产业通过为工业和城镇提供有力的服务环境和完善的基础条件，强化了城镇的吸纳能力，并逐步演化为城镇化发展的后续动力。工业的高速发展要求全方位、高效率的辅助服务，例如，便捷、廉价、高度共享的信息服务业，安全性能高、投资风险小、服务质量高的金融保险业，速度快、成本低、载量大、储存条件优良的物流业等。第三产业的发展为其他产业提供配套服务的同时，也有力地推动了城镇基础设施的完善，从而使得城镇的产业结构日趋完备，生产生活更加便利，功能更加完善，吸引力更强，最终使工业化后期的城镇发展找到了产业支点，使城镇化的可持续、健康发展成为可能。

　　再次，第三产业发展与城镇化进程之间存在着互动性规律。第三产业的发展，意味着城镇产业的延伸、城镇就业的增加和城镇功能的完善。但是，第三产业对于推进城镇化的作用又不完全等同于工业，即只有当第三产业作为工业的派生物时，才能发展起来并成为城镇化的产业基础。因此，城镇第三产业的发展要以适量的生产要素尤其是劳动力在城镇空间聚集为前提条件。加快城镇化进程，通过政策引导和市场吸引，将一定量农村居民由分散居住迁入城镇集中居住，必然形成和增加对第三产业的消费需求，增强第三产业发展的内在动力和市场容量。可见，发展城镇第三产业不仅可以解决农村剩余劳动力就业问题，也是目前小城镇进一步发展的新的增长点。第三产业是农村经济社会发展的调节器和稳定器，必将为城镇的发展带来繁荣的景象与难得的契机；而城镇化为第三产业的发展寻找到了一个最佳的空间依托，城镇所具备的聚集功能、辐射功能、带动作用等均为第三产业所共享。因此，第三产业与城镇化之间存在明显的良性联动关系。

总之，城镇化和第三产业发展是一个问题的两个方面，城镇是第三产业发展在空间上的依托和载体，城镇化的发展必然为第三产业的发展拓展更大的空间、打造更有利的人口、资金、技术、通信平台；同样，第三产业的发展是城镇化发展的后续动力，特别是在后工业化时代，第三产业对城镇化发展的推动和促进作用是其他产业无法替代的。所以，第三产业只有以城镇为依托才能生存和发展，同时，城镇化的发展又是第三产业发展的必要条件，二者相辅相成，缺一不可。第三产业的健康发展将有利于完善城市的服务功能，激发城镇潜在的聚集经济功能。而中国第三产业发展滞后不仅延缓了农村剩余劳动力向城镇转移，同时也限制了城镇集聚经济效应的发挥。

三 中国城镇第三产业发展现状及存在的问题

（一）城镇第三产业发展现状

改革开放以前，受到强调重工业发展战略的影响，第三产业的发展长期处在停滞不前的状态，这大大制约了第三产业吸纳就业人口能力的发挥。改革开放以来，随着中国各项发展战略的调整,第三产业得到了巨大的发展。2010年中国国内生产总值达到39.8万亿元,同比增长10.3%,其中第三产业的增加值达到了17.1亿元,增长了9.5%。

1. 第三产业产值比重持续上升

"十一五"时期,中国三大产业全面快速发展,服务业水平及比重明显提高。2006～2010年,第一产业年均增长4.5%,第二产业年均增长12.1%,第三产业年均增长11.9%。从三大产业结构看,第一产业所占比重明显下降,第二产业所占比重略有下降,第三产业所占比重上升。其中,第一产业所占的比重从2005年的12.1%下降到2010年的10.2%,下降了1.9个百分点;第二产业所占比重由47.4%下降为46.8%,下降了0.6个百分点;第三产业所占比重由40.5上升为43.0%,上升2.5个百分点。

2. 第三产业就业比重继续提高

随着农业富余劳动力向非农产业的转移,中国二、三产业就业比重继续提高。"十一五"期间,中国第一产业就业人员由2005年的33970万人,减少到2009年的29708万人,年均减少1066万人;第二产业就业人员从2005年的18084万人,增加到2009年的21684万人,年均增加900万人;第三产业就业人员从2005年的23771万人,增加到2009年的26603万人,年均增加708万人。中国三大产业就业人员的比重由2005年的44.8%、23.8%、31.4%转变为2009年的38.1%、27.8%、34.1%,第一产业年均下降约1.7个百分点,比"十五"时期多下降约0.7个百分点;第二产业年均上升1个百分点,比"十五"时期多上升近0.8个百分点;第三产业年均上升0.7个百分点,略低于"十五"时期0.8个百分点的升幅。

3. 第三产业中服务业快速发展

第三产业中现代服务业的快速发展,是"十一五"时期中国产业结构调整的突出特征。交通运输、批零贸易、餐饮等传统服务业得到了长足的发展,为增加就业、方便群众生活发挥了重要作用。2005～2010年,交通运输、仓储和邮政业增加值年均增长8.3%,占GDP的比重由14.2%下降至11.1%;批发和零售业增加值年均增长16.5%,占第三产业增加值的比重由18.6%上升至20.1%;住宿和餐饮业增加值年均增长9.5%,占GDP的比重由5.6%下降至4.7%。为适应工业化、城镇化、市场化、信息化、国际化等的需要,金融保险、房地产、信息咨询、电子商务、现代物流、旅游等一大批现代服务业呈加速发展态势,大大提高了服务业的整体质量和水平。2005~2010年,金融业增加值年均增长18.7%,在第三产业增加值中所占比重由8.1%上升为12.0%,提高了3.9个百分点;房地产业增加值年均增长11.3%,所占比重由11.4%上升为13.0%,提高了1.6个百分点。

(二) 城镇第三产业发展中存在的问题

尽管中国第三产业的发展有了快速的进步,但相较于其他发达国家,仍存在一定的差距。目前中国产业结构中第三产业的比重还比较低,不仅与发达国家65%~75%的比例相差甚远,就是与总的生产力水平大致相仿的其他发展中国家近40%的比例相比,也有明显差距。其中城镇化水平偏低的现状,使得第三产业的发展失去了空间上的依托,发展速度受到了一定的限制,尤其体现在发展仅局限于量上的扩展,而忽视了质上的提高。

中国20世纪80年代以来第三产业的快速增长,主要是得益于由改革开放释放的制度生产力和低起点提供的广阔增长空间,而不是社会分工、产业演进的自然过程。市场经济改革使长期受到压制的第三产业,特别是那些进入门槛较低的部门在短时期内得到迅速发展。随着改革进入较深的层次,传统服务业市场逐渐饱和,第三产业加速成长的表象也随之消退,至今仍主要集中在传统的生活服务领域,例如餐饮、理发、服装加工、交通运输、仓储、批发和零售贸易等行业,而在房地产业、卫生体育、社会福利业、金融保险业、教育、文化艺术、网络服务、咨询策划、广播电影电视业、科学研究和综合技术服务业等现代第三产业中所占份额较小。因此,中国城镇第三产业具有天然的弱质性。随着产业的分化和深入,第三产业在传统领域的供给过剩与现代领域的供不应求格局,无论是对转移劳动力的就业还是城镇经济的健康发展均会产生十分不利的影响。

四 推进中国城镇化进程中第三产业的发展路径

由于中国特殊的国情及发展历程，中国的城镇化道路存在其自身的特有障碍和路径依赖特征。在规划中国城镇第三产业的发展路径时，我们应把握第三产业同其他产业的关联作用，注重产业内部层次的渐进性，实现第三产业内部结构的优化。为此，我们应重点考虑以下几个方面的问题。

第一，协调第三产业和第二产业的同步发展。根据产业演化的规律，第二产业是第三产业发展的基础和前提，第三产业的发展取决于制造业对它的带动和关联作用的强弱。要充分发挥第三产业在接纳农村剩余劳动力方面的优势，就必须重视第二产业的发展。在结构调整中不能因为第三产业的就业贡献大而忽视第二产业的带动作用，第二产业中的制造业是决定人均收入提高和就业结构优化的关键产业。通过加快产业内部结构调整和产品升级换代，把提高附加值和加工深度及延长产业链条作为第二产业发展的目标，将有利于促使第二产业增强对第三产业的带动作用，进而促进就业的持续有效增加。

第二，发挥传统服务业优势，大力发展新型服务业。目前，中国服务业中占主导地位的仍然是劳动密集型项目，知识密集型服务业比重较低。我们必须加大科技投入，加快知识创新和传播，提升技术型服务业的竞争优势，发展诸如设计、咨询、管理、技术专利、金融、通信等高层次服务行业。尽管中国的第三产业总体上落后于发达国家，但在某些具有地方特色的传统服务领域仍然具有一定的比较优势。因此，在目前乃至未来一段时间内仍然要适度发展传统型和社会型服务行业，如旅游和社区服务业。

第三，加快第三产业的创新发展。在以信息技术改造传统第三产业的过程中，我们可以结合城镇化制约中的产业断层进行产业创新,即以信息化改造主导产业为基础,拉长产业链条,实现与下游产业对接,提高产业的关联度,使高技术产业与中技术产业有机结合,为农村剩余劳动力提供广阔的就业空间,促进城镇人口的有效聚集。此外,产业创新将带来生产方式的创新,将使长期劳作于有限土地上的农业劳动力开阔眼界,走出小生产的束缚,并且不断用新知识、新技术武装头脑,形成逐步与世界经济接轨的观念意识;通过市场销售网络,引进国际营销、国际贸易以及现代管理理念;以市场需求为导向,把搜寻、处理、运用市场信息作为产品生产的首要任务,将不断减少生产的盲目性。

第四,增长方式的适度转变。第三产业增长方式由粗放型向集约型的转变必然依托于技术的不断进步,而这一过程又往往会导致对劳动力的排斥,致使产业增长方式的转变与扩大城镇就业之间的矛盾加剧。为了缓解这样的矛盾,我们要适度选择一些劳动密集型技术,实现增长方式的稳步转变;其中,低技术含量的劳动密集型技术部门的进入难度和成本较低,有利于扩大文化素质较低的劳动力就业;高技术含量的劳动密集型技术部门,如一些传统手工艺品的制作或者用现代科学技术和装备改造的新型劳动密集型产业,对劳动者素质要求较高,有利于扩大具有较高素质的劳动力就业。政府相关部门应该科学规划、合理引导,避免出现"经济增长快,就业创造少"的尴尬局面。

第五,制度的完善有利于第三产业的加速发展。传统城乡分割的户籍制度、凝固的农地制度、低效率的城镇土地使用制度、社会保障制度以及落后的城镇基础设施运营管理模式,不仅从根本上制约了城镇集聚经济效应的发挥,而且难以突破第三产业发展所需的人口门槛和外部综合环境门槛,导致中国城镇第三产业发展长期严重滞后。因此,我们要加快各项制度的改革,使资金、劳动力、技术等要素的潜力得到充分发挥,并产生超出单个要素的聚合作用,形成有利于推进第三产业发展的宽松的制度空间。实现制度创新的重点是要加快政府机构改革,积极培育市场机制,促进要素的市场化配置。

第六,加强对第三产业的金融支持。资金问题,是制约中国城镇第三产业发展的关键因素。我们应该在税收、信贷等方面大力扶持城镇第三产业相关企业，依托资源优势吸引国际、国内的资金投入，实现资源资本化。以土地作为股本投入、以优势资源的市场潜力作为资本投入，换取产业建设的宝贵资金。政府通过向基础建设投资，提供第三产业发展的必要公共物品，创造吸引外资的良好环境；同时还可以利用BOT形式吸引外资，通过股份制进行市场融资，争取世界银行贷款等。另外，在个体私营经济得到一定发展的前提下，政府还可以吸引民营经济投资于中小企业，通过多方面资金的聚集，完成第三产业发展的资本积累。

（作者单位：北京工商大学经济学院）

注释：文中的数据来源于国家统计局《"十一五"经济社会发展成就系列报告》。

参考文献

[1] 赵勇：《城镇化：中国经济三元结构发展与转换的战略选择》，《经济研究》1996年第3期。

[2] 刘铮：《城镇化障碍因素及路径选择》，《经济学动态》2003年第8期。

[3] 曾令华：《中国现阶段扩大内需的根本途径——城镇化》，《经济学动态》2001年第3期。

[4] 姜爱林：《中国城镇化理论研究回顾与评述》，《城市规划汇刊》2002年第3期。

[5] 郭彩霞：《中国第三产业发展与城镇化建设的实证研究》，《特区经济》2009年第12期。

[6] 曹宗平：《中国城镇化过程中第三产业的作用及发展路径》，《华南师范大学学报》2009年第4期。

[7] 李炳坤：《关于加快推进城镇化的几个问题》，《中国工业经济》2002年第8期。

[8] 姜长云：《发展农村第三产业的几项建议》，《宏观经济管理》2007

年第 6 期。

[9] 姜长云:《中国农村第三产业发展的历程、现状与作用》,《经济研究资料》2007 年第 5 期。

[10] 赵建国:《发展第三产业促进就业的实证分析》,《改革》2002 年第 1 期。

[11] 简新华、黄锟:《中国城镇化水平和速度的实证分析与前景预测》,《经济研究》2010 年第 3 期。

[12] 辜胜阻、易善策、李华:《中国特色城镇化道路研究》,《中国人口·资源与环境》2009 年 19 卷第 1 期。

[13] 何建林、李慢:《城镇化扩大内需的机理分析》,《理论与改革》2009 年第 5 期。

[14] 李聪、谢占鹏、吴义康:《发展小城镇第三产业与小城镇建设思考》,《现代城市研究》1995 年第 5 期。

□周明生　李宗尧□

由城乡统筹走向城乡融合
——基于江苏实践的前瞻性思考

城镇化是工业化、现代化的显著标志，也是人类文明进步和经济社会发展的重要趋向。积极稳妥地推进中国城镇化，是全面建设小康社会，解决中国特有的"三农"问题，发展中国特色社会主义的重要途径和主要战略之一。党的"十七大"提出"走中国特色城镇化道路"，这既是对城镇化发展经验的高度概括和总结，也是对中国城镇化未来发展前景的重要规划和要求。因此，深入地进行中国城镇化道路的探索研究，具有重要的理论价值和实践意义。本文以从城乡统筹走向城乡融合的视角，力求对中国城镇化道路进行一些前瞻性思考。

一　城乡分割到城乡统筹，再到城乡融合：中国城镇化发展的必然趋势

新中国六十余年的城镇化发展历程表明，从城乡分离到城乡统筹，再到城乡融合，虽是一个漫长的过程，但却是历史发展的必然趋势。中国的城镇化进程既具有世界城镇化发展的普遍性，又具有反映本国具体国情的特殊性，中国已经逐步走出了一条具有中国特色的城镇化道路。

（一）城乡分割发展阶段

20世纪50年代初开始至改革开放前，我国为快速推进工业化进程，选择了赶超型发展战略和政府主导型发展模式，建立了全面控制经济生活的计划经济体制。国家利用行政指令调整国民收入的一、二次分配，千方百计加快工业化的资本积累，把有限资源优先向工业部门配置和整合。为有效地实现这一目标，我国将城市和农村分割为缺少市场联系的两个单元，实施了包括城乡二元产业政策、二元就业政策、二元财税政策、二元户籍管理制度以及农产品统派统购等一系列重大政策和制度安排，最终形成了以农村为工业化提供积累为内核的城乡关系。这种城乡关系呈现出两个方面的显著特征。

1. 实行统购统销和城乡二元财税体制，从制度上保障了农业的剩余资金向城市和工业转移

由于工业基础薄弱，资金短缺，国家通过低价向农民征购农产品，获取工农产品价格"剪刀差"，为工业提供积累。同时，农业税作为国家财政的重要来源，也为推进工业化提供资金支持。此外，农民单独承担农村基础设施和社会事业的投入，有效地降低了国家财政负担，相对提升了城镇公共资源的供给能力，进一步扩大了城乡享用公共资源的差距。

2. 实行二元户籍管理制度和二元就业政策，从制度上阻断了农村劳动力向城市和工业的转移

在城市，国有企业和集体企业主要面向城市居民计划招工，在农村，实行统一经营、集体劳动，农村劳动力在农村内部不能跨区域转移，更不能在城乡之间自由流动。加之政府对城镇居民实行诸多形式的社会保障措施，最终导致城镇居民与农村居民在福利保障和发展机会上的巨大不平等。

上述城乡二元体制虽然有效地推进了国家工业化的高速发展，快速建立了较为完整的现代工业体系，但是由于工业过度剥夺农业，城市过度剥夺乡村，城乡之间又缺乏正常的市场联系，造成了工农业发展的严重失调和城乡发展的严重失衡，导致农村发展能力的萎缩和农民生活水平的整体下降，最终削弱了城市和城镇化发展的后劲。

(二) 城乡统筹发展阶段

改革开放至"十七大"召开前后,是市场经济取向下的城镇化快速发展时期。农村联产承包责任制普遍推行,农民收入得以迅速增加,并且旧的"城市搞工业、农村搞农业"的二元分工格局被打破。在东部沿海地区,乡镇工业率先崛起,以上缴管理费和部分企业利润的形式"以工补农"、"以工建农",逐步改善了农业生产条件,提升了农业劳动生产率。与此同时,农业劳动力得到解放,开始顺利地向二、三产业转移,加快了工业化和城镇化进程,城市对周边农村的带动作用日益显现。20 世纪 90 年代中后期,随着乡镇企业的产权制度改革和经济结构的调整,农村工业经营管理机制进一步健全,激发了企业所有者、经营者再发展的积极性,企业规模不断壮大,并且生产区位、企业逐步向城镇园区或大中城市转移,工业化、城镇化进程进一步加快,由此更强化了工业反哺农业、城市带动农村的力度和广度。

在这一时期,我国城镇化水平年均提高 0.9 个百分点,城市综合实力不断增强。2008 年全国各地级及以上城市(不含市辖县)的地区生产总值占全国国内生产总值的 62%,财政收入占 59%,城市在国民经济中的主导地位更加突出。一方面,从产业角度看,我国已经进入到了工业化的中期,工业在国民经济中居于绝对主导地位,自身积累和发展能力不断增强,具备了反哺农业的能力。另一方面,随着城市的发展,其吸收农民工就业的数量急剧增加,从 1983 年的约 200 万人增加到 2009 年的 1.45 亿人,26 年增长了近 73 倍,年均增长 18% 左右;工资性收入占农民人均纯收入的比重由 1997 年的 25% 提高到 2004 年的 34%,2006 年又进一步提高到 38.3%,2009 年则达到了 40%。① 在城乡二元结构尚未根本突破的背景下,农民外出务工已成为工业带动农业、城市带动农村、

---

① 韩俊、汪志洪、崔传义等:《中国农民工问题总体趋势:观测"十二五"》,《改革》2010 年第 8 期。

发达地区带动欠发达地区的不可或缺的有效形式。

总体而言，此时中国已经进入到"以工促农，以城带乡，工业反哺农业，城市馈补农村"的城乡统筹发展阶段。当然这一时期，城乡二元结构仍明显存在，农村人口的生活质量、社会地位特别是享受公共服务的水平与城市居民仍有巨大反差。大量的农民工虽然长期工作和居住在城市，但也不能同等享受到城市的各类公共服务，甚至成为"边缘人群"。

（三）城乡融合发展阶段

"十七大"报告提出要建立以工促农、以城带乡长效机制，形成城乡经济社会发展一体化新格局。城乡一体化发展，也就是城乡融合发展，它是建立在城乡统筹基础上的城乡关系的更高境界。恩格斯早在1847年就提出了"城乡融合"的奋斗目标。他在《共产主义原理》中说道："通过消除旧的分工，进行生产教育、变换工种、共同享受大家创造出来的福利，以及通过城乡的融合，使全体成员的才能得到全面的发展。"[1] 马克思、恩格斯认为，在人类社会发展进程中，城乡关系一般要经历由"混沌"到"分离"、再到"联系"并最终到"融合"的过程，这个过程也是社会分工高度发展和人类走向完全自由与解放的过程。从马克思、恩格斯对城乡关系发展演变的趋势和规律、城乡对立的根源及弊端的分析我们可以看出，城乡对立是一个历史范畴，城乡融合才是未来社会的重要特征。所谓"城乡融合"，就是"将结合城市和乡村生活方式的优点而避免两者的偏颇和缺点"[2]。这表明，城乡融合实际是指在城乡之间相互吸收生活方式之优点基础上的社会整体发展的状况，即是指社会整体各子系统之间优势互补、协调统一的存在状态和发展态势，它是社会整体协调发展的理想状态。

城乡融合也是一个渐进的过程，它是要在生产力水平较高的

---

[1] 马克思、恩格斯：《马克思恩格斯全集》（第1卷），人民出版社，1995，第243页。

[2] 马克思、恩格斯：《马克思恩格斯全集》（第4卷），人民出版社，1958，第368页。

条件下,通过充分发挥政府的主导作用,充分利用市场高效配置资源的作用,充分调动全社会参与的积极性,以城带乡,以乡助城,互为接轨,相互渗透,实现城乡之间在经济、社会、文化、生态等诸方面的融合发展。进一步看,城乡融合是"体制统一、规划一体、资源共享、利益共得"的城乡新格局,即通过完善城乡总体规划,形成合理、有序、开放的城乡空间结构,奠定城乡融合发展的坚实基础;深化城乡各项配套改革,在更大范围内优化以土地为重点的要素配置;推进城乡产业一体化,形成布局合理、相互支撑的城乡产业体系;加快城乡基础设施建设一体化,促进基础设施共建、共享、共用;实现城乡公共服务一体化,保证城乡居民享受基本公共服务的均等化。党的"十七大"以后,我国一些地区已经开始了这一进程。

二 江苏率先实现城乡统筹并走向城乡融合的创新实践

改革开放以来,江苏省尤其是苏南地区在实现城乡统筹和城乡融合发展方面先行一步。探讨江苏省在这方面的创新实践,对于全国具有前瞻性的意义。

(一) 江苏省率先实行城乡统筹的创新实践

自20世纪70年代末、80年代初起,随着城乡经济体制市场化改革的推进,江苏大地上乡镇企业异军突起,小城镇蓬勃兴起,农村工业化、农村城市化方兴未艾,资源、要素逐渐突破旧的城乡二元结构束缚,在市场导向下加速流动,江苏省由此进入了城乡统筹发展的新阶段。20世纪90年代后,随着城乡市场化体制的建立和完善,开放型经济的迅速发展,原有的城乡分割状况基本被打破,城乡之间的联系大大加强,初步形成了"以工促农、以城带乡、城乡互促、共同发展"的局面。

1. "以工促农"的探索与实践

20世纪80年代中后期,江苏省凭借乡镇企业率先发展的优势,开始了"工业反哺农业"、"以工补农"、"以工建农"的探索实践。一般做法是以一定比例从乡镇企业销售额中提取以工建农补农资金(一般在0.5%~1%),协调工农业之间的收益落差,支持农业和农村的发展。无锡市是苏南模式的策源地,乡镇企业最早发展,以工补农、以城带乡也最早实行,对苏南其他地区乃至江苏全省起了示范带头作用。常州市武进县(今武进区)通过吸引城区企业外迁、企业合作和自主创业等多种模式,大力发展乡镇企业,1985年时乡镇企业的工业总产值已达23.5亿元,占全县工业总产值的70.57%,利税的44.31%。[1] 常州全市乡镇企业平均每年新增3万~4万个就业岗位,安排了大量的农村剩余劳动力,农民收入中的80%以上来自乡镇企业。农民纯收入由1984年的528元增加到1988年的1108元,年均增长20.35%。[2] 20世纪90年代以来,为进一步提升农业的比较效益,提升农民的收入水平,江苏推进贸工农一体化战略,以工业化理念、工业化经营模式建设现代农业,扶持农产品加工龙头企业发展。据统计,全省农业产业化省级龙头企业已达到250家,国家级龙头企业43家,带动农户200多万户,各种涉农合作组织12600个,成员达290万人。[3] 江苏省已形成了以工促农、相得益彰的发展格局。

2. "以城带乡"的探索与实践

20世纪90年代,以上海浦东开发和邓小平南巡讲话为契机,江苏省一方面呼应浦东开发,接轨国际,通过开发区和工业区建设,加大外资引入规模,优化外资结构,使开放型经济得到蓬勃发展;另一方面,通过与外资企业合资合作和多种形式的产权制度改革,乡镇企业实现了经营机制和发展机制的成功转换,进入

---

[1] 汤永安:《地区经济体制改革与发展战略研究》,中国财政经济出版社,2005,第8页。
[2] 常州市统计局:《常州五十年》,中国统计出版社,1999。
[3] 李俊超:《对江苏"以工促农、以城带乡"的浅析及思考》,《江苏农村经济》2009年第8期。

了新的快速发展通道。开发区、工业区发展和乡镇企业的大规模集聚推动江苏省城镇化进程进一步加快,城镇经济快速发展壮大,城乡资源合理配置,为"以城带乡"统筹发展提供了坚实基础和良好平台。

通过近年来的发展,江苏全省城镇化的重点逐渐由小城镇转移到了重点城镇和县城以上的小城市、区域中心城市及大城市,由此推动了城市规模的迅速扩张。以往农民"离土不离乡",现在则离土又离乡。这一时期,城市对农村的带动主要体现在以下方面。一是农民大量进城经商务工,带动了收入的增加。2009年全省农民人均纯收入中工资性收入占53.0%。二是农村企业依托经济开发区和城市良好的基础设施及软环境,迅速壮大。此时不仅大量农村企业搬迁到了各类开发园区,而且许多乡镇企业把总部设到了大城市,实现了素质提高、产业升级、规模扩张。进园区、进城市发展的企业,由于其股份大多仍属于农村和农民所有,所以反哺农业、农村的资金能力更强了。三是城市资本参与农村资源的开发,推进了现代农业和新农村建设。这些资本到农村开发高效、生态、观光农业,或参与农村新居民区建设和小城镇改造,加速了农村面貌的改善。四是城市公共服务向农民开放并向农村延伸,如学校、医疗、广播电视、电力、通信、公共交通、卫生饮水、垃圾处理等,实现了城乡全覆盖、村村通,在很大程度上提升了以城带乡、城乡统筹的力度与水平。

3. 城乡互动的探索与实践

城乡统筹发展的过程,不仅是"以工促农、以城带乡"的过程,同时也是"以农支工、以乡助城"的过程。在这一过程中,城乡互促、互助不仅意味着城市对农村的带动,而且也意味着农村对城市的支撑;不仅是对农村发展的促进,而且也是对城市发展的推动。江苏省在这方面也较早进行了探索与实践。例如,早在20世纪90年代就实行了苏南城市与苏北农村的结对帮扶,既让苏北农村得到了苏南城市源源不断的资金、项目、技术、智力等多方面的支持,同时也为苏南城市的发展大大拓展了新的空间。

（二）江苏省在城乡统筹基础上率先推进城乡融合的创新实践

江苏省早在"十五"期间就将城市化战略列为"五大战略"之一，提出"在更高起点上推进城市化"，城镇化水平每年以超过1个百分点的速度递增。在此发展态势下，省委、省政府因势利导，在2008年11月省委召开的十一届五次全会上适时提出了实现城乡经济社会发展一体化的新的战略思路，旨在打破城乡二元结构，改变城乡之间政治、经济、文化、社会发展的制度隔离。同年9月，江苏省确定苏州市城乡一体化发展作为省级综合配套改革试点，要求苏州率先在城乡规划、产业布局、基础设施、公共服务、劳动就业等一体化方面取得突破，促进城乡生产要素合理流动、公共资源均衡配置，形成城乡一体化发展新格局。目前苏州市在农民中大力推行换股、换保、换房的"三置换"，因地制宜地多形式探索农村新型合作组织，吸引了全市95.6%的农户参与。其中90%以上农户拥有股份，股金总额接近160亿元，2009年收益分红27.6亿元，基本实现了"户户有资本、家家成股东、村村有物业、年年有分红"，为缩小城乡差距提供了坚实的经济基础。在城乡空间融合方面，苏州市加快"三集中"步伐，33%农户实现了向社区集中、56%承包耕地向规模经营集中、75%工业企业向园区集中。苏州市现已初步成为以工补农、以工建农、以城带乡、城乡融合发展的先行区。

在此期间，江苏省密集出台、落实了一系列推动城乡一体化发展、进一步破除二元结构体制的政策措施，全省以苏州为示范，开始进入城乡融合发展的历史新时期。

1. 基础设施、公共服务的一体化与公共资源的城乡融合

实现基础设施一体化和基本公共服务均等化是消除城乡差距的重要标志。江苏省通过各级政府的强力推动，促进交通、水利、电力、电信、环保等重大基础设施建设在城乡之间的"无缝对接"，促进城乡基础设施共建、共享、共用。至2009年底，江苏省在全国率先实现了等级公路连通所有乡镇、行政村，且客运班车同步通达，交通作为"先行官"，首先实现城乡"无缝对接"。进入2009年，苏锡常地区所有的乡镇和农村还基本实现了区域供水全覆盖。截至目前,全省行政村已基本实现"七通",即通电、通公路、通公交、通自来水、通电话、通有线电视、通宽带网。江苏还在全国率先实施了"组保洁、村收集、镇转运、县(市)集中处理"的城乡一体化垃圾处理模式。

此外,江苏省合理配置基本公共服务资源,建立城乡居民方便共享的公共卫生和基本医疗服务体系,鼓励医务人员向农村流动;建立城乡义务教育均衡发展机制,优秀师资配备向农村倾斜;建立统筹城乡的文化事业发展机制,城市文化功能向农村延伸。2009年江苏全省构筑了最低生活保障、新型农村合作医疗、被征地农民基本生活保障和新型农村社会养老保险"四道保障线",初步实现了城乡社会基本保障的融合。苏州市在达到"校园环境一样美、教学设施一样全、公用经费一样多"等教育硬件均等化的同时,进一步推进教育软件均等化工程,形成了骨干教师和校长下乡或到相对薄弱学校支教的合理流动机制。到2015年,苏州市乡镇中小学将达到城区同类学校平均水平,实现"教师素质一样好、管理水平一样高、学生个性一样得到张扬"的城乡教育一体化目标。

2. 产业布局的一体化与经济发展的城乡融合

产业布局的一体化是城乡经济融合发展的依托。江苏省实现城乡产业布局一体化时,注意从完善城乡功能和优化资源配置出发,按照合理分工、相互配合、各展所长、错位发展的原则,调整和优化城乡产业结构和布局。以泰州靖江市为例,该市一是坚持因地制宜,发挥城乡各自比较优势,集中发展特色、优势产业。在城市,大力发展特色工业和现代服务业;在农村,大力发展现代农业和乡村旅游业。该市新桥镇孝化村高效农业示范园通过流转将2300多亩土地统一经营,发展高效农业,在此打工的当地村民,每年可以获得近3万元的纯收入。该市以乡村旅游休闲业带动市郊农村的发展,大批农民已在家门口转变为第三产业的服务者和受益者。2009年,靖江市乡村旅游景区共接待游客50余万人次，经营收入突破 1 亿元。① 现代农业和乡村旅游业的发展，吸引和吸纳了大量农村劳动力就地转移。二是按照产业间分工、产业内分工和产品内分工的需要，尽可能实行城乡产业的相互衔接和配套，形成上下游产业链条，提高城乡产业连接和产品连接的紧密度。三是城乡工业统一向各类园区集中，这样既有利于建立各具特色的产业基地、工业园区和开发区，有利于统一管理，又有利于打破城乡界限，形成各类不同的产业集群，提高城乡产业集聚效应。目前，全市的"两区四园"已累计集聚规模企业 196 家，形成了船舶、金属材料、木材、粮食、能源等五大产业集群，为全市贡献了近 50% 的财政收入。这样一种包容城乡企业的共建园区，不仅成为城乡产业的结合部，而且成为城乡产业的共同生长点，有力地带动了城乡第二、第三产业的发展。2009 年，靖江市农民人均纯收入中来自第二、第三产业的比重高达 80%。

3. 市区、田园的一体化与生态环境的城乡融合

实现市区、田园的一体化有助于推动生态环境的城乡融合，它是将城市与农村生态环境纳入一个系统中，形成城乡生态环境高度融合互补、经济社会与生态协调发展的城乡生态格局，实现城市与农村、人类与自然的和谐相处。江苏省在此过程中注重推动城乡双方共同努力，统一环境保护实现机制，健全城市、乡村生态环境协调体系，并已取得显著效果。例如沭阳市充分利用特色农业、生态农业、观光农业的优势条件，发挥"中国花木之乡"和"国家级生态示范区"的特色品牌优势，在县城周围规划建设了沭阳生态旅游示范区。区域面积 331.8 平方公里，人口 24.3 万，花木面积 30 余万亩。沭阳市在放大花木产业规模效应的同时，大大提升城乡环境质量，逐步形成了田园城市的框架，使人感受到田园诗般的气息，实现了城乡生态环境的深度融合。邳州市则根据自身特点，着力打造人在城中、城在园中、园在水中、水在绿中的水景田园城市，充分展现了城市的文化魅力和田园特色。邳

---

① 陈兵、孙波、张晓燕等：《江苏靖江市走出了一条城乡统筹的民本之路》，2010 年 11 月 16 日《农民日报》。

州市从田园城市建设和经济发展需要出发,尤其倾力发展现代农业。县城周边大片的粮田,数万亩的大蒜,近30万亩的银杏林,一排排挺拔苍翠的水杉和意杨,构成了一个偌大的绿色大田园。著名规划大师吴良镛先生曾赋其"诗意田园"的美誉。① 为了确保田园城市的建设,在政府统一规划和协调下,许多乡村的工业实现"飞地发展",将企业办到本地"田园"以外的工业园区,使得田园与园区既相互分离又相得益彰。

4. 社会文明的一体化与生活方式的城乡融合

城乡社会文明的一体化,能够充分发挥城市文明对农村文明的辐射带动作用,实现城乡文明互动双赢和可持续发展。推进城乡文明共建,能够发挥城市文明的资源优势,把文明行业、文明单位创建成果开发、辐射、转化到农村去,这是一条具有中国特色的城市文明"反哺"农村之路。实现城乡社会文明的一体化既为农村文明建设注入新动力,又给城市文明建设增添新空间,从而从根本上有利于实现恩格斯所讲的"结合城市和乡村生活方式的优点而避免两者的偏颇和缺点",促进生活方式的城乡融合。

江苏全省广泛开展"洁在农家、美在庭院","万家洁净、相约健康","双清双美"等创建文明村活动,广大农民讲究卫生、美化环境的自觉性明显增强,生产生活条件大大改善,涌现出大批全国文明村镇、国家生态村镇和卫生村镇。2006年以来,全省县级以上文明机关、文明行业、文明单位与农村行政村结成近7000个文明共建"对子";全省实现"县有两馆、乡有一站、村有一室",有线电视入户率达72.2%;农家书屋行政村全省覆盖,使广大农民共享文明发展的成果;全省依托基层党校、新农民讲坛、农民网校等阵地,实施现代农民教育工程,组织农业实用技术培训千万人次,农民创业培训50万人次;全省持续开展"百名教授兴百村","千名义工助千户","文明育农、科技富民"等特

---

① 周明生、李宗尧、孙文华:《田园城市:统筹城乡发展的一种城市理想形态》,《江苏城市规划》2009年第3期。

色活动，有力促进了农民素质的提升，促进了农村生活方式的进步。①

5. 发展规划的一体化与整体形态的城乡融合

规划是城乡融合发展的龙头。因此政府必须确立全新的规划理念，重视规划的先导引领作用，实现城乡一体的规划全覆盖，实现产业规划、城镇规划、土地利用规划和环境保护规划"四规叠合"，并建立定位清晰、功能互补、衔接协调的规划管理体制。

江苏省在全国率先制定了全省城乡建设的统一规划，并在全国率先编制完成镇村布局规划，将现有的 25 万个自然村，逐步调整为 5 万个左右的农村居民点。为实现规划目标，近些年来，江苏省坚持因地制宜、政府引导，有序推进"三集中、三置换"，即耕地、工业、就业和居住适度集中，资本、产业、身份加快置换，有效地提高了城乡一体化水平，促进了整体形态的城乡融合。

三　由江苏创新实践所引发的对中国城镇化道路的前瞻性思考

改革开放以来，江苏省经济总量一直位居全国的前列，平均年增长速度高于全国 2.9 个百分点，城镇化水平高于全国 10 个百分点。在探索中国特色城镇化道路的实践中，江苏省根据自身区域特色，走出了以工促农、以城带乡、城乡联动发展的成功之路，城乡融合发展态势领跑全国。因此，江苏省超前的创新实践不仅可以为其他地区的城镇化提供可借鉴的经验，更可以引发我们对中国城镇化道路的前瞻性思考。

（一）走城乡融合的中国城镇化道路是实现包容性发展的必然选择

包容性增长最基本的含义是区域内不同群体公平合理地分享

---

① 杨新力：《农村精神文明建设必须抓紧抓实》，2010 年 12 月 12 日《新华日报》。

经济增长，这既是一个需要全人类共同完成的课题，也是每一个国家和民族内部经济社会发展需要遵循的原则。政府应当通过合理的社会制度安排，重塑利益和权力分配的格局，避免弱势群体因市场失效和管治缺位受到社会排斥，要让他们拥有公平参与经济增长的机会，并能够合理分享经济发展成果。

我国乡村人口众多、区域广阔，长期以来，农村居民收入水平和生活水平普遍落后于城镇，并且差距还有进一步拉大的趋势。中国城镇化道路必须关注广大农村居民的利益共享权利，让农村大量劳动力有用武之地，能通过诚实劳动获得稳定收入，并赋予他们平等参与市场竞争的机会，让他们在教育、医疗、社会保障等方面享有与城市居民同等的待遇，分享工业化、城镇化的利益和文明成果。这是缩小城乡差距和推进包容性增长的根本之策，而走城乡融合的中国城镇化道路，正是实现这种包容性增长的必然选择。

（二）走城乡融合的中国城镇化道路要求实行城镇化与新农村建设的一体化运行

人多地少是我国的基本国情，农村人口多、农业效益低、农村底子薄是我国现代化建设进程中需要长期面对的基本问题。未来我国城镇化率即使达到60%，仍将有5~6亿的人口在农村。因此实现城镇化与新农村建设的双轮驱动和良性互动，是中国城镇化的必由之路，而实现城乡融合发展更要求实行城镇化与新农村建设的一体化运行。

近年来，我国大城市发展模式基本上走的是一条土地资源依赖型的道路。大城市、特大城市规模扩展和基础设施建设迅猛发展，为农村人口非农转移创造了条件，但也因城市房价飞涨、生存门槛日益提高，让进城农民"望楼兴叹"，难以安居乐业。大批长期进入大城市的农民工很少能够通过落户转为市民，致使土地城镇化远快于人口城镇化。相对而言，中小城镇特别是县城和中心镇更易于吸引具备条件的农业人口转为城镇人口，这既符合农民需求愿望，也有利于促进城乡要素的有序流动和教育、医疗、文化等公共资源的一体化配置。新农村建设以中小城镇建设和中心社区建设为龙头，以产业培育和生产发展为支撑，以农业生产力提高为重点，高效集约利用农村土地，建设农民美好家园。总体看来，新农村建设和城镇化是一个问题的两个方面，新农村建设的过程就是农村城镇化的过程，农村城镇化实现之日，就是新农村建设成功之时；反过来看，城镇化的又好又快发展又为新农村建设提供了有力保障，并不断展现出新农村发展的美好前景。

（三）走城乡融合的中国城镇化道路内含着生产要素向城镇集聚和城市文明向农村扩散的双向过程

城镇化追求城市文明的全社会覆盖。城乡一体化并不是城乡完全一样化，更不是城市消灭乡村，而是城乡生产方式、生活方式、行为方式和思维方式等所承载的文明形态上的统一。城镇化过程中城镇的规模壮大，经济实力的提升，城市用地的扩展仅仅是一个"量变"的表象，农民价值观念和生活方式的转换才是城镇化的内在"质变"和城镇化最核心的内容。

城镇化的过程一方面是生产要素向城市集聚的过程，另一方面更是城市文明向农村地域扩散的过程。在城镇化初期，由于极化效应显著，城市文明向农村辐射力量微弱，小比例的城市人口很难撼动大比例的农村人口的生产生活方式和思想文化观念。在城镇化中期，农民逐渐了解城市并对城市现代文明生活产生心理上的向往和行为上的模仿，城市文明向农村区域的扩散随之加快。到了城镇化的高级阶段，由于城市人口和经济实力的进一步上升，城市文明向农村的辐射具有强大的动力和丰富的可调动资源，政府通过在基础设施、社会公共事业上的重点投入，引导各类优质资源流向农村，从而以更快的速度促进农民与城市居民共享现代文明生活。

为了加快城市文明向农村辐射和覆盖的进程，政府需要坚持"用城市的标准建农村，用社区的标准管理农村，用市民的理念教育农民"的原则，突出规划先行，重点强化社区建设，充分调动农村基层文明创建的能动性和创造性，最终实现城乡文明融合。

（四）走城乡融合的中国城镇化道路既要重视农村人口的自由流动又要重视城市"新市民"的塑造

城镇化从总体上和发展趋势看，是区域内农村人口转化为城镇人口的过程，是农业用地转化为城市用地的过程，是农村生活方式转变为城市生活方式的过程。人口的自由流动是城市规模发展壮大的重要途径，迁移人口的综合素质提升与观念融合是城镇化的根本特征。城镇化的真正内涵不仅仅是农民居住形式、工作地点的转变，更体现为价值观念、行为方式、生活质量、社会参与等方面是否能与城市融为一体。为此，城市"新市民"的塑造就显得至关重要。"新市民"文明素质提升是一项系统工程，社区是"新市民"城镇文明素质和公共道德观念赖以养成的新的根基，社区的主动接纳和教育是"新市民"城市文明素质塑造与提升的重要途径。居住社区优美的内外环境，卫生、整洁和有序的生活氛围，是有效提高"新市民"文明素质的外在环境条件，而科学文化素质的提升是"新市民"塑造的内在条件和重要前提。

"新市民"文明素质的塑造需坚持循序渐进的原则，需注重培训形式的多样化、培训内容的实用化。政府可通过在社区开展形式多样的文娱、体育、民俗、健身活动，在最普通的娱乐活动中体现公共礼仪等教育。在提高"新市民"个体文明素质的同时，政府要打造一种良好的道德舆论、法制环境，增强对"新市民"个体素质的渗透力和影响力，提高他们的公共文明素质。城市"新市民"文明素质的提升，需要全社会的共同努力，需要城市提供相应的公共资源和社会保障，为"新市民"提供全方位、多层次、适时到位的职业培训、文明礼仪教育等多方面所需资源和服务，同时也需要城镇原有居民的理性接纳与主动包容。当然，城镇原有居民在以城市文明和生活方式影响"新市民"的同时，也要向"新市民"学习农村居民所具有的勤劳、淳朴、节俭、友善等优点，以提高和完善自身素质。

(五）走城乡融合的中国城镇化道路应当重视目标的一致性和时序、路径的差异性

中国城镇化进程是一项长期的伟大工程，未来 20～30 年将是中国城镇化进程的关键时期。中央在"十二五"规划建议中提出，"要坚持走中国特色城镇化道路，促进大中小城市和小城镇协调发展，着力提高城镇综合承载能力，发挥城市对农村的辐射带动作用，促进城镇化和新农村建设良性互促"。因此走城乡融合的中国城镇化道路不仅要保持城镇化的高速度，更要提高城镇化的质量与内涵，合理布局城市群和大中小城市，增强城市的辐射带动功能，形成既能适应全球化挑战，又能服务农村、农民、农业的城镇化体系。

针对不同区域自然本色和历史基础的差异性，各地走城乡融合的城镇化道路在时序上应有所差别。发达地区经济总体规模大，城市实力强，以城带乡的物质基础和条件优越，农民持续增收的产业基础和制度保障已经逐步形成，城乡居民的收入差距较小，基于户籍的福利差距已在逐渐消除。因此，政府可以在提升城市现代化水平的基础上，全面推进城乡融合发展。而欠发达地区由于自身的基础较为薄弱，目前尚处于城乡统筹发展阶段，要通过城乡统筹为城乡融合创造条件。与此相适应，发达地区目前已进入城市现代化发展阶段，而欠发达地区目前还处于农村城镇化的发展阶段，要通过推进农村城镇化为将来进入城市现代化打牢基础。此外，各地走城乡融合的城镇化道路在具体路径上也应有所差异。例如，发达地区城市化基础较好，特别是由于多年持续的高强度开发，土地资源紧张，因此可以重点发展大、中城市和大城镇，走城市园林化的道路；欠发达地区由于工业化、城市化水平较低，城乡差别较大，需要广借外力与激发内力相结合，着力提升城乡基本公共服务均等化水平，依托土地资源的优势，重点发展中、小城市和小城镇，走发展田园城市之路。

(六) 走城乡融合的中国城镇化道路的根本目的是促进人的自由全面发展

从现象上看,"城乡"仅仅是"地域性"概念,但其实质是一种社会关系,是"农民"与"市民"之间的社会关系。农村、农民的发展问题,关系到中国城镇化道路的成功,关系到中国特色社会主义发展的全局。没有广大农民、广阔农村的富裕,就没有城市的持久繁荣和市民的长期富裕。城乡融合是中国城镇化的最高目标,是结合城市和乡村生活方式的优点而避免两者的偏颇和缺点的一种理想形态。城乡融合彻底消除了城乡居民由于旧式分工而导致的收入、福利待遇、社会地位不对等,实现了劳动者自主与全社会范围的生产资料直接结合,从而促进了人的自由全面发展。

城乡融合使劳动者的劳动方式、生活方式和文明程度发生根本改变和普遍提高,使"生产劳动给每个人提供全面发展和表现自己全部的即体力的和脑力的能力的机会,这样,生产劳动就不再是奴役人的手段,而成了解放人的手段"[1],"生产劳动就从一种负担变成一种快乐"[2]。显然,要实现人的自由全面发展,在城乡对立,物质财富匮乏,人们还是将劳动作为谋生手段的条件下是可望而不可即的。随着中国城镇化进程的加快推进,城乡差距逐步消除,城乡融合得以实现,人民群众不只是追求物质富裕而是开始追求幸福感受和精神需求,那么,人的自由全面发展就必将一步一步地变成现实。例如已经基本实现了农村城镇化的全国社会主义新农村建设先进典型——华西村,2010 年销售收入超过 500 亿元,村级可用财力超过 30 亿元,农民人均纯收入超过 8 万元,目前已经实现了农业现代化、工业国际化、环境生态化"新三化",建成了生态园、幸福园、健康园"新三园"。在这样的城乡

---

[1] 马克思、恩格斯:《马克思恩格斯选集》(第 3 卷),人民出版社,1995,第 644 页。
[2] 马克思、恩格斯:《马克思恩格斯全集》(第 21 卷),人民出版社,1965,第 570 页。

融合发展、充满蓬勃生机与活力的社会主义新农村或新城镇，我们已经初步看到了人的自由全面发展的现实模样。

（作者单位：中共江苏省委党校）

本文的写作得到了蒋海益等专家的关心，特致谢意。

参考文献

［1］曹钢、何磊：《第三阶段城镇化模式在中国的实践与创新》，《经济学动态》2011年第2期。

［2］韩俊：《中国：由城乡分割走向城乡协调发展》，《中国发展观察》2004年第4期。

［3］仇保兴：《国外模式与中国城镇化道路选择》，《人民论坛》2005年第6期。

［4］厉以宁：《走向城乡一体化：建国60年城乡体制的变革》，《北京大学学报》（哲学社会科学版）2009年第11期。

［5］曲福田：《推进城乡一体化发展的思考与实践——以苏州市城乡一体化发展综合配套改革试点为例》，http://www.sdpc.gov.cn/rdzt/gggj/jyxx/t20100510_351419.htm。

［6］韩俊、汪志洪、崔传义等：《中国农民工问题总体趋势：观测"十二五"》，《改革》2010年第8期。

［7］甘藏春：《在统筹城乡关系中走新型城市化发展之路》，2011年4月12日《人民日报》。

［8］钱振明：《中国特色城镇化道路研究：现状及发展方向》，《苏州大学学报》（哲学社会科学版）2008年第3期。

［9］王亚鹏：《马克思恩格斯城乡融合思想探析》，《经济研究导刊》2010年第7期。

［10］张晓雯：《马克思恩格斯的城乡发展理论及其现实意义》，《理论与改革》2009年第3期。

□金兆怀 李 刚□

东北地区城乡协调发展的
模式选择与对策思考

——重新发现资本主义的秘密

一 城乡协调发展的模式比较

1. 城市—工业导向的人口迁移模式

城市—工业导向的人口迁移模式是建立在刘易斯劳动力无限供给基础之上并由拉尼斯—费景汉进一步补充完善形成的。该模式的核心思想是，通过城市现代部门的发展不断吸收农业当中存在边际生产率较低的剩余劳动力，在工资不变的情况下，资本形成和技术进步的结果直接促进了国民收入中利润份额的提高，这部分增长的利润不断用于再投资，从而使发展过程不断持续下去，直到农业部门的剩余劳动力全部转移到工业部门中来。随着农业剩余劳动力减少，农业劳动力的边际生产率会提高。而当工业吸收农业劳动力达到一定水平，农业部门劳动力与工业部门劳动力的收入趋于相等，劳动力的无限供给将会结束，城乡经济实现均衡发展。城市—工业导向的人口迁移模式将发展中国家经济增长的过程与劳动力迁移结合起来，更强调城市现代部门在经济发展中的突出作用，有明显的城市发展偏向，但反映了工业化过程中农业部门劳动力向工业部门转移的必然性。

2. 小城镇—农村工业化模式

小城镇—农村工业化模式是中国改革开放以来在中国苏南地区发展乡镇企业的一种主要模式。从理论上分析，小城镇—农村工业化发展模式起源于弗里德曼和道格拉斯提出的农业城镇发展模式，核心是从区域空间均衡布局的角度建立合理的城乡联系均衡布局体系，通过小城镇的载体作用，使城乡市场衔接，城镇基础设施体系向农村延伸，实现区域性的城乡经济协调发展。中国学者费孝通认为，乡镇企业的出现打破了传统上城市以非农产业为主、农村以农业为主的意识，使城乡要素随乡镇企业在农村的不断发展壮大在两大社会之间能够相互流动和重新组合，从而实现城乡产业上的协调发展。国外小城镇—农村工业化发展由来已久，最为典型的是美国 20 世纪 70 年代为解决大量农村人口流动到城市所造成的"城市病"而采取的推动农村工业化发展战略。到 20 世纪 70 年代末期，美国农村中从事制造业的就业人员占农村就业人数的比重已经达到 25%，农村工业化达到一个较高的程度。而作为发展中国家的印度通过实施农村工业项目计划、推行农村工业保留政策等措施，也促进了印度农村工业化的发展，促进了小城镇的出现。

3. 农村综合发展模式

农村综合发展模式主要是由托达罗提出来的，他认为发展中国家农业相对落后的原因是忽视对农业部门的投资和片面强调对城市工业部门的投资，并指出应通过加强农村的综合发展和综合建设、缩小城乡之间的就业机会差别、改革教育制度和调整教育结构，来实现农村综合发展。斯多尔和泰勒也提出了与托达罗模式相近的观点，认为自上而下的联系使城乡发展不平衡，合理的城乡联系必须建立在人们基本要求得到满足的基础上，而自下而上的发展是直接面对贫困问题的。他们认为，城乡发展的中心应是农村发展，在政策上要给农村地区更大的自主权，修正价格体系，鼓励农村出口，重建农村地区基础设施。约翰逊提出的"乡村内源发展论"则认为，区域应建立自力更生的农村经济，增加对城乡基础设施的投资，从而增加农业产量和贸易盈余，以获得农村地区的经济发展。

4. 城乡边缘区发展模式

城乡边缘区发展模式也可以称之为城乡一体化发展模式。麦基用"desakota"概括在地域组织上出现的非城非乡，但又表现出城乡两个方面特点的独具特色的地域类型。城乡边缘区的主要特征表现为地域空间结构上的动态、过渡性，人口在社会学特征上的多元化，经济发展的复合型，激烈竞争的多样化土地利用等特征。就当前来看，现代化的经济发展正在逐渐消除城乡之间的差别，如果考察城乡边缘区的发展前景就可以发现，城乡关系的变化必然会影响处于二者之间的城乡边缘区，促使城乡边缘区经过最初相对独立发展的阶段后，完全与城市和乡村的发展相融合，最终实现城乡一体化。

二 东北地区城乡协调发展的模式选择

1. 以区域中心城市增长极为主的城乡边缘区发展模式

从已有的研究分析，孙弘利用聚类分析的方法将东北地区35个主要城市城乡经济协调发展的程度分为五个类别，认为东北地区主要城市城乡经济协调发展存在着区域性差异，其中以大连、沈阳、长春、哈尔滨为主的区域中心城市的城乡经济协调发展程度较高。东北地区的区域中心城市由于在工业化程度、农村居民收入水平、非农产业发展、市场体系发育、区域地理环境等方面远远高于区域的二级城市，对区域经济的辐射带动能力强，城乡经济发展处于高水平均衡。这些区域中心城市在区域空间地域结构演化上已经由简单的集聚—二元结构向扩散—三元结构转变，城市发展中各种标准化生产企业中的某些环节、大量的污染性企业、低层次的经济活动等逐渐向城市边缘区扩散，城市外围的一些县城和中小城镇由于承接区域中心城市的产业转移，逐渐成为城市高层次产业发展中的一环，与中心城市的分工协作日益紧密，使得城乡边缘区获得快速发展。最为典型的是，大连市的普兰店市、瓦房店市和庄河市由于受到大连市经济发展的辐射带动，成为全国百强县（市）。与中心城市临近的农村地域由于受到中心城市增长极的影响，可以充分利用城市居民生活需求的变化发展都市农业、观光农业，提高农业现代化水平。区域中心城市扩容形成的卫星城居住区，移居到边缘区中小城镇的工业区以及由此形成的服务区、商业区，都能使中心城市的辐射和带动边缘区发展的能力延伸，从而提高这部分地区农村经济发展的动力。比如沈阳沈北新区、哈尔滨松北新区等都将与中心城市毗邻的农村变为城乡边缘区，客观上提高了中心城市对农村经济发展的辐射和带动作用，在城市中心产业转移的时候，中小城镇可以率先实现承接城市产业梯度转移，发展农村工业，提高城镇化发展程度。

2. 以东北地区区域经济带为主的城乡协作辐射发展模式

目前东北地区以辽宁沈阳、大连为主的都市带和辽宁沿海经济带，吉林省长春、吉林一体化和长吉图开发开放先导区，黑龙江省的哈大齐工业走廊等区域核心发展经济带，多个区域次级中心城市都位于东北主要经济带之中。区域次级中心城市具有相当的工业基础，在经济带中是具有相对优势的经济中心，城市化都进入到集中发展阶段。但这些区域次级中心城市城乡二元结构明显，相对发达的工业和相对落后的农村并存，农业在国民经济发展中还占有相当的地位，在区域地域结构上还没有形成城市—边缘区—乡村三元结构，仍然是一种典型的城市—乡村二元结构形态，在城乡经济协调发展方面处于低水平均衡状态。从区域经济发展的理论分析，在区域经济发展中的多个城市集聚形成的经济发展地带也作为边缘区的范围，因而，东北地区三个主要经济带形成的区域经济发展走廊具备了城乡边缘区的特征，形成了与区域主要经济带之间的协作辐射关系。这样在城乡协调发展模式选择上，一方面，区域经济带中的次级中心城市不仅要与区域中心城市之间形成协作分工的产业关联，还要提升在经济带中的集聚功能，通过提升工业化程度为工业反哺农业与城市带动农村奠定基础；另一方面，次级中心城市城乡边缘区农村基于城市化快速发展的需要，农副产品的商品化率提高，农村与城市之间出现稳定性的经济来往，城乡网络化成为主要的选择。

3. 以东北粮食主产区为主的农村综合发展模式

东北地区粮食主产区主要集中在三江平原、松嫩平原和辽河平原。2008 年，东北地区农村劳动力占全部劳动力比重为 40.4%，耕地面积占全国总耕地面积的 17.5%，粮食总产量占全国粮食总产量的 16.5%，是中国重要的商品粮基地。但东北地区属于典型的城乡二元结构，农民收入相对较低，农村经济发展水平总体落后。在目前城镇化发展水平还不能完全吸收农村剩余劳动力转移就业、工业化发展水平不能完全实现城市反哺农村的情况下，自下而上，激发农村经济的内在动力应成为促进城乡经济协调发展的另一条途径。东北地区农村综合发展主要是依托资源优势，可采取以下几种模式。一是农村机械化发展模式。吉林省德惠市同太乡八家子村东四海川屯实行了以股田制为主的大田规模农业，全屯农户以全部土地入股，集中连片经营。在政府农机政策补贴的支持下，配置了全套的农用机械，建立了农业机械示范区，实现了农业生产的全面机械化。二是农村家庭经营+农村专业合作社模式。该模式依托资源优势以及当地农村产业发展特点，使农村家庭经营和专业合作相结合的农民专业合作经济组织在东北农村大量出现并得到广泛普及发展，比如辽宁省黑山县绿色有机花生专业合作经济组织、温室棚桃种植基地；吉林省洮南辣椒协会、西瓜协会、梨树县闫家村资金互助合作社等新型农村合作经济组织的出现，在缓解农村家庭经营与大市场之间的矛盾，推动当地主导产业形成，实现农民资金互助和金融创新，推广和普及农业科技方面发挥了积极的作用，成为实现发展现代农业的重要平台。三是农村土地流转的规模种植和集约化模式。东北地区农村土地流转主要有转包、出租、互换、转让、入股等形式。通过土地流转经营，农村的土地资源逐渐向经营大户、农村专业合作社、家庭农场等集中，经营项目由种粮为主向优质高效种植业转变，土地的综合产出和农民的生产效率不断提高。四是以农产品加工业为主导的农业产业化发展模式。以农产品加工业为龙头的农业产业化发展模式日益成为带动农村经济发展的重要力量。一方面，农产品加工业的龙头企业通过农户加基地的契约方式，使农业生产与农产品加工实现产前、产中、产后紧密相连，强化了企业与农户之间的利益关联，使企业获得了优质的原料，农户获得了稳定的销售渠道；另一方面，农产品加工业的发展又成为农村工业化发展的基础，成为城镇化发展重要的产业支撑，它不仅吸收了一部分农村剩余劳动力转移就业，也间接促进了当地基础设施、文化教育等事业的综合发展。

4. 以县域经济为主的县城—中小城镇人口迁移发展模式

在城乡关系当中，工业与农业、城市与乡村是全方位互动发展的，其中县城及中小城镇作为联系城乡空间结构的纽带，是城乡联系的载体。东北地区县域经济除了沿海地区少量的工业发展模式，比如大连市所属的海城市、瓦房店市、普兰店市，是工业成为县域经济发展的主导以外，大部分县域经济仍以农业作为主要的发展模式，还有一部分林矿业县域经济发展模式。据一项相关研究资料，在东北地区138个县当中，以加工业为主的县仅占到全部县的4.6%，以农业为主的县却占到70.4%，可以说，东北地区县域经济目前还是以农业为主要发展模式。这种发展模式导致的最大问题是尽管发展县城或中小城镇能减少一部分农村剩余劳动力，但工业不发达使县城和中小城镇难以发挥次区域中心的集聚和扩散效应。因而，东北地区县城和中小城镇还是处于区域中心城市和农村之间的过渡形态。由于东北地区城乡经济发展存在区域差异，以县域经济为主的县城——中小城镇模式主要集中在以下三个方面。一是非均衡的城镇化，主要侧重东北沿海地区和沿边开放地区的县域经济和中小城镇发展。这些地区由于受到辽宁沿海经济带的经济辐射，市场化程度较高，因而大力发展民营经济，走的是以市场主导为主要模式的县域工业化道路。二是综合发展的城镇化，主要侧重于辽宁沿海经济带、长吉图开发开放先导区和哈大齐工业走廊等沿交通和区域核心发展区域的内陆地区县域经济和中小城镇发展。这些地区在不断加强城镇的基础设施建设和承载人口能力，接受区域中心城市的产业转移，尤其是靠近区域中心的县城或中小城镇可以逐渐发展成为卫星城。三是梯次推进的城镇化，在远离区域中心的县城和中心城市实行梯次发展战略，优先选择1~2个县城或中心城镇纳入省级发展规划，在资金、人才上发挥政府推动的作用，发展以农产品加工业为主的农村工业化，形成农村区域要素集聚的中心。

5. 以资源枯竭型城市为主的城乡联动发展模式

东北地区资源枯竭型城市遍布辽、吉、黑三省主要区域，占到全国总数的1/3。资源枯竭型城市的城乡关系发展与东北地区其他城市一样存在着比较严重的城乡二元结构。这些地区城乡经济协调发展的程度低，与城乡经济协调发展存在一定的距离，因而成为东北地区区域经济协调发展的重点区域。与其他城市比较，资源枯竭型城市产业过于单一，城乡产业关联度较低，而且在支持产业转型过程中，财政支出用于支援农业发展的资金明显少于其他城市。以吉林省白山市为例，2009年，吉林省白山市财政支出当中用于农业发展的资金仅占到全部财政支出的9.6%，比吉林省平均低4.6个百分点。此外，资源枯竭型城市用于采煤沉陷区的生态治理需要中央财政、省级财政的支持才能实现，对农村经济发展的支持带动能力明显弱于其他城市。正因为这些资源枯竭型城市在统筹城乡发展过程中不仅要实现城市产业转型，也要支持和带动农村经济发展，因而资源枯竭型城市城乡经济发展的模式不同于其他地区，应采取城乡经济联动发展。资源枯竭型城市的城乡联动发展模式，一是要重视城市产业转型与发展农村产业结构调整相结合，工业与农业发展相协调。在争取到的中央和省级资金支持产业转型中，应安排相应比例的支农资金，支持农村和农业发展。二是资源枯竭型城市发展接续产业应统筹规划城乡产业布局。由于资源枯竭型城市存在着城市经济与农村经济发展水平普遍较低的情况，因此，发展城乡产业关联度较高的农产品加工型产业，是解决资源枯竭型城市城乡经济协调发展的途径。三是城镇化与农村劳动力转移联动。资源枯竭型城市普遍存在着生态治理的重任，因而政府要对生态治理区域实行生态移民政策，向中小城镇集中，着重发展城镇化，提高城镇化发展水平。

6. 以林区为主的城乡一体化发展模式

东北地区以林业为主的地区虽属于以资源发展为主的区域，但也具有资源枯竭型城市经济发展的特征。比如黑龙江省的伊春市属于国家首批支持接续产业发展的资源型城市，但其城乡关系与矿产资源为主的资源枯竭型城市也有所区别。最典型的特征是林业资源为主的地区城镇化率远远高于其他地区，其中黑龙江省伊春市的城镇化率已经达到90%，大兴安岭地区的城镇化率达到80%，吉林省图们市的城镇化率达到79%。这些以林业为主的城市，其城镇化率已达到相当的高度，但工业化程度却较低，城镇化与工业化并不协调。以林业为主的地区要实现城乡经济协调发展，其难点在覆盖城乡的社会保障，突破口在就业渠道的不断拓宽，途径要靠资源补偿，基础要依托林业及特色资源。所以，这些地区城乡经济协调发展应有自己的特殊发展道路，采取低水平的城乡一体化，是以林业为主的地区实现城乡经济协调发展的主要选择。以林区为主的城乡一体化发展模式主要表现为城乡人口一体化，放开户籍制度，吸引乡村人口向城镇集中，提高城镇化的集聚效应。城乡产业一体化就是利用林区生物资源丰富的优势，发展林业主业—深加工，林下经济、林特产品—专业合作经济组织—深加工为主的特色产业。此外，以林区为主的城乡一体化发展模式还应大力发展低碳经济，因为东北林业地区生态环境优良，因此在吸碳和环境保护方面占有显著的优势。目前，在碳汇交易越来越受到重视的情况下，林区凭借优良的生态环境，在增加中国碳汇方面可以发挥重要的作用。

三　东北地区城乡协调发展的对策

1. 继续加大财政支出对农村发展支持的力度

统筹城乡发展需要发挥工业对农业发展的支持，保证财政支农资金比例增加的同时，绝对额也同时增加。为此，政府应采取以下具体措施。建立粮食主产区的利益补偿机制，对东北地区粮食主产区提供更多的粮食直补;支出重点向有利于农业生产发展和农民生活条件改善的方面倾斜,逐步提高对种粮农民直接补贴、良种补贴、农机购置补贴、农资综合补贴的数额;逐年增加对"三项重大技术"配套农机购置补贴、乡镇企业专项资金、农民专业合作组织专项扶持资金、全程农机化示范区建设专项资金等方面的支持;增加对"阳光工程"培训的支持,使接受培训的农民掌握更多的适用技术,提高外出就业的能力。政府在支持农业政策性保险试点方面应逐步扩大覆盖范围,形成广覆盖、多层次的农业保险体系,提高农民应对自然灾害的能力。政府应优化财政资金的使用结构和拓宽支农资金的来源,可以每年确定3~5项重点的支农建设项目,财政支农资金要与争取到的国债资金、国际组织贷款、国内金融贷款相配合,循序渐进用于农业产业开发和农业基础设施建设,改善农村生产生活条件。

2. 以产业调整为核心,推动城乡产业发展的融合

东北地区工业化进程中,为实现统筹城乡发展,政府应在产业结构调整中促进城乡产业融合发展,强化城乡产业的关联度。首先,促进城市产业链条向农村延伸。政府要结合东北各地区工业发展的优势和特点,着力带动县域工业化发展,突出县域经济在统筹城乡发展中的载体地位;政府要实行城区工业外移策略,鼓励一些中心城市的优势产业及其服务体系向城乡结合部以及中心镇转移,统筹各县(市)产业发展的方向,优化产业布局,形成工业发展的板块,与市区工业发展既相衔接,又各具特色;政府还应在税收、信贷、土地供给等方面提供优惠措施,从而有效促进中心城市产业转型并带动一部分农村转移劳动力实现就业。其次,促进农业产业链条的延伸。随着城市生活水平的提高,人们对农产品需求的品种、数量、质量有了根本性变化,这就为农业的发展提供了新的契机。目前,政府正在大力提倡的绿色农业和农业标准化发展,是实现农业产业链条向城市延伸的基础,可以将品种更多、数量更大、质量更高的农产品提供给城市消费者,间接地可带动运输业、仓储业、粗加工和精细加工业的发展,在增加农民收入的同时,可以解决一部分剩余劳动力转移问题。再次，促进第三产业发展向农村延伸。第三产业发展无疑是吸纳农村剩余劳动力转移的主要渠道，政府要促进交通运输、通信、文化等第三产业向农村扩散，发挥第三产业在繁荣农村市场、带动农民就业和增加农民收入方面的积极作用。

3. 以县级工业集中区为载体，推进城镇化进程

以县级工业集中区为主的工业园区是承接中心城市产业转移和发展县域经济的有效平台，是实现农村工业化发展的载体，也是实现城镇化进程的产业支撑。一方面，政府要促进工业集中区建设，将发展专项资金向县域工业园区大幅度倾斜；要将工业园区内的道路、供水、供电设施建设列入省级发展规划，统筹安排，加强工业园区基础设施建设；在金融、财政税收方面给予更多的优惠，降低企业进入的成本；规范政府的行政行为，转变政府的职能，不断提高服务水平，吸引国内外投资者进入工业园区谋求发展。另一方面，政府发展工业集中区要同农村工业化结合起来，鼓励、整合、促进工业向集中区转移；要支持乡镇企业完成技术改造与升级，建立中小企业发展基金，基金的使用权可以交给中小企业贷款担保机构来具体执行；在乡镇企业购买技术和设备时要予以一定额度的相当于银行贷款利息的补贴，鼓励乡镇企业实现技术改造和新技术引进，增强竞争能力。此外，政府要发挥中小企业贷款担保机构的作用。中小企业贷款担保机构是促进中小企业发展的新兴力量，政府应不断扩大其资本金，完善运行制度，积极拓展担保与再担保业务范围，实现规范发展。工业集中区作为城镇化的产业支撑，有利于农民就近转移到城镇就业，会减少向城镇转移的成本，改变收入结构。政府应重点发展3万~5万人规模的中小城镇，形成合理的中心城市、县和中小城镇的城镇层级结构。

东北地区城镇化的发展政策取向重点应向发挥城镇化的集聚效应和扩散效应以及形成合理的城镇层级结构方向发展，使县城和中心城镇构成城镇化的核心，发挥其在农村劳动力转移就业和发展农村非农产业方面起到的关键作用，从而为实现农民增收提供更为广阔的渠道。

4. 加快农村劳动力向城市转移的制度体系建设

农村人口向城镇集聚和农村劳动力向城镇实现产业转移是提高城镇化率的主要途径，是工业化发展到中期阶段提高城镇化发展水平的人口基础。为提高城镇化率和提升城镇化发展水平，政府除了不断增强城镇化的产业支撑体系，还要在制度体系上采取措施鼓励一部分农村劳动力向城镇转移。政府应选择试点区域，借鉴其他地区经验，推进一部分农村人口进城。重庆统筹城乡经济中促进农村劳动力向城镇转移的主要办法是将农民的宅基地换城镇住房，农民的土地换社保。东北地区也可以借鉴重庆的做法，尽快制订农村劳动力自愿放弃土地的补偿办法。补偿内容可以包含三部分。一是可以采取过渡期的办法，农民在放弃土地承包权过渡期内仍可以获得种粮直补资金，但这部分资金作为城镇社会保障资金使用，统一纳入到社会保障管理之中；二是对放弃土地农民给予一次性补偿，补偿资金标准可以参照失地农民的补偿标准，并将其中一部分作为社会保障启动资金纳入到社会保障资金当中；三是借鉴重庆市农民宅基地换城镇住房的办法，为农民提供保障性住房。

5. 推进农业现代化进程

农业现代化是一个系统工程，在统筹城乡发展中是发挥农村内在能动性的关键，也是保证农民持续增收的基础。东北地区推进农业现代化进程应着重突出以下四个方面。一是政府应重点发展"公司+农户"的农村经济合作组织，深化农产品加工的产业链，提高农产品的附加值，促进农民收入水平的提高。二是构建完善的农村土地流转制度体系。当前，政府应规范农村土地流转市场，建立以县为单位、以乡镇为主体的土地流转市场，具体管理有关土地转租转包、合作经营、入股经营的有关事项，掌控土地流转情况，提供土地流转信息，解决在土地流转过程中出现的纠纷，使农村土地流转向法制化、规范化发展。三是开展农村劳动力职业技能教育，提高农民发展现代农业的能力。政府应建立县（市）镇两级职业技能教育培训体系，尤其是选择人口比较集中的乡镇建立流动性的培训机构，以省市两级作为职业教育的中心,以县(市)镇作为教育培训的基地,起到辐射和带动区域性农村职业技能教育发展的作用,从而建立与完善农村职业技能教育的布局体系。政府应改变目前过于重视农村劳动力转移就业培训,轻视农业生产技能培训的现状,应考虑到社会主义新农村建设、发展现代农业以及发展农村专业合作经济组织的需要,将发展农业生产技能教育同样作为农村职业技能培训的重点,从而完善农村职业技能教育体系。四是在农业产业化项目中,政府应率先推行农业保险分担机制,由农业产业化龙头企业和财政共同分担农业保险费用,农民可将农业直补资金的一部分作为农业保险费用的质押,缓解农民的直接压力从而降低农民的经营风险,推动农业产业化发展。

(作者单位:东北师范大学经济学院,中共吉林省委党校)

参考文献

[1] 胡必亮、马昂主:《城乡联系理论与中国城乡联系》,《经济学家》1993年第4期。
[2] 安虎森:《区域经济学通论》,经济科学出版社,2004。
[3] 费孝通:《小城镇、大问题,小城镇建设探讨》,人民日报出版社,1985。
[4] 周琳琅:《统筹城乡发展理论与实践》,中国经济出版社,2005。
[5] 迈克尔·P.托达罗:《经济发展》,中国经济出版社,1999。
[6] 段娟、文余源、鲁奇:《近五十年国内外城乡互动发展研究述评》,《地理科学进展》2006年第4期。
[7] 安虎森:《区域经济学通论》,经济科学出版社,2004。
[8] 孙弘:《东北地区城乡经济协调发展问题研究》,东北师范大学城市与环境学院博士学位论文,2009。
[9] 王晓芳等:《东北地区县域经济类型及其发展战略研究》,《东北亚论坛》2007年第4期。
[10] 陈玉梅:《东北地区城镇化道路》,社会科学文献出版社,2008。

□朱方明　刘得扬□

马克思的城市化思想与"成都模式"实践经验

一　马克思的城市化思想及其启示

（一）城市化是社会进步的必然进程，聚集着社会的历史动力

马克思认为，城市是私有制和阶级社会的产物。"物质劳动和精神劳动的最大一次分工，就是城市和乡村的分离。城乡之间的对立是随着野蛮向文明的过渡、部落制度向国家的过渡、地方局限性向民族的过渡而开始的，它贯穿着全部文明的历史并一直延续到现在。"①同时，城市化也是传统农业社会走向现代化和工业化社会的一个必然过程，聚集着社会的历史动力。马克思在《政治经济学批判》一文中曾论述："古典古代的历史是城市的历史，不过这是以土地财产和农业为基础的城市；亚细亚的历史是城市和乡村无差别的统一（真正的大城市在这里只能干脆看做王公的营垒，看做真正的经济结构上的赘疣）；中世纪（日耳曼时代）是从乡村这个历史的舞台出发的，然后它的进一步发展是在城市和乡村的对立中进行的；现代化的历史是乡村城市化，不像在古代那样，

---

① 马克思、恩格斯：《马克思恩格斯全集》（第3卷），人民出版社，1960，第56~57页。

是城市乡村化。城市本身的单独存在与仅仅是众多的独立家庭不同……它是一种独立的有机体。"① 正是这种"乡村城市化"或者说是我们现在意义上的城市化,"建立的巨大的城市,它使城市人口比农村人口大大地增加,这样就使人口中很大一部分脱离了农村生活的愚昧","使得生产资料、生产过程以及产品社会化"。② 在这里马克思区分了古代城市和现代城市,真正现代意义上的城市化是伴随着工业化和现代化的进程所产生的,并以此为基础,同时也对于工业化和现代化发挥着助推剂的作用。

(二)剥夺农民、城乡分离是私有制条件下城市化的特征

纵观主要发达国家的经济发展史,可以论证出城市化与工业化特别是以机器大生产为代表的大工业化关系密切,"城市本身表明了人口、生产工具、资本、享乐和需求的集中,而在乡村所看到的却是完全相反的情况:孤立和分散"③。由于生产技术的突飞猛进,生活方式也在逐渐转变,大工业生产体系的形成,使原有分散和落后的手工业生产和以农业为主体的乡村经济发生了性质上和地域上的变化。以城市为载体的工业化需要不断增加的劳动力,农村或农业劳动力的大量转移无疑是先决条件之一。"大工业在农业领域内所起的最革命的作用,是消灭旧社会的壁垒'农民',并代之以雇佣工人……农业和工业在他们对立发展的形式的基础上的联合,创造了物质前提。资本主义生产使它汇集在各大中心的城市人口越来越占优势,这样一来,它一方面聚集着社会发展的历史动力,另一方面又破坏人和土地之间的物质变换,也就是使人以衣食形式消费掉的土地的组成部分不能回到土地,从而破坏土地持久肥力的永恒的自然条件……资本主义生产发展了社会生产过程的技术和结合,只是由于它同时破坏了一切财富的源

---

① 马克思、恩格斯:《马克思恩格斯全集》(第46卷上),人民出版社,1979,第480页。
② 马克思、恩格斯:《共产党宣言》,人民出版社,1978,第29页。
③ 马克思、恩格斯:《马克思恩格斯全集》(第23卷),人民出版社,1965,第390页。

泉——土地和工人。"① 马克思曾经指出:"由于生产和人口的增加,资本和劳动的游离,它还创造出新的需要和满足这些需要的新的方法"。② 工业革命前的欧洲国家相继通过圈地运动剥夺农民而实行资本的原始积累,这既是资本主义化的具体途径,也促使"劳动者和劳动实现条件的所有权之间的分离"。这种分离过程中不同劳动分工和生产关系之间的矛盾状态带来了日益尖锐的城乡对立,进而导致工业和农业的矛盾激化;反过来,工农业的矛盾激化又进一步加剧了城乡的对立。在这里我们可以看到,剥夺农民、城乡分离是资本主义条件下城市化的鲜明特征。

(三)城市化发展中逐步消除对立、城乡统筹是必须的也是可行的

尽管马克思、恩格斯将剥夺农民、城乡分离乃至对抗看做是资本主义生产方式不断成熟、发展的基本成果和标志,甚至把致使这种现象存在的力量与私有制的存续相联系,但他们也认为无产阶级取得革命胜利之后,应逐步消除对立、城乡统筹发展,"消灭城乡之间的对立,是社会统一的首要条件之一,这个条件可取决于许多物质前提,而且一看就知道,这个条件靠意志是无法实现的"③。届时城市化发展将促使城乡间的差别逐渐消除,"城市和乡村之间的对立也将消失"④。"只有通过城市和乡村的融合,现在的空气、水和土地的污毒才能排除。"⑤ "从事农业和工业劳动的将是同样一些人,而不再是两个不同阶级。"⑥

---

① 马克思、恩格斯:《资本论》(第1卷),人民出版社,1972,第551~553页。
② 马克思:《剩余价值理论》(第3册),人民出版社,1975,第297页。
③ 马克思、恩格斯:《马克思恩格斯全集》(第3卷),人民出版社,1965,第57页。
④ 马克思、恩格斯:《马克思恩格斯全集》(第4卷),人民出版社,1965,第490页。
⑤ 马克思、恩格斯:《马克思恩格斯全集》(第3卷),人民出版社,1965,第542页。
⑥ 马克思、恩格斯:《马克思恩格斯全集》(第4卷),人民出版社,1965,第370页。

二 20世纪50年代以来城市化的国际经验

尽管遵循着相同的经济发展规律,但是由于世界各国乃至不同地区间的发展基础、发展战略、社会制度等因素差异较大,导致差别化的城市化道路呈现出不同的特征。某些地区城市化远远落后于经济发展的总体水平;另外一些地区城市化过程中出现严重的城乡分割,城乡二元结构特征越来越明显。这种制约和差距不仅拖累整体经济发展,也将给社会和谐稳定带来重大隐患。

(一) 20世纪50年代以来世界城市化主要特点及趋势

现代意义的城市化始于西欧、美国等发达资本主义国家,而后扩展到世界各地,至20世纪50年代之后开始进入加速发展阶段。不管是发达国家还是发展中国家,都在顺应这一经济社会发展的必然趋势,逐步提高城市化比重。但是由于世界各国间发展基础、发展战略、社会制度等因素差异较大,所以差别化的城市化道路呈现出几点鲜明的特征。

首先,总体来看,世界城市化的整体水平一直趋于提高。根据联合国《世界城市化展望报告2009》(World Urbanization Prospects, the 2009 Revision)分析,截至2009年,全世界城市人口比例已超过半数,达到50.1%,而且这个数字将在2025年攀升到56.6%,发达国家和地区的城市居住人口比例高达74.9%,主要发达国家如美国、英国、法国等城市人口比例已超过八成。[1] 如图1所示。这一比重在今后仍然呈缓慢提升态势。可见,即使发达国家或地区已经保持了很高的城市化水平,但在短时期内,人口城市化的进程仍将继续。

---

[1] Urban and Rural Areas 2009, "World Urbanization Prospects", the 2009 Revision, http://esa.un.org/unpd/wup/wall-chart_1.htm.

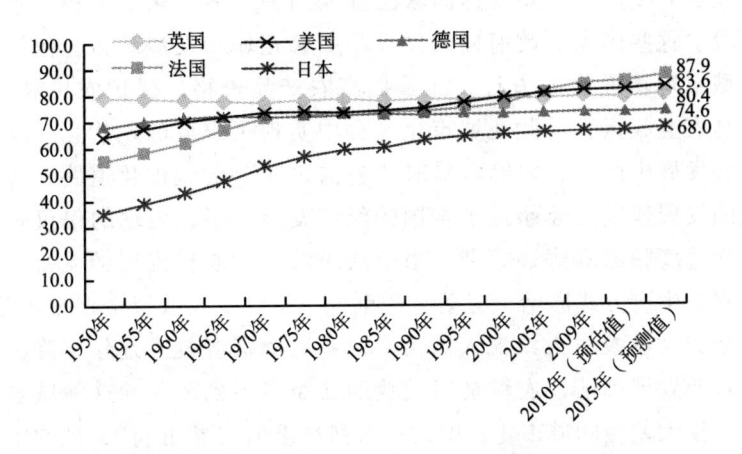

马克思的城市化思想与"成都模式"实践经验

图1 世界主要发达国家城市人口比例及其变化情况（1950~2009年）

数据来源：Urban and Rural Areas 2009, "*World Urbanization Prospects, the 2009 Revision*", http：//esa. un. org/unpd/wup/wall-chart_1. htm.

其次，通过对比具有代表性的发展中国家和发达国家，我们发现由于发展基点不同，二者的城市化水平仍然存在较大差距。如图1所示。但进入20世纪50年代后，发展中国家的城市化发展速度却明显超过发达国家，1950年发展中国家或地区的城市化水平与发达国家或地区相差37.1%；至2009年，这一差距被缩小到30.3%。[①] 如仅选取中国、印度、俄罗斯等新兴经济体，差距将更小。

（二）20世纪50年代以来世界城市化进程中的经验教训

首先，城市化不应也不能以牺牲农业和农民的利益为代价。农业的发展与农村的进步应该是城市化进程的前提。主要发达国家早期的城市化历史并不是建立在农业高速发展的基础上，反而可以说是以牺牲农业为代价的。但在经历了16~18世纪城市化快

---

① Urban and Rural Areas 2009, "*World Urbanization Prospects, the 2009 Revision*", http：//esa. un. org/unpd/wup/wall-chart. _1. htm.

速发展时期后，主要发达国家已进入到一个城市化水平相对平稳阶段。这些国家的政府同时又在不断修正城市发展政策，他们采取城乡均衡发展的方针，注重提高农产品价格，保护农民利益，提高农业收入，因此在城市化进程中实现了农业的现代化。反观一些发展中国家，如巴西采取"超前过速"的城市化道路，城市化的发展速度已经超过了本国的经济发展水平，表现的仅仅是城市化过度膨胀和虚假繁荣。由于缺乏农业和农村发展的支持，使得农业生产方式原始、劳动生产率低下，农业投入资金严重不足。伴随着大量农村人口流入城市，农业人力资源投入逐年下降，使得农业发展停滞，农村贫困破败的面貌得不到改善。这种城乡分离、拉大差距的城市化，引致一系列严重的"城市病"，制约了许多发展中国家的经济社会发展。

其次，注重培育合理的城镇体系，构建协同效应。城市化是伴随着工业化与现代化进程的一种人口由农村转向城市的社会经济过程，同时也是城市在空间上扩张、现代文明和生活方式普及扩散的过程。对比主要发达国家和发展中国家的城市化进程我们可以发现，城市的数量和集中度并不是越高越好，大城市具备较强的聚集效应，爆发"城市病"的可能性较大；中小城镇分布广阔，贴近农村市场，更有利于城乡之间生产要素的交换，但其聚集功能较弱，土地浪费较为严重。美国和日本，都选择了"大城市化"到"大都市区化"的道路，其特点是注重建立和发展城市体系，都市区域不断扩大，而中心城市人口比例下降，逐步向郊区或卫星城区转移，大中小城市协同发展。反观印度、印尼等发展中国家，其城市体系发育不良，大城市过度增长，吸收了大量的发展资源和要素，中小城市发展的动力不足，人口与其生存资源失衡。（在城市人口数量上，印度的孟买已从 1975 年的 14 位上升到 2009 年的第 4 位，孟买和加尔各答占印度总人口的近 1/10。[①]）因此培育合理的城镇体系，构建协同效应也是一条重要

---

① Urban and Rural Areas 2009, "*World Urbanization Prospects, the 2009 Revision*", http://esa.un.org/unpd/wup/maps_1_2025.htm.

的国际经验。

最后，城市化不仅要重视市场调节，更要重视政府宏观调控。纵观世界城市化数百年的国际经验，城市化完全由市场调节、盲目发展，会使农村人口无序地涌入城市，直接或间接损害农业和农村的发展，带来大城市恶性膨胀，造成严重的"城市病"。早期发达资本主义国家基本上都经历了这一发展过程，之后又为克服这些发展弊端付出过高昂的代价。但许多发展中国家并没有以史为鉴，反而在重复着这些类似于"先污染后治理"的恶性循环，长期看无疑会给经济社会的持续发展带来巨大隐患。城市化是社会经济的大变革，应该有合理的过度膨胀预防机制，从城市化的战略制定到具体实施，都离不开必要的政府宏观调控。

三 统筹城乡视角下的"成都模式"实践经验

新中国成立以来，特别是改革开放之后，我国的城市化进程明显加快，城市数量规模不断上升，城市功能也不断完善。但发展背后一直伴随着一个难题：三农问题的根本解决离不开城市化的加速，而城市化的推进如何维护农民与农村的权益？究竟以哪种模式构建中国的城乡关系？改革初期，经家庭联产承包、人民公社解体、农村工业化、统销统购改革和城乡统筹，终结了因以低价农副产品支援工业化和城市，而使农村农民陷于贫困的传统城乡关系；随后数以亿计的农村劳动力成为我国工业化、城市化和全球化的参与者与推动者，非农收入已成为农民收入的重要来源。但是由于长期城乡隔绝的体制原因，伴随着近年来城市化进程的加快，各类资源正在以更快的速度向城市积聚和集中，城乡差距不仅没有缩小，反而不断加大。

在这个背景下，2003年成都市正式将"统筹城乡"作为地方政府的施政纲领，开始推行以"三个集中"为核心的城乡一体化建设。2007年6月，成都获批成为全国统筹城乡综合配套改革试验区。按照国家提出的"尽快形成统筹城乡发展的体制机制"的要求,"成都试验区"在构建新型城乡关系、优化城乡功能和形态、推进农村农业发展以及社会管理等方面进行了大胆探索。8年来,成都市的统筹城乡综合配套改革已深入实践的多个层面,取得明显突破。截至2009年,成都城镇化率达到64.9%,2002~2009年年均增加4.2个百分点;2004年以来全市平均每年向城镇转移农民近20万人,已累计建成农民集中居住区和农村新型社区630个(不含灾后重建),总面积2800多万平方米,74万多的农民入住,生活居住条件得到根本性改善;土地规模经营总面积195.6万亩,占农村流转土地总面积的68.5%;农业增加值由2002年的125.5亿元上升到2009年的275亿元,翻了1倍多;成都市城乡居民收入差从2002年的2.66:1降低到2010年的2.54:1,是全国唯一在经济快速增长的同时城乡收入差距得到遏制并呈缩小趋势的特大城市。① 成都的实践经验表明,统筹城乡不仅不会妨碍、延缓城市化和工业化,而且可以有力地推动城市化和工业化的健康发展。成都市探索"统筹城乡"视角下的新型城市化实践经验可以归纳为以下几条。

(一)推进"六个一体化",财政重点向农村倾斜

市场经济的力量总是驱动资源和要素向城市集聚和积累,而现行土地制度导致土地收入加速向政府集中,那么因加速城市化集中到政府手中的财力变成了一把"双刃剑",既可能造成城乡差距进一步扩大,也可以成为扭转城乡收入差距拉大的经济力量。适度的政府介入无疑是"成都模式"成功的精要,在财政支出向农村和农民倾斜的同时实行的"六个一体化"②,就是通过营造城

---

① 王娟:《西部地区加快城镇化体制和政策研究》,《宏观经济研究》2011年第2期。
② "六个一体化"是指城乡规划一体化、城乡产业发展一体化、城乡市场体制一体化、城乡基础设施一体化、城乡公共服务一体化、城乡管理体制一体化。这是作为全国统筹城乡综合配套改革试验区的成都市,在经多年统筹城乡发展的实践中总结出的推进城乡一体化的主要途径和重要标准。

乡平等的制度环境，使产业、公共服务和基础设施等不断向农村地区延伸，从而避免陷入快速城镇化推进中农村地区走向萧条的发展陷阱。

（二）实施"四大基础工程"，改变既有城市化利益格局

作为统筹城乡综合配套实验改革区和汶川地震灾后重建区，成都市积极大胆地进行尝试，开展农村"四大基础工程"，即基层治理、产权制度改革、土地综合整治以及村级公共服务和社会管理改革等四项工作。成都市政府在加大地方财政对于农村和农民转移支付的同时，利用城市化加速的难得发展机遇，释放由此带来的巨大极差土地收入，把本来属于农民的财产权利真正还给农民[①]，并经由合法流转的土地市场交易，实现农村产权与外部资本的对接，促进农用地流转和农民逐步城镇化，形成农民与各相关利益方共同分享城市化土地增值的新格局。

（三）深化社会管理改革，大力消除流动性障碍

成都市在加快土地制度改革的基础上，为了削弱城乡二元的户籍制度的影响，2003年提出"实行一元化户籍制度"，2006年出台《关于深化户籍制度改革深入推进城乡一体化的意见（试行）》，最终于2010年产生《关于全域成都统一户籍实现城乡居民自由迁徙的意见》，在全国率先推行城乡统一户籍制度改革；同时不断消除阻碍农村人口迁徙的歧视性政策和制度，使城乡居民享有平等的就业、社保、教育、卫生、住房等基本公共服务、社会福利和民主等各项权利，保障城乡居民在全域成都范围内自由迁徙的权利，促进劳动力和其他经济要素在城乡间自由流动。

---

① 成都试验区及时启动了以"还权赋能"为核心的农村产权制度改革，即对农民土地承包经营权、农村集体建设用地使用权、农村房屋所有权和林权进行确权颁证，搭建全国首家农村产权交易平台，促进农村土地流转和适度规模经营，开展农村产权抵押融资等，消除农民向城镇转移的土地制度障碍，使农民真正成为市场主体。

（四）组团式布局和产业功能分区，发挥城镇体系的协同效应

国内外的历史经验表明，以往城市化"摊大饼"式的发展模式是粗放型的，也是不科学的，往往带来严重的"城市病"。大中小城市和小城镇协调发展，建立产业合作和协调机制的组团式发展是区域经济点轴开发的理想模式，也是城镇体系不断完善、区域合作深入开展的结果。2011年，成渝经济区规划正式被批准，今后区内将以特大城市（成、渝）和大城市为龙头，通过优化整合和新培育等途径，形成若干个用地少、就业多、要素集聚能力强、人口分布合理的城市群，从而进一步增强区域竞争力和创新能力；同时在成都市域总体功能分区的基础上，成都市政府确定了一批以产业功能为主导、综合配套的市级和区（市）县级战略功能区[1]，作为实现经济功能聚集发展的重要空间载体。"一区一主业"的产业协调机制对城市化发展过程中实现园区的专业化发展，避免未来结构调整的阵痛，同样具有重要借鉴意义。

（作者单位：四川大学经济学院）

参考文献

[1] Urban and Rural Areas 2009, "United Nations, *Department of Economic and Social Affairs, Population Division*", www.unpopulation.org.

[2] Urban Agglomerations 2009, "United Nations, *Department of Economic*

---

① 成都市级战略功能区包括天府新城高新技术产业区、金融总部商务区、东部新城文化创意产业综合功能区、北部新城现代商贸综合功能区、西部新城现代服务业综合功能区、"198"生态及现代服务业综合功能区、旅游综合功能区、汽车产业综合功能区、新能源产业功能区、新材料产业功能区、石化产业功能区、国际航空枢纽综合功能区、交通枢纽及现代物流功能区等13个市级战略功能区。

and Social Affairs, Population Division", www.unpopulation.org.

[3] 马克思、恩格斯:《马克思恩格斯全集》(第3卷),人民出版社,1960。

[4] 马克思、恩格斯:《马克思恩格斯全集》(第4卷),人民出版社,1965。

[5] 马克思、恩格斯:《马克思恩格斯全集》(第23卷),人民出版社,1965。

[6] 马克思、恩格斯:《马克思恩格斯全集》(第46卷上),人民出版社,1979。

[7] 常宗耀:《乡村城市化:马克思的理论及其启示》,《北方论丛》2010年第3期。

[8] 王娟:《西部地区加快城镇化体制和政策研究》,《宏观经济研究》2011年第2期。

[9] 涂岩:《论发达国家推进城市化进程的经验及启示》,《理论界》2011年第2期。

□张明龙　张琼妮□

中国城镇化的一条优质高效道路
——浙江东阳推进园林生态城镇建设的经验调查

东阳市位于浙江中部，金衢盆地东侧，是金华地区的一个县级市。面积1739平方公里，市域户籍人口81.3万人，下辖6个街道：吴宁街道、南市街道、白云街道、江北街道、城东街道、六石街道；11个镇：横店镇、巍山镇、虎鹿镇、歌山镇、佐村镇、东阳江镇、湖溪镇、马宅镇、千祥镇、南马镇、画水镇；1个乡：三单乡。市人民政府驻江北行政中心。改革开放以来，东阳市迅速推进城镇化建设，当地经济取得长足发展。2010年，东阳市实现国内生产总值288.1亿元，同比增长13.6%；同时，实现财政总收入32.3亿元，增长26.4%，其中完成地方财政收入19.4亿元，增长28%，两项指标增幅双双列金华地区各县市第一。东阳财政总收入5年内翻了一番；税收超亿元的镇乡街道由2009年的3个增加到2010年的6个，除横店镇、白云街道、吴宁街道外，江北街道、南马镇、巍山镇也跨入税收超亿元行列，其中横店镇税收超7亿元、白云街道超5亿元。东阳市经济能保持持续快速增长，其中一个重要原因就是选择了一条优质高效的城镇化道路——推进园林生态城镇建设。东阳市推进园林生态城镇建设值得总结的经验很多，限于篇幅，以下择要述之。

一　确立园林生态城镇的建设目标

随着改革开放的深入发展，东阳市根据历史沿革及社会、经济、文化特点，全面审视区位资源状况，综合分析当地在全省区域分工体系中的地位和作用，因地制宜，扬长避短，逐步走出一条富有特色的城镇化道路：以当地的人文景观和生态环境为基础，稳步推进园林生态城镇建设。

（一）因地制宜选择合适的城镇化道路

东阳市为中国工艺美术百花园培育了两朵奇葩：一是东阳木雕，一是东阳竹编。早在1915年，它们的产品就双双在巴拿马国际商品博览会上获得金奖。东阳木雕现列全国四大木雕之首，是首批国家级非物质文化遗产保护项目。东阳木雕《航归》，是浙江省赠送香港特别行政区的礼品。东阳竹编屏风《九龙壁》，获第四届中国工艺美术"百花奖"金杯奖，被列为国家工艺美术珍品永久保存。东阳市先后被命名为"中国民间艺术之乡"、"中国木雕之乡"、"中国木雕之都"、"全球木雕产业合作基地"。由于东阳市历史上名人多、工匠巧，留下了许多文化遗产，卢宅古建筑群便是典型代表，其他尚待开发的名人故居和人文景观，还有许多处。特别是20世纪90年代以来逐步形成的横店镇影视城，集中了清明上河图、秦王宫、明清宫苑、江南水乡等仿古建筑，这些仿古建筑在发挥影视拍摄基地功能的同时，也形成了规模浩大、风格独特的建筑与文化景观。

同时，东阳山清水秀，林木茂盛，植物种类繁多，农林土特产知名度高。东阳东白茶以历史悠久、品质优异著称。世界上第一部茶叶专著、唐代陆羽的《茶经》指出："婺州东阳县东白山与荆州同。"（荆州茶为当时名茶）。香榧、席草、青枣等土特产也有一定优势。东阳又是著名的药材产地，常用中药中的"浙八味"，东阳主产的有五味：白术、白芍、元胡、元参和浙贝。春日里，茶园和席草田一片碧绿，白芍等中草药和其他花草万花怒放，姹紫嫣红，田里山间仿佛一幅幅织锦画，非常美丽。

以这些人文景观和生态环境为基础，早在十多年前，东阳市就把城镇化的道路，定位为"园林生态城镇模式"。其具体目标是："城在园中，江在城中，楼在绿中，人在景中。"①

（二）编制和实施园林生态城镇规划

东阳各级政府认为，规划是引导城镇合理发展的纲领性文件，是有序建设城镇的指南，是推进城镇化过程必不可少的重要步骤。东阳市政府在确定园林生态城镇建设目标之后，为了高效而有序地推进城镇化建设，着手加强园林生态城镇的规划修编工作。他们首先着手修编和完善东阳市建成园林生态城镇的总体规划，使其富有个性和特色；再以总体规划为依据，着手制定和完善以下具体规划：县级市中心城区的旧城改造和新区开发规划，工业、商贸、文化教育、旅游等分类园区规划，广场、花坛、绿地、城雕等生态和景观系统规划，供水、用水、排水、污水处理等水网规划，输配电网规划，邮电、通信、计算机互联网络等信息产业网规划，街巷道路及交通运输网规划，天然气管网规划，广播电视、科技推广、市场、税务、金融、劳动就业、社会保障、教育资源、图书情报、天气预报警报、环境保护监测和旅游等服务项目规划，以及与上述相关的所有地下管线网规划等。

到了 2009 年，东阳市城镇规划得到进一步加强。东阳市政府完成了西南片区等一批控制性详细规划、人防专项规划、东阳市旅游发展和东白山生态旅游区总体规划的编制报批工作，组织开展了卢宅修建性详细规划、横店和歌山镇总体规划等各类规划的论证。②

近几年，东阳市一直按照园林生态城镇要求，推进整个区域

---

① 东阳市人民政府：《东阳市域城镇体系规划（1999~2020）·综合规划报告》，2000，第 2 页。
② 陈晓：《政府工作报告》，东阳市第十三届人民代表大会第四次会议，2010 年 3 月 3 日。

的城镇化建设。特别是县级市主城区,在建设园林生态城镇过程中,东阳市按照"两江绕一山、两镇合一城"的远景规划,拓展路网,净化水质,增加绿化面积。在政府和社会各方的共同努力下,一个宜人的园林生态城市雏形已基本形成。在此基础上,东阳市先后获得"省级文明示范城市"、"国家园林城市"、"国家卫生城市"、"中国优秀旅游城市"、"海内外公众最喜爱的中国城市"等美誉。

二 增强园林生态城镇的经济势能

建设园林生态城镇,要以强大的经济实力为基础,特别是中心城区,必须具有较强的经济势能和完备的城镇功能。中心城镇经济势能的强弱,由国内生产总值、资金利税率、基础设施和服务设施等内容综合确定。为了增强园林生态城镇的经济势能,东阳市采取了加快城镇化进程,全面提高城镇经营管理水平等措施。

(一)大力加强基础设施和绿化工程建设,完善推进园林生态城镇的支撑条件

基础设施,表现为直接为生产部门、人民生活提供共同条件及公共服务的各种设施和机构。绿化工程,则是生态城镇的标志性建设项目之一。加快基础设施和绿化工程建设,是确保园林生态城镇进展顺利的基础和支撑条件。为此,东阳主要做了以下几项工作。

第一,加大环境保护力度,全面实施创建国家环保模范城市规划。按照低碳经济要求,东阳市政府大力推进结构性污染治理,淘汰资源消耗高、产品档次低、污染严重的企业;加强点源控制,严格执行建设项目环境影响评价制度;重点实施水污染治理,加强水资源保护;全面实施"碧水行动计划",大力打造"两江清水走廊";积极探索东阳江、南江流域水质保证考核机制,建立了部门镇乡联席会议、生态水补给和节能减排奖励等机制;加快推进

重点项目烟尘治理，提高城镇污水和垃圾集中处理率，实现废物减量化、资源化和无害化；积极实施"绿色通道建设"和"绿色行动计划"，大力开展植树造林，推进生态功能保护区建设。早在2005年，东阳市就开始规划新建生态公益林3.9万亩，完成人工造林2200亩、林地封育6000亩。①

第二，全面推进"美丽乡村"建设。2010年，东阳市政府按照人口集中、产业集聚、功能集成的原则，大力实施中心村培育工程，加强中心村公共服务和基础设施建设，提高中心村的要素集聚能力，培育中心村6个；深入实施村庄整治，重点抓好村道硬化、垃圾处理、卫生改厕、污水治理、村庄绿化，完成全面整治建设村50个、生活污水处理村50个，创建省级绿化示范村2个、金华市级示范村6个。②

第三，抓紧建设东阳境内的重大基础设施项目。例如，东阳市先后建成金甬高速公路东阳段、中心城区世纪大道、连接横店镇的南山隧道，拓宽兴平路，改造歌山至东阳江段道路，还建成六石至怀鲁段公路。2010年，诸永高速、金义东公路和22省道改建工程等建成通车，东永高速、怀万线佐村至三单段和画南下线等开工建设，区位优势明显提升。农民饮用水工程扎实推进，缓解了城区供水紧张问题，基本解决了47万农村人口饮水安全。电网建设步伐加快，完成220千伏桐鹤变、石金变，110千伏南马变、塘西变等工程。同时，市政府加大电信、邮政、移动和联通等部门的投入力度，实施3G通讯网络建设，完成城区数字电视整体转换，信息化水平明显提升。③

第四，合理配置道路街巷，加快中心城区内工业园区基础设施和绿化工程的配套建设，优化水电和通讯的网络布局，加强一

---

① 陈丰伟：《政府工作报告》，东阳市第十二届人民代表大会第三次会议，2005年3月28日。
② 陈晓：《政府工作报告》，东阳市第十三届人民代表大会第五次会议，2011年3月15日。
③ 陈晓：《政府工作报告》，东阳市第十三届人民代表大会第五次会议，2011年3月15日。

切能够形成网络状态的管、线、网和绿化带的有机连接,提高基础设施的运行效率,增强绿化工程的美化功能。例如,2009年,东阳市新建与改造城镇街巷20多公里,完成城南西路人行道改造工程,铺设与改造城区人行道5万多平方米,绿化补植草木近10万平方米,累计安装路灯600余盏。

第五,实行基础设施和绿化工程项目利益均享、投资共担原则。市政府明确规定"谁受益谁出资,谁出资谁受益",按不同受益范围划分投资层次,分别承担建设任务。

第六,把市场竞争和市场定价机制,引入基础设施和绿化工程的运行和管理系统。东阳市将原来无偿占有和使用的基础设施和绿化带,转变为有偿占有和使用,并合理调整占用费及各种费用的比价,广辟资金来源,增强基础设施和绿化工程的自我滚动和自我发展能力。

(二)改善核心区的生态环境,增强中心城镇的人口和经济聚集功能

东阳市按照建设园林生态城镇和城乡一体化的目标,把原市治吴宁镇分解成吴宁、南市、白云、江北、城东等5个街道,确定了"北进、西延、南连"的核心区城镇化扩容规划。

第一,东阳市把北进作为壮大城镇核心区的重大举措,提出把北进新区即江北街道建设成"新加坡式的园林城区"。同时,通过北进建设,进一步增强城镇核心区的聚集功能,形成更有力的回流效应,吸引周边地区的生产要素不断流入核心区,从而使核心区享有并保持聚集规模经济的优势。

第二,东阳市把核心区白云街道向西与义乌市稠城镇连接,作为浙中城镇群建设的一个着力点,通过优势互补,共享繁荣。当前,东阳市正在主动向义乌靠拢,鼓励企业瞄准义乌市场及时调整产品结构,形成义乌在前面拓展市场,东阳利用其市场随后销售产品,从而充分利用义乌全国商贸中心的信息、市场和交通运输优势,发展壮大自己。同时,东阳市已着手在白云街道连续开发白云社区、十里头社区、蓝天社区、昆溪社区、莲花山社区,

特别是在靠近义乌稠城镇的依山傍水之处,利用低地价和建筑业优势,开发大面积的园林式高档商用住宅,购房对象主要定位为外来富商、业主和其他中产阶层。东阳市采用统一规划、综合开发、配套建设、同步到位的方法,逐步建成一个环境优美、设施齐备、服务周到、安全舒适的园林式生活社区。园林式高档商用住宅的开发,不仅吸引了东阳部分外出的建筑队伍回归,加强了当地的建筑业实力,而且还吸引了周边财富随购房者一起流入本市,从而拉动消费,促进当地经济发展。此外,东阳市已经开通当地各风景点与义乌商城以及浙江中部各景点的旅游专线,把义乌的购物旅游和其他旅游连接到东阳的人文、生态旅游上,通过增加游客来增旺人气。

第三,东阳市把核心区南市街道向南与横店镇有机联结,作为增强园林生态城镇实力的基础,鼓励两地相向发展。若条件具备,东阳市拟在它们的中间地带配置新增长点,集中投资,发展新兴产业和高新技术产业,并形成一条长十余公里的旅游、绿化走廊。通过新增长点和新旅游景点的建设,促进南市街道与横店镇之间的经济联系和相互推动作用,使其在空间上逐步联结成发展轴和景观带。

(三) 树立"经营城市"的新理念,增强园林生态城镇的自我发展能力

"经营城市"是推进城镇建设的新理念。它指在政府政策的引导下,把市场机制引入有一定回报的城镇建设项目,促使社会各类投资者积极参与城镇建设。目前,东阳市正以"经营城市"的新理念,加快园林生态城镇的建设,具体做法主要包括以下几方面。

1. 实行土地供应的源头控制

"经营城市"必须把城镇的土地资源变成资本,通过市场机制实现有效配置。为了防止城镇土地资本流失,东阳市政府采取强硬手段,严格垄断土地一级市场,牢牢控制土地资本的源头和供应量,特别是新增建设用地,政府对其规划、征用、开发、出让以及税收和价格等环节,实行统一管理。在此基础上,市政府使自己调控的意图融合到土地市场机制中,进而有意识地变动土地市场参数,引导投资者自觉追踪园林生态城镇建设的规划目标。

2. 推行城镇存量资产证券化经营

城镇资产在实物化管理模式下运行,浪费大,折旧慢,转产难,运行迟缓,很难适应市场经济的需要。面对这种情况,东阳市政府按照"经营城市"的要求,及时把城镇资产的实物化运行转变为价值化、证券化运行。东阳市各种已建成的城镇项目,凡能用于经营的,都逐步采用证券化形式,通过委托代理、授权经营和股权转让等,进入市场盘活存量资产,由此获得的收入再用于新的园林生态城镇建设项目。

3. 加强城镇无形资产的保护、开发和利用

东阳市根据园林生态城镇的目标,大力实施绿化、美化、净化和亮化工程,增加城区公共绿地,做好卫生保洁、灯光照明等城镇管理工作,完善公共设施,强化信用意识,参照国际惯例建立比较完善的社会诚信体系,努力打造良好的城镇实体形象和行为形象,不断提高园林生态城镇无形资产的整体价值。同时,城镇某些特有的无形资产,如城镇街道、广场、花坛、城雕、标志性建筑物、主题公园、文化娱乐设施等的冠名权,广告牌、路牌、电线杆、主街区人行道灯箱、霓虹灯、招贴等户外广告媒介的经营权,某些以特许形式存在的专营权、专卖权,以及当地特有产品的货源标记或原产地名称标记等,逐步通过公开拍卖、有偿转让、承包和租赁等多种形式,充分发挥它们的获益功能,为园林生态城镇的自我发展积累资金。

三 挖掘有利于园林生态城镇发展的特色经济优势

东阳市文化积淀深厚,能工巧匠云集,素称"百工之乡",长期以来形成了许多传统特色技术,创造了不少名牌产品,也形成了一定总量规模的特色产业，有的已逐步发展为特色明显的产业集群。传统特色技术，是本市差异性产品的重要来源，很难被外地竞争对手模仿。因此，充分挖掘特色优势产业的潜力，不仅是加速东阳市经济持续发展的有效手段，而且是推进园林生态城镇建设的重要措施。东阳在建设园林生态城镇过程中，充分挖掘特色经济优势的做法大体有以下几种。

（一）抓紧制订特色产品的系列标准，努力拓宽传统名产的适用领域

中国加入 WTO 之后，面临技术壁垒不断加强的新情况，如果我们有权制订产品标准，就意味着我国掌握了产品的市场通行证。按照 WTO 规则，一国特有的产品，其管理标准、安全卫生标准和环保标准，通常由这一国家来制定。

根据这种惯例，东阳市正在抓紧制订木雕、竹编、雪舫蒋腿、白术、白芍、元胡、元参、浙贝、东白茶等当地特有产品的标准，逐步形成阻挡冒牌产品进入的技术壁垒。如前面所述，这些产品大多与园林生态城镇建设密切相关。东阳市还利用当地丰富的中草药资源，开发储存、携带和服用均方便的中成药，开发高质量的中药保健品，逐步在国内外打造出广阔的市场前景。这样，东阳一方面利用一些中草药植物资源美化城镇环境，另一方面又利用它们增强园林生态城镇的经济实力。

特别是驰名中外的东阳木雕和东阳竹编，本来就是建设园林生态城镇的重要用品。目前，它们在通过房屋装修和园林建筑美化东阳城镇面貌的同时，还努力拓宽适用领域，源源不断地进入旅游产品、玩具、宗教用品等市场。木雕还瞄准出生、结婚、仙逝等人生几大消费热点进行经济开发，如为新生儿造像纪念，把结婚照由纸质平面图像变成木质浮雕，替仙逝者制作精美的骨灰盒等。

（二）增强行业协会的组织协调功能，形成特色产业有序竞争

东阳市的行业协会通过广泛深入地参与本行业的经济活动，

主动引导当地经济健康成长。行业协会与厂商、政府主管部门一起，不断健全市场规则体系，提出行业发展政策，制订行业标准，确立本行业企业进入市场或退出市场的规则，规范成员企业生产、经营、营销、投资和创新等方面的行为。特别是针对存在过度竞争的木线条、皮具制品、草席凉席等特色产品，行业协会加大了协调力度，抓紧制订规则和标准，及时制止违规行为。同时，行业协会还组织WTO规则和技术认证体系的培训，协调对外贸易争端，维护成员企业的合法利益。

（三）创立特色产品区位品牌，发展企业品牌俱乐部

东阳市政府重视科技创新，努力培育当地品牌。2010年，东阳市共实施重点技改项目194个，新增高新技术企业29家，组建企业研发中心80家，申请专利4417件，开发省级以上新产品87种，被列为国家传统知识产权保护试点县（市）。随着品牌战略的深入推进，东阳市新增注册商标7524件、地理标志证明商标2件、中国驰名商标33件、中国名牌产品4种，被评为"商标百强县"。[①]

分析东阳的品牌创建过程，我们可以发现东阳市的许多特色产品，是由众多中小企业共同制造的。中小企业依靠单家独户的力量，很难创造出有影响力的特色产品品牌。而品牌反映产品质量、功能和特性、产品历史、产品市场占有率，驰名品牌是一笔蕴涵着巨额财富的无形资产。同一产品以不同的品牌出现，它的市场销售价格可以相差几倍甚至几十倍。

为了进一步创出特色产品品牌，东阳市采取的一个有效方法就是组建企业品牌俱乐部，发展和完善区域内中小企业的分工协作关系，通过共享品牌赢得规模经济效益。

品牌俱乐部表现为品牌属于一个成员企业数量确定的共同体所有。每个成员企业，都有权使用俱乐部拥有的品牌为自己服务，

---

① 陈晓：《政府工作报告》，东阳市第十三届人民代表大会第五次会议，2011年3月15日。

但必须严格遵守俱乐部规定的产品原料、工艺、技术、质量、计量、卫生、安全、环保、性能、功用和包装等方面的标准。

(四) 改造和提升传统市场，完善特色产品的流通渠道

特色产品的销售，需要借助市场的推动。随着经济全球化的发展，传统市场的理念和方法已无法适应现代营销的要求，必须对此加以改造和提升，赋予其更多的功能。为此，东阳市政府采取了以下主要措施。

第一，加快发展会展业。为了持续提升中国木雕城的推介和管理力度，东阳市先后举办五届中国（东阳）木雕竹编工艺美术博览会，特别是2010年利用上海世博会等展会提升了市场知名度和影响力，着力打造全国最大的木制工艺品和木雕（红木）家具集散地。同时，东阳市精心组织中国农民旅游节、工科会等活动，积极参加广交会、华交会、厦交会、浙洽会等各种商贸洽谈会，通过特色产品会展，推动特色产业更快发展。

第二，发展电子商务，促使特色产品市场网络化。电子商务可以充分利用原有专业市场的资源优势，在互联网上构筑商务平台，发挥资源回流和产品扩散功能。东阳市正在学习、参照外地先进做法，创建自己的特色产品信息网。

第三，完善白云商贸园区专业市场群的交通、仓储等配套建设。东阳市采取各种措施扎实推进国际缝制机械市场、国际采购服务中心、国际汽配城、中心粮库、浙中再生塑料集散加工中心、千祥箱包配件批发市场等一批重点市场和流通项目建设。与此同时，东阳市运用开设连锁店、专卖店、特许经营部、直销门市部、代理中心、物流配送中心、分市场以及承包商场、租赁柜台等灵活多样的形式，不断向外延伸特色产品的输出终端，逐步编织出自成一体的营销网络，推动当地特色产品向外拓展市场。

(作者单位：台州学院，浙江财经学院)

参考文献

[1] 东阳市人民政府：《东阳市域城镇体系规划（1999～2020）·综合规划报告》，2000。

[2] 陈晓：《政府工作报告》，东阳市第十三届人民代表大会第五次会议，2011年3月15日。

[3] 陈晓：《政府工作报告》，东阳市第十三届人民代表大会第四次会议，2010年3月3日。

[4] 陈丰伟：《政府工作报告》，东阳市第十二届人民代表大会第三次会议，2005年3月28日。

[5] 张明龙：《区域发展与创新》，中国经济出版社，2010。

[6] 张明龙等：《促进区域繁荣——以浙江为例》，知识产权出版社，2010。

［杜书云　高　雅］

新型城镇化带动城乡土地资源统筹配置
——来自传统农区的经验

一　问题的提出：城镇化与土地利用

改革开放以来，中国城镇快速发展，城镇化水平已从1978年的17.92%提高到2010年的47.5%，年均增长近1个百分点。一般而言，城镇化的发展途径有外延式扩张与内涵式扩张，其中，内涵式扩张主张从质上来衡量城镇化水平，外延式扩张则注重从量上来衡量城镇化水平。纵观世界经济发展趋势，在工业化、城镇化的初期阶段，采用的都是外延式的发展道路，因为经济的发展以及工业化、城镇化水平的提高都需要一定的空间来容纳机器、厂房、人员等基本生产资料，而这又不可避免地要占用原有城市周边的大量耕地；到了工业化、城市化后期，采用的则是内涵式发展道路，重视城市自身土地的整理、规划、利用，反而在一定程度上节约了耕地。

但是，中国在城市化外延式扩张过程中，由于一些地方政府发展观、政绩观的偏差以及体制、机制包括规划政策等方面的原因，出现了盲目扩张建设用地规模、大量占用优质耕地、浪费土地等问题。在中国人地矛盾越来越突出、土地资源约束不断加剧的情况下，如何在确保 18 亿亩（1.2 亿公顷）耕地红线的同时，通过统筹城乡土地利用，促进城乡协调发展，推进土地节约集约利用，是当前和今后一个十分重要的理论问题和实践问题。

二 中国城乡土地统筹利用适度性评测

（一）理论分析

土地、资本、劳动力是生产的三要素。在经济发展初期，土地的适度"农转非"有利于土地资源的合理配置和经济效率的提高，从而有利于经济发展。一般而言，随着经济的发展和产业结构的调整，适度的土地"农转非"水平会呈现"倒 U 型"变动趋势。[①] 如图 1 所示。

土地"农转非"的过度和滞后一般主要是由外生的社会经济变量造成的，正是这些因素的存在，使得某些地区的土地"农转非"水平偏离了"倒 U 型"曲线趋势：如果某个地区土地"农转非"的实际水平超过"倒 U 型"曲线水平一定范围，则认为该地区土地"农转非"是过度的；而某个地区土地"农转非"的实际水平低于"倒 U 型"曲线水平一定范围，则认为该地区土地"农转非"是滞后的。无论土地"农转非"是过度的还是滞后的，对于正常的经济发展都是不利的，因此，测算土地农转非的适度性是实现土地资源统筹配置的一个很重要的命题。

---

① 洪波：《中国省级土地非农化适度性评判研究》，《地域研究与开发》2008 年第 4 期。曲福田等（2004）意识到经济增长与耕地数量之间存在类似库兹涅茨曲线型关系，并通过对天津市、山东省、江苏省、上海市、广东省、福建省 6 个典型地区经济发展过程中耕地损失的分析，验证了这个假说。蔡银莺等（2005）则通过对深圳、东莞、上海、无锡、武汉 5 个城市耕地资源流失量与人均 GDP 关系进行分析，验证了两者之间符合库兹涅茨曲线的一般特征。

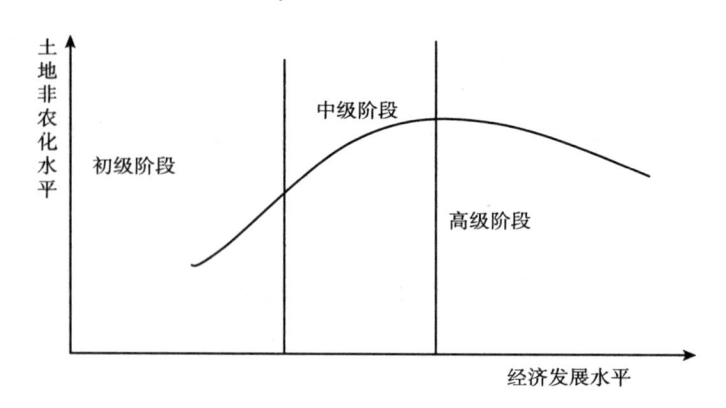

图 1 土地"农转非"与经济发展的倒 U 型曲线

(二) 模型构建函数

城乡土地资源统筹配置适度性评测模型的构建要用到柯布 – 道格拉斯生产函数：$Y = AK^{\alpha}L^{\beta}$。在对这一基本公式变形之后，得到如下生产函数：

$$Y = AK^{\alpha}L^{\beta}$$

式中，A——效率系数（广义技术水平的反应）；

α、β——资本投入 K 和劳动投入 L 的生产弹性，由于技术水平的提高，A 在不断地变化。

根据上面的基本公式，我们选用如下的柯布 – 道格拉斯生产函数测算中国土地"农转非"对经济发展的贡献率：

$$Y_t = AL_t^{\alpha}K_t^{\beta}E_t^{\gamma}e^{\delta Tt}e^{ut}$$

式中，Y_t——t 时间国内生产总值；

L_t——t 时间第二、第三产业劳动力投入；

K_t——t 时间社会固定资本投入；

E_t——t 时间的耕地面积余额；

Tt——t 时间的技术进步（本文用时间趋势来代替）；

ut——随机扰动项；

A——除劳动力投入、资本投入和土地供给以外的其他综合生产要素；

α、β、γ、δ——劳动力、固定资产、耕地面积的弹性系数以及技术进步率。

具体的计算步骤如下。

第1步：对上述公式取自然对数，得：

$$LnY_t = LnA + \alpha LnL_t + \beta LnK_t + \gamma LnE_t + \delta T_t + u_t$$

第2步：利用年度数据，通过回归，估计出相应的系数α、β、γ、δ。

（三）城乡土地最优配置实现的条件

根据经济学理论，在土地数量一定时，当在各个行业（区域）之间利用的边际产出①相等时，即 $MR_1 = MR_2 = \cdots\cdots = MR_j$ {1, 2, $\cdots$, j 代表劳动力的不同使用方向（区域）}，整个经济系统的收益最佳，并且每个行业（区域）的土地使用数量最少。这意味着利用最少的土地数量获得了最大的经济产出，从而实现了土地资源配置的效率，达到资源配置的均衡。为了便于表述，上述过程用公式表示如下：

$$F = f(S_1, S_2, \cdots, S_j, Y, K)$$

$$\sum_{i=1}^{j} s_i = s, \; s_i \geq 0, \; i = 1, 2, 3, \cdots, j$$

式中，F——国民经济生产函数；

S_i——不同年份农村（农业）的土地数量；

Y——其他可变投入；

K——其他所有不变投入。

构造拉格朗日函数，求解一阶偏导数为零时，各地"农转非"数量满足的条件，计算结果如下：

---

① 这里的边际产出不仅是指经济效益，而且是指综合考虑经济效益、社会效益、环境效益等。由于各地的实际情况不同，这些效益会有一定的差别，本文仅给出评测的标准，不进行区域的实证分析。

$$\frac{\partial F}{s_1} = \frac{\partial F}{s_2} = \frac{\partial F}{s_3} = \cdots\cdots = \frac{\partial F}{s_i} = \lambda$$

在满足上式的情况下,土地在不同行业(区域)的配置是有效率的,由于课题研究的是城乡土地资源配置的适度性,因而,这里的 i 取值为 2,即只有两个部门:农村和城市。

从以往的经济发展状况来看,农村以其充足的土地、劳动力等资源支援了城市乃至整个社会的发展。这种发展在一定时期内是必需的,但从长久来看,不利于经济的健康、和谐发展。政府应统筹考虑城乡资源,走一条城市、农村统筹发展的道路。

三 新型城镇化带动城乡土地资源统筹配置:来自传统农区的经验

土地资源是稀缺的,如何把稀缺的土地资源合理地利用起来,在农业和非农业、农村和城市之间进行合理的配置,是一个亟须解决的命题。为此,各地都进行了积极的探索,笔者也对河南部分地区进行了深入调研,发现"以新型城镇化带动城乡土地资源统筹配置"是一条较为有效的道路。

(一)新型城镇化:要素的双向流动

以往我们认识的城镇化,就是人口和土地非农化的过程,体现在统计指标上就是城市人口占总人口的比例,这是由城市政府和开发商来主导的城镇化。事实上,这种城镇化已经带来了大量的社会问题,主要集中在征地上。在推动城镇化的进程中,政府的资源是有限的,在很大程度上只能而且必须通过对农村土地资源的行政性征收来获得收益,进行再开发和投入,由此才能实现城市的扩张和基础设施的升级。

新型的城镇化不强调农民必须进城,不占用农村一分耕地,而是按照"做强主城,膨胀县城,发展集(聚区)镇,建设社区(新村)"的思路,坚持"一个主体,两个载体"的统筹城乡发展理念，以中心城市为构建中心城区现代化、县域镇村一体化的主体，以新型农村社区、产业集聚区为城乡公共服务均等化、城市生产要素向农村流动和农民就近创业就业的载体，推动城市向农村延伸，农村向城镇靠近。

新型城镇化彻底打破了"农村支持城市、农业支持工业"的发展途径，实现了资源的双向流动。这样不仅农村的劳动力、土地等资源可以适当流入城市，城市中富裕的资本、技术等资源也可以流向农村，实现要素资源的互动。事实上，通过对河南新乡、漯河等地的新型城镇化的调研发现，当大量的城市资本以零散的方式进入农村，一样可以带动农村的城镇化，并且这种城镇化是实质上的城镇化。在带动农村生活环境、生产方式改变的同时，通过村村合并、宅基地置换等方式整理出大量的建设用地，既有效解决了自身经济发展所需的土地，也缓解了城市发展的土地制约。

(二) 新型城镇化发展的基本途径：内生与外生

目前，各地区都在积极探索新型城镇化的路子。从调研的情况来看，基本可以归为内生型和外生型两大类：前者以村民自主发展为主，走这一道路的地区多具有较强的产业基础，新型城镇的建设也是水到渠成，对外力的借助较少；后者以政府或社会推动为主，借助外力来发展新型城镇，进而带动"三化"协调发展。

1. 内生型城镇化发展途径

(1) 以特色农业带动城镇化，城镇化推动工业化和农业现代化，实现"三化"协调发展。郏县的冢头镇是传统的农业大镇，其主导产业是烟叶、理想大根（俗称日本大萝卜）和红薯，其产品出口日本。特色农业的发展，一来为农村社区的发展提供了经济支撑，二来也促进土地流转、人口集聚，因此围绕着特色农业，再加上政府的推动，冢头镇形成了前王庄中心村、柿园中心村、陈寨中心村等新农村示范村。

(2) 以工业发展带动城镇化，城镇化反推工业化和农业现代化，实现"三化"协调发展。长垣县是"中国防腐蚀之都"、"中国起重机械之乡"、"河南省优秀建筑之乡",其工业基础雄厚,产生了极强的集聚效应,在拉动当地经济发展的同时也带动了人口由农村向城镇聚集,为经济的进一步发展带来动力。

(3) 以矿产资源开发带动城镇化,城镇化推动工业化和农业现代化,实现"三化"协调发展。栾川县冷水镇坐落在金属钼储量居亚洲第一的矿藏区,随着开采面积的逐步增大,大部分耕地和林坡被征用,人居环境受到影响。为了协调经济快速、稳定发展和人民群众安居乐业之间的矛盾,镇政府鼓励农民进城居住,采取企业征地、农民自愿购房的方式建设新型农村社区,促进城镇化。

(4) "能人"带动城镇化,实现"三化"协调发展。辉县唐庄在发展上原本没有什么优势,但是在吴金印的带领下,自力更生创出优势,建成产业集聚区,使 2900 余名当地农民走上了工作岗位,实现了农民"离土不离乡、进厂不进城"。目前,唐庄镇十大中心社区吸纳了 80% 的群众。

2. 外生型城镇化发展途径

(1) 以扶贫开发促进城镇化,城镇化带动现代农业和工业的发展。栾川县白土乡的椴树村共有 15 个居民组 1540 人,2007 年被确定为扶贫开发整村推进村。在扶贫资金的支持下,2006 年实施了集中建设搬迁,2010 年,规划了汇安苑小区建设,对已入住的 504 户整合管理,并进一步投资实施搬迁扶贫的五期工程。城镇的发展既带来人口的集聚,也整理了土地资源。

(2) 企业(个人)捐助建设新型农村社区,促进城镇化。辉县的裴寨新村就是该村村委会主任裴春亮个人出资 3000 多万元,历时两年多建成的别墅区。以裴寨新村为依托,张村乡党委规划建设裴寨社区,二期工程实施村民自选户型,群众自建为主、企业和社会帮扶为辅的建设模式,每户由政府资助 10 吨水泥,裴春亮个人捐助 10 吨水泥。

(3) 政府主导推进新型社区建设,促进城镇化。新型城镇化的发展实际上是一个开放的要素流动过程,但集体土地所有制是一个封闭的产权关系,限制了要素的流动。政府和房地产商可以强力打破这种封闭的所有制关系。

(三) 新型城镇化带动城乡土地资源统筹配置

新型城镇化引导要素向农村流动，合理规划农村建设用地和农用地，有利于城乡土地资源的统筹配置。

1. 新型城镇化引导新一轮建房高潮，避免了土地的盲目占用

受农村固有的建房冲动以及邻里之间攀比心理的影响，中原传统农区的农民一般10年左右会有一次建房高潮。目前，经过若干年的发展，农村集体经济有了一定的积累，农民个人也有了一定的经济条件，再加上农民对高质量住房的追求，导致河南部分区域进入了新一轮的建房高潮。原来无序的建房不仅会因为盲目攀比而形成不必要的浪费，造成"因房返贫"的现象，而且也会使得部分农户占用耕地建造新房，造成土地的浪费使用。

新型城镇化倡导新型农村社区"统一规划、高标准设计、统一建设"的理念，可较为有效地引导农民的原始建房冲动。常村镇位于长垣县西部，辖40个行政村、47个自然村、11852户、48633口人。全镇规划8个新型农村社区，已启动3个，"占地不多、功能全、造价不高、品味高"的农村社区已具备雏形。实践证明，新型农村社区可以有效地集约土地，按照现有居住方式，该镇户均占地0.067公顷（包括道路、公共设施等），建设新型农村社区户均占地不足0.033公顷，每户可节约0.033公顷以上，8个社区建成后至少可节约土地400公顷。不仅如此，新型农村社区还可彻底解决农村脏、乱、差的现象，实现城乡居民居住环境的同质化。

2. 新型城镇化可以在一定程度上规避"空心村"，节约部分土地

目前，在农村繁荣和发展过程中出现了这样两种现象：许多村庄在建设过程中，新建住宅"摊大饼"式不断向四周扩张，而位于村庄中心的老村区则保留了大量的破旧建筑，且许多已经无人居住，这就是所谓的"空心村"现象；另一种"空心村"的现状是，老宅地仍然住着农户，但占用的大量土地形成闲置，造成不必要的浪费。但是，"空心村"的整治并不能采取行政强制手段，而应在充分尊重农民意愿的基础上，由政府积极引导。新型城镇化强调的社区基础设施和公共服务设施建设均等化,在一定程度上可以解决"空心村"问题,并节约部分土地。

2008~2009 年,新乡市、县、乡镇三级财政已投入基础设施建设、公共服务设施配套及对农民的补贴共计 6.97 亿元,照此速度,每年大约可以完成 70~80 个新型社区建设。2008 年,新乡市首先在具备条件的重点区域开始将 920 个行政村按规划合并建设为 329 个农村社区,计划 2015 年全部建成,预计可节约土地 1.6 万公顷,全市农村新型社区建设可节约土地近 3.33 万公顷。

平顶山郏县冢头镇前王庄中心村由前王庄村、花刘、王寨、倍三郎庙、纪村 5 个行政村合建而成,新房户均 218 平方米、12 万元,其中政府补贴 2 万元,基础设施、公共服务等由市政负责建设。整个中心村总户数 1745 户,总人口 7286 人,耕地 478.8 公顷,总建设用地 150.88 公顷,规划建设用地面积 60.49 公顷,可节约用地面积 90.37 公顷。

3. 新型城镇化引导要素流向农村,实现城乡要素资源统筹配置

中国工业化对土地的大量需求和耕地保护的 18 亿亩红线形成了强烈冲突,大量的资本在社会游荡,没有找到合理的出路,给经济稳定造成了一定的威胁。新型城镇化大力推进产业集聚发展,引导资本向农村集聚。当大量的零散资金进入农村投资时,通过宅基地、建设用地的置换,从本质上改变了集体成员内部的产权关系,形成了开放的要素流动状态。资金、土地要素流动起来了,农民在宅基地和建设用地上的交易,给他们带来了长期甚至永久的财产性收益。城里人通过自己的经营理念扩大了对地处农村的资本利用方式,使得有限的土地和住房发挥了最大的经济效益。地方政府也在各种具有活力的经营模式中,取得了经济效益,促进了社会发展。①

2010 年以来,通过土地的置换和整理,长垣县复耕或恢复生态面积 206.7 公顷,为工业的转型升级和现代农业的发展提供了土

---

① 李铁:《积极稳妥推进土地管理制度改革》(成都统筹城乡土地管理制度改革现场研讨会发言),2009 年 6 月 12 日《中国国土资源报》。

地和集聚的人口。2010年，瑞克斯旺进入长垣，开工建设总投资3.2亿元、占地400公顷的河南绿港现代农业股份有限公司，使得现代农业发展水平快速提升。辉县唐庄通过打造良好的投资环境，吸引来了众多投资者，2011年，总投资27亿元，年产啤酒100万吨的百威啤酒项目落户唐庄，进一步推动了唐庄的工业化进程。

四 新型城镇化带动城乡土地资源统筹配置中有待解决的问题

（一）土地的置换和变性问题

目前，城镇新社区和农村新社区建设，大部分都涉及建设用地在空间上的调整、互换，而城镇新社区又涉及集体建设用地转换为国有建设用地问题。由于年度农转用地指标有限，而目前有关建设用地置换的最有效途径是利用土地综合整治和城乡建设用地增建挂钩政策。目前，河南省城乡建设用地增减挂钩进行的试点，并没有全面展开，仍坚持的是"总量控制、封闭运行"原则。挂钩政策目前只限于试点项目区，非试点项目区想申请项目非常困难，而且审批程序比较烦琐，申报时间较长，项目能否批准存在不确定性。

（二）土地异地指标置换与所有权转换带来的增值收益分配问题

新型农村社区建设整理出大量的土地，无论是作为农业用地还是建设用地，都会带来增值收益，因此如何在原有村集体之间进行分配是一个无法回避的问题：平均分配还是按比例分配？或者是按区位分配？此外，城镇新社区还涉及集体建设用地转换为国有建设用地问题，这一收益的分配主体不仅包括了原有村集体，还增加了政府部门，其分配过程更加复杂化。

（三）依附于地产之上的房屋产权发放和交易问题

受农村宅基地使用政策和房屋产权证发放政策的限制，镇村一体化后,农民在城镇集中居住点或中心村新建的房屋不能发放房产证和建设用地分割使用证,这对将来小区孩子上学、升学等问题都会带来一定影响,因而在一定程度上降低了农民入住集中居住点的积极性,延缓了集中居住区建设规划进程。

目前,新乡试点为新型农村社区居民办理房产证,与城市房产证的区别之处就在于仅限于社区内部成员交易,不允许进行外部交易,但是,从长期来看,伴随着农村人口的不断调整,这一规定将会造成新型农村社区的"内部空心化"与"边界扩大化"并存。

(四)新型城镇化建设资金的约束

目前,各地区新型城镇化的资金来源主要有四部分:一是市、县、乡政府的专项建设资金;二是地方政府对包括危房改造、"村村通"工程、沼气建设支持等项目资金进行整合,用于新型城镇化的基础设施建设;三是个人和社会的捐助;四是农民自己出钱购房。

对这四部分资金进行分析后我们发现:第一部分资金要求地方政府有雄厚的财政收入,经济发达地区应该可以保证,经济落后地区则比较困难;第二部分资金由中央转移支付,理论上不存在问题,但使用起来有些"名不正,言不顺";第三部分资金的随意性很大,主要还在于当地要有实力雄厚且乐于造福百姓的大企业;第四部分资金要受制于当地农民收入水平,在来源上并没有充足的保证。

(五)管理体制的制约

在新型城镇化的具体发展道路上,不少地方政府都采取了"撤村并镇"或"村村合并"的做法,实现"镇村一体化",建设"中心镇(村)"或"新型农村社区",这对现行的管理体制造成了一定程度的冲击。

第一,在城乡基层,城市实行街道、居委会及社区体制,乡村则实行乡镇与村委会及村民小组体制,"村村合并"之后"一个(大)村设置几个社区"或"几个(小)村设置一个社区"的情况必将出现。因此,"村民自治"体制与社区管理相互协调,跳出"增设管理机构和增配社区干部"的陷阱十分重要。

第二，伴随"撤村并镇"或"村村合并"而产生的集体财产的归属及管理问题也是不可回避的。经过几十年的发展，村集体或多或少积累了自己的财产，尤其是一些富裕村，其财产更为可观。镇（村）集聚之后，原有的集体财产是分开管理还是集中管理，以及伴生的增值财产归属问题日益重要。

五　结语

"是需要将更多的农地资源转变为建设用地，来保障经济的稳定增长，还是限制农地资源转变为建设用地，来保护人类社会最基本的生命线？"这是一场到目前为止还没有停止的争论。本文认为，经济发展并不必然要占用农用地，关键在于盘活存量建设用地。新型城镇化可以引导村庄集聚，盘活大量的住宅用地，同时引导资源向农村聚集，实现土地、资本、劳动力等资源的紧密结合，合理利用城乡土地，从而达到统筹发展城乡的目的。

（作者单位：郑州大学旅游管理学院）

参考文献

[1] 洪波：《中国省级耕地非农化适度性评判研究》，《地域研究与开发》2008年第2期。

[2] 李铁：《积极稳妥推进土地管理制度改革》（成都统筹城乡土地管理制度改革现场研讨会发言），2009年6月12日《中国国土资源报》。

[3] 王万茂：《土地资源部门间分配与耕地保护》，《中国土地科学》1997年第2期。

[4] 诸培新、曲福田：《耕地资源非农化配置的经济学分析》，《中国土地科学》2002年第5期。

[5] 郑伟元：《统筹城乡土地利用的初步研究》，《中国土地科学》2008年第6期。

□ 李淑梅 □

新型城镇化推动的城乡一体化
—— 浙江慈溪市的实践

1998年,浙江在全国率先实施城镇化战略,城乡面貌日新月异,城镇化水平迅速提高。2006年,又率先提出走新型城镇化道路,浙江城镇化发展进入了一个新的阶段。位于浙江省东部、杭州湾南岸的慈溪市,近年来,在推进新型城镇化发展战略的过程中,不但注重发挥城镇化对人口集聚和空间优化的带动作用,而且还强调要让城乡居民共享改革发展成果,将新型城镇化与社会主义新农村建设相结合,从而创造出慈溪经济的许多亮点。2010年,慈溪市完成财政收入104.88亿元,成为全省首个财政超百亿的县市;城镇居民人均可支配收入和农村居民人均纯收入达到30896元和15513元,分别比全省高出3437元和4210元。① 根据《2009年浙江省新型城市化进程综合评价分析》显示,2009年慈溪市新型城镇化综合评价得分为74.54分,在全省58个县(市)中名列第一。另据《浙江省2009年城乡统筹发展水平综合评价报告》,慈溪市综合得分83.02分,高于全省平均分6.14分,当之无愧地成了浙江省城乡全面融合发展的榜样城市,也标志着该市正从整体协调阶段向全面融合发展阶段跃升。慈溪市通过走城乡统

---

① 慈溪市统计局:《2010年慈溪市国民经济和社会发展统计公报》2011年1月28日。

筹的城镇化道路,以新型城镇化有力地推动着城乡一体化的发展。

一 制定城乡一体化的新型城镇化建设规划

城乡一体化是城镇化的最高阶段,也是乡村现代化的最高阶段,是城市的现代化和乡村的现代化的交汇融合。慈溪市在全市范围内精心规划科学的城乡网络体系,追求市域内经济社会快速、持续、和谐的发展,以整体推进城乡一体化进程。

"中心城区、片区中心镇、农民集中居住区"三级城乡一体规划体系,是慈溪市在新型城镇化战略下的城市发展总体规划。具体而言,就是新型城镇化从三个方面入手:全面加快中心城区改造,在空间布局上规划建设十大功能板块;加快中心镇片区尤其是龙山、观海、周巷镇建设,扩权、强镇、建城;全面推进农房"两改",建设新型的农民社区、集中居住区。以打造现代化中等城市为目标,该规划对城乡空间资源利用、水资源统配、生态保护、村庄建设及社区公共设施建设等方面进行了统筹安排。

中心城区是一个地区新型城镇化的灵魂和龙头引擎,是城市发展水平的重要标志,是区域综合实力的集中体现,也是现代公共服务的主要平台。其发展水平和质量,直接关系到区域经济社会发展的集聚力、辐射力和带动力。慈溪市高度重视中心城区的规划建设,全面提升中心城区城市功能、形象和品位,首轮启动了以"134X"行动计划为重点的中心城区改造工程,即打造文化商务区,实施"宜居效益"(工程)、老小区改造、城河治理三大工程,推进景观大道等四大区块综合改造,启动若干个城中村改造试点。在此基础上,慈溪市政府及时做出进一步加快中心城区改造更新的决定,实施新一轮中心城区改造,围绕六大片区19个功能板块开展改造更新,全面强化中心城区产业集聚创新、公共服务、综合承载、生态景观、文化、综合服务管理、人口优化等七大功能,着力打造"绿色生态、宜业乐居"的一流幸福家园。

通过对中心城区的改造更新，慈溪市吸引现代服务业集聚，并以商贸业为突破口，大力发展第三产业，培育城市经济，从而不断提升人们生活质量和幸福指数。目前，第三产业已成为慈溪增长最快的外资利用领域。"十一五"时期，慈溪实际利用外资超过15亿美元，利用外资额跃居全省第二、宁波市第一，其中现代服务业吸引的外资占到50%。①

中心镇一头连着城市，一头连着农村，是联结城乡、服务城乡的重要节点，是繁荣农村、服务农业、集聚农民的重要载体，也是加快区域统筹协调发展、推进市域整体城镇化的关键。加快中心镇的培育和发展，对于优化城乡布局，形成以工促农、以城带乡和城乡协调发展格局具有重要作用。小城市作为中心镇的发展和提升，其人口和产业集中度更高，社会管理和公共服务能力更强，政府职能配置和运行管理也更加有效，因而小城市培育发展在新型城镇化中起着更加明显、更加重要的作用。开展小城市培育工作是推进新型城镇化的内在要求，是统筹城乡发展的重要环节，也成为扩大内需的强劲动力和加快人口转移的有效途径。

慈溪市高度重视中心镇发展改革，把推进中心镇和小城市建设作为全市新型城镇化战略的关键环节之一，通过中心镇建设拓展城镇化新空间。近年来，慈溪全面实施"镇改城"行动，龙山、观海卫、周巷三个中心镇的改造建设启动，将片区及其中心镇作为产业集聚和人口集中的重要支点，推进中心镇向卫星城的跨越发展，促进片区的统筹联动发展，推动中心镇由农村管理模式向城市管理模式转变。周巷镇已被列入联合国可持续发展的中国小城镇试点镇、全国发展改革试点镇、全国小城镇综合改革试点镇、浙江省小城市培育试点镇；龙山镇被列为浙江省级中心镇；观海卫被列入宁波市卫星城市创建镇。

慈溪市通过新型城镇化构建县域城镇化发展大平台，形成空间规模合理、功能布局优化、环境适宜、管理高效的现代城镇体系，实现由镇到城的跨越。在镇向城转变中，各中心镇过去短腿

---

① 郁进东：《浙江慈溪：实施新型城市化战略》，2010年12月10日《经济日报》。

的服务业、近郊型现代农业以及新材料、智能家电等新兴工业发展明显加速。

慈溪市城乡一体的规划体系，还包括推进农村居住方式和农民建房方式改革，建设新型的农民社区、集中居住区，引导农民向集中居住区集聚。将原来小、散、乱布局的农居点，转化为布局合理、设施完善的农村新社区，不但能改善农村生产生活条件、保护生态环境，而且能提高基础设施的共享水平、节约固定资产投资，更重要的是能优化城乡空间结构、促进城乡联动发展。另外，慈溪市还通过农村宅基地（住房）置换城镇房产等机制，把农民原来在农村的最大"财产"置换出来，使农民在城市安居乐业有了坚实的基础。大量农民在城镇"定居"以后，可以同步实现就业的非农化、居住的城镇化和生活方式的市民化，有效地扩大了居民的消费需求，有力地推动了社会结构的变迁和转型。

随着中心城区的辐射带动和高端要素集聚功能的显著提升，慈溪市新型小城镇建设取得重大进展，新农村建设加快推进，城镇化水平明显提高，功能定位清晰、城乡一体化发展的新格局基本形成。慈溪市已成为全省新型城镇化和城乡一体化示范区。

二 新型城镇化推进城乡二元体制改革

改革开放三十多年来，慈溪市的城镇化与浙江其他地方一样，没有按照"非农化"、"城镇化"、"市民化"三位一体的模式推进，而是沿着先"非农化"再"城镇化"，最后"市民化"的时序行进。这种时序推进模式，是对当时城乡二元体制的一种渐进突破，具有一定的必然性和合理性，但存在的弊端也十分明显，那就是城镇化已偏离了以"人"为本的方向。现在，许多农民已完成就业的"非农化"、居住的"城镇化"，却依然徘徊在城市边缘、奔波于城乡之间，未能顺利实现制度和福利的"市民化"，不能真正融入城市经济社会文化系统。慈溪市新型城镇化的过程，也是推进城乡二元体制改革深化的过程。具体包括以下措施。

一是深化户籍制度改革,打破城乡户籍壁垒,建立城乡统一的户口登记制度。我国在20世纪50年代制定并一直沿用的城乡分割的户籍管理制度已失去其存在的客观前提。十七届三中全会提出,要"推进户籍制度改革,放宽中小城市落户条件,使在城镇稳定就业和居住的农民有序转变为城镇居民"。慈溪市逐步取消农业户口和非农业户口的二元户口性质,以实际居住地将人口统一登记为居民户口,恢复户籍制度作为反映公民身份、提供人口数据、保证公民平等参与社会活动和行使法定权利的基础性制度;逐步消除农民向城镇转移的门槛,鼓励和支持在城镇有合法居所、有稳定收入以及其他生产生活条件的农民向城镇转移,以实现安居乐业。慈溪市逐步实行居住证制度,2007年6月,慈溪市成为全省开展居住证制度改革的两个试点之一;2008年3月,慈溪市废止暂住证,实施居住证制度,对于拟在暂住地居住一定期限并办理居住证的公民,保证在劳动就业、义务教育、证照办理等方面享有与当地公民同等的待遇。拿到居住证的外来务工者,仍旧享有原户籍地土地承包权、计划生育权等各项权利,同时作为慈溪的新居民,可额外享有当地一定的政策待遇。而一旦他离开慈溪,居住证上的"市民待遇"也就随之取消。在目前废除户籍制度条件尚未成熟的特定环境和渐进式改革的大框架下,积极、稳健地开展居住证制度改革,以承载更多权利、义务的居住证取代功能单一的暂住证,是新形势下统筹解决外来务工人员问题的一大战略选择,这种改革模式可操作性比较强。

二是建立城乡一体的就业制度。早在2000年,慈溪市就取消了企业使用农村和外来劳动力需要审批等制度和一切收费,清除了户籍门槛,形成了劳动者自主择业、市场调节就业、政府促进就业的就业机制,做到农民与居民一视同仁就业。2002年,省级城乡统筹就业试点工作正式启动,慈溪市成为浙江首批省级城乡统筹就业试点地区之一。

慈溪市大力实施统筹就业工程,率先创建"充分就业市"。市政府出台了城乡劳动力资源及就业调查统计制度,将农村劳动力纳入就业统计体系;建立了城乡统一的就业、失业登记制度,定期公布城乡劳动者就业和失业状况。凡劳动年龄内未就业的被征地农民均与城镇失业人员一样，可领到失业证，并对被征地农民发放《再就业优惠证》，享受城镇集体企业下岗失业人员再就业的各项优惠政策，同时实行城乡统一的劳动用工管理制度，与在城乡各类企业就业的劳动者签订合同。慈溪市构建了城乡统一的就业服务制度和体系，完善城乡一体的就业促进工作机制和协调机制，发展多层次的就业服务体系，包括就业培训、就业优惠政策、就业援助、就业督查等。慈溪市还大力发展职业教育培训，将农村劳动力纳入职业技能培训体系，加强农民创业培训，增强转移就业能力，形成覆盖城乡、布局合理、灵活开放的职业培训组织体系。

在统一培训的基础上，慈溪市还建立了城乡统一的劳动力市场，目前已形成以市人力资源中心市场为龙头、覆盖镇（街道）、辐射村（社区）的三级人力资源市场网络，20个镇级社会保障服务中心为广大求职者和用人单位提供便捷的一站式服务。统一的就业政策，使得慈溪市逐步实现了城乡劳动力市场一体化，这不仅有利于加快城乡二元经济结构的转换，而且还可以大大降低企业的劳动力成本。

三是建立城乡统一的社会保障制度。慈溪市建立了基本覆盖城乡的社会保障体系，包括建立城乡统一的居民养老保障制度、城乡居民医疗保障制度、城乡最低生活保障制度，确保人人享有基本生活保障。职工养老保险与城乡居民养老保障制度、城镇职工基本医疗保险和城乡居民医疗保障制度之间实现无缝链接。

2010年，慈溪市首次把持有慈溪市居住证的非该市户籍人员纳入参保范围。凡持有慈溪市居住证且未参加城镇医保、户籍地新型农村合作医疗的非该市户籍人员，可在居住证发证地以户为单位办理参保手续，与本地户籍人员享受同样的城乡居民医疗保障待遇。

慈溪市不断扩大养老保险覆盖面，健全基本养老金调整机制，加快养老保险和失业保险的"扩面"进程，将农民工纳入到职工医疗、工伤、生育等社会保险和城镇社会救助体系，使农民工像城镇职工那样共享职工社会保障；同时完善基本医疗保险制度，不断扩大覆盖面，提高保障水平。为加快推进医疗保障城乡统筹发展，慈溪市于2010年起对新型农村合作医疗制度和城镇居民医疗保障制度实施并轨运行，农村居民和城镇居民在"参保范围、筹资标准、保障水平、服务水平"等方面实行"一个制度、四个统一、全市统筹"，实现了城乡居民医疗保障一体化。2010年全市参保人数79.3万人，参保率达到95%以上。

目前，慈溪市覆盖城乡的社会保障体系基本建立，60周岁以上老年人的养老保障实现全覆盖，农村低保逐步向城镇低保接轨。慈溪市还完善了市、镇、村三级农村公共卫生服务网络，各镇村普遍建立了社区卫生服务中心、社区卫生服务站，并实施基本药物制度，使农村居民就医环境进一步改善。

三 新型城镇化形成以城带乡的发展机制

新型城镇化的基本特征是城乡互促共进、城乡互利，它以带动和促进农村发展作为主要目标，着眼于城乡共同繁荣，实现城乡统筹发展。慈溪市新型城镇化推动城市基础设施向农村延伸、城市公共服务向农村覆盖，促进城市优质资源为农村服务、城市现代文明向农村辐射，提高城乡公共资源的共享率，形成以城带乡、以工补农的发展机制，实现城乡一体化发展的模式。具体表现在以下几方面。

一是推进基础设施向农村延伸，城市公共服务向农村覆盖，改善农民生产生活条件和人居环境。具体包括以下内容。实施基础设施的城乡对接工程，全面提升农村自身的基础设施建设水平，提高城乡设施网络化节点的联动性，逐步实现城乡全覆盖开放型的交通体系，全面完成康庄工程，完善农村城乡公交网络，积极推进公交一体化；推进城市文教卫体等基础设施向农村延伸，打破城乡分割的体制阻碍，逐步完善以中心城区为主干、覆盖全市城乡的文教卫体网络，建成基本覆盖城乡的数字文化服务体系，实现镇、乡、村基层服务网络全覆盖,增强空间布局的均衡性和公平性;逐步构建城乡一体的供电、供水、供气、污水和垃圾处理等公共服务设施网络,实现"村村电气化",促进公共服务的城乡对接和共享;提高农村城镇化水平,促进中心城市、镇、村协调发展。

二是促进城市优质资源为农村服务,城市现代文明向农村辐射。具体包括以下内容。建立农业生产资料配送中心,促进流通企业和生产企业建立农村商品采购联盟,搭建质优价廉商品进入农村市场的购销平台,建立健全农村新型流通体系;建立合理的人力资源流动机制,引导各类专业技术人才特别是大学毕业生流向农村,实施专业技术人才下乡活动,定期选派教师、医生、技术人员等到农村支教、支医、支农,促进城市先进文化和先进技术在农村的传播和应用;推进城乡信息网络建设,加强城乡之间各类信息的流动,加快城市现代文明向农村地区的辐射,促进农民价值观念和生活方式的转变。

三是推动城市优势产业向农村延伸,城乡产业互促发展。长期以来,我国城乡之间产业关联度太低,阻碍了城乡商品交换,难以形成城乡一体的市场运行体系。慈溪市根据当地城市和农村的不同特质要求,推动城市优势产业向农村延伸,走出了一条"以企带村,村企共建"的发展之路,从产业和地域空间两个方面打破城乡分割的二元经济结构,实现了城乡产业融合,建立了城乡统一的产品和生产要素市场体系,促进了城乡社会经济融合与协调,从而达到了城乡统筹发展的目标。

(作者单位:浙江师范大学经济与管理学院)

参考文献

[1] 郁进东:《浙江慈溪:实施新型城市化战略》,2010年12月10日《经济日报》。

［2］慈溪市统计局：《2010年慈溪市国民经济和社会发展统计公报》，2011年1月28日。

［3］柳博隽：《以新型城市化引领新农村建设》，《浙江经济》2010年第14期。

［4］洪嘉祥：《加快推进新型城市化 建设宁波都市区北部中心》，《宁波通讯》2010年第7期。

［5］徐华江：《新型城市化与新型工业化并重》，《宁波经济（财经视点）》2011年第3期。

［6］宋炳坚：《新型城市化重在统筹城乡节点建设》，《浙江经济》2008年第15期。

□ 敖　华 □

无土安置移民：城乡一体化的
创新模式探索

一　问题的提出

中国西部（包含内蒙古，不包含广西）地广人稀，在广袤的658万平方公里土地上居住着三亿多人口。西部地区城市化发展缓慢，城市化水平低，严重制约着西部地区经济社会的可持续发展。西部的大多数地区生态环境比较恶劣，绝大多数人口生活在生态环境恶劣的穷乡僻壤，他们仍然从事着分散的传统农牧业生产，生活贫困。传统落后的生产方式与脆弱的自然环境之间似乎存在不可调和的矛盾：一方面，发展经济必然破坏生态环境；另一方面，要保护生态环境，就必然妨碍经济发展。

为了逃脱这种厄运，西部地区人民进行了各种各样的大胆尝试，如封山禁牧、退耕还林、退牧还草、生态建设产业化、产业发展生态化、生态移民等。其中对那些居住分散、交通闭塞、穷乡僻壤的农牧民进行生态移民是一种重要方式。有些地方根据发展条件和自身特点，开拓性地提出"转移农民就是富裕农民"的发展思路，逐渐探索出一种行之有效的无土安置生态移民模式——城郊型无土安置移民模式。

西部地区生态移民主要有两种基本形式：一是有土安置移民；

二是无土安置移民。有土安置移民是指在农村"收缩转移,集中发展",不改变农牧民身份,把他们从不适于人居的地方转移到自然条件相对较好的地方。西部地区地广人稀,这头不亮那头亮,有土安置移民具有一定可行性。这种移民模式的局限性在于,虽然可以解决部分农牧民的生存问题,但由于没有使其摆脱对土地的依赖,没有改变千百年来"面朝黄土背朝天"的生产方式,因而不能从根本上解决大多数农牧民贫困的问题。

无土安置移民是与有土安置移民模式相对的一种模式。它是指从"跳出"农村解决"三农"问题的战略思路出发,依托中心城市的区位优势和城市"拉力"优势,把地处偏远、居住分散、环境恶劣、生产生活条件落后的农牧民整体移植到城乡结合部,彻底实现"三个转化",即其身份由农牧民转化为市民,其生产方式由传统农牧业转化为第二、第三产业,其活动场所由乡村转化为城市。通过这三个转化,无土安置移民实现了由传统乡村社会向现代城市社会的演进,实现了传统农业文明向现代城市文明的转轨。

二 无土安置移民:西部地区城市化发展的创新实践

可以毫不夸张地说,城郊型无土安置移民模式完全是中国西部生态脆弱地区城市化进程中的一大创举。之所以这样说,是因为城郊型无土安置移民的创新实践向人们展现了与众不同的方方面面。

首先,把生态移民植入城市化之中。所谓生态移民,从一方面看,是要把分散居住在生态环境脆弱地区的人口转移出来;从另一方面看,是要把这些人口转移到某一个适于居住的地方。这样一来生态移民就有很多种形式。城郊型无土安置移民模式的独特之处在于,根据城市发展需要,在城乡结合部选择移民地点,并完全按照城市规划要求建设移民小区。在西部地区大力推进城市化是一项艰巨任务,有些地方根据实际情况走出了一条特殊的城市化道路,即以城市建设为龙头,以城市化带动工业化,促进产业化。在加快城市建设的过程中，城市功能不断完善，集聚和吸纳能力不断增强，推动了第二产业的快速发展，也为发展第三产业提供了广阔的空间。城郊型无土安置移民模式以此为契机，把农村人口转移与城市发展对接起来，成功地把生态移民植入城市化之中。实施无土安置移民，其中至关重要的是搞好安居工程，即首先要保证移民有房住。只有让他们"移得出，住得下"，才能解除其后顾之忧。为此，地方政府采取了多种方式（包括争取国家投资、地方配套、群众自筹）筹资建设住宅，要么是平房，要么是楼房，并以低廉的价格出售给他们。

其次，把教育移民嵌入生态移民之中。生态移民融入城市化的进程中，教育和培训起了桥梁作用。从长远来看，实施城郊型无土安置移民，不仅要使移民有房子、住得下，而且要让他们有票子、住得起。换言之，政府不仅要实施安居工程，而且要搞好就业工程。就业乃民生之本。只有让这些城市社会的新成员安了家、就了业，才能真正使其"移得出，稳得住，富得快"。而搞好就业工程的关键是对移民进行教育和技能培训，使其掌握一两门实用技术。城郊型无土安置移民模式的另一个独特之处在于，把教育移民嵌入生态移民之中，拓展了教育移民的内涵，把教育移民、生态移民、城市化三者有机地结合在一起，取得了良好的教育效果。具体包括以下做法。一是建立台账，摸清家底。政府要全面摸清农村人口情况，做到农村人口台账清楚、劳动力资源台账清楚、转移人口台账清楚、新增转移人口台账清楚。二是建立人力资源数据库。政府要全面了解城市劳动就业需求和空缺岗位，整理相关信息包括用人单位的工作环境、劳动强度、工资待遇、技能要求、企业信用，并把信息传输给各乡镇和街道办事处。三是对移民进行组织化培训。首先，政府设立专门组织机构，并认定有资质的职业培训学校、职业技术学校及其他培训机构作为农村劳动力转移培训基地；其次，政府根据就业市场需求和移民的爱好及特长开设有针对性的专业，统一组织移民进行市场需求导向的职业技能培训。四是多方筹资，不断加大和保障培训投入：一是地方政府投入，二是争取国家各种扶贫工程培训资金。

通过完全以市场需求为导向的教育和培训,无土安置移民每人基本掌握一两门实用技术,基本实现全部就业,并在此基础上基本消灭了过去那种移民"三无"现象,即"无田种、无班上、无低保",真正把生态移民融入城市化进程中,为城市建设、产业发展增添了新生力量。

再次,把思想解放和制度创新融入城市化移民进程中。德国社会学家弗里德里希·包尔生认为:"贫困家庭里长大的孩子是不会具有获得和占有欲望的。他们的愿望超不出日常所需的范围,或者即使表现出了某种超出日常所需的愿望,也会以为这种愿望只不过是某种痴想,永远不会发展成为强烈的意志力量。当这种状态变成了一种习惯的时候,人就会变得没有远见,满不在乎,苟且度日。"的确,越是贫穷的人越易受种种旧思想的束缚。信命运,信鬼神,以穷为荣,听天由命,要么"种田为饱肚,养猪为过年,养牛为犁田,喂鸡喂羊换油盐",要么"春等救济粮,冬等时令装,夏炎秋雨不出房"。这种种旧思想可谓根深蒂固,政府必须采取一些强制性措施才能彻底改造。从这个意义上说,无土安置移民具有一定"强制性":政府强制推进城市化,为"输血"向"造血"的转换创造了初始动力;政府强制统一组织教育和技能培训,让农牧民消除了故土难离的旧思想,树立了进城就业的新观念。格舍壕移民创新实践表明,无土安置移民不仅使广大农牧民的思想观念发生了实实在在的转变,而且促进了各种各样的制度创新。例如,在移民新区推行城市社区化管理制度,就是典型的制度创新。再如,通过政府的强制推行形成了完全以市场为导向的职业技能培训制度,并把诱导性教育培训(对参加统一培训合格者给予每人300元补贴;接受培训者实现稳定就业,人均收入从8000元大幅度提高到15000元,脱贫致富,具有强大的示范效应)与强制性统一组织培训结合起来。

最后,在城市化移民进程中实现社会转型。社会转型是城市化进程中最深刻也是最艰难的转变。城郊型无土安置移民模式却举重若轻,似乎是一举实现了社会心理和社会文明的平滑转换。

工业化是社会发展的经济形式,城市化是经济发展的社会形式。无论是工业化还是城市化,都必然要求社会心理和社会文明发生相应的转换。格舍壕移民新区建设经验表明,城郊型无土安置移民模式可以把这两个方面统一起来,形成二者协调发展、相互促进的局面。在移民新区建设方面,新区完全按照城市化设置打造环境,围绕"四化"(指新区道路硬化、家居净化、小区绿化、环境美化)进行环境整治,使移民新区整齐、干净、美观,与原来农牧区"散、小、乱、脏"形成生动对照,逐步引导移民转变"散、小、乱、脏"的传统观念;在社会管理方面,新区严格按照城市统一规划,把移民新区建成布局合理、设施配套、功能齐全、环境优美、文明有序的现代化城市社区,并纳入社区化的统一管理中,促进移民转变社会思想意识和社会行为方式;在精神文明建设方面,新区加大城市文明知识宣传,全面倡导科学、文明、健康的思想意识、行为方式和生活方式。总之,无土安置移民模式通过移民小区这一载体,使工业文明向农业文明、城市文明向乡村文明、现代文明向传统文明逐步渗透,实现了传统农村社会向现代城市社会的变迁,促进了农牧民向市民的转变。

三 无土安置移民:中国西部地区城乡一体化发展的模式探索

在中国经济社会发展"工业反哺农业、城市支持农村"的历史发展阶段,积极探索城乡一体化发展模式具有重要的战略意义。中国西部生态脆弱地区创新实践中的城郊型无土安置移民是城乡一体化发展模式的有效探索。

第一,是对过去东部城镇化和城市化模式的超越。改革开放以来,中国城市化发展存在两种基本模式。一是"离土不离乡"、"就地工业化"和"就地城镇化"模式;二是"离乡不离土"、以"农民工"为主要特征的"分散"城市化模式。这两种城市化模式尽管转换了农民的工作场所即由农田转向工厂,转换了职业即由农业转向非农产业,但并没有转换身份,"农民工"仍然是农民,不能享受到"市民"的同等待遇,难以融入城市社会,不易融入工业文明。城郊型无土安置移民通过"一揽子"计划和整体植入城市社会,比较彻底地实现了"农民"向"市民"的转变。从这个意义上说,城郊型无土安置移民是一种全盘城市化模式,它既是西部地区根据自身特色推进城市化的成功模式,也是对过去和目前仍然存在的东部城镇化和城市化模式的超越。

第二,是把政府"有为之手"与市场"无为之手"结合起来推进生态移民和城市化的成功实践。城郊型无土安置移民模式把政府"看得见的手"与市场"看不见的手"相结合,依靠市场的"拉力",结合政府的"推力",有计划地组织生态移民和推进城市化。无土安置移民有两大关键:一是安居工程,二是就业工程。在这两个方面,该模式既充分发挥了政府的组织、引导、推动作用,也充分体现了市场的积极力量。要成功实施无土安置移民须有一个基本前提,即通过城市化带动工业化,促进产业化,创造出大量新的市场空间和就业机会。政府组织实施无土安置移民正是有了这个坚实的基础,而且紧紧依托这个基础,完全以市场需求为导向教育培训农牧民,所以才取得了良好的效果。

第三,突破了长期以来城乡经济二元分割藩篱,为城乡一体化发展撕开了一条口子。城乡二元分割是顽疾,向来是区域经济发展的一大难题。无土安置移民一方面依靠"三化"即城市化、工业化、产业化,在城市实施安居就业工程,把移民整体植入城市社会,不仅消灭了贫穷,而且把农牧民变成市民,从而消灭了其本身;另一方面在农村实施绿色生态工程,或退耕还林、退牧还草,或封山禁牧、划区轮牧,使过去荒凉的山头变成绿洲,昔日落后的农村变成了城市社会的后花园。可以说,实施无土安置移民就是跳出农业反哺农业、跳出农村支持农村、跳出土地富裕农民。跳出农村解决"三农"问题的发展战略思路摆脱了城乡二元对立束缚,促进了城市和乡村的融合。

第四,是西部地区创造性适应自然环境、发展生产、富裕农民的有效途径。中国西部多数地区,大多数人口生活在生态环境恶劣的穷乡僻壤,他们仍然沿袭着分散落后的生产和生活方式,发展生产与保护环境之间存在不可调和的矛盾。过去,为了保护生态环境,政府采取了各种各样的措施,如封山禁牧、退耕还林、退牧还草等。但这些举措的局限性在于不能摆脱发展生产与保护环境的两难境地,不能跳出"发展—破坏—保护—贫穷"的"怪圈",而其根本原因就在于这种方式不是创造性地适应西部地区特殊的自然环境。这些措施只是减轻了人类对自然的干扰强度,而问题的实质和核心是要解决人的问题,即人们的生存、发展和富裕。从生态建设角度来看,无土安置移民的实质是"退人还自然"。无论是"封山禁牧"还是"退耕还林,退牧还草",其生态效果远不及"退人还自然"。一方面,通过无土安置移民完全解除了对自然环境的干扰,提高了迁出区生态自我修复能力;另一方面,通过在迁入区安置移民、实现就业,彻底解决了人的问题。总之,无土安置移民模式达到了保护自然环境、发展生产、富裕农民、促进城市化和工业化的"多赢"效果。

1898年,英国学者霍华德提出了"花园城市"的理想。我们相信,在不久的将来,"花园城市"这朵奇葩必将绽放在鄂尔多斯高原上。

(作者单位:北京物资学院)

参考文献

[1] 鄂尔多斯市东胜区扶贫开发领导小组办公室:《都市里的村庄——东胜区扶贫移民纪实》,2006。
[2] 鄂尔多斯市东胜区扶贫开发领导小组办公室:《和谐发展的扶贫移民新村》,2007。
[3] 鄂尔多斯市统计局:《鄂尔多斯市2006年国民经济和社会发展统计公报》,2007。

□王　栋□

农民自主城市化模式探索

　　改革开放至今，中国已发展成为世界第二大经济体，经济发展迅速。但在经济发展的同时，城乡收入差距也在拉大，严重阻碍了国家内需拉动和经济增长。这一现象的产生源自"三农"问题，而解决的关键就是减少农业人口，也就是大力推进城市化。现行法律在土地流转方面存在二律背反，要维护农民权利就必须在保持国家公益性征地范围不变的条件下，改变土地所有制结构，允许城乡土地多元所有制存在，从而使非公益性土地需求通过用地单位直接向土地所有者购买或租用加以解决。

　　本文旨在回顾中外农村城市化理论和实践的演变轨迹，研究城市化发展的主要模式；在分析转型时期农村城市化发展的新特点、新问题的基础上，探讨新形势下农村城市化的整合机制；以城市化理论、制度经济学为基础，应用规范分析和实证分析相结合的研究方法，对自主城市化展开研究。

一　理论与假设

（一）理论：自主城市化模式

1. 概念

农民自主型城市化是指乡镇集体在符合城乡规划的前提下，

不经过土地征用，在集体土地上推进工业化和城市化并实现农民生产方式转变与分享经济成果的城市化模式。自 1978 年南京大学地理系开展了关于中国社会主义城市化问题的讨论后，农民自主城市化问题一直备受关注，不同学科从不同视角对农民自主城市化进行了不同的解释。辜胜阻、刘纯彬、蒋森等人从农民自主城市化在我国城市化中的地位和角色的角度着手进行阐述，他们认为我国的城市化具有二元的特征，而农民自主城市化是其中的一元，两者发生的地域不同，城市化发生在已有的城区，而农民自主城市化（辜胜阻等称为"农村城镇化"）则发生在农村。辜胜阻的观点是：由于我国的社会结构是二元的，所以导致我国的城市化也是二元，一方面是国家投资进行的城市化，一方面是地方投资、农民投资的城市化。蒋森的观点与辜胜阻的类同，他对中国的城市化进行了同样的划分。刘纯彬虽然没有明确提出二元城市化的观点，但同样将中国的城市化划分为现有城市发展和农村地域的城市化。地理学主要研究地域与人类活动之间的关系，非常注重经济、社会、政治和文化等人文因素在地域上的分布状况，其研究具有综合性。地理学者除了像社会学者那样认识到农村城市化过程中人口的职业转换和空间集聚外，还特别强调农村城市化是一个地域空间过程，即地域景观的改变，侧重于从地域系统上直观地理解农村城市化原理。郑弘毅教授则从空间的角度讲述农民自主城市化：一是通过自身的集聚向深度发展；二是将城市功能向周围地区有序疏散，向广度发展，而最先接纳这种扩散的是城市边缘地区，由此形成城乡结合部，空间上表现为：城市功能重组，规模扩大；近郊区频繁变动；农村地域有序退缩，城市范围稳步提高。

　　本文农民自主城市化内涵采用的是蔡继明教授的观点，即农民自主城市化是指按照"产权明晰、用途管制"的原则，实行城乡土地管理体制创新，逐步建立城乡统一的建设用地市场，实现城乡建设用地同地、同权、同价，从而对农民自主型城市化给予政策支持和规划指导。

2. 思想来源

有机更新理论是吴良镛教授在对北京旧城规划建设进行长期研究后发展出来的，是在对中西方城市发展历史和理论的认识基础上，结合北京实情而提出的。该理论雏形早在1979～1980年由其领导的什刹海规划研究中就已经形成。在这个项目中，他明确提出了"有机更新"的思路，主张对原有居住建筑的处理，应根据房屋现状区别对待。这一思路虽是在住宅改造工程中形成的成功实践经验，但它对城中村问题的解决，对这一空间问题的更新实践，对城市的可持续发展均具有重要指导意义。

行动规划是指在过去计划经济时代，做什么都需要计划指导或限制，规划在一定程度上可以认为是计划的延伸与变异，是更长远的发展计划。在市场经济为导向的社会发展中，计划逐步被市场化所取代，但在市场规律作用下的社会经济和城市发展仍需要一定的计划性，这就涉及行动的规划，它是事物发展的统筹安排和实践步骤的具体化，是对照实施环环相扣的程序化的计划和安排，在规划实践中是指导性的组织方案。

精明增长理论是由马里兰州州长 Parris N·Glendening 于1997年首先提出的概念，其初衷是建立一种使州政府能指导城市开发的手段，并使州政府财政支出对城市发展产生正面影响。后来戈尔副总统将其作为竞选的纲领，提出它是21世纪新的可居议程。精明增长目标有三个：一是城市发展要使每个人受益；二是应达到经济、环境、社会的公平这三个效益的均衡发展；三是使新、旧城区都有投资机会，能得到良好发展。其基本做法主要有：鼓励土地利用紧凑模式，反对城市蔓延；提倡土地混合使用，住房类型和价格多样化；强调开发计划应充分利用已开发的土地等。

3. 理论模式

城市化发展模式包括以下几方面内容。第一，所谓发展模式，根据费孝通先生当年的定义，是指在一定地区内、一定历史条件下，具有特色经济的发展道路，也就是对特定空间经济发展特点的概括。第二，模式不是固定不变的。发展模式都是特定约束条件下微观行为的宏观表现，条件的可变性决定模式内涵的可变性。

第三，不同地区有不同的发展模式，模式的形成有其发展环境的原因，即路径依赖。任何模式都可以说是适合当地环境的发展经济的模式，模式的差异乃是对发展条件差异的正常反应。第四，当一种模式有新发展时包含两种含义：一是其中的合理内涵在新的模式下得到继承；二是这种模式在新的发展阶段有所创新。本文对农村城市化发展模式的创新在于通过对实证案例的调研分析比较，形成对农村城市化存在问题和特征的总体认识，进而通过农村城市化与城市发展的协调互动和农村社区的机制整合来完成发展模式的最终建构。

城市化模式实际上是对城市化发展过程中的内容特征、动力机制和演进过程的概括和总结，是城市化发展的方向、目标、战略、速度、实现途径及相关方针政策的总称，它具有多样性、差异性和动态性的特点。从城市化的实现过程来看，各国、各地区城市化总的趋势和方向是一致的，即实现传统农业社会向现代城市社会的转化，并且遵循一定的共性规律。但同时，由于城市化内容特征的多样性、动力机制的复杂性和演进过程的动态性，不同国家和地区在不同发展阶段，其推进方式和实现途径及其表现形态又具有明显的个性特点。城市化模式既包含城市化自然演进过程的规律性，又体现城市化路径选择的特殊性。一般来讲，城市化模式受一国的历史、政治、经济、人口、文化、地理环境、资源禀赋以及在全球化浪潮中所处的地位等多重因素的影响和制约，这些因素或条件的不同决定了城市化发展道路的多样性和差异性，而且随着一国内外环境和发展战略、目标的改变，城市化模式也会不同，即不同国家或地区所具备的因素或条件的特性决定了不同的城市化发展道路。农村城市化模式是对特定阶段农村城市化状况根本特征的经验总结和理论概括，是理论模式指导下的经验模式，更是从经验模式中提炼出来的理论模式，还是经济结构转变过程中城市发展状况及动力机制特征的总和。能够成为模式，就一定包含时间或历史、地区或国别的因素。农村城市化一定受制于某地区、某国家、某时期特定的经济发展状况、历史文化背景和社会政治条件，从而在长时期的转变过程中显现出不同的特征和差异。

（二）假设

根据自主城市化理论模式的内涵以及中国的现有国情，本文提出如下假设。

第一，自主城市化能够适应大都市周边农村城市化发展需要；

第二，自主城市化能够更好地满足中小城镇城市化发展的需求。

二 案例与实证

根据本文假设，以下我们考察的案例应具备如下特征。第一，它属于我们上文提出的自主城市化模式，同时适应了大都市周边农村城市化发展需要；第二，它属于我们上文提出的自主城市化模式，同时能够更好地满足中小城镇城市化发展的需求。

笔者从众多调研案例中，选出北京昌平区郑各庄和江苏省张家港市永联村的城市化发展模式作为研究对象。

（一）以郑各庄为代表的大都市周边农村城市化

北京市昌平区郑各庄被认为是农民自主城市化的代表。郑各庄采取农民集体土地委托公司经营的方式，建立确权、确利、保收益的土地流转机制。公司采取有偿租用土地的形式，郑各庄村委会则将收回的土地租金，全部分配给享有土地承包权的农民。郑各庄靠盘活宅基地节约的 800 亩存量集体建设用地加上整理置换的 1600 亩地，拥有了 2400 亩土地的开发经营权。郑各庄村域面积 4332 亩，户籍人口 1450 人。郑各庄农民收入的构成为：劳动工资＋土地租金＋股东分红＋房屋租金＋福利货币。农民成为了企业的股东，每年人均增收一万多元。主动城市化的好处在于不以农民失地为代价，但由于在政策方面没有给予认可，因而土地级差收入留在了本村，郑各庄因此被认为是农民集体将土地资本化的收益留在村庄的典型。

但是，郑各庄有一百多万平方米的产业用房，因为使用的是集体建设用地，由于不能立项，更拿不到产权，导致几十亿元的资产不能进入资本市场。因此，"土地同权同价"亟待落实，"农村建设用地应获平等权"，"要实现土地同权同价，就要放开农村建设用地市场，使农村建设用地与国有土地获得平等权利"。由于是在集体的土地上新兴的工业和城市，郑各庄因此处于"农民自主土地资本化与城市化"模式所带来的尴尬中。虽然土地同权同价的呼声已经很强烈，但始终没有落到实处。要实现土地同权同价，国家就要放开农村建设用地市场，使农村建设用地与国有土地获得平等权利，允许农村建设用地上市流通转让给开发商，可以自征自用，所建的产业用房和住宅在法律上能够得到认可，并核发产权证件。而后政府可以在这些环节收取相应的税费，而不是成为土地交易的操控者。

郑各庄土地资本化在解决本村人口福利化住房的同时，实行了对企业人员和教职人员住宅的半福利化和半商品化，以及对村外人口的商品化销售。在政策处于禁止的状态下，在郑各庄获得住房的企业员工和教职员工的房屋产权只能处于灰色或非法使用状态。小产权房这种现象的出现，一方面突破了法规的约束，有一定的政策风险；但另一方面有很大市场。凡是购买小产权房的市民，都是出于经济条件的无奈选择，他们首先考虑的是有房住，至于什么性质的产权并不重要。如果老百姓能够接受大产权的价格，小产权自然就没了市场。这种现象反映出国家房地产政策与老百姓经济承受能力之间的不协调性。在符合规划的前提下，有健全和规范的物业保障机制的小产权房，应该转成大产权。另外，政府在制定政策时，还要考虑小产权房居住群体的经济承受能力，否则宁可不转。对此，国务院发展研究中心农村经济研究部研究员刘守英认为，农民在自己的土地上建设城市，还是法外的，没有打破城乡二元体制。"如果很多村庄都沿用这一模式，我们就要注意村庄小规划和整个城市大规划的关系。另外，集体土地上出现的工业和城市的合法性问题，农民宅基地上盖的房子是否可以对非本村人销售,也亟待政策突破。这种模式下的工业化和城市化纳入不了城市社保体系,基础设施建设也纳入不了大市政。"

郑各庄始终贯彻城乡一体化发展的思路,其非农经济发展迅速,为城乡一体化发展提供了强大的财力支撑。如今,许多城区中心与外缘农村的差别不断缩小,失地农民的就业方式(主要在第二、第三产业就业)、生活方式与城市居民越来越接近。进入新世纪后,郑各庄进一步加大投入力度,加快推进农村城市化进程,促进城乡一体化发展。总之,郑各庄农民自主城市化是内外因素共同作用的结果。

(二)以永联村为代表的中小城镇城市化

地处江苏省张家港市长江边上的永联村,虽然是一个很不起眼的小村庄,但他们从创办轧钢厂起步,迅速走上工业化道路,创造了巨大的物质财富。2008年,全村销售收入310亿元,实现利税20.67亿元,村民人均纯收入达到16280元。永联村经济发展,领跑现代化新农村建设,先后获得"全国文明村"、"全国先进基层党组织"、"江苏省百佳生态村"等三十多项国家和省级荣誉称号。如今的永联村是张家港市经济实力最强的村庄,也是现代化程度高、全面小康水平高的新农村建设的典范。

永联村把社会主义市场经济体制与社会主义新农村建设有机结合,创立了特色鲜明的"集体持股、村企一体"的经济制度。20世纪末,以集体经济为主体的"苏南模式"向以民营经济为主体的"温州模式"转型。大批村办企业改制成了民营经济。虽然永钢集团三次改制,但村集体一直拥有大股东身份,至今仍保留着25%的股份。这就在一定程度上主导了企业,并实现了村企合一。在管理体制上,村民委员会与永钢集团在村党委的领导下实行"三分五统"。所谓"三分",即日常经营、管理和财务分开;所谓"五统",即村党委统一领导协调、重大建设统一规划、重大发展项目统一决策、村企干部统一任用、经济利润统一分配。永联村"集体持股、村企一体"制度,至少有两个明显优势:一是"集体持股",通过以企带村,带动村集体资产保值增值,为建设现代化新农村，维护和保障村民利益，打下了坚实的基础。永联村伴随永钢集团的产能扩大和效益增长，财力迅速壮大。永钢每年向村集体上交数千万的利润，一直是永联村的"资金蓄水池"和"工作助推器"，在村产业调整、农民增收、基础设施建设、公共事业发展等方面发挥了巨大的作用。二是"村企合一"，通过把企业现代经营方式、科技人才优势与村里土地、人力资源优势结合，形成了村企优势互补、资源共享，产生了巨大的发展合力。2001年以来，村里不断为永钢发展提供后续的土地、人力，数次动员村民拆迁，还在工厂周边种苗木，为企业安装遮声纳尘的"绿肺"。这种以"村"助"企"形式，既带动了村级资源向资本转化，实现了村级经济扩张式发展，又加快了企业优化升级，推动了企业大发展。村企合一使"集体"和"资本"有效对接，使村集体与企业结成利益共同体，形成村企互动共赢的新局面。

随着农业现代化的发展，农民迫切要求加快土地流转、实现规模经营。那么，如何才能既推进土地流转，同时又保障农民土地权益、促进农民收入稳定增长呢？永联村从实际出发，积极探索集体土地利用和管理的新思路。在产权制度上，永联村坚持土地集体所有和农民权益平等。改革初期，永联村土地承包到户。后来村里发展工业占用的土地属于乡镇企业用地，没有改变土地性质，但是被占地农户与其他农户的土地收益出现差别。为坚持土地集体所有，并努力做到农户的土地收益基本平衡，村里将全村土地以每年每亩不低于1200元的高租金返包给村集体，统一规划，统一经营。随着集体经济壮大，一视同仁地提高村民福利待遇，不仅消除了土地经营收入的差距，而且整体上增加了村民收入。在经营制度上，永联村坚持土地集约利用和规模经营。永联村是国家发改委和国土资源部"城镇建设用地增加与农村建设用地减少指标相挂钩"的第一批试点单位。该村作为新农村建设示范工程，拆迁散居在田间地头的农民房屋2727户，统一入住集中居住区，复耕宅基地1144亩，其中600亩指标用于农民集中居住区建设，节约耕地544亩。节约和流转的土地，由集体统一经营，建成了3000多亩现代化农业示范区、3500多亩苗木基地。在土地补偿制度上,永联村坚持维护农民土地合法权益。土地被永钢集团征用的村民,除获得远远高于政府规定的补偿并办理土地换社保外,在职年龄的村民还可在企业工作,成为村集体经济组织的成员,享受股份分红和二次分配的权利;每人每月还可领取养老金400元。因此,征用土地始终得到绝大多数村民的积极配合,很少遇到太大的阻力和冲突。

永联村通过多次分配和多种福利模式,拓宽村民增加收入渠道,健全村民社会保障体系,使全体村民共同分享经济发展成果,实现了村民收入水平、生活质量与经济发展同步增长。永联村还建立了多元分配格局,它打破了单一的农业收入格局,实施增收渠道多元化,基本形成以土地流转收入为基础,工资性、经营性收入为主体,资本性收入、财产性收入为目标,福利补贴收入为补充的分配制度。永联村加大"以工哺农、以工助农"的力度,对村民承包地给予高标准的流转补偿,形成稳定的土地收入;扩大工业生产和经营规模,吸纳更多村民到企业就业,增加村民的工资收入;鼓励村民自主创业,创造更多营业收入;通过企业改制,让更多村民拥有股份收入。此外,永联村还通过优惠政策使村民从动产和不动产的保值增值中获得更多的财产性收入;全面推行社会保障,统一办理社会保险,建立了多元的福利保障。

三 讨论和结论

上文我们论述了两个典型案例:一是以郑各庄为代表的大都市周边农村城市化模式,二是以永联村为代表的中小城镇城市化模式。这两类模式都能较好地适应和满足当地城市化发展的需求,而且属于典型的自主城市化发展模式。以下我们讨论的是:这两类模式有没有推广的价值和可能性?

(一)郑各庄模式推广的可行性及条件

促使郑各庄模式成功的要素概括起来有以下几个方面。

第一，紧邻大都市，土地随着城内地价上涨而增值，具有土地资本化的有利条件。

第二，大都市生活带来多样化需求，这为发展特色产业，承接城市资源创造了条件。

第三，农民就业渠道和类型多样化，收入也多元化。

以上要素在国内大都市周边的农村多数都具备。不具备的地区通过学习，经过体制和政策创新，也容易达到。因而，我们认为，郑各庄模式在大都市周边农村城市化中推广具有可行性。

（二）永联村模式推广的可行性及条件

促使永联村模式成功的要素概括起来也有以下几个方面。

第一，离土不离村，就地城市化。

第二，农村工业化，拓展就业门路。

第三，处理好集体所有制土地，让农民从土地中获利，分享土地增值收益。

这些要素在国内多数中小城镇的周边农村都具备。不具备的地区通过学习，经过体制和政策创新，也容易达到。因而，我们认为，永联村中小城镇城市化模式的推广具有可行性。

综上所述，尽管郑各庄模式和永联村中小城镇城市化模式具有典型性和特殊性，但在满足和创造相关条件的情况下是可以推广的。由于农民自主城市化具有以下意义：一是满足农民自主、自发创造的需要，二是实现农民过上城市化生活的需求，三是维护农民自身合法的权利和利益，四是促进农民、农村和农业的和谐发展，因此，郑各庄模式和永联村模式也是值得推广的。

（作者单位：清华大学人文学院）

参考文献

[1] 城市化研究课题组：《城市化的国际经验与中国城市化进程和战

略》,中国生产力学会,2004。

[2] 杜受祜:《中国城市化道路:思考与选择》,四川大学出版社,1988。

[3] 费孝通:《小城镇大问题》,江苏人民出版社,1984。

[4] 费孝通:《小商品大市场》,《浙江学刊》1986年第3期。

[5] 林洪:《珠江三角洲"经济奇迹"的理论思考》,广东人民出版社,1995。

[6] 许学强、张文献:《对外开放地区农村城镇化动力初探——以广西四邑为例》,《热带地理》1986年第6期。

[7] 闫雷雨:《乡村城市化过程中的资源与环境保护问题的探讨》,《南京师范大学学报》1998年第2期。

[8] 郑弘毅:《农村城市化研究》,南京大学出版社,1998。

[9] 中国生产力学会:《中国生产力发展研究报告》,中国统计出版社,2005。

[10] 周尔銮、张雨林:《中国城乡协调发展研究》,牛津大学出版社,1994。

[11] 祝华军:《我国乡村城市化过程中的"小城镇病"》,《中国人口、资源与环境》2000年第1期。

[12] Eng I, "The Rise of Manufacturing Towns: Externally Driven Industrialization and Urban Development in the Pearl River Delta of China", *International Journal of Urban and Regional Research*, 1997.

[13] Ray M. Northman, *Urban Geography*, New York: John Wille.

□ 黄志宏 □

新疆与兵团"兵地"城市化融合发展研究

中国正进入城市化加速时期，截至 2009 年底，全国城镇人口达 6.22 亿，城镇化率 46.6%，"十一五"期间年均增加 0.9 个百分点，到"十二五"，全国城镇化水平预计超过 50%。在"十二五"时期，中国将进入城镇化转型发展的关键时期，在保持城市化快速发展的同时，以大城市为中心、中小城市为骨干、小城镇为基础的区域城市体系日益形成与完善。

一 加速城市化对实现新疆跨越式发展的重要意义

2010 年 5 月，中央召开新疆工作座谈会，提出加快缩小新疆同东部地区的发展差距，缩小新疆城乡之间、南疆与北疆之间的发展差距，以及到 2015 年新疆人均地区生产总值达到全国平均水平、城乡居民收入和人均基础公共服务能力达到西部地区平均水平、自我发展能力明显加强的要求。会议还进一步对加速新疆与兵团的经济社会发展和城市化进程，作出了重大部署，提出改善城镇居民住房条件，加快实施游牧民定居工程，到 2020 年基本实现新疆游牧民定居等目标。而这些战略目标的实现都必须依靠加快区域城市化进程来推动。

二 新疆城市化进程的基本态势

（一）区域城市化进程相对滞后

新疆城市化程度相对低于全国平均水平。2009年，新疆总人口2158.63万人，其中，城镇人口860.21万人，乡村人口1298.42万人，城镇化率为39.8%，同年全国平均城市化率为46.6%，新疆比全国平均水平低了6.8个百分点。2005~2009年，新疆城市化率总共只提高了2.6个百分点，平均每年提高0.65个百分点，同期全国城市化率提高了3.61个百分点，平均每年提高0.9个百分点，新疆城市化率的增长速度比全国平均水平低了1/3左右（0.25个百分点）。

（二）城市人口规模与城市经济规模偏小

2008年，乌鲁木齐市辖区的城镇人口为227万人，为特大城市，克拉玛依的人口38.62万人，库尔勒、伊宁和石河子的城镇人口也在30万人左右（中等城市），其余的都是10~20万人的小城市。从城市等级来分析，除了乌鲁木齐和克拉玛依为地级市外，其他的州（地区）政府的城市都为县级市，其主要原因在于人口规模不足。

就城市经济规模来分析，2008年，在现有的20个县级市中，第二产业增加值超百亿的只有库尔勒市（372亿元），50亿元以上的只有昌吉市（55亿元），10亿元以下的有6个，即阿图什市（1.88亿元）、和田市（5.48亿元）、塔城市（7.46亿元）、阿尔泰市（5.73亿元）、阿拉尔市（6.04亿元）和图木舒克市（2.39亿元）。城市经济规模偏小，使得对腹地的辐射带动作用较弱。

(三) 城市化水平地区内部差异性明显

城市化进程滞后程度最严重的主要是南疆的几个地区（州）。南疆的喀什、和田、巴州和阿克苏4个地区（州），现共有34个县（自治县），占全省68个县总数的50%，但却只有5座城市，城市数量仅占全区城市总量（23个）的21.74%。2008年，喀什地区与和田地区城镇人口在区域总人口中的比重分别为36.23%和32.05%，分别比全区平均水平（39.6%）低了3.37和7.55个百分点，南疆地区成为未来加速城市化进程的难点与关键。如表1所示。

表1 新疆各州（地区）城市化水平差异（2008年）

	吐鲁番地区	哈密地区	昌吉回族自治州	伊犁哈萨克自治州	塔城地区	阿尔泰地区	博尔塔拉自治州	巴音郭楞自治州	阿克苏地区	克孜勒苏自治州	喀什地区	和田地区
总人口（万人）	60.68	56.27	137.71	440.80	100.86	65.17	47.71	125.43	225.42	51.47	377.53	191.01
城镇人口（万人）	43.73	49.63	113.73	258.69	74.41	36.03	38.28	94.80	142.09	29.94	136.79	61.12
城市化率%	72.07	88.20	82.60	58.69	73.78	55.29	80.23	75.58	63.03	58.17	36.23	32.05

资料来源：新疆维吾尔自治区统计局《新疆维吾尔自治区统计年鉴2009》表20-1。

三 城市化进程滞后对区域经济发展的影响

(一) 经济发展与全国存在较大的差异

由于新疆绝大多数城市规模较小、城市之间的互相作用距离较长等因素，导致新城市规模经济和城市聚集经济效应难以有效发挥，进而制约了区域经济的发展。

新疆经济同全国平均水平相比具有明显差距。2009年，新疆人均地区生产总值是全国平均水平的79.1%，城镇居民可支配收入和农牧民人均纯收入分别是全国平均水平的71.4%和75.3%。特别是南疆三地州的经济社会发展水平与全国和全疆存在较大的差异，其人均地区生产总值只有全疆平均水平的35.3%、全国的27.9%。在我国的31个省市（自治区）中，新疆的GDP居第25位，第一、第二、第三产业增加值分别位居20位、25位和25位，财政收入位25位，几个主要经济指标的排位都较偏后。

（二）经济发展的地区差异性明显

新疆共有14个地级行政区，其中包括2个地级市（省会乌鲁木齐市和克拉玛依市）、7个地区与5个自治州。在14个行政区划中，以天山为界，主要分成南疆和北疆。

新疆各地区人口规模相差很大，14个地区（州）中，最多的相差8.56倍，所以人均经济水平更能反映经济发展差异。2009年，除两个地级市的新疆14个地区（州）中，人均GDP最高的前三位分别为巴音郭楞自治州、吐鲁番地区和昌吉回族自治州，分别为46700元、33162元和28186元；人均GDP最低的后三位分别为喀什地区（6319元）、克孜勒苏自治州（5378元）和和田地区（3901元），全部位于南疆。最低的和田地区的人均GDP分别只相当于巴音郭楞自治州、吐鲁番地区和昌吉回族自治州的8.35%、11.76%和13.84%。

2009年，新疆人均财政收入最低的3个地区同样也是南疆的3个州（地区）：克孜勒苏自治州（357元）、喀什地区（286元）、和田地区（200元），其他州（地区）的人均财政收入都在1000元以上。巴州和吐鲁番地区分别达到2043元和1961元，和田地区的人均财政收入只有巴州和吐鲁番地区的1/10左右。农村人均收入最低的地区也是集中在南疆地区，这些都充分反映了南疆山地区发展的明显滞后性。

新疆南疆经济发展的滞后性，主要是由于该区域的城市化水平较低、农村人口与劳动力非农转化程度低所引起。南疆城市化的滞后拉大了南北疆之间发展的差异性,区域经济发展之差异,实质上是区域城市经济发展不同的外在体现,只有通过区域城市化、特别是所在地兵团的城市化进程,才能改善南疆的经济社会发展水平。

四 兵团在区域经济社会发展中的重要作用

新疆生产建设兵团(简称"兵团")位于新疆维吾尔自治区,与蒙古国、哈萨克斯坦、吉尔吉斯斯坦三国接壤,管辖的国界线有2019千米。长期以来,兵团的存在对巩固边防、促进新疆经济的发展和社会的稳定起到了十分重要的作用。

兵团现有总人口数为257万人,从业人员102.40万人,在岗职工67.32万人。辖区内有14个师(垦区)、5个城市、175个团场、2200个连队、4391个企业,其中拥有11家国家级龙头企业、石河子国家级经济技术开发区和农业高新技术园区、6所普通高等学校和成人高等学校,形成了门类比较齐全的经济体系。

兵团人口占全疆的1/7,生产新疆1/7的粮食、超过1/2的棉花和1/3的棉纱、棉布、食糖。作为全国农垦最大的垦区之一,兵团的土地面积虽然仅占新疆总面积的4.47%,但在2008年,其GDP却占同期新疆生产总值的12.4%,其中第一产业、建筑业分别占新疆总量的26.4%和15.5%,出口总额比重更达到43.6%。兵团的主要经济指标在新疆都占有重要地位。如表2所示。

表2 建设兵团主要经济指标在新疆中的重要地位(2008年)

	总人口(万人)	生产总值(亿元)	其中第一产业(亿元)	建筑业增加值(亿元)	出口总额(亿元)
新 疆	2130.81	4203.41	691.10	296.04	192.99
建设兵团	257.31	523.30	182.32	45.94	84.24
所占比重(%)	12.1	12.4	26.4	15.5	43.6

资料来源:新疆建设兵团统计局《新疆建设兵团统计年鉴2009》表1-8。

五 新时期加速兵团城市化进程的重要意义

（一）创新屯垦方式、构筑屯垦新内涵

无论从发达国家的发展规律还是我国改革开放的经验来看，城市化都是社会发展的必然，加速推进城市化进程是兵团跨越式发展和长治久安的迫切需要。

传统的农垦老路已经很难走得通，随着时代的发展，需要丰富屯垦内涵、转变屯垦方式。城市化是兵团要夯实屯垦戍边基础，留住人、吸引人的重要手段。无论是增加兵团就业岗位、提高职工生活质量、改善生产和居住条件、增强兵团内部凝聚力，还是解决兵团地区乃至新疆自治区的"三农"问题、辐射带动周边县域共同致富，都要求在兵团垦区建设一批现代化城市和小城镇，同时以此带动新疆特别是南疆的城市化水平与经济水平的提高。

（二）落实中央对兵团跨越式发展的新要求

加快城镇化进程是中央在新的历史条件下为壮大兵团、更好地发挥兵团作用所作出的重大战略安排，为屯垦戍边赋予了新时代内涵，对于"兵地"融合、增强屯垦戍边事业的凝聚力具有极其重大的意义。城镇化、新型工业化、农业现代化是兵团未来的三大战略目标，其中城镇化排在第一位。在兵团"十二五"规划中的工业"六大产业"发展，也急需以城市空间为载体进行新型工业化建设。所以，城市化是兵团工业化的空间依托，也是兵团现代化的重要标志。通过城市化发展，我们可以达到提高兵团综合实力、进一步提高兵团在自治区中经济地位的目标，走兵团城市化带动区域经济发展的道路。

六 兵团加速城市化进程的主要措施

兵团加速城市化进程主要采取以下措施。

第一，城镇化、工业化和农业现代化三者要相互促进。兵团要把城镇化作为兵团特殊体制和市场经济紧密结合的有效措施，将屯垦戍边与城镇化发展结合起来，以中心团场为基础，引导区域人口和第二、第三产业向团部居民点集中，加快团场城镇发展。

第二，兵团要继续做大、做强石河子市，不断增强其对天山北坡地区经济发展的辐射带动作用；同时发挥区位优势，加快阿拉尔、五家渠、图木舒克、北屯市4个新建城市的发展。

第三，兵团要选择集中连片、战略地位重要、经济基础较好、资源承载力强、有发展潜力的垦区中心城镇申报县级市，并且提前科学规划。到2020年，兵团要力争所有具备条件的师均有兵团管理的自治区直辖县级市。

第四，兵团要研究制订兵团垦区城镇发展与合理布局的相关措施，按照石河子模式建设新疆自治区直辖的兵团县级市，并纳入国家城镇规划建设体系，注重兵团与新疆兵地城市化进程与体系的相互衔接与融合。

七 "兵地"城市化进程与城市体系的相互衔接与融合

（一）自治区城市体系

新疆维吾尔自治区行政区划中现有7个地区、5个自治州。直至2010年，全区共有23个城市，其中2个地级市（省会乌鲁木齐市和克拉玛依市）、21个县级市，其中自治区直辖县级市5个（石河子市、五家渠市、阿拉尔市、图木舒克市、北屯市），这些为兵团城市。其余的16个县级市分别为喀什市、阿克苏市、和田市、吐鲁番市、哈密市、阿图什市、博乐市、昌吉市、阜康市、米泉市、库尔勒市、伊宁市、奎屯市、塔城市、乌苏市、阿勒泰市。

1. 北疆地区（14个城市）

地级市省会乌鲁木齐市与克拉玛依市，昌吉回族自治州3个县级市（昌吉市、阜康市、米泉市），博尔塔拉蒙古自治州1个县级市（博乐市），伊犁哈萨克自治州2个县级市（伊宁市、奎屯市），塔城地区2个县级市（塔城市、乌苏市），阿勒泰地区1个县级市（阿勒泰市）。

该地区具有兵团城市3个（石河子市、五家渠市、北屯市）。

2. 东疆地区（2个城市）

吐鲁番地区1个县级市（吐鲁番市），哈密地区1个县级市（哈密市）。

3. 南疆地区（7个城市）

阿克苏地区1个县级市（阿克苏市），巴音郭楞蒙古自治州1个县级市（库尔勒市），克孜勒苏柯尔克孜自治州1个县级市（阿图什市），喀什地区1个县级市（喀什市），和田地区1个县级市（和田市）。

该地区具有兵团城市2个（阿拉尔市、图木舒克市）。

4. 城镇体系等级规模结构

根据城市的人口与经济规模以及对腹地地区影响辐射力的强弱，新疆现有的23个城市中，大致可分为四个等级的体系结构。

第一等级城市1个（乌鲁木齐市），为百万人口以上的特大城市。它是自治区的政治、经济与文化中心，西北地区重要的中心城市，未来现代化国际商贸城市。

第二等级城市3个（石河子、克拉玛依和库尔勒）。这些城市资源丰富，经济水平发展较高，发展潜力较大，具有重要的省域甚至国家意义。城镇人口规模为30万~50万人，未来可发展为50万人口以上的大城市。

第三等级城市6个（伊宁、喀什、阿克苏、哈密、昌吉、和田）。它们主要为地（州）级中心城市，城镇人口大多在10万～20万人，未来可发展为30万～50万人的中等城市。

第四等级城市13个（奎屯、米泉、阿勒泰、博乐、吐鲁番、阜康、乌苏、塔城、阿图什、北屯、五家渠、图木舒克、阿拉尔）。它们主要为10万人以下的小城市。

未来城市体系为特大城市1个、大城市3个、中等城市6个、小城市13个，除此之外，还有200多个由一般县城、团场、中心镇等组成的小城镇。乌鲁木齐、哈密、库尔勒、伊宁、奎屯、喀什、石河子等城市的人口会有较大的增长。

（二）兵团城市的发展现状

经过几十年的开发与发展，兵团已建设与管理着5座相当规模的城市，它们分别为石河子市（农八师）、五家渠市（农六师）、北屯市（农十师）、阿拉尔市（农一师）、图木舒克市（农三师），后4个为2002年后新设置的新兴兵团城市。5个兵团城市都为师部所在地，属自治区直辖县级市，实行"师市"合一的行政管理体制，其中石河子和五家渠是兵团各师中具有独立税源与财政、土地管辖的单位。

石河子市区现有人口21.04万人，农牧团场33.95万人，辖5个街道办事处、1个镇、1个乡、52个社区。该城市已经成为国家农垦城市的典范，先后被联合国评为"最适宜人类居住的城市"、全国"双拥模范城"、全国"卫生城市"、"园林绿化先进城市"和自治区"文明城市"、"园林城市"等。五家渠市辖3个街道、3个团场、20个社区，2009年被自治区人民政府命名为"自治区园林城市"。阿拉尔市辖4个街道、1个乡、10个团场。图木舒克市包括兵团农三师和小海子水管处，人口14万人。北屯市是最近挂牌的新建兵团城市，位于新疆阿勒泰地区和塔城地区境内。兵团城市已经成为带动兵团与新疆经济社会的重要力量，对带动区域经济社会发展、促进兵团长治久安起到重要的作用。

（三）"兵地"城市化进程的相互促进与城市体系的相互衔接与融合

1. 积极申请设市与兵团城市体系建设

根据中央新疆工作会议的要求，兵团在兵团师部与具有条件的重点团场积极申报设市。兵团现有的14个师中，只有农九师师部不在城市，其所在地额敏县城近期可申请为兵团城市。除此之外，在兰新铁路途经的兵团农六师、农八师、农七师、农五师部分团场，南疆铁路途经的兵团农一师、农二师、农三师部分团场，根据自治区沿铁路干线经济发展与带动需要，兵团可以把这些农场所在镇都规划与建设为重点镇，经济与人口规模条件更好的可以申请撤县建市。

在兵团设市与建设重点城镇的过程中，兵团要注重对南疆几个经济落后地区与城市化滞后地区的相关师部与团场的设市申报工作，其中主要包括农三师所在的喀什地区莎车县城、叶城县城，农一师所在的阿克苏地区的库车县城以及农五师所在的阿拉山口镇的申报。和田地区农十四师47团墨玉县城，71、72团所在的伊犁地区新源县城，农一师4团所在的喀什疏勒以及自治区的鄯善、芳草湖、霍尔果斯、巴楚、特克斯、拜城、沙雅、尼勒克、英吉沙、阿瓦提、吉里于等重点城镇的建设，总体上遵循师部或其重点团场的设市工作，一般在团场建设中心镇，争取每个师都有自己的辖区县级市驻地。

在此我们建议构筑兵团城市（镇）体系时，首先，应以石河子城市区域为主体，形成兵团城市（镇）体系的"极核"，将其发展成为北疆地区的商贸中心、新疆高科技示范基地和轻工业基地。其次，由五家渠市和北屯市构成的中心经济区，分别成为乌鲁木齐大都市圈的卫星城市和阿勒泰地区中心城市的副中心城市；阿拉尔市和图木舒克市构成阿克苏和喀什地区的副中心城市。最后一层为建制镇和中心镇，并且把兵团的城镇体系与自治区的城市体制相衔接。

兵团近期设市城市达到7~8个（其中中等城市1个，小城市

6~7个），远期每个师将具有自己的小城市，垦区中心镇 25 个，一般镇 80 个。到 2020 年，以石河子市为重点的中心城市发展将初见成效，人口规模达到 50 万人，城镇化水平达到 75%。图木舒克、阿拉尔、北屯、五家渠 4 个小城市得到快速发展，其中阿拉尔市将成为带动兵团南疆各师城镇发展的副中心城市，每个城市人口规模将在 10 万~20 万人，城镇化水平达到 65% 以上。

2. 自治区城市体系与兵团城市体系相互促进、相互融合

区域性中心城市有较强的吸纳和辐射能力，有着综合的社会服务功能，是区域经济发展的引擎，因而具有十分重要的地位。由我国新疆生产建设兵团师部和规模较大的农牧团场经济活动基础上发展形成的城镇，已成为新疆自治区的重要组成部分，兵团的经济社会活动与全疆已融为一体，密不可分。未来兵团的城市发展必须定位为所在区域的中心，增强对周边自治区地区的联系与辐射力；同时通过推进农业产业化，吸收周边区域劳动力，促进农村剩余劳动力向兵团新城区的转移。特别是石河子市已经具备构建区域中心城市的基本条件，可以通过其国家创新型试点城市与第二批国家循环经济试点城市的地位，先行先试。

"兵地"融合的区域城镇化道路方式，能够有效解决兵团特殊体制的制约性。特别是天山北坡经济带是新疆的主要经济中心，同时也是兵团最具实力与竞争力的经济带。农六、七、八、十二师位于其中，聚集了兵团一半以上的人口、兵团 56% 的生产总值，工业总产值、社会零售总额以及进出口总额所占的比重均已超过 60%，在整个兵团经济发展中起着龙头带动作用。但是，除了石河子市、五家渠市以外，其余师团都不是一级政府，没有财政税收职能，因而经济发展受阻。随着乌昌一体化战略的实施，天山北坡各师将面临极大的挑战。今后在上述各师的设市、城市与产业规划都要注重与地方政府的国民经济宏观规划相衔接，积极地融入地方的城市与经济发展，统一规划、相互协调，用全、用足、用好国家给予的各种政策支持，保障兵团城市本身的发展与竞争力。

工业化是城镇化的重要基础与前提条件。未来兵团城镇化进程与地方城镇化进程的融合与经济技术合作，在很大程度上必须通过"兵地"工业园区的统一规划、相互补充、相互衔接与融合来进行。现在，兵团城市的主要工业园区有：石河子经济技术开发区（国家级）、石河子北工业园（自治区级）、阿拉尔工业园（自治区级）、兵团温州工业园（自治区级）、奎屯天北新区化工园（兵团级）、屯南工业园（兵团级）、库西工业园（兵团级）、石河子西工业园（兵团级）以及哈密二道湖工业园（兵团级）等。这些工业园区的发展对兵团与新疆的跨越式发展都具有十分重要的意义，也是未来"兵地"融合的重要手段。

（作者单位：福建省泉州师范学院经济研究所）

本文为新疆建设兵团建筑工程师委托中国社会科学院当代城乡发展规划院的研究课题《建工师社会经济发展战略规划》的阶段性成果。

参考文献

[1] 顾华祥：《关于加快兵团城市化进程的若干思考》，《新疆农垦经济》2004年第6期。

[2] 杨亚茹：《兵团地区城市化现状分析》，《新疆大学学报》2002年第1期。

[3] 龚君君：《新疆城市化水平区域差异性研究》，《太原师范学院学报》2008年第4期。

[4] 新疆维吾尔自治区统计局：《新疆维吾尔自治区统计年鉴2009》。

[5] 新疆建设兵团统计局：《新疆建设兵团统计年鉴2009》。

□ 刘晓华 □

当前中国小城镇发展问题研究

改革开放以来，随着国民经济的快速增长和农村改革的不断深化，中国小城镇得到快速发展，取得了举世瞩目的成绩。现阶段，加强小城镇建设与发展的研究，对于推进城市化进程，具有十分重要的战略意义。"十二五"时期是中国城镇化转型发展的关键时期，我们要激发中小城市和小城镇的活力，夯实中国城镇化的发展基础。而通过建设小城镇加快城市化进程，这是符合中国国情的，也是我们面对现实作出的必然选择。小城镇是指农村地区一定区域内工商业比较发达，拥有一定的市政设施和服务设施的政治、经济、文化、科技和生活服务中心，是一种从乡村型的社区变成多种产业并存、向现代化城市转变中的过渡性社区。它区别于大中城市和农村村庄，是具有一定规模的、主要从事非农业生产活动的人口聚居的社区。一般来说，小城镇应包括三个层次。一是县级层次，即县城，是县级人民政府所在地，包括县级市和县城镇。县城是农村城镇体系的核心，是全县的政治、经济、文化中心，具有较强的工商服务业基础，而且人才集中，科技实力强，基础设施和公共设施较齐全，交通也比较方便。二是乡级层次，即乡镇级人民政府所在地，是本乡镇行政、经济、文化活动中心，是城市与乡村联系的纽带。三是集镇层次，即经济发展较好、不设建制的农村集镇，它一般由集市发展而成，多为乡政府所在地，是农村一定区域的经济、文化和生活服务中心，影响的范围不超过若干村,经济流量和商品集散量不大,基础设施不全,主要为当地农副产品交换和农民生活需要服务。

一 中国小城镇发展历程及现状

新中国成立后,在中国共产党的正确领导下,经过艰苦的努力,我国完成了国民经济的恢复任务,并在此基础上,顺利完成对农业、手工业和资本主义工商业的社会主义改造,从而开始了全面的社会主义建设时期。由于对社会主义道路的探索还处于初级阶段,各方面发展道路还不成熟,加上"左倾"错误的干扰,直到改革开放前,中国小城镇发展始终处于不稳定状态。

中国小城镇发展历程概括来看有以下几个阶段。

第一阶段:1949~1965年。新中国成立后的这一时期,国民经济处于战后恢复阶段,工业化发展处在初级阶段。由于未出台农村人口进城就业和定居的政策,这一时期的小城镇建设与工业化基本是协调发展的。1949年,中国有市镇人口5765万人,城镇化率为10.6%。到1957年市镇人口达到9949万人,年均增长率为7%,城镇化率达到16.4%。

新中国成立后,在中国共产党的正确领导下,国民经济逐渐恢复,小城镇发展十分繁荣。小城镇作为城乡商品集散中心和连接城市与乡村纽带的功能得到正常发挥,城镇居民生活也有所改善,呈现出一片欣欣向荣的景象。可随着城镇的发展,对商品粮的需求大幅度增加,而在当时小农经济的条件下,农村粮食的增长速度远远赶不上需求的增长速度。为解决粮食供应问题,1952年8月1日,政务院发出了《关于劳动就业问题的决定》,指出在当时的历史条件下,国家不可能在短期内吸收整批的农村劳动力在城镇就业,"故必须大力说服农民,以克服农民盲目向城市流动的情绪"[①]。1953年,

---

① 《建国以来重要文献选编(第3册)》,中央文献出版社,1992年第一版,第293页。

中共中央又作出了统购统销的决议。同年11月,政务院发布了《关于实行粮食的计划收购和计划供应的命令》,规定城镇居民一律凭购粮证或暂凭户口簿购买粮食。这就基本排除了农村人口在城市取得口粮的可能性。1955年国务院发布了《关于设置市、镇建制的决定》,根据以上规定,将各地原有的镇进行了清理,撤销了一些不符合条件的镇,将一城多镇进行合并,撤销了镇下面的乡。以上这些政策变化,对以后小城镇发展产生了很大影响。第一,农村劳动力无法在城镇就业,他们事实上无法获得所需口粮,因而基本上排除了农村人口向城镇自由流动的可能性。第二,由于实行统购统销政策以及主要农副产品和生产资料纳入国营商业的流通渠道,严重阻碍了小城镇与周围农村的经济联系。小城镇中的个体、集体工商业受到打击和限制,只得歇业,另谋出路。1955年底,全国镇的总数降为4487个,1956年底降到3672个,1958年降到3621个。

1953~1956年,国家对资本主义工商业进行了社会主义改造,实行公私合营,取消了个体商贩和手工业者,他们分别进入到集体合作商店和手工业合作社,农村商品流通完全通过国营、集体和个体手工业者,分别进入到集体合作商店和手工业合作社经营的单一的流通渠道,限制了镇的商业流通,影响了镇的发展。为了减轻城市负担,为了促进工业化,当时主张"就地消化农民",使中国的城市化开始呈现出二元化格局,这与城市化的本质是相背离的,影响了中国小城镇发展的进程。

1958年,我国开始搞"大跃进",经济发展的重心过分地偏向工业。全民大办工业的总路线,出现了爆炸性的工业化过程和城镇化过程。同时,随着人民公社化运动的开展,1958年,中共中央宣布实行"政社合一"体制,在合并小乡建立人民公社的过程中,有的乡合并为镇,有的改为镇,这时镇的数量又有所增加,1961年底达到4429个,比1958年增长22.04%。当时由于贯彻"以钢为纲"、"全面跃进"方针,农村劳动力大量涌进大中城市和小城镇,造成城镇人口过速增长,又导致了工农业和城乡发展比例失调,加上自然灾害的影响,使国民经济发展出现较大波动。

为扭转这一局面,党和政府紧缩城镇经济①,大量精简职工,导致数千万人从城市、小城镇再向农村大规模迁移,使得我国设镇总数陡然下降,到1965年,全国拥有建制镇2902个。

第二阶段:1965~1977年。"文化大革命"期间,小城镇中的个体商业和集体贸易不断受到打击,被作为"资本主义尾巴"割掉。后来,小城镇作为"资本主义温床",在全国范围内被撤销和限制。大量的城镇工商业者及居民被下放到农村社队,大批农村小城镇建制消亡,成为农村公社、生产大队的一部分。同时,上千万机关干部、知识分子及家属下放农村劳动,大批大中城市及城镇知识青年上山下乡,到农村插队落户,从而进一步抑制了城镇人口增长。到1978年,中国农村成建制的小城镇只有2173个,比20世纪50年代中期还减少了一批。

第三阶段:1978~1999年。党的十一届三中全会后,随着改革开放的深入及中国经济的发展,中国小城镇发展进入一个新的时期。1978~1983年是恢复发展时期。这一时期由于许多改革政策出台,使中国小城镇建设进入恢复发展时期。城镇建制标准的降低,使城镇数量迅猛上升。以公有制为主导、多种所有制并存的局面使非农产业吸收劳动力的能力大大增强。允许农民进入城市的政策削弱了城乡壁垒,大量农民进入城市或集镇务工经商,促使一批集镇达到建镇的人口标准,被批准设置为建制镇,促进了小城镇的平稳发展,而农业工业化、非农化、城镇化作为城市化的重要方面也得到长足的发展。此外,外资的流入加速了中国沿海地区工业化和小城镇的发展。到1988年,中国城镇人口年均增长5.8%,为改革开放前的1.35倍,城镇化率达到25.8%。

1989年开始的持续3年的治理整顿,使经济下滑。受治理整顿等政策的影响,这一时期城市化出现了一定的波折,"七五"期间全国城市化水平提高了2.11%,"七五"后期,城镇非农业人口年均增长率只有3.3%。

---

① 邹远行:《中国小城镇的曲折发展及其原因》,《山东师范大学学报》(人文社会科学版)2003年第3期。

1992年以来,是城市和小城镇迅速发展时期。党的十四大确立了社会主义市场经济体制的总目标和基本框架。城市作为区域经济发展的中心,其地位和作用得到前所未有的认识和重视。城市化与小城镇发展空间活跃,小城镇数量也在迅速增加。城市化水平也由1984年的23.1%,上升到1993年的28.14%,城市化水平达到30%。但这一时期,由于经济过快增长,对城市发展产生一些误导,一些地方盲目扩大城市规模,不仅破坏了原有城市规划和布局,还造成土地资源的浪费。

20世纪90年代后期,中国经济发展出现了新的转折性变化,长期以"短缺"为特征的阶段结束,需求不足成为经济发展的主要制约因素。为了解决中国的产能过剩问题,无论是理论界还是决策层,对中国的小城镇发展都给予了前所未有的关注。

随着新世纪的到来,中国进入新一轮小城镇高速发展时期。2000年10月,中共中央在关于"十五"规划的建议中提出了大中小城市和小城镇协调发展的城镇化战略,强调着力发展小城镇的同时还要积极发展中小城市,这是兼顾小城镇、小城市和中心城市利益的两条腿走路的方法。在2002年召开的党的"十六大"中,首次把"加快城镇化进程"写进《十六大报告》,指出大中小城市及小城镇要共同协调发展。《十六大报告》为今后小城镇的健康发展提供了框架。

党的《十七大报告》明确指出,我国要统筹城乡发展,推进社会主义新农村建设;要加强农村基础地位,走中国特色农业现代化道路,建立以工促农、以城带乡长效机制,形成城乡经济社会发展一体化新格局;必须从中国的实际国情出发,并行不悖地推进城镇化和新农村建设;要继续促进大中小城市和小城镇协调发展,多层次提高中国城镇化水平,增强城镇对农村人口的吸纳能力,并为陆续离开户籍所在地,在城镇稳定就业和居住的农民逐步转变为市民创造条件。以上这些将是我们在全面建设小康社会和实现现代化进程中必须始终坚持的发展方向。

中国小城镇建设与发展的转机出现在党的十一届三中全会以后。随着国民经济的快速增长和农村改革的不断深化,中国小城镇快速发展取得较大的成绩。古老城镇日新月异,新兴城镇破土而出，复兴型、合并型、新建型同步发展，小城镇呈现一派兴旺发达景象，出现了以下特点。第一，小城镇数量减少，规模扩大。2007年全国共有19249个建制镇，占乡镇总数的56%。城镇人口7.8亿人，占全国人口的45%。从建制镇数量上来看，小城镇经历了由增到减的变化。2002年前，在"撤乡并镇"过程中，镇的数量不断增长，2002年达到20601个，首次超过乡的数量。此后，在"镇改街"的过程中，镇的数量逐渐减少。2007年与2002年相比，减少了1352个。第二，小城镇经济实力不断增强，非农就业显著增长。2007年，乡镇企业实缴税金总额和财政总收入为3292万元和3379万元，比1999年分别增长4.4倍和3.7倍，经济实力明显增强，有力地支援了国家建设。同时小城镇非农就业也取得了很大进展。2007年，非农就业率超过农业就业率达52%。全国小城镇年均提供1332万个非农就业岗位，对转移农村劳动力和扩大就业作出了贡献。第三，小城镇基础设施得到明显改善。2006年，全国72.3%的镇实施集中供水，19.4%的镇生活污水经过集中净化处理，15.8%的村实施垃圾集中处理，20.6%的村完成改厕。此外，环境基础设施建设得到稳步推进。小城镇的路、电、邮、电话等基础设施全面发展，但供水排水和垃圾处理等基础设施，特别是安全饮水和"三污治理"还处于起步阶段。①

二 中国小城镇建设和发展是城市化进程中的必然选择

城市化是中国全面建设小康社会，实现社会主义现代化不可逾越的阶段，而中国的国情又决定我们必须选择走中国特色的城市化道路。小城镇发展是中国城市化的重要组成部分，重视和促进中国小城镇的建设和发展是中国城市化的必然选择。加快中国

---

① 中国特色城镇化战略和政策研究课题组：《小城镇发展的现状、问题和建议》，《调查研究报告》2010年第57号。

小城镇的建设发展，是实现农村剩余劳动力的转移、提高农业生产率和综合经济效益的重要途径，可以促进乡镇企业适当集中和结构调整，带动农村第三产业的发展，为农民创造更多的就业岗位，对解决现阶段农村一系列深层次矛盾，优化农村经济结构，增加农民收入，具有十分重要的作用。

（一）加快小城镇发展是解决"三农"问题的重要选择

"三农"问题是有关全局的重要问题。只有把解决农村问题与城镇化紧密联系起来，形成坚持大中小城市和小城镇协调发展，走中国特色城镇化道路的发展思路，才能有效实现加快发展小城镇新农村建设的目标。解决"三农"的核心就是收入，收入低在于就业难，就业难的核心在于城镇化滞后。因此要解决"三农问题"，必须着眼于农村城镇化，我们必须把小城镇建设放在解决"三农"问题的高度上来认识。小城镇居于城市之尾、乡村之首，既具有农村某些优势，又能发挥城市的一系列功能，是联系大中城市与农村的纽带。小城镇以其逐步增强的经济辐射力和带动力，促进了农村产业结构的调整，繁荣了农村经济。

（二）加快小城镇发展是转移农村剩余劳动力的重要渠道

近年来，中国小城镇规模有所扩大，为农村劳动力和农业人口的转移，拓宽了空间。据有关部门统计，1978～1998年，小城镇共吸纳农村富余劳动力六千多万人，为中国富余劳动力转移作出了重大贡献。

（三）加快小城镇发展可以完善城市化建设网络

小城镇的发展对于建立一个均衡的城市体系具有非常重要的意义。城市体系是一个多层次的网络，小城镇在这个网络中起到不可缺少的作用。小城镇是大城市与乡村联系的重要纽带，对于打破城乡分割状态，实现城乡经济一体化具有不可替代的作用。[①]

---

① 叶堂林：《小城镇建设的规划与管理》，新华出版社，2004。

(四) 小城镇发展加速了农业现代化进程

中国是一个农业大国和人口大国。中国的城市化问题主要是乡村城市化和农业现代化问题。小城镇发展加速了农业现代化进程，带动了农村产业的多样化和市场的繁荣，使农村市场的交易日趋现代化，促进了农村市场网络的形成。农村产业和市场的多样化和复杂化使农村系统日趋稳定。小城镇的发展吸纳了大量的农业剩余劳动力，有效地推动了农业的规模化、专业化和机械化。同时，小城镇的第二、第三产业中大部分为农业的产前、产中、产后服务企业，有效地延长了农业产业链，推动了农业产业化进程，增加了农业的附加值和农民的收入。小城镇发展已成为推进中国城镇化道路的重要途径之一。迅速发展起来的小城镇，不仅是农村经济发展的重要载体，而且是城市与农村之间必不可少的桥梁，它已经成为农村经济、文化、教育及社会服务的中心。

三 当前中国小城镇发展中存在的问题

改革开放以来，中国小城镇发展速度很快，并取得了长足的进步。但由于中国小城镇的成长具有特殊背景，即城乡分割的二元结构以及其他一些因素，因此，它的发展就不可避免地出现一些新问题和新挑战，需要引起政府的高度重视并予以解决。

(一) 城乡争地使土地资源遭到破坏

在小城镇建设过程中，很容易出现城镇建设和农民争夺土地的问题，使得中国原本并不丰富的土地资源更加减少。近年来，城乡争地现象日趋突出，有些地方甚至出现了"牺牲农业搞工业，吃饭靠买粮"的现象，究其原因，就是因为没有处理好城镇建设与农村发展的关系。其实，在小城镇建设中，政府应该注重处理好城镇建设与农村发展的关系。例如，新城镇建设需要用地，有些时候政府可以从其他环节中夺回一些可用耕地：如旧城改造的荒地可以及时复耕；倒闭、破产或者搬迁的企业旧址可以供新建企业重用或者复耕等。这些都是一些减少城乡争地的典型做法。

（二）用地粗放，盲目扩大，土地资源浪费

中国是土地资源短缺的国家，节约用地应成为城市化的基本前提。但长期以来，我国过多地采用粗放型耕地模式，使得不合理占地和浪费现象严重。小城镇建设用地，普遍超出建设用地指标，这就导致出现小城镇用地结构不合理，土地利用效率低下等问题。

（三）环境污染严重，土地综合利用效率低下

中国小城镇建设中遇到的最突出问题是环境污染得不到有效治理。一方面，由于当前小城镇的产业结构层次普遍较低，为了追求最大限度的经济利益，越来越多的耕地被高能耗、高污染、劳动密集型产业占用，成为小城镇建设中主要的污染源；另一方面，在小城镇发展中，乱扔垃圾现象较为严重，生活污染治理不到位也成为环境污染的一大源头。从中国小城镇土地开发利用的实践情况来看，绝大部分城镇并未按照经济效益、社会效益与环境效益相统一的要求开展建设。一部分城镇偏重于新区建设，而忽略对旧城改造和城镇土地再利用，甚至只顾眼前的经济利益。

（四）整体规划不强，布局不合理，存在盲目性和随意性

长期以来，中国小城镇建设缺乏总体规划，存在着不同程度的盲目性和随意性。具体表现在以下方面。一是有些小城镇扩张过快，布局分散，土地利用不够节约；乡乡有镇，同时又使得小城镇规模过小，难以形成聚集效应和规模效应；有些小城镇不具备工业化、城镇化条件，盲目扩张占地，非但未形成产业，反而导致优质耕地丧失。二是部分小城镇热衷于搞"形象工程"建设，把本来就有限的财力投在镇区的硬件设施上，忽视了改善民生。三是不少小城镇为满足增长的需要，还在上国家产业目录中禁止

或淘汰的污染、落后项目，或者对污染治理不力，导致环境和生态恶化。四是不少大城市不顾城乡功能的合理划分，利用行政权力，不断吞并有活力的县、镇，将其变为区、街道。许多土地被扩到城市建成区的农民，实际享受不到非农业户口居民的福利，"失地农民"成为城镇化过程中的新问题。

（五）小城镇财政能力不足，资金短缺，严重影响小城镇建设与发展

在现行体制下，小城镇创造的收入大部分被上级政府提取，致使许多小城镇无力提供和改善公共服务。而且资金短缺也导致小城镇基础设施建设低水平重复。总之，财力不足已严重影响了小城镇的发展速度。

（六）政府职能不健全，影响了政府管理小城镇公共事务的能力

近年来，随着部门垂直管理强化和行政执法权上收，小城镇政府的管理权限越来越小，而承担的责任却越来越大，出现了较严重的责权不对应的情况。具体包括以下问题。一是由于机构设置条块分割，造成小城镇政府职能不健全。小城镇自身的机构，被压缩到只有党政办、经济发展办、社会事务办和财政所等内设机构及农业服务中心、村镇建设中心、劳动保障事务所等事业单位。而驻镇派出机构却不断增加，主要包括土地所、工商所、国税所、派出所、司法所和法庭等。派出机构的人、财、物"三权"大都在县（市）主管部门，从而制约了镇政府独立管理公共事务的能力。二是由于行政执法权缺失，造成镇政府管理权限与管理责任不对称。小城镇的社会经济管理，如环境卫生、社会治安、市场管理、文化教育、交通消防等，都被列入考核目标责任制。但现行法律规定，社会及经济管理行政处罚权属于县级行政机关，镇政府对违者无权实施处罚，因而加大了工作难度。由于小城镇处于五级政府的低端，在财政、投资、行政执法等方面的权力或缺少，或处于不利位置，因此，改变小城镇在城市体系中由于行政层级低所造成的竞争劣势,营造平等竞争秩序,已成为完善城镇体系和推进城镇化的重要课题。

总之,中国小城镇的建设和发展是一个艰巨而复杂的系统工程,在建设和发展过程中要随时针对出现的新情况和新问题,不断加以改革和完善,努力建设好小城镇,加快推进中国城镇化发展进程。

(作者单位:河南财经政法大学)

参考文献

[1]《建国以来重要文献选编(第3册)》,中央文献出版社,1992。

[2] 邹远行:《中国小城镇的曲折发展及其原因》,《山东师范大学学报》(人文社会科学版)2003年第3期。

[3] 柳思维:《关于发展农村小城镇与加快中国城市化的若干问题》,《城市区域经济》2000年第2期。

[4] 中国特色城镇化战略和政策研究课题组:《小城镇发展的现状、问题和建议》,《调查研究报告》2010年第57号。

[5] 徐永祥:《中国农业生产呼唤职业农民》,《甘肃社会科学》2004年3月。

[6] 叶堂林:《小城镇建设的规划与管理》,新华出版社,2004。

[7] 陶希东:《转型期中国小城镇建设规划的战略思考》,《区域与城市经济》2009年第7期。

□ 许　军 □

城镇化与加工贸易发展
——城镇化中的三种悖论组合

　　作为现代工业发展的一个重要组成部分，加工贸易发展对中国城镇化进程起到了推动作用；而城镇建设与功能的发挥，也会影响到加工贸易的发展。城镇化中三种悖论组合直接或间接推高了贸易品成本，削弱了加工贸易的竞争力。寻找各种悖论组合的原因并加以改革不仅有利于城镇化的健康发展，而且有助于加工贸易的转型升级。

一　城镇化与加工贸易的相互促进

　　翻阅世界经济发展史，发现城镇化的进程与贸易的扩张密切相关。远看第一次科技革命（1760～1830 年）后贸易奠定了近代国际分工格局，英国凭借先进的工业制造水平成为世界城市，其他国家或地区则沦落为世界农村；近观改革开放后的中国，30 年前深圳还是一个人口不足千人的小渔村，经过大力发展"三来一补"加工贸易，如今已经成为人口超千万人的一线城市。

（一）加工贸易发展强化了城镇的功能

　　第一，强化了城镇的通行功能。为适应加工贸易"大进大出"

的要求,在我国现有的60多个出口加工区中,18个分布在口岸城市,其余的分布在交通枢纽城市。运输方式多样化与便利化不仅保证了加工贸易的用工需求和货物运输需求,而且也大大提升了城市的交通设施建设水平,方便了居民的出行。

第二,强化了城镇的信息功能。进出口业务需要及时、准确地了解客户的需求,需要把握资金市场的动态甚至需要获取风暴潮的信息。这些需求直接或间接地促进了城镇通讯、网络的升级换代。

第三,强化了城镇的各种服务功能。进出口信贷和结算业务,涵盖了城镇金融和保险服务功能,而对各类专业人员的需求又催生了城镇的教育和培训功能。各类各层次人员的集聚还带动了城镇各种服务产业的成长,如餐饮、医疗、体育和娱乐等。

(二) 加工贸易依托城镇的健康发展

城镇人力要素的集聚功能满足了加工贸易对各类人员的需求。中国之所以能够成为加工贸易的中心,主要原因是中国劳动力的数量与质量要远远多(高)于同类型国家。在目前统计的6亿城镇人口中,就有1.5亿农民工,其中绝大部分集中在沿海大中城市,为加工贸易提供了充足而廉价的一线劳动力。而印度和越南,有限的熟练工难以满足庞大的订单需求,"越南只有8400万人口,……中国单纺织业就雇佣了1400万人,是越南产业工人总数的两倍。"① 印度的人口总量10年后有可能接近中国,但教育程度偏低大大降低了熟练工的可获取性。

完善的硬件基础设施,发达的金融保险服务也增强了中国的竞争筹码。加工贸易是典型的订单经济,外国发包商将订单下往何处,一定程度上取决于承包商履行合同的时间长短。中国完成订单的时间远远少于印度。"货物出海关所用天数中国平均只要6.16天,而印度需要13.58天……货物进口到达海关至货物可被

---

① 《资源价格动荡中国制造业如何应对》,2009年7月16日《上海证券报》。

认领，中国平均时间是 7.6 天，而印度是 12.54 天。"① 完成定单周期短不仅提高了资金使用效率，更重要的是反映了中国承包商履行合同的能力高于印度。如表 1 所示。

表 1　2010 年中国、印度和越南物流表现指数比较

（德国 = 100）

国　家	排名	得分	占德国的比重（%）
中　国	27	3.49	79.9
印　度	47	3.12	67.9
越　南	53	2.96	63.1

资料来源："Connecting to Compete 2010 Trade Logistics in the Global Economy"，http://web.worldbank.org/。

当然，影响中国加工贸易竞争力的城镇化因素远不止上面提及的两项，还包括城镇的地理位置、居民的生活成本和社会治安状况等。但就一般意义讲，健康的城镇发展会促进加工贸易的发展，二者会形成有机组合；反之，则会阻碍加工贸易的发展。

二　城镇化中的三种悖论组合

金融危机前后外包公司纷纷调整在华的业务，出现了加工贸易环节从中国转移至其他同类型国家的迹象。究其原因，我们发现是城镇化中的一些消极因素推高了加工贸易的成本，削弱了中国加工贸易的竞争力。

（一）悖论组合之一，城镇的建设者不能成为城镇居民

长期依赖户籍制度一直是阻碍城镇健康发展的诟病，针对加工贸易城市来说，则表现为农民工身份的错位。身为城镇的建设

---

① 王帆、沈玉芳：《中印投资环境比较研究及前景展望》，《亚太经济》2007 年第 5 期。

者，虽然农民工广泛参与的加工贸易成为众多沿海城市的支柱性产业，然而现行的户籍制度却使他们无法成为市民。这种悖论组合带来了以下种种不良后果。

第一，造成了资源严重浪费。人员流和资金流逆向运动是加工贸易城镇的一个显著特点，表现为农民工脱离土地，聚集到城镇从事加工贸易，将赚到的钱汇回老家。逆向运动的后果一是成本巨大，仅春运期间民工流耗费的经济资源、社会资源就是一笔庞大的数字；二是本应注入城市建设的资金外流，一定程度上抑制了城镇发展的规模或质量的提升。

第二，恶化了当地投资环境。作为城镇边缘人，农民工往往成为经济波动最直接的转嫁者。当经济通缩时，他们没有失业保险；当经济通胀时，他们也享受不到物价补贴。短期看劳动力的低成本的确增强了中国加工贸易的竞争力，但长期看农民工身份错位所诱发的一系列社会问题使得这种竞争力不可持续。近来广东潮州、增城接连发生农民工与本地人群体性冲突事件，根源就在于加工贸易城镇外地农民工与本地人之间的收入差距、公共福利差距，一些本地居民甚至包括地方政府对外来农民工抱有制度歧视、意识歧视、管理歧视甚至生活歧视。

第三，削弱了加工贸易竞争力。2010年东莞加工"企业的人力成本平均上涨了25%，而劳动力成本在企业总成本中所占比例，也由2005年初的15%~20%上涨到最高峰的40%"[①]。但面对农民工生存的压力，特别是二代甚至三代农民工的生存境遇，工资上涨并没有从根本上改善工人的生活质量。一边是农民工抱怨工资太低，减少了劳动力的供给，形成了周期性的民工荒；另一边又是外商嫌中国劳动力等要素成本上涨过快，将部分加工环节转移到其他国家，中国加工贸易宛如夹缝中的一株小草。

（二）悖论组合之二，完善的硬件基础设施没能降低物流成本

对比同类型国家，中国在基础设施和产业配套方面的条件要

---

① 龙飞：《加薪连锁反应"骨牌"》，2010年7月12日《中国经营时报》。

优越很多。中国在铁路、公路的通行里程,机场和码头的数量,货柜码头吞吐量都要远远高于印度、越南等同类型国家。近年来城市间高速公路网和高速铁路网建设进入高潮,更是大大增加了中国加工贸易的竞争力。

完善的交通、仓储设施的确为中国物流表现指数赢得了不少加分(见表1),但令人匪夷所思的是中国的物流成本却并不低,"2010年中国物流总费用占国内生产总值(GDP)的比重为18%左右,比发达国家要高1倍左右"[①]。2011年5月,央视关于公路收费成为物流顽症的连续报道揭开了这种悖论组合的秘密。有人粗略统计,"全世界收费公路14万公里,约有10万公里在中国"[②],公路运输成本中20%是各种路上收费。中国高速公路收费占物流业总成本的1/3。

对于加工贸易无论原料进口或是产品出口都离不开运输,运输具有连续性和往返性特征。受内陆河运输条件限制,国内运输只能选择公路运输方式,加之贸易品往往单位重量或体积的价值低,因此加工贸易对运费极为敏感。在劳动力成本上升、人民币不断升值的情况下,公路高收费几乎成了压在加工业身上的"最后一根稻草"。广深高速被称为"中国最赚钱"的高速公路,除了两头连接广州、深圳两个千万级人口城市外,它还途经人口超过800万被称为"世界工厂"的东莞,每天往返于工厂和口岸的货柜车川流不息。公开数据显示:"2002年7月1日至2009年12月31日,广深高速合计实现242.48亿元的路费收入,平均每年路费收入28亿元。"[③]

"最赚钱"公路的效益来自于各种形式的收费、罚款,而这一切都转嫁到了加工贸易企业身上。深圳和东莞之间有大大小小20个收费站,松岗到长安的收费站叫松安收费站。深圳市海格捷顺运输有限公司"每月的车次大约有2400车次左右,原先这个收费

---

① 李福永:《公路收费乱象丛生》,2011年1月28日《中华工商时报》。
② 李福永:《公路收费乱象丛生》,2011年1月28日《中华工商时报》。
③ CCTV《经济半小时》:《聚焦物流顽症之二:顽强的买路钱》,http://jingji.cntv.cn/20110510/112172.shtml。

站每个车次来回要收32块钱。现在取消收费之后,一个月可以带来六七万元成本的节约。然后我们再算一下其他的收费站,整体来讲成本可以节约二十六七万元"。① 收费站收费高不说,而且车辆通过的效率极低。松安收费站没有取消之前,"一辆车要四五十分钟才能通过……取消收费后,原收费道路的车辆通行辆将增加30%以上,通行速度将提高20%以上"。②

由于制度性缺失,服务于加工贸易的城镇设施形成了硬件硬、服务软的畸形格局。这种格局不仅加重了加工贸易企业的物流成本,削弱了加工贸易的竞争力,而且扰乱了市场经济秩序,妨碍了城镇基础设施功能的正常发挥。

(三)悖论组合之三,开发区的土地没有用来发展加工贸易

国家为了支持加工贸易,从1981年起陆续批准设置了近122个国家级经济技术开发区、63个加工贸易区和13个保税区,凡是进入上述区域的企业均可以享受低价土地政策。新一轮全国性的造城运动直接推高了城镇的地价,从事加工贸易的厂房租金自然水涨船高。更为严重的情况是多数开发区钻了政策的空子,将政策性用地用来开发房地产。

针对各类开发区严重重复建设,低价售地造成耕地浪费等问题,国务院早在2003年7月18日就发出《国务院办公厅关于暂停审批各类开发区的紧急通知》,开始在全国调查、清理、整顿各类开发区。据统计,当时全国各类开发区总数达6015个,经国务院批准的只有232个,占4.64%;经省级政府部门批准的有1019个,占16.94%。全国开发区达到3.54万平方公里规划用地,相当于全国660个城市和所有建制镇的建设用地总面积。截至2004年4月,全国撤销开发区3763个,核减面积1.7万平方公里,复耕1100多平方公里。

---

① CCTV《经济半小时》:《如何破解物流顽症》(上),http://jingji.cntv.cn/20110621/106725.shtml。

② CCTV《经济半小时》:《如何破解物流顽症》(上),http://jingji.cntv.cn/20110621/106725.shtml。

2005年3月国务院又下发了《关于促进国家级经济技术开发区进一步提高发展水平若干意见的通知》（以下简称《通知》）。《通知》明确规定，开发区建设用地不能用于房地产开发，进入开发区的投资商不能在区内从事房地产开发。2006年国家再次下发了《关于开展工业用地价格调查的紧急通知》，目的是还原"工业用地本来价值"。然而，进入互联网，输入开发区土地租金价格进行搜索，发现竟然有44.6万条结果。其中点击率最高的是开发区成为所在城市的黄金地段，开发区内许多楼盘价格坐上了"地王"的交椅，等等。

开发区工业用地的房地产化最直接的后果是推高了加工贸易品的成本，削弱了中国加工贸易的竞争力。2008年金融危机初期，深圳市对外迁企业的问卷调查显示："企业外迁的诸多原因中，排在首位的因素为'厂房租金贵'，选择该项的企业占57.8%；第二位的因素为'人工成本，包括工资、福利和社保费用等高'，选择该项的企业占53.3%；排在第三位的因素为'用地需求无法满足'，选择该项的企业占45.6%。"[①] 虽然金融危机期间，全国各类开发区的工业用地租金价格出现了不同程度的回落，但随着世界经济的快速复苏，特别是国内房地产市场政策形势的变化，许多开发商瞅准了政策空子，开发区的工业用地成为开发商争抢的最后一道大餐。"从2010年底到2011年4月，不到半年的时间深圳、东莞、惠州等珠三角城市的一些厂房租金上升了50%，个别地方甚至翻了1倍。"[②]

开发区工业用地的房地产化更为严重的后果是导致开发区空洞化。许多加工企业由于无法承受高房租，纷纷搬出加工区，迁往内地或东南亚国家。即便许多企业仍留在开发区内，也调整了经营方向，开始涉足房地产行业，美的、海尔、雅戈尔、苏泊尔、格兰仕、奥康等制造企业的地产项目都已经成为其业务的重要组

---

① 王宇：《是倒闭还是产业升级？透视珠三角企业外迁真相》，http://news.xinhuanet.com/newscenter/2008-03/27/content_7868271.html。
② 余冰：《工业地产全产业价值链整合与服务合作》，http://zhuanti.lanfw.com/guangzhou/zt/201103/fenghui/。

成部分。表面上看，开发区由于房地产行业的"红火"，城镇建设一片"欣欣向荣"，但实业资本的流失，城镇发展依托基础的脆弱，将来会不会使得这些城镇成为一座座空城，着实令人担忧。

三 健康的城镇化有利于加工贸易的发展

经过前文分析，我们发现城镇化过程中暴露出许多深层次问题，这些问题使得城镇化过程扭曲甚至畸形，使得加工贸易的发展失去了健康基础。由于许多问题多牵扯制度性层面，因此，我们必须从制度性层面进行深入改革，使城镇化的过程进入一条健康的轨道，为加工贸易的转型升级创造条件。

（一）通过制度安排延伸人口红利

政府应逐步放开城镇户籍制度，为民工二、三代可能成为新市民阶层进行制度性设计。完善劳动力市场调剂功能，前提是消除妨碍劳动力流动的制度性障碍，例如农民工子女在所在城镇接受教育障碍、农民工医疗保险金和养老保险金无法在全国流动的障碍以及对农民工实行终身教育障碍。中国的可持续发展一定程度上取决于加工贸易可持续发展，而加工贸易可持续发展在很大程度上决定于农民工的数量与质量。随着人口数量红利逐渐枯竭，要想完成加工贸易的转型与升级，首先就要完成农民工从数量优势向质量优势的转变。

（二）通过制度安排降低物流成本

政府应改革现有的路桥管理体制，将路桥现有的经营性单位与行政管理机构完全脱钩；还应割断地方财政与路桥收费之间的联系，为此，各级政府要下力气清理一批路桥收费行政单位，还路桥公益性的本来属性。为深入贯彻"十二五"规划——《物流业调整和振兴规划》，政府应坚决撤销违规设置、收费期满、站点间距不符合规定的收费站点，降低过高的收费标准。

（三）通过制度安排稳定开发区地产价格

地方政府不能单纯追求城镇"摊大饼"似的盲目发展，更不能将开发区的建设等同于其他城区建设。各级政府要注重开发区发展的内涵，应严格审查进驻开发区的项目，对于企业从事加工贸易以外的项目不能继续享有低价土地政策或优惠的税收政策，使加工贸易企业能够专心专注本行业发展，安心谋划本行业的转型而非转行。

（作者单位：陕西师范大学国际商学院）

参考文献

［1］叶前、钟玉明：《沿海村镇本地与外来人口"倒挂，福利差距造成鸿沟》，《瞭望》2011年6月18日。

［2］汪慕恒：《越南投资环境述》，《东南亚纵横》2008年第1期。

［3］陈利根、郭立芳：《我国开发区土地利用现状、成因与对策》，《中国农业资源与区划》2004年6月。

［4］昊信联行：《中国·珠三角工业地产大盘点》，《中国工业地产》2009年第1/2月。

［5］北京国际城市发展研究院：《中国城市"十一五"核心问题研究报告》，2004年9月1日。

□吕景春□

农村城镇化建设：
扩大内需的新动力

近几年，中国经济经受住了金融危机的严峻挑战，在全球经济负增长的大背景下率先实现企稳回升。然而，目前看来，在后金融危机时代，国内国际局势依然复杂多变，我们面临的外部需求依然不容乐观，就业困难仍然很大。因此，扩大内需，努力开拓国内市场，继续成为保持经济稳定持续增长的主要手段，仍是中国经济长期发展的根本立足点和重要的战略举措。扩大内需的根本着眼点在于扩大农村广大的消费市场，而加快城镇化的发展步伐是进一步激活农村消费市场，促进国民经济健康发展的一条基本路径。

一 城镇化是扩大内需的必然选择

（一）农村消费需求存在较大增长空间

目前，农村人口占中国人口半数以上。2007年，中国农村人口为7.257亿人，占中国总人口的55.6%。按目前农村人口计算，如果农村居民人均纯收入在现有基础上增长1倍，即达到9522元（2008年农村居民人均纯收入4761元），那么，全国7亿多农村居民将增加2.5万亿元收入，也就说，可以增加2.5万亿元的购买力。从消费总额看，2008年全国社会消费品零售总额108488亿元，其中城市73735亿元，县及县以下农村34753亿元，农村消费品零售总额仅相当于城市的47.13%，不到一半。如果农村消费品零售额增加到与城市相当，就相当于目前两个多农村市场的规模。据国家统计局测算，农村居民每增加1元消费支出，将给整个国民经济带来2元的消费需求；农村人口中任何家电的普及每增加一个百分点，就可增加238万台（件）的消费需求。因此，农村消费规模提高的潜力巨大。

居民消费通常被划分为生存型消费和享受型消费两种类型。生存型消费包括"食品、衣着和居住"消费支出；享受型消费包括"家庭设备用品"、"交通通信"、"文化教育娱乐用品"、"医疗保健及其他商品和服务"等支出。随着社会主义新农村建设的逐步推进和农村居民收入的增长，农村消费结构将逐步实现结构转型，医疗保健、交通通信、教育文化等消费支出所占比重将上升，成为新的消费热点。我们根据食品支出占消费总支出的比例，即恩格尔系数的变化，就可以进行判断。中国农村居民食品支出占消费总支出的比例从1978年的67.7%下降到2007年的43%，下降了近25个百分点，而2007年城镇居民的恩格尔系数为36.3%，农村居民与城镇居民的恩格尔系数还有8个百分点的差距。同时，与世界发达国家恩格尔系数30%的水平相比，也还存在较大的提升空间。农村居民的消费转型是形成未来消费需求新的增长点，也是当前扩大内需的新着力点。

（二）推进农村城镇化是特定时期的正确选择

当前，积极推进农村城镇化，特别是中西部农村城镇化，是在特定时期的一个正确选择。一是在国际金融危机的大背景下，要保持经济的持续健康发展，我们必须寻找新的经济增长点。2009年通过实施适度宽松的货币政策和积极的财政政策，那么，中国经济取得了GDP增长9.1%的水平，其中房地产的快速增长，拉动了上下游产业的发展，成为经济增长的支柱产业，但也导致房地产泡沫的急剧形成，投机炒房的现象较为盛行。但如果因此不发展房地产，经济发展没有新亮点，那么中国经济将如何保持稳定增长，是必须解决的核心问题。二是推进城镇化建设将是一个多赢的选择。城镇化可以为社会创造长期的巨大潜力需求，社会总需求的提高可以消化过剩的产能。所以长期的治本之策无疑是加快中国的城镇化建设，这是进一步扩大内需的必然趋势，也是宏观调控应当强调的重点。

二 城镇化扩大内需的作用机理

（一）城镇化能够创造大规模的生产性需求

生产性需求是相对于企业的再生产来说的，主要是指满足社会化扩大再生产的原材料需求、劳动力需求、投资需求等。长期以来，由于中国拥有巨大的农业人口基数，大量的农村富余劳动力聚集在农业生产上，土地的人均劳动产出率十分低下，劳动力资源浪费严重。城镇化的一个重要内容就是农村人口向城镇人口的转移，城镇化的发展推动了农业劳动生产率的提高，释放了大量的农村富余劳动力。土地人均产出的增长为工业化生产提供了大量的原材料，满足了其发展所必须的物质基础。由于在城市可以获得更高的收入和更好的教育，每年从农村向城市转移的富余劳动力会不断增多。数据显示，2008年末全国农民工总量为22542万人，其中外出农民工数量为14041万人。为了适应城市对高质量劳动力的需求，这些转移出来的劳动力通过职业技能培训使自身素质得以提高，给企业特别是制造业和服务业的发展提供了丰富的劳动力资源，而且由于这些劳动力成本相对比较低廉，企业的生产成本得到降低，利润空间得以扩大，生产规模得以扩张，从而又为社会创造了更多的就业机会。同时，随着城镇化的推进，城镇数量不断增多，必然会催生出巨大的基础设施投资需求，有额外的需求就会有相应的供给水平与之相适应，有供给就有生产，生产又提供更多的就业岗位。

(二) 城镇化能够创造巨大的生活性需求

生活性需求针对的是居民的生活消费，主要包括生活必需品需求、精神需求、住房需求和奢侈品需求等。

表1　1978~2006年中国城镇居民恩格尔系数、城镇化水平发展一览表

单位：%

年份 指标	1978	1980	1985	1990	1992	1994	1996	1998	2000	2002	2004	2006
城镇居民恩格尔系数	77.7	61.8	57.8	58.5	53	58.9	56.3	53.4	49.1	46.2	47.2	43
城镇化水平	17.9	19.4	23.7	26.4	27.46	28.5	30.48	33.35	36.2	39.1	41.8	43.9
GDP年增长率	11.7	7.8	13.5	3.8	14.2	13.1	10	7.8	8.4	9.1	10.7	10.7

资料来源：根据《2008年中国统计年鉴》整理。

由表1可见：在20世纪90年代以前，中国的城镇化水平较低，到1990年城镇化水平仅为26.4%，但是城镇居民家庭的恩格尔系数还是较高的，达到了58.5%，食品支出是居民可支配收入的一项重要支出。随着经济的加速发展和城镇化水平的不断提高，城镇居民的绝对数量不断加大，居民家庭的恩格尔系数在不断下降，食品支出在其可支配收入中的比重呈不断减小的趋势，旧的"三大件"如黑白电视机、缝纫机、自行车开始逐步普及。在这个时期居民对生活必需品的需求仍然是他们的主要需求。

进入2000年以来，随着经济的高速发展，居民积累了越来越多的物质财富，城镇化水平得到了大大的提高。到2008年，我国城镇化水平达45.68%，城镇居民已经突破了6亿人，而农村人口向城镇的大量转移所创造的消费需求是惊人的。这种人口的转移可以称之为农民的市民化运动，农民市民化运动使农民与土地脱离了直接的联系，他们的生活消费完全实现了商品化，而城市化为人口的转移提供了大量的就业机会和更高的收入，收入来源的多样化为农民日益多样化的消费提供了合适的土壤。此外,居民消费结构也发生了变化,生活必需品需求下降,消费重心由旧的"三大件"转为彩色电视机、冰箱、空调等家电和高等教育、汽车、旅游、城市住房等高档品,生活性需求呈扩大趋势。但是,受投资渠道和各种理性预期因素的制约,我们居民的储蓄率偏高,这又在一定程度上抑制了需求的扩大。

经济的发展推动了城镇化进程,城镇化的演进又推动了收入的稳定增长,收入的持续增长又刺激了消费需求的高涨,消费结构的不断升级又满足了居民日益多样化的消费需求,社会扩大再生产提供了越来越丰富的剩余产品以供消费。如此供求双旺的局面提高了居民的生活质量,最终又推动了国民经济进一步发展,由此形成一个良性循环。

(三) 城镇化为三大产业的协调发展提供机遇

城镇化的过程也是工业化的过程。城镇化的发展,必然要求产业结构进行调整,促使第一产业向第二、第三产业转移。三大产业只有处在一个合适的比例,彼此协调发展,经济的可持续发展才有保障。长期以来,中国的三大产业之间的比例并不协调,存在着农业比重偏高,工业尤其是服务业的比重偏低的状况。如表2所示。

表2　1978～2006年中国三大产业比例发展一览表

单位:%

年份 指标	1978	1980	1982	1984	1986	1988	1990	1992	1994	1996	1998	2000	2002	2004	2006
第一产业	28.2	30.2	33.4	32.1	27.2	25.7	27.1	21.8	19.8	19.7	17.6	15.1	13.7	13.4	11.3
第二产业	47.9	48.2	44.8	43.1	43.7	43.8	41.3	43.4	46.6	47.5	46.2	45.9	44.8	46.2	48.7
第三产业	23.9	21.6	21.8	24.8	29.1	30.5	31.6	34.8	33.6	32.8	36.2	30	41.5	40.4	40
GDP	11.7	7.8	9.1	15.2	8.8	11.3	3.8	14.2	13.1	10	7.8	8.4	9.1	10.1	10.7

资料来源:根据《2008年中国统计年鉴》整理。

1978~1990年，第一产业在整个国民经济中的比重平均在29.1%，第二产业平均占比44.7%，而第三产业则一直徘徊在26.2%左右的较低水平。随着其后城镇化的发展，农业在整个国民经济中的比重开始不断下降，直至2006年已经降到了11.3%。与此同时，第二产业比重上升至48.7%，第三产业上升至40%。但是农业产出的绝对数量是不断增长的，这说明农业生产率已经有了很大的提高。农业进步为工业化加速发展提供了物质支撑，1990年以来中国的工业化发展迅速，工业化水平不断提高，目前中国已经成为世界的制造业中心和产品加工工厂。

第三产业在国民经济中的比重已经成为一个国家经济发展水平的一个重要标志，第三产业在GDP中所占的比重越高，经济就越发达。在我们这个生产相对过剩的时代，第三产业最接近消费者，也最了解市场需求的变化，可以说第三产业是生产过剩时代的主导产业。反过来说，城镇化发展将为第三产业的加速发展提供舞台。城镇化带来的劳动力资源一部分涌向了工业部门，但是更多的则是集中在了服务业部门，这是因为第三产业能够比第二产业容纳更多劳动力。目前来看，中国第三产业从业人员占社会总就业人员的比重依然不高，只有26.8%，而同一时期发展中国家的平均水平为40%左右，发达国家为60%。但是随着中国城镇化的发展，这一就业比重会逐步提高，从而为第三产业提供广阔的发展空间。

城镇化会促使产业结构调整，淘汰不适应城镇化发展要求的产业。由于传统产业通常具有高耗材、高污染、低效益的特点，不适合经济发展的要求，城镇化会使其通过调整改进自身生产技术，提高资源利用效率，对无法改进的企业，政府将遵循市场原则淘汰掉。新兴产业通常是指低耗材、低污染、高附加值的产业，由于它们代表更高的生产力，是未来经济发展的方向，因而它们拥有旺盛的生命力。城镇化为其发展消除了一部分限制性因素，再通过产业政策的倾斜可以加快它们的发展速度。

（四）城市的聚集和辐射效应扩充了市场需求

城镇化是以城市为主体的生产要素的再分配过程。由于城镇相比农村往往具有资本、技术、交通运输、居住条件、人力资源、通讯设施等方面的比较优势，这种再分配过程使得大量的劳动力和生产活动不断地向城镇聚集，城镇市场规模不断扩大，产业结构不断升级。由于城市具有聚集效应，第二和第三产业向城镇的转移为社会创造了大量的就业机会，城镇吸纳农村富余劳动力的能力不断得以增强，进城务工的农民可以充分就业，这样他们就能在城市中获得更高的收入，而收入水平与消费存在正相关的关系，收入增加则消费增加。

由于第二、第三产业通常比第一产业的要素生产率高，大城市通常比中小城市具有更高的要素生产率，因而使得农村向城镇化发展，中小城市向大城市发展，单一城市向城市群发展。城市群是城市的"极化效应"和"扩散效应"使产业和人口在空间聚集与扩散运动的结果，是城镇化的最高级形态。高密集的城市群又可以产生更大的聚集效应，进而产生连锁式的可持续发展动力，并为社会创造更多的经济效益，拉动国民收入的持续增长。

三 建设中国特色城镇化道路的基本途径

（一）消除限制城镇化发展的制度因素

中国的城镇化建设明显受到城乡二元体制和城乡户籍管理制度的影响。当前，城乡发展不平衡仍是中国现代化建设面临的突出矛盾，城乡居民收入、消费水平等方面的差距还在扩大，城乡基础设施、社会事业等方面的差距十分明显，制约城乡协调发展的深层次因素依然存在。从市场属性看，资源要素总是自发地向高收益、高回报的产业和区域配置，特别是在工业化、城镇化快速推进时期，更容易从农业转向工业、从农村流入城市，因而存在着推动城乡差距扩大的内在动因。从制度惯性看，城乡二元体制延续时间长、积弊程度深,多重矛盾交织、多方利益纠结,有些方面改不动,有些改革难落实,传统体制仍然在许多方面、以多种方式顽固地发挥作用。从思维习性看,长期形成的"城市中心"思想观念和价值取向根深蒂固,考核政绩过分看重GDP增长,衡量发展过分看重城市变化,招商引资过分看重第二、第三产业,忽视"三农"的现象还不同程度地存在。我们更要看到,市场机制的自发作用与二元体制的运行惯性同步共振,利益格局的刚性制约与传统观念的严重桎梏相互叠加。这就要求我们必须坚持统筹城乡发展的方略不动摇,咬定缩小城乡差距的目标不放松,推进破除城乡二元体制的进程不停步,以积极推进城镇化的步伐。

与此同时,当前中国农民的身份制度又赋予了农民诸多"劣等性"待遇,如农民迁移和择业、税收负担上的城乡差别、财政分享上的城乡差别等。农民身份制度不利于缩小城乡差距,也不利于扩大消费需求。这是因为根据二元经济发展理论,发展中国家的工业化将吸引农村劳动力源源不断从农村转向城市,获取收入。农民收入增加又会对生产资料产生巨大需求,为工业化的发展提供广阔的农村市场。所以消费需求的增加是支撑工业化向深度和广度进军的重要保证。但由于中国城乡割裂的户籍制度,使农民世世代代锁定在农村,即使为城市发展作出巨大贡献的农民工也难以取得城市户口,不能随工业化的发展向城市大规模迁移。这就使得中国农村市场的培育遭遇"瓶颈",从而制约了工业化和经济增长。因此,推进城乡一体化的户籍制度改革,使农民更多地获得迁移、就业、参与经济发展和分享经济发展成果的权利以及受教育与再教育的权利,是扭转城乡收入差距扩大的根本,也是扩大消费需求的制度保障之一。从城市来看,如果农民工市民化了,必须有大量的廉租房、经济适用房,仅在房屋建设上每年所拉动的需求就将是惊人的,更不用说还需要满足更大量的社会公共设施、教育卫生等服务的巨大需求。再从乡村看,农民工市民化必将加速农村土地的流转,促进农业的规模化、专业化经营,充分释放土地的财富效应,充分释放转移农民的创造需求,它将为城镇化打下更为坚实的基础,也将为农村的现代化开拓更为广阔的天地。因此2009年底中央经济工作会议就指出，2010年要把解决符合条件的农业转移人口逐步在城镇就业和落户作为推进城镇化的重要任务，放宽中小城市和城镇户籍限制。

但是要改革以上两方面的内容必然会触及到农村的土地制度。农村土地制度主要包括农村土地承包责任制和农村宅基地制度，这方面的改革都涉及了农村经济的根本。所以，改革要遵照循序渐进和不损害广大农民利益的原则，以免引起社会的动荡。政府要抓紧修订、补充和完善现有的小城镇规划建设标准，完善农村土地流转制度，组织制定县域城镇体系指导原则，完善小城镇规划实施和管理体系，健全监督机制。

（二）培育内需导向型经济

据国家统计局资料显示，2007年，中国的贸易依存度已经将近达到了70%，如此高的外贸依存度必然意味着经济外部风险的加大，而且由于"中国制造"的出口产品往往在市场上以价格优势取胜，这就更加大了这种风险，由此次金融危机导致的中国外贸加工型企业的大量破产倒闭就证明了这一点。然而中国是一个拥有13亿人口的发展中大国，经济发展潜力巨大。如果能够有效地开发国内市场就能够将外部风险降至最低，提高中国抵御瞬息万变的国际市场波动的风险，中国长期存在的生产过剩现状也能得以缓解，从而为经济的发展提供更加稳定的生存环境。

（三）把城市群作为推进城镇化的主体形态

城市群往往可以成为区域经济的增长极，对周边地区的经济发展起到带动作用。2006年，国家在"十一五"规划里明确提出"要把城市群作为推进城镇化的主体形态"，明确了城市群作为未来中国城镇化发展主体形态的空间布局战略。随着大城市的辐射吸引与扩散能力的增强，与周边地区城镇的各种联系越来越紧密，特大城市和大中小城市与小城镇密切结合的新型城市区域已在全国涌现出来。目前，中国的城市群主要有长三角城市群、珠三角城市群、京津冀城市群。三大城市群的生产总值在2008年全国GDP比重中占据近

40%的份额，它们对中国的经济发展具有举足轻重的地位。中国目前正在规划中的城市群有中原城市群、武汉城市群、长株潭城市群等，它们的发展必将成为中国经济增长的新亮点。

四 结语

城镇化的过程就是资源再分配的过程，资源的优化配置提高了有限资源的利用率，进而提高了整个社会的劳动生产效率。城镇化有利于扩大社会的生产性需求和居民的生活性消费需求，是当前扩大内需的必然选择。城镇化与农民收入存在着正向相关关系，只有加快发展城镇化，促进农民收入的持续增加，才能保证国民经济的持续健康发展。2010年经济工作部署中，城镇化是一个亮点，因为扩内需的最大潜力在农村。中央经济工作会议从完善强农惠农政策、扩大涉农补贴规模、加快发展现代农业等多方面入手，稳步扩大农村需求，这既是扩大内需举措的新亮点，也是新形势下"三农"工作的新定位。

城镇化当然是好事，但牵扯的多方面问题需要综合考虑：一方面是农民进城后如何承担高昂房价的问题，另一方面是土地流转的问题，这牵扯土地制度的重大变革。同时，城镇化加速发展的过程会不可避免地产生一些盲目扩张、环境污染、大城市人口膨胀、资源短缺、产业趋同等方面的负面影响，所以通过农民进城来实现城镇化，还是中长期的发展目标。城镇化建设应该坚持政府宏观调控和市场机制相协调的原则，政府要从宏观上统筹城乡经济发展，不断加大财政投入，完善相关法律制度，缩小城乡收入差距，努力创造区域经济一体化新格局，为国民经济的持续健康发展提供持久动力。

（作者单位：天津师范大学经济学院）

参考文献

[1] 崔秀荣:《扩大消费需求的重点是提高农村消费的比重》,《农村经济》2009年第41期。

[2] 姜惠芬:《扩大中国农村居民消费需求对经济的拉动潜力探讨》,《消费经济》2008年第3期。

[3] 王滨:《挖掘农村消费潜力,拉动经济增长》,《发展研究》2009年第4期。

[4] 国家统计局宏观经济分析课题组:《新时期中国扩大内需的难点与潜力分析》,《统计研究》2003年第5期。

[5] 曾令华:《中国现阶段扩大内需的根本途径——城镇化》,《经济学动态》2001年第3期。

[6] 李永周:《农村城镇化与城乡居民消费启动》,《消费经济》2004年第1期。

[7] 汪光焘:《贯彻扩大内需方针,加快城乡建设发展》,《中国城市经济》2002年第1期。

[8] 李红、夏显力:《城乡统筹背景下小城镇发展的战略思考》,《中国集体经济》2008年第13期。

[9] 胡日东、苏枯芳:《中国城镇化发展与居民消费增长关系的动态分析——基于VAR模型的实证研究》,《上海经济研究》2007年第5期。

[10] 李文:《城市化滞后的经济后果分析》,《中国社会科学》2001年第4期。

【辛 波 孙滕云】

从"无嫉妒公平观"看城乡一体化

缩小城乡差别、加速城乡一体化,不仅是中国农民的迫切要求,而且是推动国民经济快速发展的重大举措,是实践"科学发展观"的具体体现。自党的十七届三中全会以来,在党和政府的重要文件中频频出现"城乡一体化"、"城乡统筹发展"、"破除城乡二元结构"等词语,我们从中可以看出,统筹城乡发展和形成城乡经济发展一体化的新格局,是中国今后较长时期所要关注的重点问题。

一 城乡一体化的内涵及目的

对于城乡一体化的内涵或精神实质,社会各界可能有不同的理解。综合起来,其主要内容无非包括:社会经济职能、产业结构和产业布局的一体化,城乡居民点体系与基础建设的一体化,城乡生产要素流动的优化配置的一体化,城乡社会经济运行机制、保障体系的一体化以及城乡生态环境系统建设的一体化等。笔者认为,以上内容只是对于如何实现城乡一体化的路径给予了一般性的经济学意义上的解释,而对于城乡一体化最终要实现的目标却没有给予根本性的社会学意义上的理解。

从经济学逻辑上来说,要实现城乡一体化,由于切入点不同,其路径的选择自然就会多样，这也是目前国内外学术界总结出多种城乡一体化模式的主要原因。而从社会学逻辑上说，要实现城乡一体化，其根本的目的就是要实现全国范围内公民权利与义务的平等，或者说是社会成员之间社会资源占有的公平，而这才是城乡一体化的精神实质，也就是所谓的社会公平。当然，由于各种原因的制约，不同的人在不同的角度上可能对于社会公平有着不同的理解。

二 对于几种社会公平观的理解

作为一种具有永恒意义的基本价值追求，公平问题一直为古往今来的人们所关注。在中国古代，就有关于公平问题的论述。孔子说："丘也闻有国有家者，不患寡而患不均，不患贫而患不安。"意思是说国家的主要问题不是财富的多少而是财富分配是否公平。康有为在《大同书》中提出"人人相亲，人人平等，天下为公"的理想社会。历代农民起义的起因都与贫富差距即分配的不公正有关，起义者常常提出"均贫富"等类似的口号，近代孙中山先生提出的三民主义中也包括了"平均地权"的主张。

在西方，亚里士多德的公平理论影响深远。亚里士多德首先把公平原则从形式上系统地表述为同样的情况同样对待，平等的应当平等对待，不平等的应当不平等对待。除此之外，亚里士多德的重要贡献是把公平的表现形态分为相对公平和绝对公平。而启蒙运动时期的学者主要以自然法理论为基础研究公平问题。如斯宾诺莎认为公平起源于人们的利益要求，公平是通过订立社会契约以保护个人利益并解决人们利益之间的冲突。卢梭认为：民主国家的法律应该是人民公意的体现，公平意指人民在这种法律面前的平等。

目前，世界上流行的公平观念主要有几种：平均主义、功利主义、古典自由主义、罗尔斯主义及"无嫉妒主义"公平观。

平均主义的公平观认为：只有将所有的福利（或社会产品）

在全体社会成员中平均分配，才有利于全社会的利益。例如，法律是一种公共产品，世界上多数国家的法律都有"法律面前人人平等"的类似规定，这实际上就是一种平均主义的观念。在经济领域，从实践上看，平均主义的实现比较困难。功利主义的奠基者是19世纪初的哲学家边沁（Jeremy Bentham），功利主义把社会福利函数看成全体社会成员个人福利函数的加总，其目标是追求社会总福利的最大化，或者是最大多数人的最大福利，而不是一味地去追求分配的公平性。当然，如果每一个成员可以获得同样比例的社会福利，那功利主义与平均主义就没有多大的区别了。

　　古典自由主义源远流长，其当代代表是政治哲学家诺奇克、经济学家哈耶克及弗里德曼等。其公平观主要体现在推崇自由市场竞争中的机会公平，而反对结果公平。其基本思路如下。自由竞争的市场是最好的，只要人们都拥有同样的机会和权利，那么无论出现任何分配结果都是公平的。就像跑步比赛，只要人们从同一个起点出发，遵守同样的规则，比赛结果自然是合理的。古典自由主义反对结果公平的主要原因并不是他们不关注结果公平，而是他们认为如果要保证结果公平，则政府一定会干预经济，如采取税收、转移支付等再分配政策，而政府一旦干预，就会导致无法预知的恶果，这也是他们被称为"自由主义者"的原因。

　　罗尔斯（J. Rawls）主义的公平观认为，社会福利最大化标准应该是使境况最糟的社会成员的效用水平能得到最大程度的提高（1971）。罗尔斯主义的公平观包括两个基本原则。第一个原则是虽然每一个人都是平等的，拥有同样的自由和权利，但是自由竞争的结果也许不是令人满意的，需要进行一定程度的纠正；第二个原则是社会和经济的平等制度安排应该适合于最少受惠者的最大利益。他在《正义论》中写到："所有的社会基本善——自由和机会、收入和财富及自尊的基础——都应当平等地分配，除非对一些或所有社会基本善的一种不平等分配有利于最不利者"。同时，他通过"无知之幕"假设巧妙地解决了两个原则的政治哲学逻辑问题。罗尔斯的第一原则实际上类似于古典自由主义，第二原则类似于平均主义。

三 无嫉妒公平观与各种公平观的比较

相对于前几种介绍的社会公平观来说，本文更赞赏无嫉妒公平（envy-free fairness）观念。该观念最早源于1948年波兰数学家巴拿赫（Banach）的n个人的无嫉妒切蛋糕问题。我们知道：相对于两个人来说，我们可以很容易解决他们之间切蛋糕的无嫉妒分配（envy-free allocation）问题，即第一个人先切蛋糕，切完了让第二个人挑选。但是，如果人数很多，假如说让n个人切蛋糕，那么这个问题就变得比较复杂了。彼得·费施伯恩和拉刻斯·撒林曾说过：最理想的社会公平应该以"免于嫉妒"或"无嫉妒"为特征。在现代社会，公平在某种程度上实际上是一种主观的评价，它与人们的偏好密切相关。衡量一个社会公平程度的标准可以是嫉妒水平或嫉妒指数，而一个社会接近公平的过程实际上就是消除嫉妒的过程。假如甲拥有的某种物品多于乙，乙表示不满，这就是不公平；但假如甲拥有的某种物品多于乙，而乙没有任何怨言，这就是公平，即无嫉妒公平。

在无嫉妒公平观念下，如果各阶层内部不存在偏好的明显不同，就应该在增加社会总福利的同时，尽力缩小各阶层之间的差异，即降低各阶层之间的嫉妒水平或减小嫉妒指数，对此可称之为无嫉妒改进。无嫉妒改进不同于帕累托改进。如果社会总福利没有增加，无论资源的配置方式如何变化，其结果都是"你多一点我就少一点"的零和博弈。只有当社会总福利增加，并且资源配置方式的改变能降低各阶层之间的差异时，才可称之为无嫉妒改进。从这个意义上来说，无嫉妒改进优于帕累托改进。例如，资源的初始配置状态使得社会总福利为100且A获得60、B为40时，我们可以定义嫉妒指数为福利之间的比60/40 = 1.5。而改变资源的初始配置状态，使得社会总福利增加到200元且A为150、B为50时，虽实现了帕累托改进，但嫉妒指数却增加为3，没有出现无嫉妒改进。如果此时我们把200社会总福利的分配方式再进行调整，即 A、B 各为 100 时，嫉妒指数就会变为 1，不仅能实现帕累托改进，同时还会出现无嫉妒改进。

另外，在无嫉妒公平观念下，如果各阶层内部存在偏好的明显不同，则在进行资源配置时就要考虑居民的感受。在此条件下，平均主义的分配原则并不能使居民的福利达到最大化，同样，基于"父爱主义"的强制性供给也很难实现居民福利的最大化。例如，很多农村居民都希望生活条件改善：便利的自来水设施、良好的卫生条件、安全的冬季供暖设施等，即所谓的"农民上楼"运动。"农民上楼"固然能在一定程度上解决上述问题，却也会给农民的生活带来诸多不便，例如家禽、家畜的饲养，农具的存放等。因此，"农民上楼"运动倡导的初衷虽然可能是基于无嫉妒的改进，但如果没有顾忌到相关群体的真实需求和偏好，这样的改进最终不仅不会达到无嫉妒公平的目的，甚至还有可能离这一目标越来越远。

图 1 中显示了各种公平观的比较。假如社会由两个人组成，横坐标是 A 的效用水平，纵坐标为 B 的效用水平。曲线 SS 是社会效用（福利）可能性曲线，45°线与 SS 交于 A 点，A 点就是平均主义所认为的最优点；而按功利主义的公平观，C 点是最优点，通过 C 点的切线斜率为 -1；按照罗尔斯的公平观，E 点是最优点，因为 E 点所对应的状况较差的消费者 B 的效用可以达到最大。由于自由主义公平观不涉及分配，因此没有出现在图中。

观察图 1，按照平均主义公平原则，消费者 A、B 之间虽然不会存在嫉妒，但他们的效用水平都比较低。而按照功利主义公平原则，消费者 B 的效用会更低。根据罗尔斯主义的公平原则，消费者 B 的最大效用水平为 OF，消费者 A 的效用水平为 OG，OG 大于 OF，此时社会存在着一定的嫉妒水平。假如通过政府的努力，将 SS 曲线移动到 TT，同时，E 点移动到 D 点，此时，A、B 的效用水平相等，既符合平均主义，也符合功利主义，社会的嫉妒水平为零，从而实现了无嫉妒公平。由于 D 点的实现依赖于社会效用（福利）可能性曲线的形状，特别是 TT 意味着消费者 A 与 B 的偏好相同，因此，在当前的现实中并不一定能够完全实现。在中

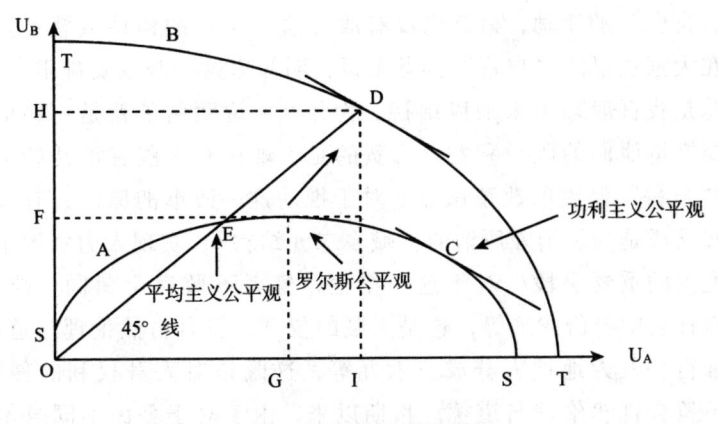

图 1　各种公平观的比较

国，自改革开放以来，由于各种原因，在分配领域存在社会差距越来越大的趋势，不同阶层由于收入的不同而形成了不同的生活方式，从而也导致他们不同的偏好，比如中国的农村和城市就存在生活方式的巨大差异。但近些年来，随着中国和谐社会理念的提出，城镇化进程的加快，特别是在分配领域调节力度的加大，相信人们的收入水平会逐渐趋于缩小，从而使得人们的生活方式会走向趋同。从这个意义上来说，TT 的实现也并不是没有可能。

四　城乡一体化实现的路径选择

如果从"无嫉妒公平观"的视角来看城乡一体化实现的路径选择，其选择的范畴就不仅是经济层面的，而且是整个社会层面的；不仅是单一任务，而且是一项系统工程。

第一，达到公民身份的平等应该是实现城乡一体化的切入点。自古以来，中国人就被人为地分成三六九等，虽然总有那么一些抱有理想主义的先贤们，试图通过各种途径来建立他们心目中的"大同社会"，但"人有贵贱"的古训与严酷的现实，总是把他们的理想击得粉碎。新中国成立后，即使那些一度使人振奋的"平等、自由"的激励,最终也没有改变这一历史的惯性或轨迹。就现在大家热议的"户籍"问题来说,明知道这一制度安排不合理,却总是找百般理由来加以维持。为什么?说明白了就是一些得益者要维持他们的既得利益。可贺的是,现在有一些省市开始了废除"户籍"制度的改革试点。对于推动这一改革的原因,有人把它归结成是为了消除所谓的"城乡二元结构",实现人力资源市场化配置的重要手段。对于这一结论,笔者不敢完全苟同。须知,人在社会中身份的平等,这是天赋的权利,符合自然伦理与道德,而强行、人为地把人分成三六九等,这既是对人身权利的侵害,也不符合自然伦理与道德。长期以来,由于对于公民不同身份的认知与制度安排,导致了城市居民和农村居民在就业、福利、收入水平、公共服务等方面均存在较大的差异。如果说农民在经济上遭受不公平对待,仅仅造成了他们生活水平低下或生理上的损害的话,那么,他们在社会地位上遭受到的歧视,就不仅仅是生活或生理上的损害,而且还包括他们心理上的创伤,而这正是他们受到伤害最大的地方。因此,废止"户籍制度"变革的巨大意义,就不能仅仅从经济层面来考虑,而应从社会层面来理解。与其说这一变革能为"农业人口"带来实际的经济利益,倒不如说这一变革是全社会良心的发现、道德的回归。但同时,我们必须认识到,"身份平等"只是社会对人们身份认知观念上的变化,单纯的"户籍"制度改革本身并不会必然导致居民权利上的平等。附加在这个认知观念之上的其他利益功能,会不会也因此而发生相应趋向公平的调整,这才是问题的实质。

第二,实现社会保障的全社会覆盖应该是城乡一体化的重点。目前在中国的城市中,失业保险、养老保险、大病医疗保险、最低生活保障制度一应俱全,已构成了比较完整的社会保障网,虽然这张网比较薄、不太结实,但总是可以保障城市居民个人最基本的社会福利需要。而对于中国大部分农村来说,农民个人的社会保障仍基本停留在传统的家庭保障和土地保障阶段。虽然农村低保和新型合作医疗制度试点的开展,使得农村的社会保障开始具有向城市社会保障体系对接的趋势,但要完全达到与城市居民接近或相同的社会保障水平，仍有一段艰苦的路程要走。目前，中国的国力相对于过去已不能同日而语，政府财政已逐渐具备了承担这一重任的能力。因此，建立覆盖全社会的社会保障网，使得全社会居民共同享受到公共财政阳光的普照，这不仅是各级政府的责任，也是每个公民应享有的权利。

第三，切实提高农民的收入应该是城乡一体化的着力点。众所周知，相对于其他产业来说，农业由于其天然的脆弱性，再加上一家一户小块土地的分散经营，使得农民不得不面临市场与自然的双重风险，其收入水平与劳动努力程度并不完全相关，而这也正是农民收入水平长期落后于其他社会阶层收入水平的重要原因。处于机会成本的考虑，外出打工、土地撂荒也自然会成为许多农民希冀突破收入困境的自然选择。目前，以实现农村土地承包经营权流转为标志的新一轮农村土地制度改革的序幕已经拉开，这虽然符合集约化、产业化经营的市场要求，但在城市对农民工的容纳量已基本趋于饱和的情况下，如何安排那些从土地束缚下新走出来的农民的就业出路问题，也就自然成了这一轮新的土地制度变革能否顺利推进的严峻考验。在中国，相对于具有巨大的蕴藏量，几乎是无供给弹性的农村劳动力市场来说，其他产业的就业机会总是有限的。近几年出现的越来越多的大学生与农民工抢夺同一就业机会的事实，更使得我们不得不正视目前就业市场竞争的严重性。因此，如何切实提高农民的收入，的确应该成为我们在推进城乡一体化过程中考虑众多问题的着力点。

第四，要摒弃那些"城乡一体化就是城乡等同化"等不切实际的观点。中国作为一个发展中的大国，当前依然面临着人口膨胀、人均资源匮乏、转轨的高成本、外部的压制与竞争等多种短期不能完全消除的客观不利因素，这就决定了中国的城乡一体化将是一个长期的过程，不是一朝一夕就能达到或实现的。同时，对于城乡一体化的理解也必须与中国目前的现实状况结合起来，要认识到，中国的城乡一体化并不是要求城市与农村的发展完全一样，而是要求城乡发展得到同样重视，城乡发展差距日益缩小，城乡发展的政策措施基本趋同，城乡发展的工作机制逐步建立或完善。因此，在今后城乡一体化推进的过程中，我们无须人为地变所有农村为城市，或人为地取消郊区农业、消灭郊区农村和农民。未来的中国，传统落后的农村将逐步消失，但现代化的社会主义新农村将继续存在；传统落后的农业将逐步消失，但现代化的都市农业将继续存在；最终，传统意义的农民将被现代新型农民所替代。

（作者单位：山东工商学院经济学院）

参考文献

［1］罗尔斯：《正义论》，中国社会科学出版社，1988。
［2］汪丁丁：《社会正义》，《社会科学战线》2005年第2期。
［3］张林秀、罗仁福、刘承芳等：《中国农村社区公共物品投资的决定因素分析》，《经济研究》2005年第11期。
［4］Peter C. Fishburn and Rakesh K. Sarin, "Fairness and Social Risk: Unaggregated Analyses", *Management science*, 1994, Vol. 40 NO. 3.

□ 樊　明 □

城中村的形成及解构
——基于中西方比较视角

一　引言

纵观世界各国的城镇化进程，只有中国在城镇化过程中形成了大量的城中村。① 城中村在没有改造前，往往表现为凌乱的布局、杂乱无章的建筑、一线天的街道、卫生水准差的环境、高犯罪率等。由于城中村的村民靠出租房屋能获得可观收入，有的还能从村委会定期或不定期获得分红，其收入效应使得不少具有劳动能力的城中村村民失去正常的工作动力，有的选择仅靠房租生活，终日无所事事。有的年轻人由于生活来源有了保障，甚至可能生活得相当富裕，接受教育的动力也大为降低。城中村改造后，虽然外观大为改善，但相当一部分人靠租房为生的生活方式仍在继续。因此可以这样说，城中村是中国城镇化过程中所形成的怪胎，是一种具有中国特色的城市病。

关于城中村有两类问题需要研究：一是城中村的形成，二是城中村的解构。要解决好这两类问题就首先需要深刻理解城中村形成的原因。关于城中村形成的原因，目前国内学术界多有讨论。

---

① 薛纪亮、李录堂：《"城中村"改造问题的症结及其化解逻辑——基于集体资产功能分类的视角》，《农村经济》2010 年第 10 期。

周大鸣认为，城乡分隔的户籍制度，城乡差别的土地制度，缺少规划导致城中村形成。[①] 李培林强调农民追求土地和房屋租金最大化，并提出"村落单位制"概念用以解释村民为什么产生对原来村落的依赖而导致城中村的形成。[②] 蓝宇蕴强调非农化和城市化的利益机制，组织化的生存和发展机制导致城中村形成。[③] 谢志岿认为，在城市化过程中，为降低成本在征地中有意避开"城中村"。[④] 张成福认为，农民乡土观念的限制是城中村形成的重要原因。[⑤] 还有其他诸多研究，不再一一回顾。

以上分析从不同的角度解释了城中村形成的原因，都有合理之处。但笔者认为，如果从中西方比较视角来研究中国城中村的形成会帮助我们认清哪些因素可能是更本质的原因。本文开头提到，城中村是中国城镇化过程中特有的现象，那么由此产生的一个问题自然就是，为什么在国外的城市化过程中没有形成城中村而偏偏这一城市病发生在中国？其中一定有一些中国特有的因素在发挥作用，这些特有的因素很可能就是导致城中村形成的更本质的原因。相反，有一些因素可以帮助我们理解中国城中村的形成，但可能并不是最本质的原因。比如前面提到谢志岿对城中村形成的解释是，为降低成本在征地中有意避开村庄，这样农民村舍就保留下来形成城中村。这个解释很直观地帮助我们理解城中村的形成，但却不能解释在国外也有类似的情况，但为什么就没有形成城中村？

本文侧重从中西方的制度层面进行分析比较，相信通过这样的分析能够寻找到城中村形成的更深刻的原因，在此基础上，再从制度层面来分析如何防止城中村的形成。

---

① 周大鸣：《论都市边缘农村社区的都市化》，《社会学研究》1993年第6期。
② 李培林：《巨变：村落的终结——都市里的村庄研究》，《中国社会科学》2002年第1期。
③ 蓝宇蕴：《都市村社共同体：农民城市化组织方式和生活方式的个案研究》，《中国社会科学》2005年第2期。
④ 谢志岿：《化解城市化进程中的"城中村"问题》，《特区理论与实践》2003年第8期。
⑤ 张成福、王丽：《"城中村"现象透视》，《经济论坛》2004年第8期。

二 制度审视：为什么西方城市没有形成城中村？

要解释中国的城中村现象，我们不妨先探讨为什么在西方发达国家的城市化过程中没有形成中国式的城中村。

美国农民拥有广大的耕地，从来没有形成过村落，不具备形成城中村的前提条件，因此我们不去说它。在欧洲，村庄是普遍存在的，在城市化的过程中也有一个城市包围农村村庄的问题。但为什么原来的村庄没有在城市中整体保留下来从而形成城中村呢？这里有两项制度值得关注：一是土地私有制，二是没有限制农民转化为城市市民的城乡分隔的户籍制度。

设想一个城市发展到其边缘已接近一个村庄。这时，村庄及村民所拥有的农地价格上升。在自由市场制度条件下，谁能最有效地利用某一块土地，土地就会转为谁所用，而非谁拥有这块土地。其机制为如果土地已进入市场，当然谁能最有效地利用这块土地谁就可出最高的地价或租金，土地也就归其拥有或使用。如果土地还在为土地所有者使用，但使用土地的效率不是最高的，这时能更有效使用这块土地的人就可能要购买或租赁这块土地，由于这一交易对双方有利，土地就会通过买卖或租赁转到更有效的使用者手中。这是市场经济有效配置资源的机制。当一块土地用于城市建设的收益大于用于农业的收益时，原土地拥有者就会或卖出或租出这块土地，使之用于城市建设，由此从土地中获得更高的收益。这里的一个制度前提是土地私有，土地所有者对土地能根据土地收益最大化原则行使充分的处置权。

除了土地私有外，没有中国式的城乡分隔的户籍制度也是土地按效率原则进行配置的制度前提。设想，虽然土地在农民手中使用效率不高，但农民离开土地后难以寻找到更合适的就业机会，而且转移到城市就要遭受种种歧视，这就意味着放弃土地对农民而言机会成本过高，这样农民就不会轻易出售或租出其土地，土地的有效配置就难以实现。而在西方，恰好没有中国式的城乡分隔的户籍制度，和土地分离的农民可以比较容易地转到城市就业，而且农民到任何一个城市都可以像一般市民一样享受所有的社会福利。原来的村民经过这样一个过程很快就能分散到城市中，而不会在原来的村庄聚集形成城中村。原来的农村房屋或被拆除或改造成城市房屋。一般我们在西方的城市很难找到农业社会所遗留的痕迹，更不要说形成大面积的城中村。

三　中国城中村形成的制度因素

那么，为什么在中国城市化过程中就会形成城中村呢？从制度层面上来分析，至少有两项制度发挥了作用：一是现行的农村土地集体所有制，二是城乡分隔的户籍制度。

同样设想一个城市发展到其边缘已接近一个村庄。如果我们用土地的租金反映土地使用的效率，这一租金可以表示为土地的农业生产的收益和农业生产成本之差。由于土地用于农业生产在目前的中国效率较低，而用于城市建设则效率明显提高。这时村庄的土地用于城市建设是更经济合理的安排。于是，就有一位开发商要开发这块土地。但他必须通过政府获得，政府首先征用这块土地再拍卖给开发商。

这里有两个值得注意的事实。一是由于土地集体所有，农民的土地不是通过农民和开发商的个别谈判来进行交易的，而是以政府对土地征用的方式来实现。出让土地的款项除分配给村民外，通常会截留一部分归村委会集中统一支配，土地的集体所有制产生了集体经济。此外，村集体经济还包括一些村办企业和沿街店面的出租等。这些资产往往对村民承担着某种社会保障功能，而村民要享受这种福利往往要求不离开原来的村社区。这时就形成如李培林所论的"村落单位制"。二是在目前中国城乡分隔的户籍制度下，农民很难像西方发达国家的农民那样转为城市市民并享受城市市民的待遇，如失业救济和退休金等。这样，随着土地不断被征用，村民尽管很难继续从事农业，但往往还会选择在原来的村庄寻求就业机会，这时出租房屋就可能是他们很自然的选择，因为有大量低收入人群需要低房租的住处。此外，农民普遍重视血缘、地缘关系，这就促使他们更多地选择在原来的村庄居住，从而使得原来的村庄在城市中长期保存下来，形成城中村。

四 城中村改造与城中村解构

城中村问题众多，是城市的病态区域，因此需要重建。笔者把经过重建仅改变了城中村的外表而没有改变城中村居民的生产生活方式的过程称之为城中村改造；把经过重建不仅改变了城中村的外表，而且还改变了城中村居民的生产生活方式的过程称之为城中村解构。

笔者以为，城中村的问题可以分为两类：外表问题和村民的生产生活方式问题，两者都很严重。而相比较而言，村民的生产生活方式问题更为严重，因为城中村村民的生产生活方式带有过多的消费性而缺少生产性，主要表现为依靠租金和村集体分红的带有寄生性的生活方式。现在中国的大城市都有数以百计的城中村，村民不计其数，如果如此数量且数量还在继续增加的人中有相当一部分过着寄生或半寄生的生活，这将是社会的一大负担，并将发展为严重的社会问题。因此，对城中村的基本政策应该是解构，而不是改造。通过对城中村的解构，城中村不仅在外观上像正常的城市景观，而且原村民的生产生活方式也发生了根本性的改变。然而，现在大多数城中村改造的方式是补偿相当面积的房屋，把部分城中村村民通过租房收租的带有寄生性的生活方式长期化。

下面，我们侧重讨论城中村的解构，以下措施值得关注。

第一，要瓦解村集体经济。中国的村集体经济是一种很奇特的经济：不是企业但又有部分企业功能，比如有的村有村办企业和租赁沿街店面；不是一级政府财政但又有一定政府财政的功能，如收缴村办企业的部分赢利，向村民集资类似于政府向企业和民众征税；向村民提供一定的转移支付，类似于政府给民众提供转移支付；承担一定的村公共设施建设和维护，类似于政府的基础设施建设和维护；雇用保安维持地方秩序，类似于政府的警察制度，如此等等。但村集体经济作为企业，其产权不清，没有明确的股东；作为一级政府，没有明确的法律基础，而且缺少有效的监督和严格的审计。村集体经济除了带来普遍的贪污腐败问题，还使得村民形成了某种意义上的经济共同体，而从这个共同体受益又要以不脱离这个共同体为前提，这使得村民在城中村改造后仍倾向于集中居住，保持原来村的组织架构。

因此，我们建议在城中村改造前，政府要对村集体财产进行审计，非货币资产尤其是经营性资产通过拍卖使之货币化，原则上将全村货币化的资产分配给村民，使集体经济彻底瓦解；要将村委会改造成居委会，并像城市中的一般居委会一样从国家预算中获得经费来源。

第二，如果政府在城中村改造中获得的拍卖给开发商的土地价格和给村民的补偿款存在差额，则应将这部分差额首先用于为每个成年村民提供低保、医疗保险和养老金，让经过城中村改造的村民完全享受到与一般市民同样的社会福利，使他们的基本生活有着落。即便这一差额不足或没有，政府也应该承担这一责任，其中原因之一是政府在过去征用城中村农地时已获得通常是巨大的卖地和买地的差额款。

第三，对居民的拆迁补偿原则上为货币补偿，这有着多重意义。

一是获得货币补偿后的村民可根据自己的情况各自寻找适合自己的住处，融入到以业缘和契约关系为基础的社区，从而瓦解以血缘、地缘和原农村社会关系为基础的社区。而目前普遍采用的补偿方式是房屋补偿，原地集中安置，这就难以打破原有的血缘、地缘和原农村社会关系，不利于城中村村民彻底融入现代城市社会。

二是在一个城市，不同区位的房价是不一样的。如果原城中村改造后成为高房价社区，也不是原村民就业的主要区域，这时如果原村民仍就地安置则是资源配置的浪费。这些村民应到房价低和距离自己就业场所近的社区居住。设想，假如城中村经改造后房价每平方米 5000 元，而同样质量的房屋在另一个社区只需 3000 元，如果这两处地方对城中村居民来说基本无差别，则村民在居住同样质量的 100 平方米住房的条件下，资源配置浪费达 20 万元。如果城中村村民获得货币补偿，则可找到最适合自己的区域和最适合自己的房子居住，其结果一定是多赢的。

三是城中村改造通常要耗时两年甚至更长的时间。如果村民回原村安置，就要在至少两年的时间内居住在临时住所，这必然给村民带来很大的不便。如果采取货币补偿，则补偿可一步到位，村民无需二次搬迁。如临时住所和城中村距离较远，村民甚至可能还要二次就业或创业。

四是根据我们调查，给村民补偿的房屋有的存在严重质量问题，而这与开发商不重视补偿给村民房屋的质量有关，其根本原因是村民没有对住房的选择权。如果村民补偿的是货币，手中有了购房的货币就可以购买任何开发商开发的房产，当然也就成了房产市场中的上帝。

五是改变村民主要靠出租房屋为生的生活方式。根据调查和观察，不少城中村村民一方面通过租房可获得可观收入，另一方面由于缺少在城市就业的一技之长，往往只好选择以租房为生。平时，除了收房租和接洽租房业务外，大部分时间无所事事。而且由于租房提供了稳定的收入来源，村民子女以及村民本身受教育培训的意愿也比较弱，因而非常不利于村民素质和谋生能力的提高。这一现象也是中国在城镇化过程中所特有的。如果不是直接补偿房屋而是采用货币补偿，就有利于让这些村民迅速实现就业转型，成为城市的劳动者，而非主要是城市的消费者。

以上这几点强调的是从多维视角改造城中村，即政府不仅要改造城中村的房屋街道，而且还要改造村民的生活方式，改造城中村中的社会关系，使之能比较迅速和充分地融入现代城市社会。否则，虽然城中村的房子拆了盖上了新的，但村民以血缘、地缘为基本纽带的社会关系还将继续，封闭保守的农耕文化还将继续，村民的生活方式还将代际相传，使得城中村的改造只是表面的。因此，政府要改造城中村，除了拆房子建新房外，还要改变城中村村民的生活方式，解构传统的社会关系，让城中村开放并最终融合到现代城市。

五　预防形成城中村

城中村一旦形成再去解构必然要付出巨大的经济代价，而且还涉及诸多社会问题，处理不当还可能演变成群体事件。因此，对城中村最好的政策首先是预防其形成。根据前面分析，城中村的形成有两个制度上的原因：土地集体所有制和城乡分隔的户籍制度，因此，要防止城中村的形成，重要的是改革这两项制度。然而，中国的土地制度是由《中华人民共和国宪法》所规定的，户籍制度也是中国很重要的行政制度，其建立出于更广泛的原因，有经济的，还有意识形态的，至于在这些制度下会导致城中村出现，肯定是制度确立时所没有考虑到的。因此，我们也不能因为在这些制度下会形成城中村，就要求变革这两项制度。不过在当前情况下，地方政府也并非无可作为。下面我们侧重在地方政府层面探讨如何防止形成城中村。我们可以把这些措施解读为短期措施，虽非根本，但在短期可以发挥一定的作用，至少可以实现对城中村的改造。

把在将来一定时期要成为城中村的村庄的建设尽早纳入城市规划体系不失是一种措施。我们建议在城市发展到近期就要覆盖现在的村庄时，政府就应登记村庄的不动产，将村民建房纳入城市规划部门的审批体系，限制新建房屋的增加，对擅自建成的房屋不纳入征地补偿的范围。当农地被征用到使得大多数村民不能以农业为主业时，政府应立刻着手改造，把对村庄的改造纳入整个城市的规划体系。这时一方面补偿费用低，另一方面还有部分农地可供开发，因而比较容易吸引开发商来开发。但如果等到城中村形成后再改造，则往往只能局限于在城中村原址上进行，开发的空间就显得狭小，和农民协调的难度加大，开发商的利益也就比较小，因而难以进行商业开发，这也是现在不少城市希望尽快改造城中村却难以吸引到开发商的主要原因。

当然，以上这些措施主要是靠政府的行政措施，而非市场，在执行中会有一定的阻力和困难，从某种意义上来说，这是中国市场化改革在不彻底的前提下的一种选择。但从规划的视角而言，将来在城市的扩张过程中，政府不应再采取绕过村庄的方式，这应作为一条规划原则确定下来。政府绝不应等到城中村完全被城市包围、已发展成一堆水泥怪物后再改造。在城市扩张的过程中，将城中村消灭在其初步形成状态是有可能的。因为就现在城中村的改造实践来看，即便城中村完全形成后，由开发商进行拆迁、补偿村民、再在剩余的土地上进行商业开发仍有利可图，因此政府在城中村尚未形成气候时就着手改造应会更容易，因为那时开发的商业利益应更大。这也可以帮助我们理解西方在城市扩张的过程中为什么没有绕过原来的村庄而是直接将其改造。因为在城市将要覆盖村庄时，将原来低容积率的村舍直接改造为相对高容积率的城市建筑一定是有利可图的，因为地价大幅上升了。即便原来的村舍在城市建成区保留一段时间，在翻建时也会将之建成完全的城市房屋，而不可能将之建成像中国城中村式的城市怪物，因为在西方居民盖屋除了受制于规划部门的规定，更在于如果将房屋建成"握手楼"、"贴面楼"，自己也不会愿意住在里面，出租也只能收很低的租金，因而并不符合自己的利益。

如果说采用行政措施去预防城中村的形成在中国当下有不得已之处，那么我们还是更希望尽早改革中国目前的集体土地制度和城乡分隔的户籍制度，这些改革是防止城中村形成的长期措施，是能够从根本上解决城中村形成的措施，从而实现城中村的解构。而这两项制度改革是两个宏大的主题，需要大量的论证，不可能在一篇专门讨论城中村问题的论文中进行详细的讨论。但关于这两个问题，笔者之前有一定的研究，详见专著《种粮行为与粮食政策》，在此仅将主要观点进行简单介绍。

关于农村土地集体所有制，笔者综合各方研究及自己的思考，归纳了以下问题，限于篇幅，不再展开。（1）土地缺少流动性导致效率损失；（2）很难实现劳动和土地的有效结合；（3）农民经营土地的短期行为；（4）承包期的两难选择；（5）土地产权不明确，可能出现严重村委会代理问题；（6）难以形成规模经营；（7）土地碎化严重；（8）土地承包制影响了中国城市化的进程；（9）土地承包制和城乡分割户籍制度的结合是城乡收入差距不断扩大的主要原因；（10）容易造成土地使用的浪费；（11）农业技术落后，资本投入太低；（12）农业人力资本回报低，从而投入有限；（13）是导致城中村形成的重要原因；（14）土地集体化是农村村委会民主选举中普遍存在贿选的重要原因；（15）目前土地制度也不利于农村计划生育。其基本结论是若实行土地私有，则可以较好地解决以上问题。中国应尽早废除农村土地集体所有制，实行土地私有化。

关于户籍制度的改革，笔者认为，户籍制度改革的要点在于通过户籍确定一位公民为一个地方所作贡献从而可确定其享受的福利。其道理在于任何一个现代公民都要享受一定的社会福利，而所享受的社会福利一定是来自某一地方政府。那么到底应由哪个地方政府为一位公民提供福利呢？显然，一位公民为一个地方作出足够的纳税贡献，这个地方政府就应该为这个公民提供社会福利，以登记户口作为享受福利的凭证。中国的户籍制度改革一直难以得到根本性突破的症结在于，没有把一位公民作出贡献所在地和享受福利所在地联系起来，大多在登记户籍的名称上做文章。通过对个人税收的申报，政府可以确定公民个人所得税以及各种福利税收的来源地，也就是公民就业、作出贡献的所在地及贡献的大小（缴税多少）。对农民来说，当他在一个城市工作一段时间后符合了申请成为这个城市正式居民的条件，就可以申请，获得批准后享受和这个城市一般市民相同的社会福利，但同时要交出在农村承包的耕地，完成一个由农民转变为城市居民的过程。

如果将来中国也像西方一样，实行了土地私有化并废除城乡分隔的户籍制度，从而形成统一的城乡劳动力市场，相信城中村将成为中国的历史。

（作者单位：河南财经政法大学资源与环境科学系）

参考文献

[1] 樊明：《莫让城中村挡住城市化》，2008年2月23日《中国经济导报》。

[2] 樊明等：《种粮行为与粮食政策》，社会科学文献出版社，2011。

[3] 李培林：《巨变：村落的终结——都市里的村庄研究》，《中国社会科学》2002年第1期。

[4] 蓝宇蕴：《都市村社共同体：农民城市化组织方式和生活方式的个案研究》，《中国社会科学》2005年第2期。

[5] 刘中一、刘中炜：《城中村改造的经济学思考》，《经济论坛》2004年第2期。

[6] 谢志岿：《化解城市化进程中的"城中村"问题》，《特区理论与实践》2003年第8期。

[7] 薛纪亮、李录堂：《"城中村"改造问题的症结及其化解逻辑——基于集体资产功能分类的视角》，《农村经济》2010年第10期。

[8] 张成福、王丽：《"城中村"现象透视》，《经济论坛》2004年第8期。

[9] 周大鸣：《论都市边缘农村社区的都市化》，《社会学研究》1993年第6期。

[10] 邹岳连：《高速城市化地区的城中村改造——以深圳特区为例》，《产业与科技论坛》2010年第9卷第4期。

【贾后明】

生态——中国城镇化的历史考量

中国历史上曾经有过城镇发达的时期,在数量、规模和密度上都曾为西方旅行家们所叹服。这些城镇的形成和发展是自然、经济与社会的生态产物,城镇的发展有其自身的规律,历史中的城镇发展模式值得我们在今天推进城镇化的过程中借鉴。

一 历史城镇的形成是自然、经济与社会的生态产物

中国历史上有过许多名城名镇,考查这些城镇的发展演变史,可以发现城镇的形成有三种形态。

一是自然生态的产物。在传统社会中,自然资源与地理环境是影响甚至决定城镇发展的主要条件。中国历史上的许多城镇建设强调的是依据地形地貌、河湖水系,由点、线、面结合形成相对完整的格局。传统城镇建设主要考虑的是大的外部环境是否适合建设,强调与山水融合,保证交通和生存资源,从而实现天人合一的境界。同时,城镇内部结构也力求充分体现自然生态,使城镇充分利用自然条件。这是自然资源在城镇发展理念上的体现,反映了自然生态优先的城镇发展理念。如历史名镇周庄,就是充分利用江南水乡丰富的水系,将生产、生活中交往、居住等活动

都与水完全融合。"青山隐隐水迢迢，秋尽江南草未凋。二十四桥明月夜，玉人何处教吹箫？"扬州风貌正是依托长江和大运河水系而促使城镇发展的缩影。

二是经济生态的产物。传统社会主要是农牧社会，围绕农业、畜牧业和商业交换，形成了城镇作为经济活动中心的基本功能。在城镇经济生态中，城镇周边的农业与畜牧业为城镇提供了基本生活资料，商业活动则是城镇的主要经济活动内容，商业交换是以城镇周边的生产产品作为交换对象，它们以城镇为中心形成了一个生产、交换、分配与消费的生态系统。因此，一个城镇往往与周边区域形成一个相对完整的经济系统，能够满足区域内群体生存与交往的基本需要。同时，不同城镇之间也相互联系，构成一个更大的经济生态圈。如上海的发展，正是以江浙经济实力为后盾，加上自身港口条件发展了对外贸易，从而成为华东经济中心。徐州是华北和中原的门户，江淮的屏障，在整个国家交通和经济格局中成为一个重要的环节，从而发展成为一个大城市。

三是社会生态的产物。城镇存在的一个重要功能是社会职责，它是管理周边区域的一个行政中心。在一个城镇中往往集中了社会的各个阶层，也集中了社会管理的各个部门，实现着社会各个层次成员的需要。中国传统城镇的规模和影响往往与其在行政管理中心的地位有关。城镇功能既有经济内涵，也有政治内涵，是中央到地方的财富分配和政治统治中心。作为政治统治中心，为了维护统治权，必然在城镇内驻扎军队，在城镇周围建立城墙等防御工程，还要有各种官僚机构进行税收和社会管理。由于行政级别不同，官僚机构的数量和人员结构也不同，城镇规模自然不同。[①] 为了满足统治者的消费需要，也会有许多工商业者在城市中为统治者服务，再加上流动人口，各色人等在城镇中形成一个有

[①] "从某种意义上讲，政治中心体系是中国城镇体现区别于世界其他国家城镇体系的最明显特征之一。"见顾朝林《中国城镇体系——历史、现状、展望》，商务印书馆，1992。

序的社会生态系统。

一个功能完善且可以持久发展的城镇，应该是自然、经济与社会的生态统一。三者各自有自己的系统，同时相互之间也形成更大的生态系统。自然地理条件是基础，依据自然资源与地理环境进行集中式居住是传统城镇形成的基本考虑；而城镇集中性居住带来的规模经济，也使城镇在经济领域里有了确实的价值，从而使传统城镇更加便利于人们的经济交往活动；社会生态则是在集中居住和经济交往基础上逐渐形成的一个更高层次的生态系统。抵御外来入侵、社会关系的处理和公共事务的协调都在城镇这一集中地开展，形成更加紧密的社会生产生活系统。

传统的城镇正是在自然、经济与社会的生态系统相互作用下逐步形成的。有的城镇因这一系统的存在和完善而兴盛了，有的城镇由于这一生态系统的破坏而消亡了。如扬州的历史繁荣与近代以来的地位下降，就与漕运和大运河的兴衰直接相关。茶马古道上的丽江、丝绸之路上的张掖，都曾因当时经济交往方式和自身的地理位置而繁荣，也终因新的社会交往方式的出现而衰落。起起落落，反映着城镇发展的自身规律。

二 当前城镇化发展过于依赖政府经济模式

当前中国的城镇化进程来势汹汹，大中城市不断扩张，中小城市和乡镇中心遍地开花。这既反映了中国经济发展到一定阶段后城市化的必然性，也反映了政府在这一进程中推波助澜的作用。许多城市以经营城市之名进行了大面积的扩张，建设了一批所谓的新城或卫星城，不断地扩大城市面积。[①] 按中国社会科学院 2008 年《城市蓝皮书》的说法，中国拥有百万以上人口的大城市有 118 座，而

---

① 郑州新区在网上被指为中国最大的"鬼城"，这说明郑州新区是在一个人为规划下构建的新城市。这样的城市只是具备了一定的物质生活条件，但还不具备人们实际生活交往所需要的经济与社会生态系统，所以在短期内人们不可能在这样的区域里获得幸福感和归属感，这是许多城市新区建设存在的共同问题。

一些区域的城市密集度也十分突出,人们对大城市能否持续发展持有疑问。另外,在政府合并乡镇机构和建立集中居住地的推动下,形成城镇所必要的生态系统日益受到破坏。中国城镇化进程中存在的主要问题是没有遵循城镇发展的生态原则,具体表现在以下方面。

大城市过度膨胀,城市病日益突出。大城市人口众多,交通拥挤,人口流动频繁,城市发展空间日益有限。在大城市环境系统中能够容纳的人口规模已经趋于极限,城市管理十分复杂,社会问题层出不穷。许多大城市水资源缺乏,城市土地资源稀缺,房价高企,低收入居民的生存环境日益艰难。但由于大城市是政治中心,集中了大量的政治和社会资源,不断吸引为获得政治与社会资源的人在此生活,因此大城市又难以控制城市规模。

在政府经营城市的做法下,中小城市被构建为一个人为的城市,没有完善的经济和社会生态系统。一些中小城市工业基础薄弱,服务业不发达,政府只不过是将掌握的社会资源集中起来,在房地产开发下,构建了一个看似规划整齐的城市外观,但其内在的经济与社会生态并没有有机地形成。城市中的中下阶层和从农村进城人员在进城居住中将毕生积蓄用于购买商品房,这是对城市中下阶层和进城人员的财富剥夺,而他们并没有在中小城镇中获得适当的工作收入条件。

乡镇没有配套的社会系统,经济功能单一,盲目强调集中居住,破坏了原有居民长期生活形成的自然与社会生态。许多乡镇是围绕政府管理机构而形成的,并且随着这些机构的变迁而兴衰。这种变化根本在于乡镇没有形成较为系统的经济与社会生态,居住人员较为单一,经济功能不健全。① 曾经作为乡镇企业的驻地而

---

① 不管是水库移民还是生态移民,移民中面临的最大问题是原有生态被打破,而新的生态系统的建立需要一个长期过程。政府不仅难以找到合适的自然生态来安置这些移民,而且要建立一个经济生态,保证移民的收入与生活则更是艰巨的任务。更大的困难是移民失去了原有的社会生态,重建这样的社会生态系统也许需要一代人才能实现,而这之中任何生态问题都可能引来移民们对移居的反抗。陕西提出的近280万的扶贫避灾式的生态移民能否成功并不只是经费问题,更大程度上是生态的问题,虽然这是以生态名义进行的。

繁荣过的乡镇，在各地开发区的建设下，乡镇企业也集中到了县区的开发区，乡镇的经济功能不断下降。乡镇政府机构的精简也使乡镇的社会功能减弱，乡镇发展没有充实其社会功能，教育、医疗、文化、商业没有得到充分建设，使乡镇难以成为周边群众乐于居住的集中地。当前一些城镇只是一些群体居住地，市场交换功能不足，消费没有场所，社会分配和生产功能没有体现，不能从根本上改变农村居民分散而居的习惯，乡镇生态形成的动力不足，使乡镇发展存在许多问题。

这些做法的根源在于中国城镇化的道路是政府主导下以经济作为衡量标准的发展模式。政府主导就是政府是城镇化的推手。在政府推动下，政府将资源集中于所规划设想的城镇空间，并通过掌握的社会资源来达到城镇设计目标。这就导致了城镇往往不是自然、经济与社会互动的渐进发展的产物，而是政府主观意愿的产物。在政府主观意愿下，城镇更多地表现为大空间和大格局上的规划，在规划上十分宏大，宏观模型十分美观，但是没有充分考虑各方互动的需求和供给。当前中国城镇化是在政府对于城镇土地资源开发利用的这一经济利益前提下发展的。因此，政府在城镇化中首要考虑的是土地价值的开发和利用。一方面，通过一系列的政策促使农村人进城居住购房，抬升城市地价与房价，从而实现政府收益；另一方面，通过宅基地的置换和农村土地流转，政府掌握更多可用于开发的土地，从而为进一步的开发打下基础。政府不断地将教育、医疗、公共服务资源和行政机构放置到规划的城镇区域内，使这些区域人口集中度不断提高，土地和住房价格不断上升。而对没有在规划内的城镇和农村村落，社会服务功能不断消解，最后走向没落。

三　城镇化必须综合考虑自然、经济与社会生态

梁思成在 20 世纪 40 年代就曾经对中国可能出现的城镇化提

出:"我们国家正将由农业国家开始踏上工业化大道,我们的每一个市镇都到了一个生长程序中的'青春时期',假使我们工业化进程顺利发育,则在今后数十年间,许多的市镇农村恐怕要经历到前所未有的突然发育,这种发育,若能预先计划、善于辅导,使市镇发展为有秩序的组织体,则市镇健全,居民安乐,否则一旦错误,百年难改,居民将受其害无穷"。① 他主张把城镇形成过程看成是一个自然机体的成长过程,在城镇扩张中必须注意协调各方关系,力求使城镇在发展中始终保持一个有序的功能齐全的组织。今天,我们许多城镇在规模上有了较大的扩大,但是许多城镇对人的生存状态没有达到改善的目标,而是在更大程度上破坏了自然、经济与社会的生态关系,使人们在城镇中的生活面临着更大的困难。

从历史经验和现实问题可以看出,中国城镇化道路首先必须考虑自然生态,要考虑水资源、地质条件和自然资源对经济社会的长期价值。城镇作为自然生态的一个组成部分,要想得到有效的发展和存续,必须将其纳入自然生态系统中去考查。对于城市来说,水资源对城市发展的约束作用日益重要,许多名城的消亡往往与水资源缺乏有关,从他处大量地进行水资源调剂的代价越来越昂贵。因此,水资源的约束应该是城市发展的硬约束,是城

---

① 他还进一步说:"一个市镇是会生长的,它是一个有机的组织体。在自然界中,一个组织体是由多数的细胞合成,这些细胞都有共同的特征,有秩序地组合而成物体,若细胞健全,有秩序地组合起来,则物体健全。若细胞不健全,组合秩序混乱,便是疮疥脓包。一个市镇也如此。它的细胞是每个建筑单位,每个建筑单位有它的特征或个性,特征或个性过于不同者,便不能组合为一体。若是勉强组合,亦不能得妥善的秩序,则市镇之组织体必无秩序,不健全。所以市镇之形成程序中,必须时刻刻顾虑到每个建筑单位之特征或个性;顾虑到每个建筑单位与其他单位之间相互关系,务使市镇成为一个有机的秩序组织体。古今中外健全的都市村镇,在组织上莫不是维持并发展其有机的体系秩序的。近百年来欧美多数大都市之发生病征,就是因为在社会秩序、经济秩序突起变化时期,千万人民的幸福和千百市镇的体系,试验出了他们市镇体系发展秩序中的错误,我们应知借鉴,力求避免。"引自梁思成《市镇的体系秩序》,《中国二十世纪散文精品·梁思成、林徽因卷》,太白文艺出版社,1996,第57~58页。

市规模与功能的主要制约因素。在灾害频发的时代，我们必须考虑城镇所处地区的地质条件，加强对地质的勘察，在城镇建设中积极应对地质灾害和自然灾害可能带来的危害。同时，我们还要考虑城镇人口集中所需要的由自然资源提供的生活资料，如基本的粮食和蔬菜、畜禽供应等。城镇周围的农业生产经营活动正如城市中的商业活动一样，也是城镇发展不可缺少的组成部分。城乡融合在于城乡互补的关系，而不是农村完全被城市所取代。城乡融合不仅在经济上需要考虑农村对城市的互补性，而且在自然和精神上都需要重新考虑农村存在的价值与意义。

重视城镇化中的经济生态，就是把城镇经济活动看做是自然产生与发展的生态过程。城镇在整个经济生态系统中担负着主要角色，城镇经济应该是经济活动各个部分相互作用与协调发展形成的完善系统。从生产领域看，传统城市的手工业是城镇经济圈中的重要组成部分，而工业化后的城市也成为工业生产的集中地，城镇的生产功能日益突出。传统城镇经济圈中的生产功能主要集中在城镇的周边，城镇发挥了交换、消费与分配的职能，而工业化的城市则将主要的经济功能都放在了城镇。工业化之后的城镇与周边的经济交往活动进一步弱化了，使城镇内化了自己的经济生态，强化了城镇的经济中心功能，实际上也在某种程度上使城镇在经济系统中减少了适应性。资源类城市由于资源枯竭而出现的城市衰落，说明了不注意经济生态的系统建设必然面临着转型的巨大痛苦。

考虑经济生态，就要在城镇经济辐射范围内协调经济活动的各个要素。城镇要与周边的农村区域形成分工与合作，主动吸纳农村在生活资料和农村剩余劳动力的供给，也要为农村产品提供交换场所和农民进城的消费场所。城镇还是一个文化娱乐的集中地，可以为城镇经济范围内的人群提供服务。如果城镇不具有生产功能，又排斥周边的生产，城镇就缺乏创造财富价值而失去持续发展的动力。如果只是一个单纯的消费城市，或只是一个行政中心，或只是一个生产性城市，都会使经济生态难以持久运行。

自然形成的城镇应该是一个较完整的社会群落。在一个社会生态中，不同阶层的人在一个空间中生活，各有分工，也各有互补。① 城镇中的各种社会职能分工均有所体现，如教育、医疗、安全、矛盾化解等。一个成熟的城镇就是一个社会生态完整的系统。缺乏其中的一个部分，社会生态系统就不完整，城镇的功能和吸引力就不会增强，城镇的持续发展也会面临问题。当前的城镇往往是行政中心下的产物，在行政机构的推动下城镇集中了一些从事社会管理的机构，而社会管理机构不断膨胀和衍生，使城镇只承担了管理的职能。当然，如果没有行政管理中心，城镇只是群体的聚集地，社会资源难以集中，也不会得到持续发展。城镇应该是各个群体都可以生存的空间，而不是少数管理者的场所。社会不同群体都可以在城镇中寻找适合的场所和职业，社会问题也可以在城镇中得到有效的解决。

（作者单位：河海大学马克思主义学院）

参考文献

[1] 顾朝林：《中国城镇体系——历史、现状、展望》，商务印书馆，1992。

[2] 梁思成：《市镇的体系秩序》，《中国二十世纪散文精品·梁思成、林徽因卷》，太白文艺出版社，1996。

[3] 于猛：《城镇化率不是越高越好》，2011年4月11日《人民日报》。

[4] 曹伟：《关于"城镇生态系统研究"的一些问题探讨》，《城市规划》2001年第11期。

---

① 城市开发经常把"城中村"作为对象。从土地开发上看，"城中村"具有重要价值，"城中村"的消除可以从外观上改善城市面貌，也提供了具有巨大商业价值的土地。但是，从"城中村"对社会流动人口居住问题的解决和发挥低层对城市生活的补充作用来看，许多"城中村"的存在还是有一定的价值。正如从管理角度来看流动人口总是不受欢迎的，但是正是流动人口为城市提供了许多便利服务，为完善城市经济功能作了贡献。

□王树春 王 俊□

福利追求与中国城市化道路及其制度匹配

——基于可持续发展视角的分析

城市化,往往被认为是人口、用地和经济、文化模式由农村型转向城市型的过程和趋势。① 这一定义仅仅描述了城市化进程中的各种现象,但并没有阐明城市化不断发展的内在动因。对城市化动力机制的不同理解,是导致中国城市化道路之争②③的重要原因。中国正处在城市化快速发展的阶段,若城市化道路选择不当,不仅会产生一系列棘手的矛盾和问题④⑤,还会阻碍城市化进程的顺利推进。因此我们有必要通过探讨城市化的内在动因,分析城市化的本质要求与制度匹配,寻找最适合中国国情的城市化道路。

---

① 谢文蕙、邓卫:《城市经济学》,清华大学出版社,2008。
② 王明浩、李小羽:《论中国城市化道路选择》,《城市发展研究》9卷,2003年第4期。
③ 孟庆民、安成谋:《对中国城市化道路的新思考》,《人文地理》1996年第12期。
④ 吴文英:《中国的城市化进程与城市发展思考》,《福建师专学报》2002年第8期。
⑤ 马德祥:《科学、理性、文明——对当前城市化的思考》,《江苏建筑(增刊)》,2003。

一 福利追求与城市化道路选择

城市化是一种在特定历史时期内具有发展方向可预期性的群众性运动,只有使群众获得额外的好处,才能激励群众自发改变生存方式,参与城市化进程。城市化不仅是群众各种需要升级演化的结果,更是群众各种需要得以实现的手段。只有从群众福利追求的角度看待城市化,方能正确认识城市化的动力机制,选择最合适的城市化道路。

(一) 福利追求行为模型

需要具有自演化 (self-evolution) 特征:当低层次需要得到满足之时,对更高层次需要的渴求就会变得更加强烈,导致需要层次的自我演化。[①] 需要还具有自实现 (self-realization) 特征:利用一切可利用资源满足自身需要是人的本能。需要的层次不断提升,作为需要满足手段的生存方式也不断发展。追求更高水平福利是一切经济行为的目的,也是揭示城市化进程动力机制的突破口。

实现痛苦程度的最小化,是福利追求行为的目标。根据这一假定,构造福利水平 (W_t) 的函数[②]为:

$$W_t = \frac{1}{B_t} \tag{1}$$

其中,痛苦程度 $B_t = \sum_{i=1}^{n} \theta_{it} \cdot (u_{it-1}) \cdot u_{it}$ 且 $u_{it} = (D_{it}^E - D_{it}^A)^2$,$D_{it}^E$ 为第 i 种需要的期望值,D_{it}^A 为第 i 种需要的实现值。在第 t 期,对第 i 种需要的欲求程度 θ_{it} 为该种需要在上一期被满足程度 u_{it-1} 的函数。在任一时期,由历史情况决定的各种需要欲求程度

[①] A. H. 马斯洛:《动机与人格》,许金声译,华夏出版社,1987。
[②] 王树春、王俊:《福利追求与经济转型的目标选择——以中国经济转型过程为例》,《贵州社会科学》2010 年第 11 期。

(θ_{it}) 均为外生变量, 当期福利水平仅由需要的期望值 D_{it}^E 和实现值 D_{it}^A 决定。需要的期望值 D_{it}^E 由各种人类情感 (em_i) 共同决定, 需要的实现值 D_{it}^A 则是福利追求者的各种能力 (a_i) 和福利追求者占有的生态 (en_1)、经济 (en_2) 和社会 (en_3) 环境资源共同决定, 即式 (2) 和式 (3):

$$D_{it}^E = D_{it}^E(em_1, em_2, \cdots) \qquad (2)$$
$$D_{it}^A = D_{it}^A(a_1, a_2, \cdots, en_1, en_2, en_3) \qquad (3)$$

福利追求者的福利追求行为可以通过调整情感状态、培养福利追求者能力和积累福利追求者占有的环境资源来实现福利改进, 即:

$$w_t = w_t(em_1, em_2, \cdots, a_1, a_2, \cdots, en_1, en_2, en_3) \qquad (4)$$

福利追求者的情感状态 (em_i)、个人能力水平 (a_i) 以及环境资源占有量 (en_i) 决定了福利追求行为是否能够最大限度地实现福利增进。若所有影响福利水平的因素既定,福利追求行为就不能实现福利增进;当影响福利水平的因素为变量时,至少存在一组均衡解 ($em_1^*, em_2^*, \cdots, a_1^*, a_2^*, \cdots, en_1^*, en_2^*, en_3^*$), 使福利水平实现最大化。不同于情感状况和个人能力水平, 环境资源占有量是由制度体制所决定的, 单个福利追求者作出行为决策时往往将环境因素视为外部给定的条件; 只有当多数福利追求者决定变革制度安排时, 每个福利追求者的环境资源占有量才会出现显著调整。

(二) 福利追求者环境变迁与城市化动力机制

将城市视为非农人口和非农产业聚集区的观点割裂了城乡间的天然联系。城市是"城市—乡村"系统的组成部分, 特定"城市—农村"系统是特定生产方式下人类文明的结晶; 生产方式的形态决定"城市—农村"系统的形态, 生产方式的变革引发"城市—农村"系统的演化。"城市—农村"系统一方面是所有福利追求者共同劳动的成果, 另一方面又为所有福利追求者提供一定量的生态（en_1）、经济（en_2）和社会（en_3）环境资源以满足其不断演化的需要。与调整情感状态和培养个人能力水平的较低机会成本相比，环境资源存量调整的成本较高。对"城市—农村"系统给定的环境资源占有量（$\overline{en_1},\overline{en_2},\overline{en_3}$），若$en_i^* < \overline{en_i}, i \in \{1,2,3\}$，福利追求者就缺乏足够的激励去调整其占有的环境资源存量。仅当$en_i^* > \overline{en_i}, i \in \{1,2,3\}$时，才存在有效激励致使福利追求者试图调整其占有的环境资源存量，形成环境资源存量调整的诉求。

对"城市—农村"系统而言，单独满足某个福利追求者的环境资源存量调整诉求，并不会对系统的正常运转产生压力。但若需要层次的提高是一种普遍现象，调整生态、经济和社会环境资源存量将成为绝大多数社会成员的利益诉求，进而对"城市—农村"系统的正常运转产生压力。只有彻底变革生产方式，加快"城市—农村"系统的演化过程，才能消除"城市—农村"系统面临的压力。城市化进程正是"城市—农村"系统演化的表现形式，乡村文明向城市文明的演进是福利追求者需要层次普遍提高的结果。当在乡村生产方式基础上建立的"城市—农村"系统不再能满足绝大多数福利追求者的各种需要时，福利追求行为的直接目标就转变为：通过变革生产方式来加快"城市—农村"系统的演化，为生态、经济和社会环境资源的调整创造条件。福利追求行为的累积形成强大力量，推动生产方式的变革，以农村居民向城市迁移、非农经济活动向城市集中和城市文明向农村扩散等形式实现"城市—农村"系统的演化过程，逐渐形成新形态的"城市—农村"系统。在新形态的"城市—农村"系统中，不论是城市规模、城市功能和城镇体系，还是农村面貌、城乡关系和人口素质等方面都会发生质的飞跃。

(三) 可持续发展与城市化道路及其制度匹配

城市化道路选择的实质是"城市—农村"系统演化路径的选择。选择不同生产方式变革的道路，最终会形成不同的"城市—农村"系统演化路径，但并非所有"城市—农村"系统演化路径都符合社会福利最大化的目标。社会福利水平的高低取决于所有福利追求者的福利水平，福利追求者福利水平与"城市—农村"系统为每个福利追求者提供的生态、经济和社会环境资源密切相关。以公平原则为准则，"城市—农村"系统的重构必须满足的条件是：对任意两个福利追求者 i 和 j，存在 ① $\dfrac{den_{1j}}{den_{1i}} > 0$，② $\dfrac{den_{2j}}{den_{2i}} > 0$，③ $\dfrac{den_{3j}}{den_{3i}} > 0$。这一原则保证了三种环境资源存量分配过程的公平，但并不能保证福利追求者福利水平是单调不减的。福利追求者福利水平是否增长，取决于环境资源占有量的积累是否跟得上需要层次的提升速度，仅依靠公平原则显然不能确保社会福利最大化目标的实现。只有将可持续发展原则引入城市化道路选择的过程中，才能实现城市化的可持续发展。

假定社会中福利追求者数为 N，对生态、经济和社会三种环境资源的总需求量（$EN_i^D, i \in \{1,2,3\}$）可通过横向或纵向加总获得：

$$EN_i^D = \sum_{j=1}^{N} en_{ij}^*, i \in \{1,2,3\} \tag{5}$$

因此可持续发展原则要求"城市—农村"系统应为所有福利追求者提供充足的环境资源，以满足其不断演化升级的需要，确保福利追求者福利水平单调不减的变化趋势。只有正确选择生产方式变革路径，形成合理的生产方式（A），才能充分供给环境资源（EN_i），如式（6），使得 $EN_i^S \geq EN_i^D, i \in \{1,2,3\}$。

$$EN_i^S = EN_i^S(A), i \in \{1,2,3\} \tag{6}$$

但对任意 $i \in \{1,2,3\}$，$\dfrac{dEN_i^S}{dA}$ 的正负性是不确定的。这意味着生产方式变革是一把"双刃剑"，它既可能促进某些环境资源的积累，又可能导致某些环境资源的损耗。某些环境资源的损耗会造成不可逆转的损失，生态、经济和社会三种环境资源不可完全替代。故从可持续发展视角来看，我们不应以其他环境资源的损

耗为代价来换取一种环境资源的积累，即：对任意 $i, j \in \{1,2,3\}$，且 $i \neq j$，有

$$P\left(\frac{dEN_j^S}{dA} > 0 \mid \frac{dEN_i^S}{dA} < 0\right) = 0 \tag{7}$$

要满足式（7）所限定的条件，我们就应当彻底摒弃城市化道路的传统定义，即优先发展何种规模城市的战略选择。城市化道路选择应被视作实现"城市—农村"系统重构的途径。"城市—农村"系统的重构过程，不仅应建立合理的城镇体系，还应妥善处理城乡关系，实现各种生产要素的自由有序流动。我们应以实现制度和生产方式的有序变革为出发点，依靠制度创新形成制度匹配，确保生态、经济和社会三种环境资源的共同积累。

笔者认为，形成与可持续发展理念相匹配的城市化制度安排，是实现生产方式有序变革的突破口，更是实现向可持续发展城市化道路转变的内在条件。只有通过制度创新来推动生产方式变革，形成一整套与可持续发展理念相符的城市化制度安排，才能加速生态、经济和社会三种环境资源的共同积累，才能实现个人和社会福利水平的同步增进，才是向可持续发展城市化道路转型的可行之举。

二　中国城市化进程与制度匹配的历史反思

（一）中国城市化进程与制度匹配的历史回顾

1949年以前，近代中国城市化进程在半殖民地、半封建的特殊国情下畸形发展，虽已初步形成了一批具有现代气息的城市，但城市化总体发展水平仍很低。[①] 本文主要对新中国成立至今的现代中国城市化历程进行回顾，并根据城市化的发展速度（如图1

---

① 杨升祥：《当代中国城市化的历程与特征》，《史学月刊》2009年第6期。

所示)、制度背景、发展思路①和政策方针②的不同,将现代中国城市化历程分为两个阶段。

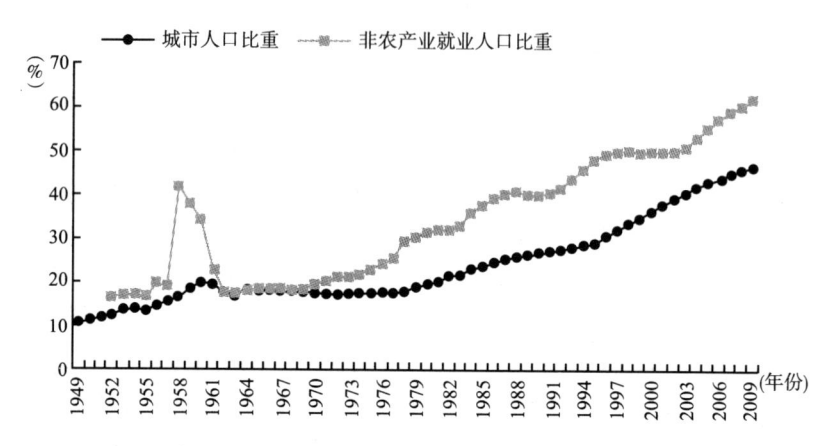

图1 我国城市化率和非农产业就业人口比重(1949~2009)

资料来源:《新中国六十年统计资料汇编》、《中国统计年鉴2010》,国家统计局。

第一阶段(1949~1978),主要是计划经济体制匹配下的城市化进程。尝试在计划经济体制下建立城市—农村互动关系是这一时期中国城市化实践探索的主要方向和主要特征。这一阶段又可以分为两个时期。

第一时期(1949~1957)。新中国的成立结束了多年战乱的局面,为工业化、城市化的发展创造了良好的宏观环境;由于多种经济成分并存和高度集权的经济体制尚未建成等因素,在这一时期,个人仍具有较充分的迁徙和择业自由;而国民经济的恢复和"一五"计划的实施,又创造了可观的劳动力需求,使得中国城市化和工业化水平快速上升。1949年中国城市化率为10.64%,到

---

① 岳清唐:《建国以来中国城市化思想之演进》,《贵州财经学院学报》2009年第6期。
② 张金平:《建国以来我党对中国城市化道路探索历程思考》,《山东省农业管理干部学院学报》2002年第2期。

1957年达到15.4%。这一时期党制定了过渡时期总路线，工作重心由农村转向城市，初步展开了社会主义城市体系的建设工作，提出了"工农联盟"、"城市—农村互助"等一体化发展思想，注重在社会主义城市体系建设中消除"贫民窟"现象等资本主义城市的弊端，并将建设工业城市和生产性城市作为社会主义城市建设的主要目标。可以说，这一时期中国城市化发展基本满足了人民不断增长的物质、文化需求。

第二时期（1958~1978）。随着社会主义公有制与计划经济体制的基本建立，政府主导资源配置的条件具备，其中，一项影响深远的举措就是1958年颁布的《中华人民共和国户口登记条例》，它标志着中国城乡二元管理体制正式形成。然而，随之而来的"大跃进"、"人民公社"运动，使工业增长速度与城市人口比重被盲目提高。1960年，中国城市化率为19.75%，比1957年增加了4.35%。"大跃进"导致经济结构失衡，使国民经济陷入困境，促使中央调整城市—农村政策，两千多万城市人口返乡，城市化率逐步由19.75%下降到1964年的17.5%。在1965~1978年的十余年间，政府在计划经济体制下仍然强调"城市—农村互助"，以人民公社运动为载体的农村城镇化和以"三线"建设为载体的内地城市化也推动了城市化进程。但是，由于城乡二元管理体制限制了个人的迁徙和择业自由，这种"互助"演变为政府根据其需要对城乡发展和人口流动进行强制平衡，比如进城和招工都有严格的计划指标。而"文化大革命"时期的知识青年上山下乡和干部下放劳动等一系列举措，又导致城市人口向农村回流。总的来说，这十余年城市建设虽取得了一定成就，但是表面上的"城市—农村互助"却是实质上的"逆城市化"，造成十余年间的城市化水平徘徊不前，城市化率一直围绕17.5%的水平线波动，明显落后于工业化进程。

第二阶段（1979年至今），是有限的市场经济体制匹配下的城市化进程。改革开放开始了计划经济向市场经济的转型，但是由于市场培育和发展完善需要一个过程，加之计划经济体制遗留的城乡二元管理体制及其土地制度并未被突破，因此仅形成了一种有限的市场经济体制匹配。它虽然加速了中国城市化进程，但同时也引发了诸多社会问题。这一阶段也可以划分为两个时期。

第一时期（1979~2002）。随着1979年农村经济体制改革和1984年中国进入以城市为中心的经济体制改革的逐步展开，市场配置资源的功能逐步加强，推动了中国城市化率保持快速平稳上升的态势。1979年中国城市化率尚不足19%，2002年则达到了39%。1980年制定的"控制大城市规模，合理发展中等城市，积极发展小城市"的城市化发展方针成为这一时期城市化发展的指导思想，对人口流动的限制也逐步放松，乡镇企业的异军突起又为农村工业化和农村城市化提供了动力，产生了"离土不离乡"的城镇化模式。然而，随着中国城市经济发展加快，区域经济发展差距的拉大和乡镇企业在规模生产、环境保护等方面劣势的逐步显现，乡镇企业发展势头受到抑制，"离土不离乡"模式也就走到了尽头。于是，以庞大的农民工"盲流"为表现的"离土又离乡"模式，又成为中国城市化进程中的一种奇特现象。显然，无论是发展乡镇企业和小城镇以促进农村城市化的"离土不离乡"的城镇化模式，还是以农民工"盲流"为表现的"离土又离乡"的城市化模式，都是改革进程中逐步发育成熟的市场机制与城乡二元管理体制之间矛盾不断发展的必然产物。

第二时期（2003年至今）。由于20世纪90年代中国国有企业和城市经济改革逐步深入，进入21世纪后中国市场机制也渐趋完善，国民经济步入伴随结构转换的又一轮快速增长期，城市化水平也随之快速提升。2003年中国城市化率为40.5%，2010年则上升至近50%。这一时期，以城市为中心的区域经济发展战略的实施，使中心城市、大城市为核心的城市群逐渐兴起，这不仅使中国流动人口规模继续扩大，并成为庞大的集聚城市的"暂住人口"群体，而且使新生代农民工也逐渐成为流动人口的主体。除此以外，持续的大规模农村人口向城市迁徙，也是造成农村"空巢"和"三农"问题的重要原因。应该说，党与政府早就意识到这个问题，2003年就提出了"科学发展观"和"五个统筹"，以为探索适合中国国情的可持续发展城市化道路提供指导。同时，政府在土地流转、户籍制度改革和城乡一体化社会保障体系建设等方面的试验也取得了一些进展。但是，计划经济时期形成的城乡二元管理体制不只是一个简单的"户籍"问题，更是一个在文化教育、卫生医疗、就业收入和社会保障等方面人为制造差异的社会问题。与计划经济体制匹配的城乡二元管理体制一直延续至今，不仅使劳动力要素虽可在地域上实现流动却不能变更其职业身份，而且与之相匹配的土地制度还阻碍了土地要素的市场配置，使市场的资源配置功能严重受限而成为有限市场经济体制。这种制度安排的缺失，不仅使中国仍未形成理想的城市—农村互动关系，而且形成一种有违人道的城乡分割关系，严重制约着中国城市化的可持续发展。这是今后需要探索破解的难题，也是笔者将这个没有完结的时期划分出来的原因。

（二）当前中国城市化进程中的突出问题

当前中国城市化进程中较为突出的问题主要表现为以下两个方面。

首先，中国城市化进程中人与自然之间的矛盾正日益凸显。目前，城市化率每提高一个百分点须有超过1300万的农村人口转变为城市人口，城市规模的扩大在所难免。但中国又是一个人均资源占有量较低且生态环境较脆弱的国家，快速的城市化进程已经对中国可持续发展产生了极大的压力。一方面，城市化导致人均资源占有量进一步降低。中国城市建设过程中一直存在重复建设和铺张浪费的问题，这使得原本就不丰腴的资源储量变得更加捉襟见肘。以耕地资源为例，中国耕地面积已由2001年的19.14亿亩下降至2008年的18.2574亿亩。如图2所示。除非中国能走出一条集约化的城市化道路，否则将难以守住18亿亩耕地的"红线"，从而对中国粮食安全产生非常不利的影响。另一方面，城市化导致生态环境压力增大。现有城市消费模式对生态环境的破坏程度远大于传统农村消费模式，快速城市化进程导致各种污染物的排放量迅速增加，给生态环境保护工作带来了巨大压力和挑战。

以北京私家车为例，2009年北京私人汽车拥有量突破300万辆，比2008年净增长52万辆，增幅约为21%，给生态环境保护带来了不小的压力。我国只有探索出一条环境友好型的城市化道路，才能在加快城市化进程的同时实现生态环境的可持续发展。

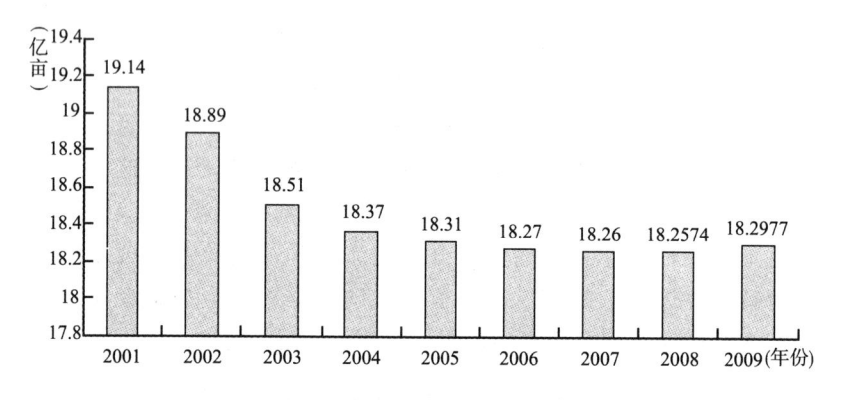

图2 我国耕地面积变化情况（2001~2009）

资料来源：《2008国土资源公报》、《2009国土资源公报》，国土资源部。

其次，中国城市化进程中人与人之间的矛盾正愈加复杂。在农村文明向城市文明的快速转型过程中，出现了旧的矛盾尚未解决、新的矛盾又接踵而至的尴尬局面。一方面，城市内部矛盾情况复杂。以市场为导向的城市化进程，虽较好解决了计划经济时期企事业单位人浮于事、隐性失业的问题，但未能有效解决住房紧张（如表1所示）、教育医疗等一些较为突出的民生问题。保障性住房、医疗卫生、教育培训等公益性基础设施建设的相对滞后，制约了城市居民生活舒适度的提升，更违背了城市化道路选择的初衷。另一方面，城乡矛盾亟待解决。尽管市场化改革已有三十余年历史，但城乡收入差距非但没有显著缩小，反倒有不断扩大的趋势。如图3所示。这种情况不仅不利于国民经济的可持续发展，也不利于社会的可持续发展。另外，社会管理体制改革进程的相对滞后，致使大量在城市生活多年的进城务工人员仍无法享受与城市常住居民同等的社会福利待遇，中国已形成了一个特殊的社会弱势群体——农民工群体。对农民工群体来说，农村无法为他们提供充足的工作与发展机会，城市也因种种原因不愿意为他们提供更广阔的上升发展空间。游离在城市与农村边缘的农民工群体若长期得不到社会关怀，则不利于社会福利水平的提升，更不利于人的可持续发展。

表1 中国城市房价收入比（1993~2009）

年份	住宅销售面积（万平方米）	住宅销售金额（万元）	城市人均住宅建筑面积（平方米）	城镇平均每户家庭人口（人）	人均可支配收入（元）	房价收入比
1993	6035.19	7291913	15.2	3.31	2577.4	7.1395134
1994	6118.03	7305208	15.7	3.28	3496.2	5.3585546
1995	6787.03	10240705	16.3	3.23	4283.0	5.7388265
1996	6898.46	11069006	17.0	3.2	4838.9	5.6470869
1997	7864.30	14075553	17.8	3.19	5160.3	6.1668332
1998	10827.10	20068676	18.7	3.16	5425.1	6.3754444
1999	12997.87	24137347	19.4	3.14	5854.0	6.1604481
2000	16570.28	32286046	20.3	3.13	6280.0	6.2827571
2001	19938.75	40211543	20.8	3.1	6859.6	6.1152955
2002	23702.31	49578501	22.8	3.04	7702.8	6.1886844
2003	29778.85	65434492	23.7	3.01	8472.2	6.1468266
2004	33819.89	86193667	25.0	2.98	9421.6	6.762675
2005	49587.83	145637616	26.1	2.96	10493.0	7.3053207
2006	55422.95	172878070	27.1	2.95	11759.5	7.1883748
2007	70135.88	255658111	28.0	2.91	13785.8	7.403642
2008	59280.35	211960034	28.3*	2.91	15780.8	6.4121215
2009	86184.89	384328951	30.0*	2.89	17174.7	7.7894237

注：1. 根据国际通用标准，合理的房价收入比为3~6。
  2. 带"*"号的数值均是根据住房建设部披露相关数据得到的估计值。
资料来源：《新中国六十年统计资料汇编》、《中国统计年鉴2010》，国家统计局。

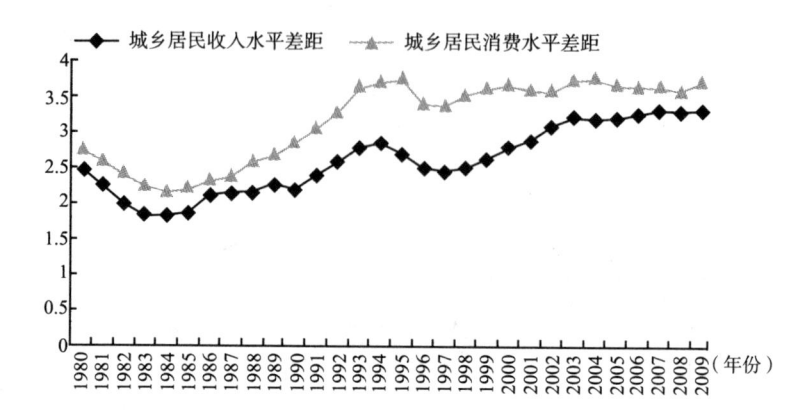

图 3　我国城乡居民收入水平差距和消费水平差距

资料来源:《新中国六十年统计资料汇编》、《中国统计年鉴 2010》,国家统计局。

(三) 中国城市化进程出现问题的深层原因

中国城市化进程中出现的一系列问题,归根结底是城市化道路选择失误造成的。其深层原因来自两个方面。

一是制度匹配缺陷,即城乡二元管理体制的存留。在保留城乡二元管理体制及相应的土地制度的前提下,无论是通过"控制大城市规模,合理发展中等城市,积极发展小城市"的城市化模式,还是通过以城市群带动小城镇化来实现城市化的发展战略选择,必然伴随着人口流动、土地供应等方面进行的管制。不恰当的管制行为,不仅使市场资源配置功能严重受限,还会导致寻租和垄断现象以及其他社会问题,造成社会福利的损失。这是中国城市化进程出现各种问题的制度原因。

二是城市发展理念的异化。不同的发展理念决定不同的道路选择,城市化在现象上表现为人口、用地和经济、文化模式由农村型转向城市型的过程和趋势,其实质则是人们基于福利追求的福利增进过程。现实中,一些城市管理者决策的依据不是城市居民的实际需要,不是考虑民生,而是"商业主义"的唯利是图原则，城市发展理念出现异化。① "城市—农村"系统不能为城乡居民提供充足的生态、经济和社会环境资源，却成为城乡居民实现其福利最大化目标的障碍，直接造成了社会福利水平的损失。长此以往，变革生产方式（特别是变革生产关系，甚至变革上层建筑）以重构"城市—农村"系统的利益诉求就会逐渐积累。当"城市—农村"系统的内部矛盾积聚到一定程度时，多数福利追求者将支持或参与生产方式的变革过程。因此，可以说城市发展理念的异化是导致中国城市化进程出现各种问题的根本原因。西方发达国家城市化进程中出现的城市病以及后期的解决与转型，证实了城市发展理念的决定性作用。

三 可持续发展城市化道路及其制度支撑体系的构建

可持续发展城市化道路，是在一定制度匹配下，通过"城市—农村"系统的演化实现个人和社会福利水平的同步增进，实现生态、经济和社会三种环境资源共同积累，最终促进人的可持续发展的发展路径。离开有效的制度匹配，可持续发展的任何实践行动都将步履维艰。② 当前，城乡二元管理体制及其相应的土地制度导致劳动力、土地等生产要素不能自由流动，使得市场经济体制难以有效配置资源，已成为实现城市化进程可持续发展的最大障碍。要构建可持续发展的城市化道路，就必须从根本上突破城乡二元管理体制，通过制度创新形成与市场经济体制相匹配的城市化制度安排。只有当资本、劳动和土地等生产要素能够自由流动之时，市场经济体制才能发挥其资源配置方面的基础性作用，

---

① 克利福德·科布：《走向可持续城市化的经济学》，《求是学刊》2007年第6期。
② 王树春、王俊：《论可持续发展的必要制度约束——基于全球化视野的思考》，《经济危机与可持续发展：政治经济学研究报告12》，社会科学文献出版社，2011。

二元经济结构才能转变成一元经济结构,城市化道路选择才能走上可持续发展路径。这就意味着必须构建可持续发展城市化道路制度支撑系统,以此来支撑可持续发展城市化道路的顺利推进。可持续发展城市化道路制度支撑体系是一项系统性工程,应当由以下六个子系统组成。如图4所示。

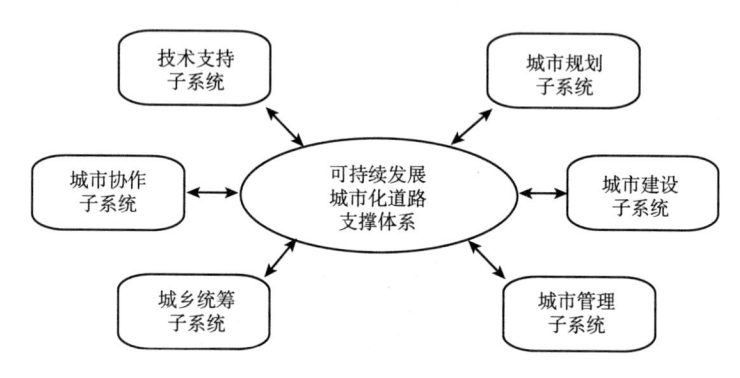

图4 可持续发展城市化道路支撑体系

(一) 技术支持子系统

技术进步是推进可持续发展城市化的根本动力。政府应在技术支持子系统中设计相应的制度安排,加快技术研发与推广工作,为可持续发展城市化建设提供技术支持。技术进步是加快生产力发展、推动生产方式变革的基础。只有变革生产方式,才能实现由传统城市化道路向可持续发展城市化道路的转型。加快发展高容积率城市建筑技术、高效率城市交通系统、高产出率现代绿色农业等新兴技术,促进城乡一体化,是实现可持续发展城市化的出路所在。

(二) 城市协作子系统

加强城市协作是实现可持续发展城市化的重要措施。每个城市都有各自的比较优势和比较劣势。只有加强城市协作,建设合理的城市体系,实现大、中、小城市的优势互补、扬长避短,才能实现各协作城市的共同进步，形成合理的城市群及其相应的经济圈，加快可持续发展城市化进程。城市病问题归根结底是因为城市化进程中未形成合理的城市体系，从而导致城市间缺乏有效的协作关系。为此，建设城市协作子系统，应当改革行政管理体制，消除地方保护主义，实现各种生产要素的自由流动，使城市群中所有城市都能充分发挥各自的比较优势。政府应在城市协作子系统中建立各协作城市相关管理部门的联动协商机制，在城市规划、城市建设和城市管理等方面实现无缝对接。

（三）城乡统筹子系统

城乡统筹发展是实现可持续发展城市化的重要保障。城乡统筹子系统的制度设计应服从两个目标：一是确保从农村进入城市的新市民能够顺利融入城市生活；二是确保留在农村的居民也能享受到城市居民可享受的各项公共服务。要实现这两个目标，政府应坚持同步实施可持续发展城市化与社会主义新农村建设战略，顺应城乡一体化发展趋势，形成和谐的城乡关系。为此，我们必须抵制将城市病问题归咎于农村人口流入的错误观点，坚定不移地改革户籍管理制度，创新土地流转制度，消除阻碍城乡人口自由流动的因素。只有以户籍制度改革为突破口，打破城乡二元管理体制，才能真正建立起市场经济体制下的城乡良性互动关系。

（四）城市规划子系统

科学城市规划是实现可持续发展城市化的必然要求。只有城市规划科学合理，才能兼顾个人与集体、当代人与后代人的利益，才能保证不偏离可持续发展的城市化道路。为此，政府应将以人为本的理念作为城市规划的出发点，坚决摒弃以土地转让收入最大化为目标的城市规划思路，从源头上彻底杜绝重复建设、大拆大建等与可持续发展要求不相符的现象。政府应当在城市规划子系统中建立健全城市规划的执行检查机制，以科学的城市规划方案为原则，取缔违反城市规划方案的违章建设行为。

(五) 城市建设子系统

城市建设是实现可持续发展城市化的关键环节。可持续发展城市建设的目标是为改善城市居民工作和生活环境服务，为促进人的可持续发展服务。科学合理的城市建设不仅要完成改善城市环境的基本任务，更要突出城市特色，提高城市文化品位。在城市建设过程中，政府还应转变观念，加快改革步伐，减少政府财政对土地转让收入的过度依赖，保证政府立场的中立性。当城市建设遇到农地征用、住房拆迁等利益纠纷时，政府应遵照相关法律法规行使公权力，不偏袒纠纷中的任何一方，保证纠纷各方的基本权利权益。

(六) 城市管理子系统

完善城市管理是实现可持续发展城市化的重要基础。为全体居民提供各项公共服务的能力，归根结底是由城市管理水平决定的。在人口流动规模增大、流动频率增强的新情况下，为包括流动人口在内的全体城市居民提供优质的公共服务，是对城市管理水平的严峻考验。政府应当坚持"有所为，有所不为"的城市管理原则，既要防止行政不作为现象导致城市居民生活舒适感下降，又要防止政府因对公共服务项目大包大揽而增添财政压力。政府应建立开放的城市管理体制，调动一切积极的社会力量，鼓励居民参与城市管理，加强与非政府市民团体的沟通与合作，低成本、高效率地实现各种公共服务项目的供给。

我国正处在城市化进程加速推进的重要发展阶段，也是城市化进程中各种矛盾和问题集中显现的关键时期。我国的特殊国情决定了我国不能走西方发达国家的粗放式城市化道路。在城市化稳步推进的同时，我国还应重视居民幸福感的培养和提升。因此，我们必须走可持续发展城市化道路，才能又好又快地推进我国城市化进程。

(作者单位：天津商业大学经济学院)

参考文献

[1] 谢文蕙、邓卫:《城市经济学》,清华大学出版社,2008。

[2] 王明浩、李小羽:《论中国城市化道路选择》,《城市发展研究》9卷,2003年第4期。

[3] 孟庆民、安成谋:《对中国城市化道路的新思考》,《人文地理》1996年第12期。

[4] 吴文英:《中国的城市化进程与城市发展思考》,《福建师专学报》2002年第8期。

[5] 马德祥:《科学、理性、文明——对当前城市化的思考》,《江苏建筑(增刊)》,2003。

[6] A. H. 马斯洛:《动机与人格》,许金声译,华夏出版社,1987。

[7] 王树春、王俊:《福利追求与经济转型的目标选择——以中国经济转型过程为例》,《贵州社会科学》2010年第11期。

[8] 杨升祥:《当代中国城市化的历程与特征》,《史学月刊》2009年第6期。

[9] 岳清唐:《建国以来我国城市化思想之演进》,《贵州财经学院学报》2009年第6期。

[10] 张金平:《建国以来我党对中国城市化道路探索历程思考》,《山东省农业管理干部学院学报》2002年第2期。

[11] 克利福德·科布:《走向可持续城市化的经济学》,《求是学刊》2007年第6期。

[12] 王树春、王俊:《论可持续发展的必要制度约束——基于全球化视野的思考》,《经济危机与可持续发展:政治经济学研究报告12》,社会科学文献出版社,2011。

❋ 郭 毅 丰乐明 ❋

中国的土地使用权安排、人口流动与城镇化

一 引言

尽管中国的人口迁移规模庞大,但有证据表明对劳动力流动的限制依然存在。这些限制会加剧城乡和区域差距,并降低国家的劳动生产率(Au et al.,2006)。城乡收入比作为这种差距状况的反映指标之一,Yang 等人根据其他 36 个国家的农业收入进行抽样统计,认为非农业收入与农业收入比例通常约为 1.5(Yang et al.,2003)。相比之下,从 20 世纪 80 年代初至今,中国的非农收入与农业收入比率在 2~3 之间变化。对移民的限制也增加了对农村环境的压力,导致土地退化和滥伐森林(Liu et al.,2005)。为了描述迁移障碍的根源,前期文献主要集中在对移民的"推"、"拉"因素的考察。户籍制度早已被认为是转移的主要障碍,它阻碍着农民向城市的迁移,限制农民拥有完全合法的居留权并享受全部的市民权益。Whalley 等人认为,取消户口限制将大大增加移民流动和缩小地区收入差距(Whalley et al.,2007)。另一个得到广泛认可的迁移障碍则来自劳动力市场的分割和城市居民对农民的歧视程度。例如,Meng 等人发现行业分割的重要证据(Meng et al.,2001),陆铭等人强调城乡偏向和产业分割(陆铭等,2004)。

其中一些可能也可以归因为户籍制度（Lu et al.，2006）。由于意识到因户籍限制给劳动力流动所带来的不平等、经济效率与农村环境等问题，中国政府已经开始了以户籍制度为主体的改革措施。这些改革将取消对移民的限制，促进劳动力流动，并随着时间的推进逐渐减少工资差距。不过，如果政府仅仅放宽对户籍限制的监管，而其他障碍依然存在，则劳动力流动性仍难增加。本文特别考察是否把农村土地使用权作为一个进一步约束移民的因素。本文主要集中于对农村向城市迁移的土地因素的文献发掘，从中获得历史性启示并发现该领域值得进一步研究的问题，并有助于填补土地权利对家庭迁移决策影响相关研究文献。

中国有一套自己独特的农地和林地的土地使用权制度。村集体拥有土地，但个别的家庭都有固定的长期合同，独立从事生产活动。随着时间的推移，这些土地在使用权性质上更接近私人财产，且因较长期的合同减少了土地重新分配的频率，增加了把土地租给别人的可能性。然而，这个过程并不完整，关于这种举措有多大的实际影响以及在何种程度上需要进一步改革等问题依然存在（Deininger et al.，2007）。此外，由于政府不断地征用土地用于城市扩张和基础设施建设，已经损害了土地使用合同的有效性（Ding，2007）。目前，对土地使用权改革的分析主要集中在农村土地使用权对投入产出的影响（Carter et al.，1999；Deininger et al.，2003；Jacoby et al.，2002）。本文的第二个重要贡献是提出一种对过去土地使用权的替代方式，这种替代方式可能影响家庭福利和经济生产能力。总之，本文认为目前农村产权制度对当前的家庭迁移决策起着特别的影响。

根据 Besley 关于土地权和投资决策之间关系的描述（Besley，1995），本文从土地管理安排在全国范围内移民决策的影响中得出两个结论。首先，移民意味着减少家庭成员数量，也伴随着征地风险。因此，在中国现行农村土地使用权体制下，移民可能诱发一些家庭的土地再分配，以维护土地占有数量的公平（Rozelle et al.，1999）。其次，土地权利交易的发展也在一定程度上鼓动着移民。人们获得土地租赁能力，而降低了因失去农业劳动力带来的机会成本。Katrina 等人的调查数据分析表明，现有土地使用方式对过去产权安排的背离，转向具有市场经济的特征（从而缓解迁移限制），可能在移民问题上产生实际的负面效应（Katrina，2010）。

二 中国人口流动的决定因素及影响

有证据表明，中国人口流动的限制有多个负面影响。首先，在国家层面，AU 等人发现，中国正处于"城镇化的前夜"（under-urbanized），还有大量经济潜力可以发掘。因此，他们估计全国至少 35% 的地级市中拥有潜在生产力（AU et al., 2006）。出于对这些潜在生产能力的考虑，Yang 和 Whally 等人将中国城乡差距不平等归因于对人口流动的限制（Yang et al., 2003；Whally et al., 2007）。其次，在个体家庭层面，Taylor 和 Du 等人发现，通过增加收入以及放宽对信贷与流动性的限制，人口流动能显著降低农村地区的贫困状态（Taylor et al., 2003；Du et al., 2005）。最后，限制人口流动对当地环境也会造成显著影响。由于中国农村土地管理的缺乏与低效，林木采伐、农地开垦、草地转换和农地的过度垦殖已经导致森林遭受毁灭性破坏（Xu et al., 2006；Zhang et al., 2000）。反过来这又导致土壤侵蚀、洪灾、山崩、干旱、沙尘暴以及生物多样性破坏等自然灾害而带来的损失（Liu et al., 2005；Wang et al., 2007）。中国政府正在积极尝试通过诸如退耕还林及天然林保护工程等方案，转变对农耕用地的低效管理（Bennett, 2008；Zhang et al., 2000）。然而，如果没有农村地区的经济发展或者向城市的人口移动，就会限制这些方案的长期效果，其激励机制无法发挥作用的局面也难以改变。我们要区别对待土地使用政策对农业和森林用地产生的影响，因为它们二者潜在的对环境的影响并不相同。

Harris 等人根据迁移决策一般模型建立了体现农村收入和期望城市收入之间差异的函数，该差额函数表示为个体型流动

(the individual migrant)（Harris et al.，1970）或家庭派出型流动(the migrant-sending household)（Stark，1978；Stark et al.，1985）。这个基本模型可以受到其他影响成本或移民利益的因素的调节，如土地因素、交通成本、城市生存支出、风险规避成本、非货币成本及收益。

土地使用权对迁移的影响受到全世界研究者的关注。而且，这已经被认为是中国潜在的重要问题之一。Zhao 使用家庭调查数据测试了永久性收入假说，发现家庭把移民补贴视为暂时性收入，并且只消耗额外收入的一小部分（Zhao，1999）。基于类似的证据，由于中国特有的农地使用制度安排，中国的农村向城市的移民相比其他国家被认为更可能是暂时性迁移（Yang，1997）。这是因为如果他们永久迁移，家庭就存在丧失农地使用权的风险，这将在某种形式上失去未来的收入而产生额外成本，但该假说还未经过实证检验。其他研究中国相关问题的理论工作中还存在如下观点，如各种市场约束（Groom et al.，2010；Uchida et al.，2009）和农产品配额与税收也可能会影响迁移决策等（Rozelle et al.，1999；Fleisher et al.，2006；Zhao，1999）。

以往对移民决定因素的实证研究还发现：没有政治背景的年轻单身成人更趋向流动，男性比女性流动更频繁，以及拥有的农地数量跟流动可能性成反相关等（Rozelle et al.，1999；Zhao，1999；Zhao，2005），教育和收入也会产生影响（Zhao，2005）。然而 Rozelle 等人发现，来自贫困乡村的农民更倾向于流动（Rozelle et al.，1999）。Zhao 还发现，早期拥有大量现金降低了迁移的可能性（Zhao，1999）。由于农村社会保障的不完善，老人健康问题也降低了成年子女外出的可能性（Giles et al.，2007）。Rozelle 等人还探讨了村级机构包括产权和土地转让权利的安全性、信贷获取程度及农民是否得到玉米产量配额对人口流动的影响，他们发现，生产配额和土地使用保障并不重要，反而是土地租赁和信贷获取能力对迁徙起着推动作用（Rozelle et al.，1999）。

三 土地使用权在人口流动决策中的作用

(一) 中国的农村土地使用权

农地和林地在中国被描述为"准私有"（quasi-private）财产权利（Kung，2002）。虽然自20世纪80年代以来农村家庭作为个体单位拥有土地使用权，但这些权利是不完全的。Liu等人列举了中国农村土地大体存在四个方面的土地权利：剩余收益权、支配使用权、安全权、占有和转让权。本文的农村土地使用权主要指后两个。由于20世纪80年代以来整体产权的逐步强化，剩余收益权和支配使用权观念已被相当普遍地接受。但相比之下，在有的村庄，安全、占有和转让权仍然存在很大差异。此外，它还保留着该土地只能被临时转移（例如通过租赁协议），而不是直接出售的情况。这将在一定程度上限制土地用于为迁移筹得资金或作为获得信贷的质押物。

农村土地家庭联产承包责任制（HRS）的管理体制，是通过以家庭为单位分配土地使用权。在这个制度下的土地仍是集体所有，但分配之后各农户可以自行选择如何耕种。家庭联产承包责任制推行伊始，土地不得转让，并由村领导酌情定期重新分配。重新分配是依据人口变化和新家庭的形成而进行的。2002年起实施的农村土地承包法（RLCL），目的在于依据30年土地使用合同强化家庭的安全占有权，不允许土地大规模重新分配并限制小规模重新调整，但允许农户之间的土地转让（李平，2003）。然而，尽管如此，仍有迹象表明农村家庭仍然面临着土地重新分配的风险，Deininger等人发现在现有农村土地承包法之下，土地分配没有技术性保障。他们发现，在他们获得的中国800个村庄的8000农户样本中，2002~2004年有约1/3的农户经历了土地重新分配（Deininger et al.，2003）。Tao等人也有类似的发现，尽管引进了农村土地承包法，但是土地重新分配仍在继续（Tao et al.，2007）。

土地被城市扩张和基础设施建设征用的风险，加剧了农村土地联产承包责任制下农地使用权安全得不到保障的状况（Tao et al.，2007）。经济的快速发展，人口的高度密集，已经创造了城市扩张和基础设施项目对农村土地的高需求。这使得强制征用土地条款因其补偿不足虽遭到大量社会舆论质疑（guo，2001），但却仍然被广泛使用的状况出现（Chen，2003）。2004年中国修宪时补充了一个私有财产可被征用条款，但它必须是处于"公共用途"，而征用者必须提供"公正"补偿（Liu，2005）。然而，实际上地方政府有权决定"公共用途"的定义，同时他们有强烈的动机征用土地用于城市开发，因为一旦被指定为从农村扩展为城市的地块，这些土地可以高价出售给私人开发商而增加地方财政收入（Deininger et al.，2007）。戴俊骋用新的方法分析了中国征地和补偿制度存在的缺陷，得出的结论是引进第三人代理公共利益和土地利益可以弥补两种利益的缺失，保障农民利益（戴俊骋，2008）。张静尝试对中国土地使用规则不能确定的原因进行解释，他认为目前多种土地规则在实践中通过力量竞争被选择使用，这个选择过程使土地事件政治化，最后导致根据利益竞争对规则进行取舍，并且"允许"利益政治进入法律过程，土地使用规则随着利益、力量的变动而不确定（张静，2003）。此外，在充分成熟市场经济中，"公正"补偿的概念是与土地市场价值相联系的；但在中国农村，即使可能实现市场化，由于土地产权界定不明与市场功能缺乏，因此，它很难发挥作用（Ding，2007）。

除了土地使用得不到保障的问题存在，土地转让市场也持续疲软。土地流转不影响住户与村集体合同的技术认可程度，但须照会村干部。然而，尽管在2002年土地使用改革放宽了土地使用权租赁，Deininger等人仍发现，土地流转合同仍然是非正式甚至是不成文的，并经常是在亲属之间发生。在一个土地再分配和土地转让的案例中，依据《中华人民共和国农村土地承包法》，合同未完全执行的因素之一就表现为村民对国家规定缺乏认识。他们发现，虽然当地政府和村领导广泛宣传了有关法律，但只有

21%的村干部知道土地允许转让,近半数的村干部和家庭知道土地不再允许重新分配(Deininger et al.,2007)。以林地为例,使用权得不到保障的另一个原因还在国家天然林保护项目的实施,一个禁止林木砍伐的工程,它本来只适用于国有土地。然而,它现已扩大至集体所有的土地范围,包括"取走"那些本来相当于拥有土地使用权的集体与农户的产权。(Katsigris, 2002; Miao et al., 2004; Shen, 2001; Zuo, 2002)。

(二)土地使用权对家庭迁移决策的影响

根据前面关于土地使用权安排对农户从农村迁移决定产生影响的方式,笔者认为可能存在两条影响移民的途径。

首先,土地使用权和劳动分配决策之间是否有关联,人口流动是否导致了土地征用风险的增加,即土地使用保障是否被降低。由于农村土地匮乏和《农村土地承包法》未得到良好执行,这可能诱发一些农户进行土地再分配以维持土地占有公平(Deininger et al., 2007),而这会进一步刺激地方征用土地用于城市扩张和基础设施(Tao et al., 2007)。人口迁移还意味着家庭规模的减小。在这种情况下,一个家庭将不得不考虑是否让现有劳动力流出,因在今后一个时期家庭规模的减小可能会增加土地被征用的风险。风险增加产生的影响可被视为一个类似于农业税对移民的影响,因而降低了流动的可能性。

然而,我们也考虑到一个可能的结果,即对于所有农户而言,土地权利发展也许会使土地征用的整体风险降低。这里,土地权利的发展也会对人口流动产生两方面反面影响。征地可能性的降低对移民而言类似于税收的降低,这会进一步推动人口流动。然而,由于土地和农业劳动力的互补性,这种积极效应会被负面效应所抵消。土地征用概率的整体下降意味着家庭将保有更多的土地,并在其上保留必要的农业劳动力和降低对移民的影响。相反,土地高征用率又会相对提高对流动人口的经济回报。因此,通过我们的简单分析可以发现,与土地权利发展相联系的土地使用安全性的增加,可能会对人口流动产生积极或消极的影响。

其次，家庭是否拥有土地租赁的权利，换句话说，即他们是否拥有土地交易权。李成贵认为目前土地转让形式包括转包、转让、出租和入股等多种形式（李成贵，2007）。如果土地不能转让，因人口迁移造成的劳动力不足将导致农地产出下降，这意味着迁移带来的机会成本。然而，如果土地可以出租，土地的边际生产率将总会等于土地出租率，同时劳动的边际生产率也将与非农业工资率达到均衡状态。由于租地权的扩大，迁移的机会成本将会降低，从而导致较高的移民率。

四 结论、启示及进一步可研究的问题

本文在文献整合分析基础上，考察了农村土地使用权安排对中国城镇化过程中人口流动的作用。虽然很少有研究涉及土地使用权和人口流动，但是我国农业不寻常的土地产权结构使得一些人认识到这可能会影响中国劳动力的流动性（Yang，1997；Zhao，1999）。

综上所述，笔者认为，提高土地租赁权对城镇化产生了明显的积极促进作用；而土地使用权保障的增强会对城镇化产生非对抗性的消极影响。这是由于降低了对流动劳动力的非显性税收，征地风险降低刺激着移民增长，而土地和劳动力之间的互补性也使得推动人口流动的因素在减少。打破过去对土地产权不明晰对人口流动限制的瓶颈，对于中国城镇化而言是一个重要的历史过程。本文特别关注使用权无保障、不安全或土地租赁限制对人口流动形成的限制。这是因为更低的土地征用风险会引致人口流动推力增加；而如果不发生土地征用，家庭可以管理更多的土地，人口流动推力就会减少。因此，改进土地交易权理论的作用毋庸置疑。实践证明，当土地租赁权完整时，土地使用权保障程度就越高，从而促进城镇化，而对土地租赁的限制效果则正好相反。

由于中国仍处于社会转型期，市场、政治、行政制度与劳动

者能力在推进农村土地权改革、人口流动、城镇化转移过程中必然会遇到各种制度性障碍。要破除这些制度性障碍，促进劳动力有序、顺利转移，则离不开政府管理模式的改革与转型。李芝倩就认为应从劳动力市场分割的减轻、社会保障体系的完善、土地城镇化和土地流转制度的改进等方面着手（李芝倩，2007）。

农村劳动力迁移与流动存在本质的区别，迁移才是最终目标，是提高城市化的重要途径。中国关于土地使用权、城乡一体化过程中人口流动的制度变迁，必须考虑农民无法获得完全土地所有权、土地使用无长期保障等问题的原因所在，以及在解决供需双方土地流转后的经营及收益问题。这从另外一个侧面说明，除了各种因素之间仍然存在交错影响外，以后的实证研究还需要克服多重共线形和内生性问题。

（作者单位：北京工商大学经济学院）

参考文献

[1] Au, C. C. and Henderson, J. V., "How Migration Restrictions Limit Agglomeration and Productivity in China", *Journal of Development Economics*, Vol. 80, No. 2, 2006, pp. 350 – 388.

[2] Bennett, M. T., "China's Sloping Land Conversion Program: Institutional Innovation or Business as Usual", *Ecological Economics*, Vol. 65, No. 4, 2008, pp. 699 – 711.

[3] Besley, T., "Property Rights and Investment Incentives: Theory and Evidence from Ghana", *The Journal of Political Economy*, Vol. 103, No. 5, 1955, p. 35.

[4] Carter, M. R. and Yao, Y., "Specialization Without Regret: Transfer Rights, Agricultural Productivity and Investment in an Industrializing Economy", *World Bank Policy Research Working Paper*, 1999, No. 2202.

[5] Deininger, K. and Jin, S., "The Impact of Property Rights on Households'

Investment, Risk Coping, and Policy Preferences: Evidence From China", *Economic Development and Cultural Change*, Vol. 51, No. 4, 2003, pp. 851 – 882.

[6] Deininger, K., Jin, S. and Rozelle, S., "Dynamics of Legal Change in a Decentralized Setting: Evidence from China's Rural Land Contracting Law", *World Bank Policy Research Working Paper*, 2007, No. 3981.

[7] De'murger, S. et al., "Migrants as Second-Class Workers in Urban China? A Decomposition Analysis", *Journal of Comparative Economics*, Vol. 37, No. 4, 2009, pp. 610 – 628.

[8] Ding, C., "Policy and Praxis of Land Acquisition in China", *Land Use Policy*, Vol. 24, No. 1, 2007, pp. 1 – 13.

[9] Du, Y., Park, A. and Wang, S., "Is Migration Helping China's Poor", *Journal of Comparative Economics*, Vol. 33, No. 4, 2005, pp. 688 – 709.

[10] Fleisher, B. M. and Yang, T. D., "Problems of China's Rural Labor Markets and Rural – Urban Migration", *Chinese Economy*, Vol. 39, No. 3, 2006, pp. 6 – 25.

[11] Giles, J. and Mu, R., "Elderly Parent Health and the Migration Decisions of Adult Children: Evidence From Rural China", *Demography*, Vol. 44, No. 2, 2007, pp. 265 – 288.

[12] Groom, N. et al., "Relaxing Rural Constraints: A 'Win-Win' Policy for Poverty and Environment in China", *Oxford Economic Papers*, Vol. 62, No. 1, 2010, pp. 132 – 156.

[13] Harris, J. R. and Todaro, M. P., "Migration, Unemployment and Development: A Two-Sector Analysis" *American Economic Review*, Vol. 60, No. 1, 1970, pp. 126 – 142.

[14] Jacoby, H. G., Li, G. and Rozelle, S., "Hazards of Expropriation: Tenure Insecurity and Investment in Rural China", *American Economic Review*, Vol. 92, No. 5, 2002, pp. 1420 – 1447.

[15] Katsigris, E., "Local-level Socioeconomic Impacts of the Natural Forest Protection Program", In J. Xu, E. Katsigris and T. A., "White (Eds.), Implementing the Natural Forest Protection Program and the Sloping Lands Conversion Program", *China Council for International Cooperation on Environment and Development*, 2002.

[16] Kung, J. K., "Choice of Land Tenure in China: The Case of a County

with Quasi-Private Property Rights", *Economic Development and Cultural Change*, Vol. 50, No. 4, 2002, pp. 793 - 817.

[17] Liu, C., "Informal Rules, Transactions Costs, and the Failure of the Takings Law in China", *Hastings International & Competition Law Review*, No. 29, 2005, p. 1.

[18] Liu, S., Carter, M. R. and Yao, Y., "Dimensions and Diversity of Property Rights in Rural China: Dilemmas on the Road to Further Reform", *World Development*, Vol. 26, No. 10, 1998, pp. 1789 - 1806.

[19] Lu, Z. and Song, S., "Rural - Urban Migration and Wage Determination: The Case of Tianjin, China", *China Economic Review*, Vol. 17, No. 3, 2006, pp. 337 - 345.

[20] Meng, X. and Zhang, J., "The Two-Tier Labor Market in Urban China Occupational Segregation and Wage Diff Erentials between Urban Residents and Rural Migrants in Shanghai", *Journal of Comparative Economics*, Vol. 29, No. 3, 2001, pp. 485 - 504.

[21] Miao, G. and West, R. A., "Chinese Collective Forestlands: Contributions and Constraints", *International Forestry Review*, Vol. 6, No. 3/4, 2004, pp. 282 -298.

[22] Ping Li and J. D., "Rural Land Tenure Reforms in China: Issues, Regulations and Prospects for Additional Reform", *Land Reform, Land Settlement and Cooperatives*, Vol. 3, 2003, pp. 59 - 72.

[23] Rozelle, S. et al., "Leaving China's Farms: Survey Results of New Paths and Remaining Hurdles to Rural Migration", *The China Quarterly*, Vol. 158, 1999, pp. 367 - 393.

[24] Shen, M., "How the Logging Ban Affects Community Forest Management: Aba Prefecture, North Sichuan, China. In Policy Frameworks for Enabling Successful Community-Based Resource Management Initiatives", *East-West Center*, 2001.

[25] Stark, O., "Economic - Demographic Interactions in Agricultural Development: The Case of Rural-to-Urban Migration", *Food and Agriculture Organization of the United Nations (FAO)*, Rome, 1978.

[26] Tao, R. and Xu, Z., "Urbanization, Rural Land System and Social Security for Migrants in China", *Journal of Development Studies*, Vol. 43, No. 7, 2007, pp. 1301 - 1320.

[27] Taylor, J. E., Rozelle, S. and de Brauw, A., "Migration and Incomes in Source Communities: A New Economics of Migration Perspective from China", *Economic Development and Cultural Change*, Vol. 52, No. 1, 2003, pp. 75 – 101.

[28] Wang, X. et al., "Estimating Non-Market Environmental Benefits of the Conversion of Cropland to Forest and Grassland Program: A choice modeling approach", *Ecological Economics*, Vol. 63, No, 1, 2007, pp. 114 – 125.

[29] Whalley, J. and Zhang, S., "A Numerical Simulation Analysis of (Hukou) Labour Mobility Restrictions in China", *Journal of Development Economics*, Vol. 83, No. 2, 2007, pp. 392 – 410.

[30] Yang, T. D. and Cai, F., "The Political Economy of China's Rural – Urban Divide. In N. C. Hope, et al. (Eds.), How far Across the River? Chinese Policy Reform at the Millennium", *Stanford University Press*, 2003.

[31] Zhao, Y., "Leaving the Countryside: Rural-to-urban Migration Decisions in China", *American Economic Review*, Vol. 89, No. 2, 1999, pp. 281 – 286.

[32] Zhao, Z., "Migration, Labour Marketflexibility, and Wage Determination in China: A review", *The Developing Economies*, Vol. 43, 2005, pp. 285 –312.

[33] 戴俊骋:《中国征地和补偿制度的 E-R 模型分析和重建》,《中国土地科学》2008 年第 9 期。

[34] 胡枫:《中国农村劳动力转移的研究:一个文献综述》,《浙江社会科学》2007 年第 1 期。

[35] 李成贵:《土地流转势在必行》,《时事报告》2007 年第 9 期。

[36] 陆铭、陈钊:《城市化、城市倾向的经济政策与城乡收入差距》,《经济研究》2004 年第 6 期。

[37] 李芝倩:《中国农村劳动力流动的要素配置效应研究》,《生产力研究》2008 年 第 23 期。

[38] 张静:《土地使用规则的不确定:一个解释框架》,《中国社会科学》2003 年第 1 期。

□ 黄 锟 □

农村土地制度对新生代农民工市民化的影响

在城乡分割体制下,中国的土地制度具有典型的二元特征。① 这种典型的城乡二元土地制度对新生代农民工市民化具有显著的影响,成为阻碍新生代农民工市民化的重要制度障碍。本文分析了作为城乡二元土地制度重要组成部分的农村土地制度的主要缺陷,以及现行的农村土地制度对新生代农民工市民化的阻碍作用,最后指出基于新生代农民工市民化目的的农村土地制度创新的思路和制度设计。

一 现行农村土地制度的主要缺陷

经过 30 年的改革,农村土地制度改革取得了一定的进展,但是农村土地制度的许多问题和缺陷始终没有得到解决,这些缺陷主要表现为:产权模糊、保障功能强、价值低估、流动性差等。

---

① 张合林、郝寿义:《城乡统一土地市场制度创新及政策建议》,《中国软科学》2007 年第 2 期。

（一）产权模糊

从农村土地的所有权看，中国的《宪法》、《民法通则》、《土地管理法》、《农业法》等重要法律都明确规定，农地归农民集体所有。但是，村民委员会不是农村集体经济组织，不是经济法人，而是农村群众性自治组织，是一个抽象的、没有法律人格意义的集合群体，不能作为集体土地所有权的代表；村民小组仅仅是集体经济组织的成员，不是一级集体组织，也不能作为集体土地所有权的代表。这使得集体土地的所有权主体处于"模糊"或"虚占"的状态。从农村土地的经营权看，农地的承包经营权属于农民，但土地承包经营权属于契约规定的债权性质而不是法律赋予的物权。土地承包权的债权属性进一步模糊了农村土地的产权。集体土地产权主体的模糊性，为各级行政组织对地权进行不同程度的干预提供了可能，从而造成地权的不完整，导致了产权运行上的混乱。一些地方政府为了追求当地经济的发展，随意占地、征地，严重损害了农民的利益。

（二）保障功能强

随着人口不断地增加，人地关系的矛盾不断加深，农村土地的平均分配和频繁调整，也由于农村社会保障体系的不完善，使土地相对于农民具有福利化性质。土地不仅是生产资料，而且承担着社会保障功能。在农村人口对土地压力不断增加的条件下，土地逐渐"福利化"，即土地对农村人口的社会保障功能已经并且越来越大于其作为生产资料的功能。[①] 对于离开土地的新生代农民工来说，土地也是他们最后的生存保障，一旦他们在城镇失业或丧失了劳动能力，土地就为他们提供了可靠的就业、生活和养老保障。根据浙江省海宁市的问卷调查分析，农村土地的社会保障功能效用和就业效用分别达到农村土地总效用的 51.32% 和 17.74%，合计 69.06%，远远高于直接收益效用即经济功能

---

① 温铁军：《土地能保障农民什么》，2001年6月14日《南方周末》。

(28.70%)、财产继承效用（1.25%）、地产增值效用（0.77%）和让渡土地后重新取得的交易成本（0.22%）。①不过，随着土地收入占农民和新生代农民工家庭收入的比重下降，农民和新生代农民工家庭的无地现象和土地集中的规模经营，在一定程度上弱化了土地的保障功能，造成农民和农民工最后一道防线的虚化。②但是，土地只要具有保障的价值，不论其保障实际能力的大小，只要农民和新生代农民工的社会保障体系还没有建立起来，人们都会保留并将其作为一种就业、生活和养老的保障。

（三）价值低估

随着中国工业化、城市化的推进，越来越多的农村土地被转换成城市或工业用地，转换的唯一合法途径是土地征用。但是，由于农村土地产权的残缺、模糊，国家垄断了土地征用市场，并非是土地的供给者和土地的需求者直接进行市场交易，因而就不存在土地的供给与需求通过市场机制的作用而形成土地的均衡价格，农村土地都是以极低的价格被征用，使得农村土地价值被严重低估。因为现行有关法律规定，征收耕地的补偿费用按原土地用途产值的若干倍进行补偿，而非土地的市场价格。从理论上讲，农村土地转换为工业、城市用地，其收益可增加为10倍、100倍，甚至更多。国家一边从农民手里低价征用土地，一边高价在城市土地市场出让，二者之间有相当大的价差甚至是巨额的获利空间。实证研究结果表明，经济发达地区土地征用、土地出让和市场交易三者的价格比大约为1：10：50③。

（四）流动性差

目前，农村土地所有权形式的流动已经比较充分，尽管还不

---

① 王克强：《经济发达地区地产对农户多重效用模型及实证分析——以浙江省海宁市为例》，《中国软科学》2000年第4期。
② 梁鸿：《土地保障：最后一道防线的虚化》，《发展研究》1999年第6期。
③ 厉以宁：《改变城乡二元经济结构意义深远》，《中国经贸导刊》2004年第3期。

够规范，但是它基本上由政府垄断，属于国家行为，所以，本文所指的流动性差主要是指农村土地使用权的流转不够充分。导致农村土地使用权流转不充分的基本因素有两个：一是当前农村土地所有权主体模糊和土地承包经营权的债权性质，弱化了农民的土地流转权，增加了交易成本，使农村土地使用权流转失去了产权基础和前提；① 二是农村土地的强保障功能和价值低估、农村土地流转效益损失也在主观上弱化了农民和新生代农民工转让土地的愿望。② 在这种情况下，农民和新生代农民工不仅把土地作为解决生活资料的基本保障和必要的就业、社会保障，而且还作为可继承的财产，宁可粗放经营，甚至抛荒，也不愿轻易放弃它。据有关部门调查统计，至1990年，全国仅有不到1%的农户流转土地，流转耕地面积仅占全部耕地的0.44%，农村土地的流动性非常差。

二 现行农村土地制度对新生代农民工市民化的影响

（一）产权模糊对新生代农民工市民化的影响

产权模糊是农地制度最核心的缺陷，是造成农民和新生代农民工的土地权益得不到有效保障的根源。农民和新生代农民工的土地权益得不到有效保障，降低了他们的市民化能力，影响了他们的市民化进程。首先，从农村土地的所有权看，农地归农民集体所有。但目前事实上的农地所有者，包括村民委员会、村民小组、自然村和联队都不能作为集体土地所有权的代表，这使得集体土地的所有权主体处于"模糊"或"虚置"的状态。所有者的

---

① 根据盖国强在山东省的调查，农户除了对转包、转租享有比较充分的权利外，对于其他类型的市场化流转的权利受到较大的限制（参见盖国强《农村土地使用权流转研究——以山东省为例》，《中国软科学》2001年第5期）。
② 同样在盖国强的调查中，农民除了对转包、转租权比较认同外，对于把承包地转让给他人的其他权利比较淡漠。

"模糊"或"虚置"必然无法阻止外来力量对集体土地的侵害,如排斥了村民集体在城市化和工业化进程中对农地转用的自主支配权和在征地过程中的议价权,造成数以千万计的农民在失去土地的同时,没有获得相应的非农就业岗位和社会保障,丧失了市民化能力。其次,从农村土地的承包经营权看,农地的承包经营权属于农民。但在2007年《物权法》实施之前,土地承包权一直被视为契约规定的债权性质而不是法律赋予的物权。土地承包权的债权性质使承包权受到弱化,承包者在多维权益主体博弈中也处于弱势地位,从而不利于承包者阻止集体组织和政府对其承包权的侵害。例如来自集体组织对其承包地的收回、调整,对承包地收益的强行占有等,2003年颁布的《土地承包法》甚至规定农民进入大中城市务工定居,就要放弃原土地的承包权而不能得到任何补偿;再如,来自政府对其承包地的强行征用和低标准补偿。承包权的弱化和受侵害也直接降低了农民和新生代农民工的土地收益,从而降低了他们的市民化能力和市民化进程。

(二)弱流动性对新生代农民工市民化的影响

中国农村土地制度把农民的身份权利和土地权利捆绑在一起。2003年颁布的《土地承包法》规定,农民进入小城镇务工或定居,仍保留原土地的承包权,而进入大中城市务工定居,则要放弃原土地的承包权且得不到任何补偿。因此,对于进入大中城市务工定居的新生代农民工来说,市民化就意味着要失去土地权利,却又得不到相应补偿,这在一定程度上增加了市民化的机会成本,从而降低了新生代农民工市民化的意愿。对于进入小城镇务工定居的新生代农民工来说,市民化虽然不会失去土地权利,但是,在中国现行土地产权制度安排下,农地流转的内生机制还不健全,外部的市场环境也不成熟,农地流转相当困难,大部分新生代农民工只有将承包地交由家人耕种或抛荒。农地抛荒,新生代农民工就不能得到任何收益;交由家人耕种,由于家人大多不是青壮年劳动力,无法精耕细作,农地的净产出就会下降。如果新生代农民工自己在农忙时返乡耕种,则无疑增加了投入成本,农地的相对净收益也会下降。即使土地能够实现流转，但由于流转制度不健全，不仅流转成本很高，而且流转收益也较低。上述几种结果要么提高了市民化的成本（包括机会成本），降低了市民化意愿，要么降低了市民化的能力，从而阻碍了市民化进程。武汉大学"中国新生代农民工问题研究"课题组2007年调查表明，农民外出打工后，将承包地交由家人耕种的高达72.5%，选择抛荒的占5.6%，而将承包地以转包等方式流转的占21.9%，如表1所示。与新生代农民工市民化的紧迫性要求相比，这一比例并不高。上述调查还显示，农地是否流转对新生代农民工市民化意愿有着直接的影响。将承包地交由家人耕种或抛荒的新生代农民工的市民化意愿稍高，分别占69.6%和69.4%，相差不大；而将承包地流转的新生代农民工的市民化意愿却只有63.3%。其中原因可能是由于农地流转机制不健全，造成了农地流转的高成本、低收益，反而造成了新生代农民工市民化意愿的下降。

表1 新生代农民工承包地处置方式与市民化意愿

单位：%

承包地处置方式	占新生代农民工总数的比例	市民化意愿	
		愿意	不愿意
家人耕种	72.5	69.6	30.6
抛荒	5.6	69.4	30.6
流转（转包等）	21.9	63.3	36.7

资料来源：根据武汉大学"中国农民工问题研究"课题组2007年调查数据整理。

（三）强保障功能对新生代农民工市民化的影响

农地的强保障功能对新生代农民工市民化的影响有两种方式：一是通过影响农地流转而间接影响新生代农民工市民化；二是通过影响市民化意愿而直接影响新生代农民工市民化。在现行的农地制度下，农民一旦离开农村集体组织，承包地便要被无偿收回。因此新生代农民工担心，一旦市民化就要离开集体组织，从而丧失了集体经济中的那部分份额,所以许多新生代农民工宁愿让土地荒芜,也不愿把土地转让出去。而且新生代农民工被排除在城市社会保障之外,目前针对新生代农民工的社会保障又很不健全,不仅保障水平低,而且覆盖面也很小,而农村又缺乏相应的社会保障。如果新生代农民工向城市转化失败,或遇到形势变化,还是会回到土地上来,维持一个最基本的生存,这使得土地的社会保障功能日益强化。因此,承包土地的权利是新生代农民工作为农民最后的,也是最重要的一项社会保障权利,在不能享受城市居民的一些基本社会保障的条件下,如果新生代农民工在农村的这项社会保障权利不能流转变现,他们是不会轻易放弃的。据武汉大学"中国农民工问题研究"课题组2007年调查,59.0%的新生代农民工即使获得了城市户口,成为市民,也不愿意放弃农村的承包地。而且,在不愿意市民化的诸多因素中,将"不愿放弃土地承包权"作为最主要原因的新生代农民工占8.6%,如表2所示。由此可见,农地及其社会保障功能对新生代农民工市民化意愿的影响是非常明显的。①

表2 新生代农民工不希望成为市民的主要原因

单位:%

	最主要的原因	第二位的原因	第三位的原因	合计
城市压力大,不如农村生活舒适	22.7	10.1	11.8	44.6
城市就业风险大,害怕失业后生活没有保障	21.9	14.6	7.9	44.4
城市房价太高,买不起住房	14.6	14.1	15.7	44.4
城市生活费用太高	11.2	21.6	24.2	57.0
不愿意放弃土地承包权	8.6	10.6	10.1	29.3
在城市受歧视,融入城市难	5.6	6.5	7.9	20.0
城市教育费用太高	3.0	14.1	12.9	30.0

① 简新华、黄锟:《中国农民工最新生存状况研究——基于765名新生代农民工调查数据的分析》,《人口研究》2007年第6期。

续表

	最主要的原因	第二位的原因	第三位的原因	合计
没有城市户口，享受不到市民待遇	1.7	5.5	8.4	15.6
其他原因	10.7	3.0	1.1	14.8

资料来源：根据武汉大学《中国农民工问题研究》课题组2007年调查数据整理。

（四）价值和补偿低估对新生代农民工市民化的影响

价值和补偿低估也是通过两种方式对新生代农民工市民化产生影响。一是农地价值低估会降低新生代农民工承包地流转的愿望和收益，从而降低新生代农民工市民化的意愿和能力；二是征地补偿低降低了新生代农民工从土地征用中获取的收益，进而降低了新生代农民工市民化的能力。

从第一种方式看，由于多年来，农产品价格偏低、农业生产成本偏高，而且农业税负过重，各种提留繁多，农地净收益很低，甚至为负值，再加上农地流转受到很大限制，如只能在农村集体经济组织内部流转，而且不能改变农地的用途，所以农地的流转价格十分低廉，使得很多新生代农民工选择无偿转包或干脆抛荒的方式，只有极少数的新生代农民工会以很低的价格将农地转包或租赁给他人。因此，由于农地价值低廉，新生代农民工从农地流转中获取的收益相当有限，从而一方面降低新生代农民工对承包地流转的愿望，使新生代农民工无法彻底割断与承包地的联系，降低新生代农民工市民化的意愿；另一方面降低了新生代农民工从农地流转中获取的收益，不利于新生代农民工市民化能力的提高。

从第二种方式看，征地补偿低降低了新生代农民工从土地征用中获取的收益，极大地降低了新生代农民工市民化的能力。征地补偿低，主要缘于两方面的原因。一是征地补偿标准低。被征用土地的补偿费根本不能反映土地作为稀缺资源的价值，补偿标准的计算是基于农业用途的土地收益，完全没有考虑土地增值收益权与失地农民和新生代农民工市民化的问题。二是征地补偿分配不合理。据调查，在征地补偿分配格局中，农民仅得到青苗补偿费、劳动安置费等，占整个补偿费的 5%，集体组织与政府部门分别得到 25% 和 70%。如图 1 所示。①

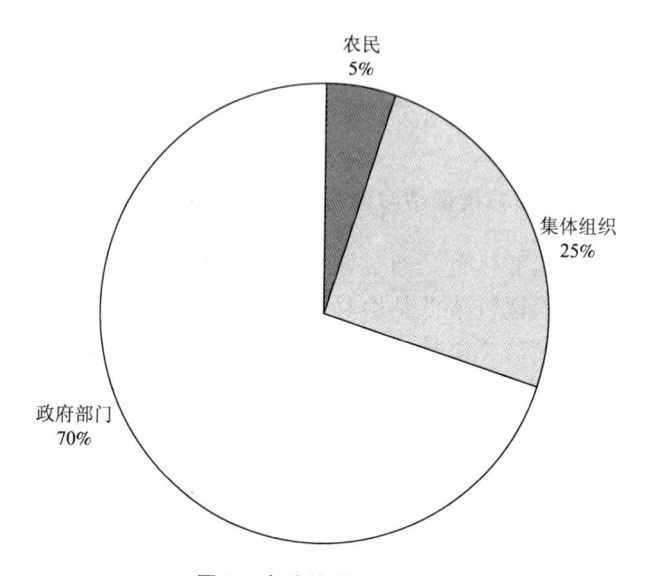

图 1　农地补偿分配比例

　　1952~2002 年，农民向社会无偿贡献的土地收益为 51535 亿元。以 2002 年无偿贡献的土地收益为 7858 亿元计算，相当于无偿放弃了价值 26 万亿元的土地财产权（按照目前的银行利率 3% 计算）。② 如果 26 万亿元的（土地）财产权收入用来给农民和新生代农民工购买房屋，按 20 万元一套的价格，可购买 1.3 亿套房屋，超过了目前进城新生代农民工的总数。如果用来做进城务工农民的社会保障基金，也极为可观。26 万亿元的（土地）财产权收入，已经超过了中国改革开放以来累计的各项社会保险收入的总和。但是，从有关数字看，自从中国实行土地征用补偿政策以来，中国累计支付的土地征用费不超过 1000 亿元。由此可见，征地补偿

---

① 鲍海君、吴次芳：《关于征地补偿问题的探讨》，《价格理论与实践》2002 年第 6 期。
② 党国英：《土地制度对农民的剥夺》，《中国改革》2005 年第 7 期。

低严重损害了失地农民和新生代农民工的利益,降低了他们的市民化能力。

三 基于新生代农民工市民化的农村土地制度的创新思路与制度设计

为了促进新生代农民工市民化,农村土地制度改革必须按照有利于明确和保护土地物权的思路,建立以承包权为核心的农地产权制度、基于承包权的农地流转制度和基于土地物权的农地征用制度。

(一) 以承包权为核心的农地产权制度的创新

无论是私有化还是国有化,其改革的成本都相当大,甚至是难以改革成功的,因此,农地产权制度的创新必须要绕过农地所有制性质,但又必须做到产权明晰,维护农民各项权利的目的,以改变农民在农地流转、征用、取得收益中所处的不利地位,阻止地方政府和农村集体对农民权利的非法剥夺和侵害。然而,由于农民集体的性质,不论是村民小组、行政村还是自然村,都无法改变集体土地所有权主体"模糊"或"虚占"的状态。既然农地所有制性质难以改变,现有的农地所有者又不能改变集体土地所有权主体的"模糊"或"虚占"状态,因此,要达到维护农民各项权利的目的,就只能绕过所有权,另辟蹊径,改变承包权的权利约束,也就是要弱化所有权,将其中的一部分权利转移到承包权中。这样就形成了农地产权制度的创新思路,即弱化所有权,强化承包权,建立以承包权为核心的产权制度。这一创新思路的好处是:既大大强化了承包权,使承包权在经济意义上更接近农地的个人所有权,有利于维护农民对农地的合法权益,促进农地流转,促进农地的规模经营和劳动力转移,又避免了农地私有化产生的种种弊端,降低了农地制度创新的成本。

以承包权为核心的农地产权制度的创新包括三个基本环节。

一是弱化所有权,即弱化集体所有权,就是要通过法律规定约束、限制集体的所有权,使之弱化为有限的几种权利,包括名义的和最终的所有权、发包权和部分收益权(收取地租),其他的占有权、使用权、处置权和收益权都虚化掉,而转化为农民的承包权。二是强化承包权,即指在保证农地集体所有的前提下,强化作为经营者主体的农民的承包权,使之永久化、法定化。农民永久的、法定的承包权包括从弱化的集体所有权转化而来的实际占有权、使用权、部分收益权和处置权。在不改变原承包合同的基础上,通过集体组织登记备案,可以依法自由地流转和处置土地使用权,并享有由其带来的收益权。三是建立以承包权为核心的农地产权制度的基本框架。在弱化所有权、强化承包权的基础上,建立以承包权为核心的产权制度。如图2所示,农地所有权经过弱化后,占有权、使用权、处置权和收益权都被虚化掉,仅仅保留最终的所有权、发包权和部分收益权。而土地承包权经过强化后,成为具有相对独立的产权形式,土地承包者拥有完全的承包权,包括占有权、使用权、处置权和收益权。土地所有者和承包者的新型关系要通过新的《土地承包法》进行规范。

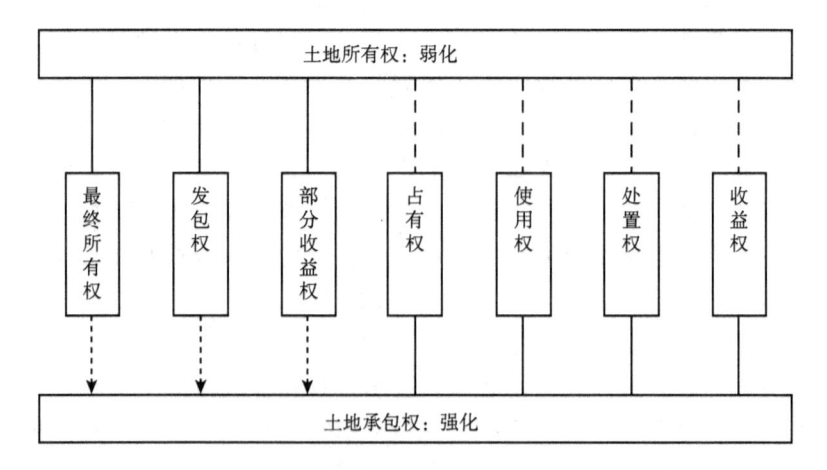

图2 以承包权为核心的农地产权体系

（二）基于承包权的农地流转制度的创新

建立农地流转制度必须以前述强化了的承包权为基础，只有存在完整意义上的承包权，才谈得上形成土地使用权流转的市场机制。① 2007年颁布的《物权法》第一次将土地承包经营权明确界定为物权，使承包经营权成为长期稳定的权利，并具有排他效力和流转权。基于承包权的农地流转制度的创新主要包含以下三个方面。

1. 着重发展农地流转市场

农地流转市场是土地承包者在不违反土地使用权出让或租赁契约的前提下，将土地使用权再转让或转租给其他土地使用者所形成的市场，体现着土地使用者之间的关系。这种土地使用权的有偿转让可能会继续若干次，但只要是土地使用权在土地使用者之间的有偿转移，都应属于二级土地使用权市场的范畴。农地流转市场应是完全竞争市场。政府部门和土地集体所有者，除了对土地使用权转让或转租行为进行注册登记，以便及时掌握土地流转动态和对土地使用方向予以监督控制外，其他事项如转让面积、转让价格、转让形式等均由转受让双方当事人自由协商，以充分发挥市场机制的作用。

2. 建立健全农村土地承包经营权流转机制

首先，建立健全农地流转的价格形成机制。土地流转价格的形成要建立在对土地等级的合理评定基础上，充分考虑土地的地理位置、接包人的经济能力、转包后的经济和社会效益等因素，以市场导向为主，以基层政权的间接调控为辅，实现土地的合理定价。其次，建立规范的土地流转中介机制。规范的中介机制由六类机构组成：土地投资经营公司、土地评估事务所、土地银行或土地融资公司、土地保险公司、委托代理机构、土地证券公司。国家可以在可行范围内对它进行组织设计和功能导向，使其成为促进农业发展和推动土地合理流转的有效工具。再

---

① 张红宇：《中国农地调整与使用权流转》，《管理世界》2002年第5期。

次,建立合理的收益分配机制。就收益分配机制而言,政府应使土地收益在经济当事人之间进行合理分配,进一步理顺土地收益分配机制,保护各自的合法权益。对于农地不改变用途的流转产生的地租收益主要归农户所有,集体组织仍按承包合同享有的所有者权益不变。

3. 建立健全农地流转监督调节机制

政府对土地流转的监督调控主要是利用经济手段、法律手段和行政手段,按照土地配置的宏观社会效益对土地流转方式、内容、条件进行监督和调控。一是价格调节。政府根据农地流转的目标,制定相应的价格政策,运用地价水平的差异为农地流转提供宏观信息导向,并通过土地价格来促进土地经营规模的扩大,控制土地利用方向,调节土地利用结构。二是税收调节,建立与农地流转、土地规模经营相联系的弹性土地税收制度。一方面,政府要通过土地规模累退制税率,鼓励土地经营规模的扩大,阻止小规模土地经营的扩散,加速农地流转与集中;另一方面,政府要建立土地不同用途的弹性土地税收体系,控制土地流转的方向与数量,调节农地流转的结构。三是立法调节。政府通过法律手段及时有效地建立农地流转的规范,制止或取消流转过程不利于土地优化配置和社会宏观利益的土地流转行为;政府要对违反土地流转有关法规、价格、规模等要求的行为主体给予相应的制裁,以保证土地流转的合理化、规范化和制度化。四是行政调节。政府通过行政和计划等方面的力量,对农地流转实施有组织的调节与控制,以保障土地流转的双重目标——公平与效率以及土地的合理流转,尤其是当局部土地市场机制失灵后,直接的行政调节便是最为有效的配置方式。为此,政府应适时建立如下制度体系:农地征用制度、流转申报制度、流转劝告制度、流转组织制度以及流转干预体系。

(三) 基于土地物权的征地制度的创新

结合农地征用中存在的问题和《物权法》对承包地的物权规定,以及农地产权制度的创新思路,基于土地物权的征地制度创新思路包括以下内容。

1. 明确土地征用权的性质和"公共利益"的范围

土地征用权的性质是一种"合公共目的性"的强制性的行政行为。随着市场经济体制的日益完善，像土地这种重要的生产因素必须通过市场手段配置。因此，土地征用权的实施虽然仍是一种行政行为，但这种行政行为必须符合市场经济要求，如必须尊重农地承包者的承包权及其派生出来的占有权、使用权、收益权、处置权。政府可根据公共利益的需要，在农民自愿的基础上，通过法定的程序征用土地，并给予失地农民以妥善安置和必要补偿。

为了保证农地征用的合法性和规范性，保证农地承包者的权益，政府必须首先对"合公共目的性"进行界定，即要明确"公共利益"的范围。根据中国的实际情况，符合公共利益的项目主要包括：第一，军事用地及其他国防建设用地，具体包括军事设施、军事基地、兵工厂；第二，国家政府机关及公益性事业研究单位用地；第三，国家重点扶持的能源、交通、水利用地，具体包括水利灌溉工程、煤矿、道路、机场、水库、堤防、油田；第四，公共设施用地，具体包括水、电、油、气管道和港口、广播电视、气象观测、公共汽车站、电信邮政系统、消防系统；第五，公益及福利事业用地，具体包括学校、医院、体育设施、公园、公共图书馆、公共绿地、慈善福利事业、经济适用房；第六，环境工程等有关生态保护用地，具体包括防护林、污水处理系统；第七，为满足国家经济政策需要所批准的土地。

在合理界定公共利益用地的前提下，政府要确保征用权行使的合法性。只有符合"公共利益"项目的用地，才能启用国家征地权；其他非公益性用地，不能由政府征用，应当依靠农地流转市场来解决。

2. 严格规范征地程序

规范征地程序，就是要根据土地资源的现状和社会经济发展对土地的需求，科学规划土地用途，实行严格的土地用途管制，加强征地项目审查过程的公开性与透明性，严格限制征地权的滥用。在完善土地征购程序方面，政府可以参考并借鉴日本、新加坡与中国台湾地区的做法。第一，申请征地。用地单位根据公共项目需要，向有关政府部门提出征地申请，提供详细征收计划书，包括兴办事业性质、征地面积、范围、土地使用者情况、所需补偿金额及分配等。第二，申请裁定。核准机关对于兴办事业是否符合"公共利益"范围进行认真调查，确定性质后裁定是否批准申请。第三，发布征地公告。在公告之后，政府要建立和完善土地征收的听证制度，给予权利人以发表意见的权利，听取有关专家和民众的意见。第四，对征地执行与补偿情况予以监督。相关政府部门要加强监督力度，发挥社会舆论监督的作用，做到事前防范、事中监督和事后查处相结合；同时，赋予司法机关一定的权力，建立相应的征地纠纷仲裁机构，对征地过程中存在的问题与纠纷予以解决，做好土地征收的行政复议和诉讼工作，保证土地征收的合法性与公平性。

需要特别注意的是，规范征地程序，需要农村集体经济组织和农户的参与，尤其是要保障农户的知情权、参与权与上诉权。

3. 建立健全征地补偿制度

征地补偿标准应该从国家经济发展与保证失地农民和新生代农民工利益两个方面来考虑，以失地农民和新生代农民工市民化成本为基础来确定。具体来说，征地补偿标准应该包括：城市居民与失地农民和新生代农民工在城市的收入差距、社会保障差距、社会福利差距，以及给予失地农民和新生代农民工在城市的心理成本等。

此外，政府还要根据土地征用的不同用途，采取不同的征地补偿标准，实施分类征地补偿办法。对纯公益性项目用地，如无经济收益的城市道路、绿地、水库等，仍由国家统征后拨付，但应提高征地补偿标准；对准公益性项目用地，如有收益的高速公路、标准厂房、各类商品市场、污水及自来水厂等，政府除了提高征地补偿标准，还应建立合理的利益分享机制，允许集体经济组织代表农民同征地主体平等协商谈判，让农民分享所征土地的增值收益，避免土地被"买断式"征用；对开发性项目用地，如房地产开发等，政府应允许集体土地逐步进入市场，引入谈判机制,让集体经济组织代表农民作为市场主体一方,直接参与市场交易。

(作者单位:中国人民大学中国经济改革与发展研究院)

参考文献

[1] 张合林、郝寿义:《城乡统一土地市场制度创新及政策建议》,《中国软科学》2007年第2期。

[2] 温铁军:《土地能保障农民什么》,2001年6月14日《南方周末》。

[3] 王克强:《经济发达地区地产对农户多重效用模型及实证分析——以浙江省海宁市为例》,《中国软科学》2000年第4期。

[4] 梁鸿:《土地保障:最后一道防线的虚化》,《发展研究》1999年第6期。

[5] 厉以宁:《改变城乡二元经济结构意义深远》,《中国经贸导刊》2004年第3期。

[6] 简新华、黄锟:《中国农民工最新生存状况研究——基于765名新生代农民工调查数据的分析》,《人口研究》2007年第6期。

[7] 鲍海君、吴次芳:《关于征地补偿问题的探讨》,《价格理论与实践》2002年第6期。

[8] 党国英:《土地制度对农民的剥夺》,《中国改革》2005年第7期。

[9] 张红宇:《中国农地调整与使用权流转》,《管理世界》2002年第5期。

❏ 郭馨梅　张佩妮 ❏

中国城镇化与耕地危机

城镇化是一个国家或地区的人口在城镇和城市相对集中的过程，是城镇用地扩展、城市文化、城市生活方式和价值观在农村地域的扩散过程；同时城镇化也指人类生产和生活方式由乡村型向城市型转化的历史过程，表现为乡村人口向城市人口的转化以及城市不断发展和完善的过程。①

一　中国城镇化的现状

1949～1978 年，中国实行的集体经营模式导致了农业生产的长期低效率，最终引发了以安徽小岗村实行包产到户为标志的自下而上的农村改革试验。随着 20 世纪 80 年代城市改革的推行及 90 年代市场经济的深入发展，中国第二产业和第三产业突飞猛进，传统农业部门之外的就业岗位大量增加。与此同时，政府逐步解除对农村劳动力流动的限制。非农就业领域对农民的不断开放，使得大量农民走出农村，形成了中国历史上前所未有的"民工潮"，这是"城镇化"的一个典型事件。

改革开放三十多年来，中国经历了世界最大规模的农村人口

---

① 全国科学技术名词审定委员会：《地理学名词》，科学出版社，2006。

向城镇的转移,也成为世界上城镇化进程最快的国家。主要表现在以下三个方面。

第一,城镇化的水平大幅度提高。中国的城镇化率由1978年的17.9%提高到2009年的46.6%,平均每年提高0.925个百分点;尤其是1996~2008年,城镇化进程加快,城镇化率从30.5%提高到45.7%,年均提高1.27个百分点。[1] 中国与世界城镇化水平的差距在逐渐缩小。

第二,城市数量大幅度增加,初步形成若干规模较大、联系较紧密、功能互补性比较强的城市群。20世纪80年代以来,东部沿海地区城市化进入加速阶段,逐步形成珠江三角洲、长江三角洲、京津唐、辽中南等城镇密集地区。从总体上看,这些区域已成为国家推进城镇化战略的重心所在。

第三,城市接纳人口的能力也在不断提高。随着城镇化和工业化进程的加快,城镇吸纳就业的能力不断增强,城镇就业人员占全国就业人口的比重从1978年的23.7%上升到2007年的38.1%。[2] 1978~2009年,中国农村人口占全国人口的比重呈持续减少的状态,由当初的82.08%下降到了53.4%。[3]

城镇化在促进居民教育水平和健康水平的提高、政府治理的改善、城乡和地区发展差距逐步缩小等方面发挥着积极作用,同时也带来了城市务工农民大量增加、城市空间迅速扩张、耕地被大量占用和生态环境压力增大等问题。在尝到进城务工的甜头之后,农民也渐渐脱离土地的束缚,大量的耕地被废弃,尽管政府制定了各种耕地保护政策,但是效果并不显著。

---

[1] 中华人民共和国国家统计局:《国际统计年鉴》,中国统计出版社,2009。
[2] 中华人民共和国国家统计局:《中国经济社会30年发展成就系列报告》,http://www.sydsw.net/Archive/View.aspx。
[3] 中华人民共和国国家统计局:《国际统计年鉴》,中国统计出版社,2009。

二 中国城镇化背后的耕地危机

中国是一个地域辽阔的大陆国家,农业人口约占世界农业人口总数的1/3,为美国的55倍,是当之无愧的农业大国。同时中国耕地总面积非常有限,人均占有量少,后备资源不足。国土资源部最新统计资料显示,2008年中国耕地面积总量为18.255亿亩,人均耕地仅为1.395亩,不到世界平均水平的40%。随着城镇化发展及农业结构调整,耕地大量流失、浪费严重,中国农业发展面临着耕地的危机。具体表现在以下几方面。

(一)城镇化建设用地挤占农村耕地,且浪费严重

1. 土地"圈而不用"或建设浪费

受"开发区热"的影响,全国各地普遍在城镇外围大搞开发区、新区,但限于当地经济实力不足,许多开发区资金、项目得不到落实,致使大量土地"圈而不用",土地闲置现象普遍。据统计,在全国省级以上900多家开发区中,国家批准规划近3000万亩,已经开发的仅占规划总面积的13.51%,有近2600万亩土地在闲置。[①] 部分地区虽然开发区项目得到落实,但由于地价低廉,缺少经济约束,建设用地时大手大脚,结果造成大量浪费。

2. 城镇郊区企业的不合理发展挤占和浪费了耕地

城镇郊区企业建设遍地开花,过于分散的布局严重浪费了土地资源,导致土地利用效率低,与城镇化发展的要求不相适应。城镇郊区企业普遍占地规模过大,超过工业用地的正常标准,房屋的建筑密度和容积率极低,挤占了大量耕地,也留下了不少空闲地。再加上城镇郊区企业不成规模,缺乏统一规划,土地集约利用程度低,不利于城镇化水平的提高。

---

① 徐光:《城镇化过程中的农村土地合理利用研究——以安顺市普定县为个案》,贵州大学硕士学位论文,2008。

3. 耕地沦为建设基金套现的手段

在工业化、城镇化的快速发展过程中，一些地方以非市场化的方式低价征用土地、高价出让获得差价收益，将农用地转为城市建设用地作为变现建设资金的重要手段，造成耕地大量被占用，全国耕地面积因此不断减少。

（二）农民生产积极性降低，大量耕地闲置

1. 大量农民进城务工，导致耕地被闲置

随着城镇化进程加快，非农收入在农户总收入中所占的比例越来越大，其中绝大部分都是来自外出务工的工资性收入。经济重心的转移导致农户在整体上对农业生产的重视程度下降，有些农户甚至放弃了农业生产，完全转向非农领域。大量农民涌入城市务工，导致承包地闲置，耕地利用率不高。

2. 农业生产难度大，农民开发新耕地的积极性不足

一方面，农业基础设施投入不足，与农业专业化生产、规模化经营和农村现代化的要求存在差距，严重影响了农民的生产效率和生产积极性；另一方面由于前几年土地整理复垦的力度较大，出地率较高，容易整理复垦的土地基本都已整理完，剩下的都是一些难以整理的"硬骨头"，农民没有动力开发新的耕地，生产积极性不高，留守农民大量依赖外出务工人员取得的收入，放弃耕种。

（三）土地污染及生态环境恶化，耕地衰退甚至不可逆转

1. 乡镇企业"三废"处理措施不足

乡镇企业规模较小，技术设施简陋，普遍缺乏"三废"处理措施，企业周边的环境极易受到污染，加上乡镇企业布局分散，因而污染扩散程度和影响范围很大，土壤受污染严重，生产能力下降，进而威胁到耕地的进一步使用。

2. 农业生产方式的改变破坏了耕地

农村留守的农民减少，劳动力不足使得农业生产严重依赖农药、化肥，人力投入的有机肥施用量逐年减少，使施肥结构和土壤养分失调，土地性能趋于恶化。据统计，中国缺钾耕地面积已占耕地总面积的56%，约50%以上的耕地微量元素缺乏，70%~80%的耕地养分不足，20%~30%的耕地氮养分过量。[①] 特别是近几年西北、华北地区大面积频繁出现沙尘暴，与耕地理化性状恶化、团粒结构破坏、沙化有十分密切的关系。

三 加快城镇化进程，合理利用有限耕地的对策和建议

中国人多地少的国情使土地利用过程中的矛盾日趋严重，这决定了合理、有效和持续配置有限的土地资源是城镇化过程中土地利用的核心。因此在既有利于保护耕地、节约土地，又有利于促进城镇化的目标要求下，进一步加强土地利用规划管理，通过建立完善的土地市场，优化区域土地利用结构，妥善解决城镇化建设用地与保护耕地之间的矛盾，是中国城镇化发展中土地利用的重要内容。

（一）发挥土地利用规划的宏观调控作用

长期以来，中国的土地利用总体规划采用的是用地指标调整与规划分区相结合的方法，以对土地进行宏观调控。这种方法存在着用地指标调整随意性大，总体规划与其他规划脱节等不足。因此，应以"用途分区制土地利用总体规划"来完善现行的"用地指标调整与规划分区相结合的土地利用总体规划"，从宏观上控制城镇用地规模与管制耕地。"用途分区制土地利用总体规划"从宏观控制层、基本控制层和转向控制层三个层次，形成了一个从宏观到微观、从综合到单项的土地利用控制体系，这有利于土地利用总体规划与其他规划的衔接，便于土地利用总体规划作用的发挥，从而确保土地利用总体规划在土地利用调控中的权威地位，

---

① 《中国土地资源现状》，http://www.newsmth.net/bbsanc.php?path。

以有效控制"圈地"行为。

(二) 搞好地价的评估工作，制约对耕地的无限制占用

土地价格是土地价值和权益的具体表现，是调节土地利用方式的重要手段，合理利用地价能影响到城市用地规划、土地使用强度和城镇用地的布局。目前中国的地价评估是将土地定级与估价结合进行的，即先进行土地定级，再在级内分用途确定基准地价，然后以基准地价为基础对各宗地进行具体情况的修正，以得到宗地地价。由于中国农村经济发展水平低，土地情况较复杂，很多小城镇没有对土地进行定级工作。以市或县为单位的政府部门组织专业人员对村镇的耕地进行分级，建立并不断完善地价资料库，能有效限制低价征地的行为，也有助于以后的城镇规划建设。

(三) 进行村庄整合，腾出耕地

近年来，随着城镇化建设的加快，农民不断向城镇集中，形成了大量的"空心村"。按照中央"统筹推进城镇化和新农村建设"的要求，进行村庄整合是农村当前及今后一段时期的一项重要工作。政府可以按以下几种模式进行村庄整合，以腾出更多耕地。

1. "批新交旧、集中改造"模式

按照"批新交旧，一户一宅"的原则管理宅基地，对交还的旧基地，村镇进行集中改造。对于新批的基地要求限地点、限面积、限时间，有最低容积率和绿化率限制，从而尽量减少对耕地的影响。对于搬迁的农户，政府补偿一套住房或给予一定的经济补偿。

2. "合并村庄、存量改造"模式

对特殊村庄进行合并改造，采用村庄内部集中用地控制型整理。这种模式适用于相临近的村庄，根据划定村界，实行红线控制，并由管理区和相关部门对一户多宅和长期占而不用的旧宅基地按一定标准收归政府，实行统一规划、统一平整、统一建设。

3. "搬村腾田、综合改造"模式

由于我国一些村庄的村民居住环境恶劣,夏季潮湿,生活不便,使得生活条件好的居民早就搬离,留下破旧的房屋,占而不用,加上居民组内空闲地、废弃地和废坑塘较多,因而开发价值高。这部分村庄整合后可以引入公司化运作方式,因地制宜进行综合改造。

(四)积极发展现代农业,充分利用现有耕地的生产能力

作为一个农业大国,农业始终是中国国民经济的基础。政府要解决城镇化带来的农村劳动力减少、耕地被荒废等问题,不仅要尽量多地保留耕地,还应该尽可能提高现有耕地的使用效率。

针对目前中国脆弱的农业基础,中央提出要通过农田基本建设、水利建设、加强耕地保护和农业机械化来加强农业基础设施建设,以提高农业的综合生产能力。另外,政府要注重实施大规模的土地整治、加快对中低产田的改造。目前,中国的18.26亿亩耕地中有2/3是中低产田,1/3是高产田,中低产田的产量只有高产田的40%~60%。今后,国家要通过对中低产田的改造,来提高高产田的比重。[①] 为了提高农业的综合生产能力,政府一方面要提高农田产出量,增加农民收入,激发农民生产的积极性,发挥耕地的生产能力;另一方面要用机械化代替人工劳动,取代化肥、农药的使用,减少土地污染,维护耕地的生产能力。

综上所述,推进城镇化的必要性不容置疑,但因此造成耕地被大量占用的负面效应也不容忽视。本文分析了城镇化发展与耕地变化之间的相互关系,提出为适应当前城镇化加速发展的趋势,须加强对耕地资源可持续利用的研究,从各方面协调解决城镇化与耕地保护之间的矛盾,只有这样才能使城镇化向着健康的方向发展。

(作者单位:北京工商大学经济学院)

[①] 张瑞雪:《积极发展现代农业提高农业综合生产能力》,《农业林坛》2010年第11期。

参考文献

[1] 李翔:《新农村建设中城镇化问题研究》,《战略研究》2010年第3期。

[2] 陈美球:《中国农村城镇化进程中的土地配置研究》,浙江大学博士学位论文,2002。

[3] 刘沛:《城镇化进程中耕地功能分析与评价》,湖南农业大学硕士学位论文,2010。

[4] 鲁德银:《论中国特色的土地城镇化道路》,《农村经济》2010年第8期。

[5] 朱明湘:《村庄整合:城镇化与新农村建设的重要途径》,《中国农垦》2010年第4期。

[6] 陈美球、吴次芳:《城镇化土地配置国际比较》,《域外土地》2002年第8期。

[7] 王一鸣:《中国城镇化进程、挑战与转型》,《中国金融》2010年第4期。

[8] 董黎明:《充分运用地价经济杠杆的作用》,《地产市场》2002年第2期。

[9] 徐光:《城镇化过程中的农村土地合理利用研究——以安顺市普定县为个案》,贵州大学硕士学位论文,2008。

[10] 张瑞雪:《积极发展现代农业提高农业综合生产能力》,《农业林坛》2010年第11期。

〔马怀礼 华小全 李 颖〕

"人本城镇化率"指标的构建

经济社会发展的重要特征之一就是现代城市的兴起,城镇化是社会生产力发展的必然产物。近两个世纪以来,城市的扩张与迅速发展,极大地改变了传统农耕社会的社会形态、经济结构、组织形式和人们的生活方式,城市成为一个国家生产、生活和政治的中心。由于本地化经济和集聚经济效应的作用,生活在城市的人们享受了城市给人们带来的效率和便利。所有发达国家都是城市化程度较高的国家,城市化也成为推动中国经济崛起的手段和目标。学者们常用城市化率作为表示一国城市化发展程度的指标,但在中国这一指标颇有争议。

一 现有城镇化率的概念和不足

(一)现有城镇化率的概念

城镇化是中国学者为了突出中国城市化的特色而设定的一个概念,这个概念较早由辜胜阻先生在《非农化与城镇化研究》(1991)中提出。城镇化虽然突出了中国现有发展阶段的大中小城市和乡镇共同协调发展的城市化的发展理念,但从现有官方统计指标分析,与城市化指标的含义没有多大区别。

城镇化本应是一个综合性概念,不仅是指一个国家(或地区)

所拥有城镇数量与规模扩大的过程,同时也指一种城镇结构和功能以及人们生活方式转变的过程。其具体特征表现为以下方面。一个国家或地区的农业人口转化为非农业人口,即从事农业生产的劳动力转向工业(含建筑业)和服务业就业,人口由农村向城镇转移,农村居民的生活方式日益接近城镇;农村区域的不断减少,城镇区域的不断增加;劳动力、资金等生产要素由农村向城镇聚集,农业在国民经济中份额的下降及第二、第三产业份额的上升;城镇自身发展和居民素质的提高,城镇文化氛围的形成和城市核心竞争力的培育,即"城镇的城市化";城镇功能对周围农村的领导作用和辐射影响;等等。城镇化实质上已成为中国经济社会现代化程度的重要标志。

国内通行的评价城镇化进程和发展水平的方法,是使用"一定区域内全部人口中城镇人口的比重",简称"人口指标法",也就是一般所说的城镇化率。用指标表示,城镇化率就是一个国家或地区城镇人口占其总人口的百分比,其计算公式为:

$$一个国家(地区)的城镇化率 = \frac{国家(地区)城镇人口}{国家(地区)常住人口} \times 100\% \quad (1)$$

根据国家统计局的常用统计指标使用方法,采用综合测算的方法通常采用以下公式:

常住人口 = 公安部门的户籍人口 - 外出人口(半年以上) + 外来人口(半年以上)

城镇人口 = 非农业人口 + 农村进城务工经商人员(半年以上) + 外来人口中常住城镇的人口(半年以上)

(二)现有城镇化率指标的不足

"人口指标法"是一个衡量一国(或地区)城镇化发展水平的数量性的简单易行的方法,但从中国目前城镇化发展的现实观察,它不能恰当地评价中国城镇化发展质量的变化,难以全面描述城镇化全貌。因为城镇化发展,正如前所述,不仅表现在人口数量上的积聚,还表现在经济结构的优化、城市建设的扩张、人民生活质量的提高以及城乡协调发展等多方面内容。也就是说,目前这一指标仅是从人口数量上反映城镇化,并不能从人本精神上反映城镇化。①从人本主义的角度分析,这种城镇化的转变过程应该包括两个方面:一是人口从乡村向城市的流动,并在城市中从事非农产业工作,城市人口在总人口中的比重不断增加;二是务农人员成为产业工人以后,真正实现了乡村生活方式向城市生活方式的转变,其中不仅包括生活水平的提高,而且包含精神状态的满足、社会等级的平等、对未来生活的美好期望等思想领域的升华。

另外,"人口指标法"忽视了乡村人口的回流倾向。当前城市物价和房价的不断上涨给农民工在城市定居带来了巨大的压力,相比较而言乡村却有较低的物价水平和现成的住房条件,同时随着农业税的取消和农村医疗保险、养老保险的完善,农村居住的吸引力进一步加大。随着时间的推移,弱质化的农村留守农民状况也发生了变化,如老人年纪增大导致生活自理能力下降,小孩进入义务教育的年龄阶段需要父母更多的照顾,诸多因素导致出现有不少的农民工到50岁后又回流到乡村的趋势。

中国城镇化演进的特点也是"人口指数法"不宜通用的另外一个原因。国际上大多数国家城市化是市场经济框架下以工业推动型的城市化,这个过程是一个主要由市场推动的自然发育过程,数量的积聚和质量的提高是一体的、同步的。而中国的城镇化主要是政府主导、市场跟随推动型的,实际上其发展进程并没有统计数据所反映的那么快,里面隐藏着波动起伏,在某一段时间进展快速,某一段时间进程缓慢,甚至出现倒退。同时由于农业的生产方式和农民的生活水平并没有随着工业化、城镇化的进程而同步发展,留守农民生产方式和生活方式没能"城镇化"。现实中大多数农民工在城镇是流动性、迁徙性就业,很难融入城镇,其生活质量、生活方式也难以"城镇化",充其量也只能是"半城镇化"。这一方面说明中国城镇化的质量用现有的统计指标表现不

---

① 即中国提倡的中国经济社会的发展必须贯彻"以人为本"的精神。

了;另一方面,这种城镇化状况,迫使部分农民工在城市留不下来而不得不返乡,导致目前所反映出来的城镇人口总量虚高。

综合考虑以上因素,"人口城镇化率"并没有完全反映中国城镇化的真实情况,也不完全符合科学发展观所倡导的"以人为本"的精神含义。因此本文拟提出"人本城镇化率"的指标,以期符合城镇化概念丰富的内涵要求,也符合"以人为本"的宗旨。

二 "人本城镇化率"指标的设计

为了避免"人口城镇化率"指标的缺陷,本文根据"以人为本"科学发展观的精神,提出一个"人本城镇化率"的指标,以体现中国城镇化的社会主义本质含义。

(一)"人本城镇化率"指标构建的指导思想

"人本城镇化率"指标构建的指导思想是:城镇化应符合社会主义的本质要求,在公平正义的前提下,让人们的生活水平康乐和谐。"人口城镇化率"指标只是从人的居住位置上来反映城镇化,从人数上反映了城镇化发展水平,但并不能从人本精神上反映城镇化发展程度。现实生活中农民工虽然成为产业工人,从人数上来观察,城镇化了,但从人本精神(人的生活水平、精神状态、社会等级等的概况体现)来分析,由于他们的职业和定居的困难,使得他们并没有真正实现城镇化。因此本文将在原有"人口指标法"的基础上,添加一些辅助指标以形成一组指标来衡量,即采取"复合指标法"构建一个反映城镇化的指标(体系),称为"人本城镇化率"。

复合指标法的关键是"人本城镇化率"分指标的选取和各自权重的确定。根据研究的需要,我们应确定表达城镇化进程的综合指标选取原则。一是目的性。中国城乡分割的二元体制造就了两亿多农民工,这是一类特殊的群体,农民工的特殊性就在于他们事实上身份的"两重性":按户籍是农民,按职业是产业工人众多的老一代农民工 50 岁（并非确切地指 50 岁）前是农民工，50 岁以后多数又转化为农民，这一部分人到底算产业工人还是算农民，现有的"人口城镇化率"回避了这一个关键性的问题，"人本城镇化率"则要考虑这个问题，以反映城镇化的实质是人们过上现代城镇居民的"好日子"。二是完整性。它力求反映城镇化内部因素的作用、运行机制以及与经济、社会、制度和自然环境的关系，从人本理念中去寻找城镇化所表达含义的完整归属。三是动态性。它要反映和体现中国社会不同发展阶段的特点，从中国工业化和城镇化的进程中把握城镇化的特征。四是通俗性。指标体系必须结构简单，容易理解，必须包括最重要的分指标，分指标数据必须尽可能少，各分指标概念和口径必须明确，容易进行数据的收集、整理、计算和加工。当然如果过多考虑上述中的第四点，有时就不得不牺牲指标的精确性。

（二）"人本城镇化率"指标的构建

根据本文研究的需要，在中国城镇化进程的评价体系中，我们引入农民工的返乡率、工业化率、城市居民和农民工收入水平差异比率、城乡公共品供给差异比率四个修正因子。选取这四个变量作为修正因子的理由如下。一是农民工返乡率。这个概念说明目前身为农民工身份的这部分城镇人口，虽然在城市有工作，可以挣钱养活自己及家人，但他们由于买不起价格高昂的房子等原因而难以长期定居城镇。归属于农村的心灵和根的牵挂，会把他们中的大部分吸回农村，从人本精神上分析，这部分具有城乡"两重性"的人口，在本质上属于"乡"的倾向性应更大一些。二是工业化率（当年工业增加值占 GDP 的比重）。由于工业集聚效应和规模经济的存在，特别是中国市场在 20 世纪 90 年代末由供给短缺的市场转变为供给过剩的市场，使得零星工业的市场生存空间越来越小，而工业发展使大量农民转化为产业工人，工业部门从业人员不断向城市集中，所以工业化率依然是城镇化率最重要的参考指标，加入这个指标会使城镇化率更实在，更与生活水平接近。三是城市居民和农民工收入水平差异比率。要想让农民工真正属于城市而不是被"边缘化",收入是一个重要的方面。如果农民工在整体上可以通过努力达到与城市人相差不多的收入水平,无疑将有利于这部分人口的城镇化,否则,他们就会有一种"生在异乡为异客"的感受。很多在城市工作生活了多年的农民工并没有融入这座他们为之奋斗的城市,关键就在于他们没有取得与城市人同等的收入水平,所以说过大的收入差距不利于这部分人的城镇化。四是城乡公共品供给差异比率。人与人的差别在很大程度上是由后天教育的差别造成的,城市拥有较好的教育条件与教学资源,而农村人在他们青少年时由于接受的是较差的教育,而不得不在中青年时成为农民工。教育资金的政府投入和个人支出的差异,导致人们在成年之后产生生产生活方式的巨大差异。一群没有接受良好教育的农民工要成长为城市的主人,实际上是非常困难的,因此本文选取城乡公共品供给差异比率来表示农民工城镇化进程的难易程度。为此,城镇化率测量模型如下:

$$C = (\alpha \times X_1 + \beta \times X_2) - \chi(1 - X_3) \times X_4 \times X_5 \qquad (2)$$

其中,C 为指标变量,表示修正后的城镇化率;X_1 为城镇人口比重;X_2 为工业化率;X_3 为农民工返乡率;X_4 为城市居民和农民工收入水平差异比率;X_5 为城乡公共品供给差异比率;χ 为调整系数。

具体设计思路如下:城镇人口比重 X_1 为城镇人口与常住人口比重,X_1 = 城镇人口总数/常住人口总数 × 100%;工业化率 X_2 = 工业增加值/当年 GDP 总量,数据来自历年的《中国统计年鉴》;2009 年华中师范大学中国农村问题研究中心公布的专项调查报告显示,当年的农民工返乡率为 72.5%(其中中青年占大部分),留乡率为 13.4%,这里我们用留乡率表示老龄农民工返乡率 X_3,再根据外出劳动力的负增长趋势,在 2009 年数据的基础上,对农民工返乡率采取每推后一年增加 1 个百分点的处理,如 2010 年农民工留乡率为 13.5%;X_4 可以根据城市居民和农民工收入数据计算得出,城市居民收入来自统计年鉴,农民工收入来自人力资源和社会保障部等机构公布的数据①，X_4 =（城镇居民人均年收入 - 农民工人均年收入）÷城镇居民人均年收入×100%；城乡公共品包括教育、医疗卫生、社会保障和公共基础设施等多个方面，这里选取重要性比较高的教育服务代表公共品，用人均城乡教育经费支出比代表城乡公共品差异比率 X_5。

实际操作中参数的选取具有一定的主观性，这点在指标设计中不可避免，设定 $\alpha = \beta = 0.5$，即城镇化率与工业化率在"人本城镇化率"指标设计中具有同样的权重，$(1 - X_3) \times X_4 \times X_5$ 表示农民工中对于城市心灵归属感不强的这部分群体，在"人本城镇化率"指标设计中应当扣除，调整系数 χ 与国家对城市和乡村发展的不同政策有关，在本文设定为1。

三 "人本城镇化率"指标的比较分析

我们运用式（2）所建立的中国"人本城镇化率"模型，代入中国经济相关统计数据。囿于数据限制，本文仅列出 2002~2009 年最终计算结果，如表1所示。

表1 "人本城镇化率"指标

单位：%

年份	2002	2003	2004	2005	2006	2007	2008	2009
指标	29.9	31.4	32.8	33.4	34.7	35.7	36.1	35.8

根据计算结果，我们可以得出如下结论。

---

① 农民工收入数据，2003年来自《2007年中国人口与劳动问题报告》；2004年来自《中国农民工问题研究总报告》，中国社会科学院农村发展研究所2007年发布；2005年来自人力资源和社会保障部；2006年来自《2007年中国人口与劳动问题报告》；2007年来自《2007中国农民工（蓝领）报告》，复旦大学产业发展研究中心；2008年来自《2009年农民工监测调查报告》，国家统计局；2009年来自全国农民工工作办公室主任会议。

第一，中国官方统计数据表现出来的城镇化率存在一定的高估现象，从图1中两种方法所得出的中国城镇化率指标比较分析，"人本城镇化率"所揭示的中国城镇化率指标要明显低于这一指标的官方统计数据8.94～10.81个百分点，平均偏低9.46个百分点；这一结论与周一星（2005）、陆大道（2007）所得出的结论基本一致。

第二，根据国内一些学者如社科院城市发展与环境研究所副所长魏后凯，中央农村工作领导小组副组长、办公室主任陈锡文的观点，2010年中国城镇化率被高估10个百分点，2010年中国城镇化率为46.6%，故2010年C值可取36.6%，这一估算数据与本文所得出的35.8%，误差不足2.2%。

第三，"人本城镇化率"指标与中国官方统计数据之间的差异表现出与宏观经济一定的相关性。当宏观经济高涨时，这一差异要小；当宏观经济萧条时，这一差异比较大。这说明宏观经济波动对农民工的心理归属感影响较强，在经济形势高潮时，有利于农民工工资收入的增长，良好的工薪待遇使得农民工对城镇的归属感较强；一旦经济形势转变，农民工将会首当其冲，成为经济波动的最先"受害者"，归依农村的感觉又会重新回来。

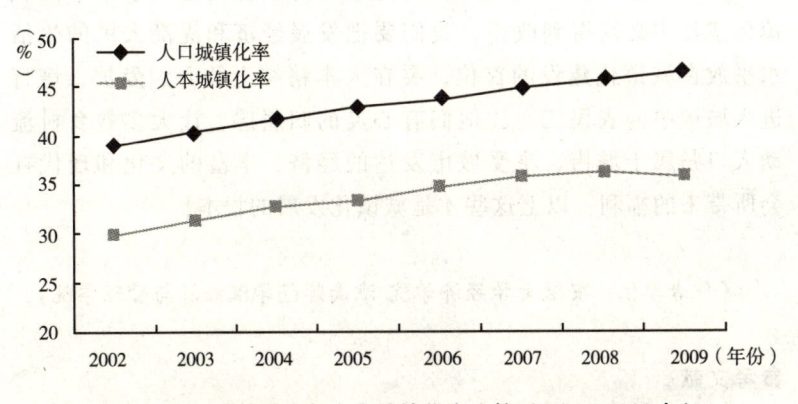

图1 人口城镇化率与人本城镇化率比较（2002～2009年）

四 结论及政策性建议

本文通过构建"人本城镇化率"这一指标,揭示了中国官方统计数据所表现出来的城镇化率虚高的现象。导致这一现象的原因,在于中国部分地区领导为了政绩考量,在推进中国城镇化建设中没有坚持"以人为本"的科学发展理念,盲目扩建城镇,急于实现把辖区内农业人口转变成为非农人口,使许多进城的农民既失去了原有的土地和熟悉的生活环境,同时又在经济不发达地区的城镇中无业可从,致使部分农民返回农村,对城镇建设发展失去了信心,也增加了社会上不安定因素的存在,这样经规划建设起来的城镇就成为一个缺乏经济活力的"空壳"居住地。

城镇化的目的是为了让乡村人口通过岗位转移和空间转移,提高城镇化水平和发展当地经济,实现脱贫致富和改善社会福利水平。城镇现代化是综合的、多层次的、全方位的目标,它涉及城镇方方面面的深刻变化,充分体现当地的经济发展状况和人民生活水平,包括政治、经济、社会、生态环境和人的现代化等多方面内容。"以人为本"科学发展观的提出,为新型城镇化道路提供了指导思想,现有城镇化发展的不可持续性问题在未来中国城镇化建设中必须得到改正。我们要把发展经济和提高人民的生活水平放在城镇化建设的首位,要在人本精神上关心、爱护、培育进入城镇中的农民工,让他们有心灵的归属感,让大多数乡村流动人口归属于城市,享受城市发达的经济、丰富的文化和现代社会所带来的福利,以上这些才是城镇化发展的根本!

(作者单位:安徽大学经济学院 淮南师范学院经济与管理学院)

参考文献

[1] 张培刚:《农业与工业化》,华中科技大学出版社,2002。

[2] 赵显洲：《中国城市化与经济发展相互关系的动态分析》，《中国软科学》2006年第9期。
[3] 王晓玲：《以人为本的城市化实现途径研究》，《济南大学学报（社会科学版）》2009年第1期。
[4] 王丽明、杨晓玲：《影响城市形成与发展因素的研究》，《哈尔滨师范大学自然科学学报》2002年第2期。
[5] 栗海燕、杜跃平、王会叶：《中国城市化发展水平的省区差异研究》，《内蒙古农业大学学报（社会科学版）》2008年第37期。
[6] 陈军、景普秋：《中国新型城市化道路的理论及发展目标预测》，《经济学动态》2008年第9期。
[7] 周一星：《城镇化速度不是越快越好》，《科学决策》2005年第8期。
[8] 陆大道：《中国城镇化发展模式：如何走科学发展之路》，《苏州大学学报（哲学社会科学版）》2007年第3期。
[9] 辜胜阻：《当代中国人口流动与城镇化》，武汉大学出版社，1994。

□ 张桂文 □

二元经济转型与中国粮食安全

一 对中国粮食安全问题的理解

(一) 中国粮食安全必须立足国内实现基本自给

"粮食安全"的概念是在 20 世纪 70 年代中期粮食危机中由粮农组织首先提出的,其定义为"保证任何人在任何时候都能得到为了生存和健康所需要的足够食品"。1983 年粮农组织总干事爱德华·萨乌马对"粮食安全"的概念作了新的定义:"粮食安全的最终目标应该是,确保所有的人在任何时候都能买到又能买得起他们所需要的基本食品。"虽然此后世界粮食组织首脑会议通过《罗马宣言》对这一概念进行了修正,一些学者也提出了自己对"粮食安全"的不同界定,但上述概念的基本含义还是得到了广泛的认同,即"粮食安全"包括三项具体目标:一要确保生产足够数量的粮食;二要最大限度地稳定粮食供给;三要确保所有需要粮食的人们能够获得粮食。[①]

从上述粮食安全的概念中我们不难看到,解决一国的粮食安全问题有两条基本途径,一是立足国内生产,满足与稳定粮食供

[①] 陈武:《比较优势与中国农业经济国际化》,中国人民大学出版社,1997,第 141~142 页;杨学利:《基于可持续发展视角的粮食安全评价研究》,吉林大学博士学位论文,2010 年,第 9~11 页。

应；二是大力发展非农产业，提高居民收入水平，通过进口粮食满足国内需求。显然，从纯经济学的意义上看，对于粮食生产有比较优势的国家宜选择第一条途径，而对于不具备粮食生产比较优势的国家，采取第二条途径更为有利。由于解决粮食安全问题存在着两种途径，因此，长期以来对于中国是否存在着粮食安全问题，学术界存在着较大的争议。一些学者认为，由于科技进步人类早已跨越马尔萨斯陷阱，只要存在市场就能买到粮食，因此，对于中国来说粮食安全不是问题。[①] 事实上，粮食安全从来就不是纯经济问题。由于粮食是维持人类生存最基本的生活必需品，人们对粮食的刚性需求，使得粮食成为关系国家安全的战略物资。随着经济全球化程度的不断加强，粮食已不仅是人们必不可少的生活资料和工业生产中重要的生产资料，持续的粮食生产能力也日益成为国际经济与政治博弈中的重要筹码。基辛格曾说过：如果你控制了石油，你就控制了所有国家；如果你控制了粮食，你就控制了所有的人；如果你控制了货币，你就控制了整个世界。[②] 正因如此，粮食安全与能源安全、金融安全被并称为当今世界三大经济安全。一旦国内粮食需求依赖于国际市场来满足，则不仅粮食进口量的大小与进口价格的高低受制于主要粮食生产国，国家的战略安全也不可避免会受到少数发达农业大国的操纵。即使其他国家不会把粮食供给作为筹码来威胁我国的战略安全，但对一个有着 13 亿人口的大国来说，依赖国际市场满足国内需求也根本不具有实际操作的可行性：我国每年粮食消费量占世界粮食消费总量的 1/5，占世界粮食贸易量的两倍左右；[③] 我国粮食进口量每增加或减少 5 个百分点，国际商品粮市场的价格就上涨或下跌

[①] 于矛轼：《粮食安全不是问题，石油安全才是问题》，"粮食安全与耕地保护项目"专家研讨会上的发言，中评网，2009 年 2 月 25 日。

[②] 朱有志、陈文胜：《四个转变确保国家粮食安全》，2009 年 2 月 20 日《光明日报》。

[③] 韩俊：《多种因素推动中国粮食生产发展进入黄金期》，2010 年 11 月 10 日《农民日报》。

30%左右，从而影响到三十多个发展中国家的经济利益。① 且不论世界粮食出口量根本无法满足世界1/5人口的粮食需求，就是粮食进口的"大国效应"也不是我们能够承担得起的。设想未来几十年内中国粮食自给率为90%，有10%的粮食需求依赖国际市场，则到2020年中国的粮食进口量将达到0.5亿~0.7亿吨，占国际粮食出口量的18%~25%；2050年中国的粮食进口量为0.8亿吨，占国际粮食出口量的24%。② 届时世界出口量的1/5~1/4将用于满足一个人口大国的粮食需求，则国际粮价的剧烈波动不仅会影响我国国民经济的健康发展，也会危及世界政治经济的稳定。基于上述原因，我国粮食的自给率保持在95%左右是非常必要的。

（二）粮食安全问题的实质是粮食生产比较利益的问题

现阶段的粮食安全问题与马尔萨斯意义上的粮食问题不同，它不是指在现有的资源禀赋与技术条件下，人类的粮食生产能力绝对不能满足自身生存与发展对食品的需求，而是指粮食生产效率能否保证一国的粮食供给不受进口农产品与国内非农业的影响和冲击。粮食安全是否成为问题，不仅取决于粮食消费对人类生存的不可替代性，更取决于农业弱质性所导致的粮食生产效率低下。农业生产密切依存于自然条件，农产品的收入需求弹性小等特点，决定了粮食生产的比较利益通常会低于非农产业，如果不能通过农业规模经营来促进资本投入和技术进步，并辅之必要的农业保护政策，那么在比较利益的引导下，多数农民将会放弃粮食生产，农业资源也将大量流向非农领域，届时粮食短缺将不可避免。富裕的人口小国可以通过粮食进口来度过危机，大多数欠发达国家低收入群体必将会由于食品价格的大幅度上涨而陷入困境。粮价上涨固然会刺激未来的粮食生产，但非农化使用土地却

---

① 行业报告：《中国粮食产量分析及其展望》，中国商品网，2008年11月6日。
② 袁富华：《中国经济增长潜力分析》，中国社会科学文献出版社，2007，第142页。

无法在短期内投入粮食生产，而且随着粮食供给的增加，粮食价格的下降必然会导致新一轮的粮食短缺。

上述分析表明，只要农业生产效率、进而农业生产的比较利益低于非农产业，粮食产量的增加与农民收入的增长就存在着矛盾。如果这一矛盾长期不能得到有效解决，粮食生产的长期供给能力将会受到根本性损害，马尔萨斯意义上的"粮食安全"问题势必会卷土重来。正因如此，世界各国在二元经济转型进入刘易斯转折点前后，都不约而同地开始重视农业投资和技术进步，并在不同程度上对农业生产实行保护政策。基于农业弱质性所实行的农业保护政策，不只是为了保护本国粮食供给免受国外低价粮食进口的冲击，更是为了通过提高农业生产的比较利益，保护本国粮食生产的长期供给能力。

二 二元经济转型及其对粮食安全的影响

（一）二元经济转型的特殊路径及小规模农业的强化

二元经济结构的特点，突出地表现在传统农业部门的劳动边际生产力远低于现代非农产业。最直接的表现是，在传统农业部门中，较大的劳动力份额创造出较小的产出份额；而在以工业为代表的现代部门中，较小劳动力份额创造出较大的产出份额。因此，二元经济结构转型的主要途径是农业剩余劳动力的非农化转移。随着农业剩余劳动力转移完毕，农业劳动的边际生产力也就会逐渐与非农劳动边际生产力趋于相等，这时城乡异质的二元经济结构就转化为同质的现代化一元经济结构。

二元经济条件下，农业生产发展不仅是推进工业化进程、促进二元经济转型的必要条件，而且农业发展本身也会受到二元经济转型的影响。如果二元经济转型顺利，随着农业剩余劳动力的转移和农业人均资源占有量的提高，特别是农业规模经济的形成，自给与半自给性质的小农经济将转变为市场化的现代农业。现代农业较高的劳动生产率，一方面决定了一国农业的国际竞争力，另一方面也会在增加粮食供给的同时，增加农民收入。因此，农业规模经营是一国粮食安全，特别是人口大国粮食安全的根本保证。

但是受二元经济转型的初始条件及转型过程中各利益集团博弈力量非均衡的影响，中国二元经济转型与发展经济学所描述的通过农业剩余劳动力向城市非农产业转移的道路有很大不同。我国农业剩余劳动力转移的基本特点是就地转移与非永久性乡城迁移相结合，20世纪90年代末期以前以就地转移为主，此后则以非永久性乡城迁移为主。1979~1997年我国农业剩余劳动力向非农产业转移的累计总规模达13106万人，其中转移到城市就业的只有2729万人，占农业劳动力转移总数的20.8%；而同期转入农村非农产业就业的达10377万人，占农业剩余劳动力转移总数的79.2%。[1] 1996年以来，农村工业的主体——乡镇企业增长速度下降，吸收剩余劳动力的能力有所减弱，但总体上仍维持1亿人以上的规模。

20世纪90年代以来，随着城乡隔离体制的松动，农民外出打工数量逐渐增多，特别是1998年以后，农村劳动力外出打工的数量急剧增加，1998~2007年，外出农民工的总量增加了9000万人，平均每年新增900万人左右。2006年外出农民工数量是1.3亿人，2007年为1.38亿人，2008年为1.4亿人，2009年达1.45亿。[2][3] 以上两种形式共转移了两亿多的农业剩余劳动力，对我国二元经济转型作出了历史性贡献。但"离土不离乡，进厂不进城"，这种转型只有劳动力在产业间的转移，而没有人口在城市的集中。以农民工形式所进行的劳动力转移，虽然使农民走出了乡村，但他们并没有真正成为城市居民。这两种形式所转移的农业剩余劳动力，都没有割断与土地的联系，大多具有兼业性质。因此，在中国二元经济转型过程中，农业经营规模不仅没有随着

---

[1] 张桂文：《中国二元结构转换研究》，吉林人民出版社，2001，第70~71页。
[2] 张蕾：《理性评估农民工流动变化》，2009年2月18日《农民日报》。
[3] 蔡昉：《刘易斯转折点与公共政策方向的转变——基于中国社会保护的若干事实特征》，《中国社会科学》2010年第6期。

农业剩余劳动力的转移而增加，反而由于这一过程中农地的非农化转移以及土地的分散化承包等因素持续减少。目前，美国一个农业劳动力平均耕地 120 多公顷，日本则不足 2 公顷，为美国的 1/60，而我国只有日本的 1/5，仅为 0.4 公顷。①虽然我国经济发展已进入工业化中后期发展阶段，但我国农业生产仍停留在小农经济阶段。高度分散的小农经济与现代化大生产对农业需求的矛盾，不仅是制约我国农业生产发展的根本性矛盾，也是危及中国粮食安全的基本因素。

（二）小规模农业经营对我国粮食安全的影响

1. 小规模农业经营使我国粮食生产潜力不容乐观

小规模经营条件下，农户的要素禀赋表现为土地与资本十分稀缺，而劳动力资源充裕，加之小规模经营抗风险能力差，对于农民来说除了劳动投入外，任何对土地的长期投资都是得不偿失的。表 1 是农业投资的国际比较。② 在表中所列的 30 个主要国家中，我国每千公顷的主要农机械使用量很低，特别是每千公顷拖拉机的使用量只高于孟加拉国而位列倒数第二位，但每千公顷的化肥使用量却居于相对较高水平。这说明我国农户对土地的长期投资不仅远低于发达国家水平，也低于同等发展程度的发展中国家水平。

受人均收入水平提高和城市化进程加快的双重影响，我国对粮食的需求已经进入快速增长阶段。但受耕地面积不断减少、水资源紧缺和生态脆弱的影响，粮食生产的资源、环境约束将更为严重。仅 1997~2008 年，全国新增建设占用耕地 3704 万亩，平均每年被占用耕地达 300 万亩。③ 而今后工业化和城市化的加速

---

① 《破除传统粮食安全观统筹考虑农业战略》，中国宏观经济信息网，2009 年 1 月 4 日。
② 由于目前无论是国内还是国外的统计资料都没有各国农民对农业投资的直接数据，我们只能根据 2009 年国际统计年鉴的有关数据，用每千公顷耕地上使用的主要农机械与化肥数量来间接代表农业投资情况，作出农业投资情况的国际比较。
③ 张云华：《城镇化进程中要切实保护农民土地权益》，2011 年 1 月 26 日《国研视点》。

表1 农业投资的国际比较

单位:台/千公顷、吨/千公顷

国家或地区	每千公顷耕地上拖拉机使用量	每千公顷耕地上脱粒机使用量	每千公顷耕地上化肥使用量
中　　国	7.1	2.6	328.9
孟加拉国	0.2	0.0	188.6
印　　度	17.1	0.0	129.0
伊　　朗	17.4	0.6	94.5
以 色 列	77.3	0.8	2197.7
日　　本	438.2	223.0	401.6
韩　　国	140.3	53.5	532.9
马来西亚	—	—	843.2
巴基斯坦	19.8	0.1	174.9
斯里兰卡	23.4	0.0	307.1
泰　　国	26.1	13.9	120.7
越　　南	24.7	35.2	300.7
埃　　及	32.5	0.8	733.1
加 拿 大	16.1	1.9	61.3
墨 西 哥	13.0	0.9	71.7
美　　国	27.3	2.3	163.3
阿 根 廷	8.6	1.8	49.0
巴　　西	13.4	0.9	136.8
委内瑞拉	18.5	2.2	165.5
白俄罗斯	9.8	2.3	170.4
捷　　克	28.6	3.8	152.5
法　　国	63.6	4.3	191.1
德　　国	79.3	11.3	208.8
意 大 利	241.0	7.0	167.8
荷　　兰	164.6	6.2	689.7
波　　兰	118.4	10.2	128.1
西 班 牙	71.6	3.7	133.9
土 耳 其	42.9	0.5	112.1
乌 克 兰	10.9	1.8	23.7
英　　国	87.3	8.2	289.8

资料来源:《国际统计年鉴—2009》。

发展，将会造成难以逆转的耕地持续减少趋势。解决粮食生产资源与环境约束的根本途径在于通过技术进步来挖掘农业部门的增长潜力，而问题在于农业生产投资和农业技术进步受到了小规模农业生产的限制。发达国家科技对农业贡献为80%以上，而我国科技对农业贡献仅为42.7%。[①] 如果这一问题不能得到很好解决，则未来中国粮食安全的确存在着隐患。

2. 小农经济易引发粮食供求关系大幅度波动

小农经济特有的个人理性与集体非理性的矛盾，会导致农产品市场供给对需求变动的滞后与过度反应，从而引发农产品供求关系大幅度波动。图1和表2显示了改革开放以来我国粮食产量的变动情况，从中可以看出，1979~2008年，我国粮食生产经历了四次大的供求波动。

第一次发生在1979~1988年。改革开放后农村联产承包责任制的实行与政府提高粮食价格，极大地调动了农民的生产积极性，粮食生产大幅度增长。1979~1984年粮食年平均增长率为5%，到1984年粮食产量超过4亿吨。随着1984年的卖粮难、粮食市场价格和国家合同定购价格的下降，1985~1988年粮食生产滑坡，1985年、1988年两年还出现了粮食减产。

第二次发生在1989~1994年。受1985~1988年粮食生产滑坡的影响，1986~1989年粮食收购价格分别上涨9.9%、8%、14.6%和14.6%。粮食价格持续上涨使1989年和1990年粮食产量分别增长3.42%和9.4%。但是从1989年开始，国民经济连续三年在低谷中运行，非农产业及城市居民对粮食需求的下降与粮食供给增加的共同作用，导致了1990~1991年的卖粮难，粮价下降。1991年粮食产量减少1095万吨后，粮食产量连续多年在4.5亿吨左右徘徊。

第三次发生在1995~2003年。1992年中国经济开始了新一轮的高速增长，增加了农产品需求，加之1994年外汇改革造成本币

[①] 原松华：《确保粮食安全：一项长期而艰巨的"课题"》，《中国发展观察》2008年第2期。

一次性贬值57%，南方各省从进口粮食转向国内市场抢购，从而带动了粮价大幅度上涨。1995年粮食增长4.8%，1996年粮食增长8.12%，粮食产量超5亿吨大关。1995年与1996年粮食产量的大幅度增长与宏观经济紧缩条件下粮食需求增幅的减少，使1997~2000年粮食价格持续低迷。1999年开始，粮食产量连续三年大幅度下降，2002年与2001年产量基本持平，接着2003年粮食产量又减少了5.77%，下降到4.3亿吨，为1990年后的最低水平。

第四次是2004年至今。2000~2003年粮食产量持续大幅度减产和2003~2009年经济快速增长，导致粮食价格开始波动性上升，促进了粮食生产的持续增长。2003年粮食生产价格指数上升2.3%，2004年粮食生产价格指数上升28.4%，刺激了粮食生产与进口增长，2004年以来我国粮食生产连续七年增产，2009年粮食产量达5.31亿吨，比2008年增产0.4%。

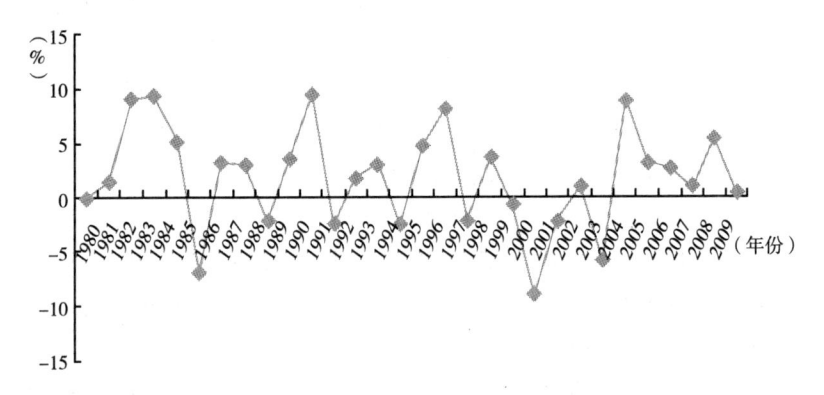

图1　1980~2009年中国粮食增长率变动情况

从上述四次大的粮食供求关系变动中可以看出，改革开放以来我国粮食产量的变动具有以下两个突出特点：一是粮食产量大幅度增长与大幅度回落总是交替出现；二是在经历了大幅回落后，通常会在较低的水平上持续徘徊几年。1981~1984年粮食产量连续三年大幅度增长，到1984年粮食产量突破4亿吨大关，紧接着是1985年粮食大幅度减产，并在3.7亿~3.9亿吨间徘徊五年；

1990年粮食增长率高达9.49%,粮食产量超过1984年达到历史最高水平;紧接着又是1991年的粮食减产和连续四年的低水平波动;1995年、1996年两年粮食生产大幅度增长,1996年粮食产量突破5亿吨大关,接着又是1997年减产2.05%;1998年粮食产量有所回升,1999~2003年的五年间几乎是持续负增长。

表2 1980~2009年中国粮食产量及其增长率变动情况

单位:万吨、%

年份	粮食产量	增长率	年份	粮食产量	增长率
1980	32055.50	—	1995	46661.80	4.83
1981	32502.00	1.39	1996	50453.50	8.13
1982	35450.00	9.07	1997	49417.10	-2.05
1983	38727.50	9.25	1998	51229.53	3.67
1984	40730.50	5.17	1999	50838.58	-0.76
1985	37910.80	-6.92	2000	46217.52	-9.09
1986	39151.20	3.27	2001	45263.67	-2.06
1987	40297.70	2.93	2002	45705.75	0.98
1988	39408.10	-2.21	2003	43069.53	-5.77
1989	40754.90	3.42	2004	46946.95	9.00
1990	44624.30	9.49	2005	48402.19	3.10
1991	43529.30	-2.45	2006	49747.89	2.78
1992	44265.80	1.69	2007	50160.30	0.83
1993	45648.80	3.12	2008	52870.92	5.40
1994	44510.10	-2.49	2009	53082	0.4

资料来源:1978~2008年数据根据历年《中国统计年鉴》有关数据计算。2009年数据来自国家统计局:《中华人民共和国国民经济和社会发展统计公报》,http://www.stats.gov.cn/tjgb/ndtjgb/qgndtjgb/t20100225_402622945.htm。

上述我国粮食产量波动特点形成的一个重要原因,是小农经济条件下农户对粮食需求的特殊体现。分散经营的小农经济条件下,农户粮食商品率低,就多数农户来说,粮食生产只是为了满足家庭的基本生活需要,因此,粮食价格的一般性变动对农户的粮食供给影响不大。一旦粮食供给缺口较大，或是表现为粮价的大幅度上涨，或是表现为政府的惠农政策出台，更经常的情况是二者兼有之，又会对农户形成过强的经济激励，众多农户纷纷扩大粮食生产，尽管每户生产能力有限，但数以亿计农户的粮食增量合起来就会导致粮食产量大幅度增长，粮食供给远远超过了市场粮食需求，接着便是卖粮难引起的粮食产量大幅度下降。卖粮难的结果又使数以亿计的农户纷纷减少粮食生产，从而形成了粮食产量的大起大落，买难与卖难的恶性循环。小农经济条件下农户这种个人理性与集体非理性矛盾所形成的"羊群效应"，不仅让农民陷入既盼丰收、又怕丰收的无奈，也使政府落入了既因歉收而忧心、又因丰收而尴尬的困境。

3. 小农经济使我国粮食生产的国际竞争力低下

由于小规模经营导致物质资本投资过少，劳动力资源投入过多，技术创新也就只能停留在精耕细作层面上，小农经济的结果必然是土地生产率较高，而劳动力生产率较低。中国的农业劳动生产率极为低下，每个农业经济活动人口①农作物产量只有 1.69 吨，在 41 个国家中居倒数第四位，只高于孟加拉、斯里兰卡、蒙古三个国家。同期美国农业劳动生产率为每个农业经济活动人口 207 吨，是我国农业劳动生产率的 124.29 倍。小规模农业经营所具有的技术进步缓慢、劳动生产率低下等特征，使我国粮食生产的国际竞争力不足，从而危及国家的战略安全。粮食生产的国际竞争力通常体现在粮食价格上，如果某国粮食生产的劳动生产率低于世界平均劳动生产率水平，其粮食价格就会高于国际市场价格，在农产品市场日益国际化的背景下，国外低价粮食产品就会

---

① 需要说明的是，表中农业经济活动人口是指 15 岁以上的就业与非就业的农业人口，这一数据实际是指农业劳动力资源。就我国的情况而言，这一数据包括了农业整劳动力与半劳动力两部分。由于我国农业生产通常采取家庭经营的方式，所以农民家庭中只要具有一定的劳动能力，都会在不同程度上参与农业劳动。所以世界银行的这一统计数据，虽然与我国的统计口径有所不同，但却更好地反映了我国农业劳动力资源的实际情况，而且世界各国的统计口径具有一致性，所以采用这一数据还是具有较好的可比性。采用这一统计数据的另一方面的好处是，它反映了农业劳动力资源的配置对农业劳动生产率的影响。

冲击该国市场,影响该国的粮农利益,从而影响该国的粮食生产。现代市场经济条件下,农产品市场不再是以国界为限的国内市场,而是日益国际化的大市场,农业资源和农产品需求的分配和利用都是超国界的。谁的产品能以最低的成本和优质安全的品质满足国际市场需求,谁就会在竞争中处于主导地位。由于我国小农经济条件下,粮食生产的成本高、质量低,与国际市场相比,我国的主要粮食品种市场价格普遍高于国际市场价格。如表 4 所示。1996~2007 年的 11 年间,我国小麦、玉米和大米价格在绝大多数年份均高于国际市场价格。2008 年以来,粮食价格延续了上述情况。

表4 1996~2007 年国际国内粮食价格比较

单位:元/公斤

年份	小麦			玉米			大米		
	国内价 ①	国际价 ②	差价 ①-②	国内价 ①	国际价 ②	差价 ①-②	国内价 ①	国际价 ②	差价 ①-②
1996	1.62	1.69	-0.07	1.14	1.34	-0.20	2.81	2.53	0.28
1997	1.41	1.34	0.07	1.11	0.95	0.16	2.40	2.20	0.20
1998	1.47	1.06	0.41	1.17	0.82	0.35	2.33	2.33	0.00
1999	1.36	0.97	0.39	1.08	0.69	0.39	2.31	1.82	0.57
2000	1.20	0.97	0.23	0.88	0.73	0.15	2.26	1.50	0.76
2001	1.14	1.06	0.08	0.91	0.74	0.17	2.23	1.28	0.95
2002	1.07	1.24	-0.17	0.93	0.82	0.11	2.13	1.42	0.71
2003	1.08	1.20	-0.12	0.96	0.87	0.09	2.22	1.46	0.76
2004	1.47	1.13	0.16	1.16	0.93	0.23	2.75	1.85	0.90
2005	1.47	1.27	0.20	1.05	0.80	0.25	2.77	2.06	0.71
2006	1.41	1.55	-0.14	1.17	0.97	0.20	2.86	2.17	0.69
2007	1.57	3.57	-2.00	1.58	1.96	-0.38	2.73	3.02	-0.29

注:小麦、玉米和大米分别是硬麦海湾、黄玉米海湾和泰国含碎大米曼谷 FOB 价格。

资料来源于上海申报肆国证券研究所:《中国粮食价格将稳中有升——中国粮食价格波动影响因素及粮食价格的中长期趋势分析》。

三 促进二元经济转型，保证粮食安全的对策措施

（一）促进劳动力非农化转移，加快农民工市民化进程

大量剩余劳动力的存在是传统农业最突出的特征，也是农业部门低效率的根源。实现农业规模经营，提高粮食生产比较利益的根本途径是促进劳动力非农化转移，现阶段的重点是加快农民市民化过程。具体来说，我们要着重做好以下工作。

一是通过规范用工制度，取消就业歧视，加强业余教育与职业培训以及建立工资正常增长机制等措施，稳定农民工就业，增加农民工务工收益；二是通过为农民工提供社会保障、解决农民工子女教育问题及把农民工纳入住房保障体系等措施，降低农民工在城市定居的生活成本；三是改革户籍管理制度，根据农民工的就业能力及农民工与所在城市的融合程度，有序接纳农民工成为城市居民；四是要通过让农民工享有与城市居民同等的选举与被选举权，改善城市边缘区的居住与生活条件以及引导舆论导向等措施，营造让农民工融入市民社会的软环境。

（二）改革土地制度，促进土地流转

家庭联产承包责任制虽然使广大农民拥有了承包土地的使用权和一定程度的剩余索取权，但现行的土地产权制度还远未完善。土地所权主体在法律上是明确的，但在事实上又是模糊的。农民虽承包了土地但还不能享有对所承包土地的永久性使用权，使得土地使用权的流动机制难以形成。由于缺乏相应的土地流转机制，对大多数农民来说保有承包土地，进行兼业化经营就成为最佳选择。要实现农业规模化经营，提高粮食生产的比较利益，政府就必须对现有农村土地制度进行改革。具体措施如下：一是在保持农村土地集体所有制不变的情况下，赋予农民以永久性的土地使用权，明确农户

拥有对所承包土地的使用权、收益权、转让权、抵押权和继承权，以稳定农户的经济预期，促进土地使用权的流转和适度规模经营的发展；二是建立健全农村土地使用权流转市场，完善农村土地承包经营权流转的政策和法律，规范土地承包经营权流转；三是通过严格耕地保护制度、加强农地流转立法、强化土地流转的执法监督机制等措施，健全农地使用权流转的宏观调控机制。

（三）建立农业支持、保护体系，提高粮食生产的国际竞争力

农业是国民经济基础性产业，但农业的自然再生产与社会再生产统一的特点，又决定了农业是集自然风险与市场风险于一身的弱质性产业。在当前的技术经济条件下，农业还不具有与其他产业开展平等竞争，获取平均利润的能力。建立农业生产的支持和保护体系，对于提高农业劳动生产率，提高粮食生产的国际竞争力具有重要意义。为此，政府要着重做好以下工作：一是加强包括水利设施、农田整治、水土流失治理、土地复垦、农业综合开发等在内的农业基础设施建设；二是加强中低产田的改造和商品粮基地建设，提高粮食的供给能力；三是加大对农业科研、农业推广、农民培训、农产品安全检验和农产品市场信息等农业服务活动的资金支持；四是建立健全农产品价格支持体系，逐步减少对农产品流通环节的补贴，把支持与补贴的重点转向农民；五是建立和完善农业保险体系，增强我国农业的风险承受能力。

（四）深化粮食流通体制改革，健全粮食宏观调控体系

改革粮食流通体制，健全粮食生产的宏观调控体系的目的是要把粮食生产的总量调节与结构调节结合起来，实现粮食供需的动态平衡。其基本原则是要把加强宏观调控与发挥市场机制的基础性作用结合起来，着眼于国内、国际两个市场，统筹考虑粮食生产、流通、消费等各个环节。在上述原则的指导下，国家要完善中央和省级两级政府责权明确的两级粮食调控体系；建设灵活高效的粮食储备调节制度和进出口调节机制；建立完善的粮食法

律体系，创造部分公平的市场环境。[1]

（作者单位：辽宁大学政治经济学与《资本论》研究中心）

参考文献

[1] 陈武：《比较优势与中国农业经济国际化》，中国人民大学出版社，1997。
[2] 杨学利：《基于可持续发展视角的粮食安全评价研究》，吉林大学博士学位论文，2010。
[3] 于矛轼：《粮食安全不是问题，石油安全才是问题》，中评网，2009年2月25日。
[4] 朱有志、陈文胜：《四个转变确保国家粮食安全》，2009年2月20日《光明日报》。
[5] 韩俊：《多种因素推动中国粮食生产发展进入黄金期》，2010年11月10日《农民日报》。
[6] 行业报告：《中国粮食产量分析及其展望》，中国商品网，2008年11月6日。
[7] 袁富华：《中国经济增长潜力分析》，中国社会科学文献出版社，2007。
[8] 张桂文：《中国二元结构转换研究》，吉林人民出版社，2001。
[9] 张蕾：《理性评估农民工流动变化》，2009年2月18日《农民日报》。
[10] 蔡昉：《刘易斯转折点与公共政策方向的转变——基于中国社会保护的若干事实特征》，《中国社会科学》2010年第6期。
[11] 《破除传统粮食安全观 统筹考虑农业战略》，中国宏观经济信息网，2009年1月4日。
[12] 张云华：《城镇化进程中要切实保护农民土地权益》，2011年1月26日《国研视点》。
[13] 原松华：《确保粮食安全：一项长期而艰巨的"课题"》，《中国发展观察》2008年第2期。
[14] 刘江：《21世纪初中国农业发展战略》，中国农业出版社，2000。

---

[1] 刘江：《21世纪初中国农业发展战略》，中国农业出版社，2000，第178~180页。

□葛 扬 贾春梅□

农地股份合作制增收效应的实证研究

一 引言

城乡收入差距扩大是一个不争的事实。农民拥有的生产要素主要是劳动力和土地,增加农民收入,不但需要增加劳动性收入,更应让农民凭借土地要素参与收入分配,以分享经济发展成果。农地股份合作制就是一种农民凭借土地要素参与收入分配的制度安排。这种制度安排率先在广东南海、顺德等地试点并且得以成功实施,随后推广至东莞、佛山乃至整个珠三角地区。该制度安排在实施初期,对于缓解工业用地紧张、推进城镇化进程与提升农民收入方面均发挥了非常积极的作用。因此,江苏、浙江、山东等沿海地区农村纷纷效仿,农地股份合作制改革一度比较红火。

从一些地方的实践来看,农地股份合作制糅合了股份制和合作制的特征:土地股份化和以合作经济组织的方式进行经营。农地的承包权转化为农民的股权,农地的经营权则交由股份合作组织。在股权设置上,一般设有集体股、土地股、资产股三种股权。集体股的设立是为发展股份合作经济组织之用,一般占净资产的30%。在股红分配上,各股份合作经济组织的经营纯收入,在完成国家税收、上缴各种费用、归还到期债务、弥补上年度亏损后,按不同比例分红（王贵宸，2001）。

伴随农地股份合作制在实践中的推广，理论界给予农地股份合作制深入的讨论和极大的关注，很多研究视角都具有非常重要的理论和现实意义。作为股份合作制的参与主体，农民能否从中分享到经济增长的利益以及分享利益的多少，直接关系到农民支持和拥护该制度安排的积极性。因此，探讨农地股份合作制的增收绩效问题尤其重要。为此，本文运用广东省佛山市南海区、顺德区、高明区、三水区1992～2009年的相关社会经济数据，采用"双重差分模型"的计量方法估计农地股份合作制对农民增收所产生的因果效应的大小，以检验这一制度创新对农民收入的真正影响。

二 理论假说与计量模型

农民拥有的生产要素主要是劳动力和土地。依据中国现阶段收入分配应坚持的按劳分配和按生产要素分配相结合原则，增加农民收入，不仅要增加劳动性收入，还应该考虑让农民凭借土地要素参与收入分配的问题。如上文所述，不少学者对农地股份合作制的增收效果持肯定态度，认为农地股份合作制在理论上可以带来如下的政策效果：有助于增加农民利用土地使用权取得各项收入的机会，有利于调整农民的收入结构，有益于提高农民的人均纯收入。基于此，我们归纳出以下三点理论假说。

理论假说1：农地股份合作制经由经营性收入渠道影响人均纯收入。

伴随农村剩余劳动力的转移，适度扩大农民农地经营的面积，有助于农业新技术、新设备的采用及先进管理理念的运用，有助于降低农业生产经营的成本。而且，即使农业经营具有规模报酬不变的产业特征，适度扩张农民的农地经营面积，也有助于其农业收入的增加（钱忠好等，2006）。此外，在农业生产上不具有优势或不愿意从事农业生产的农民可以将农地使用权转让出去，在农村或者城镇从事自主经营活动。因为非农产业的比较收益相对较高,这部分农民的非农经营性收入也将大幅提升。

理论假说2:农地股份合作制间接地经由工资性收入渠道影响人均纯收入。

将农民的土地承包权变为可以永久享有的股份分红权,既保留了家庭承包制的合理内核,又将农民的土地收益延伸到土地非农化过程。成员权的保留使农民在选择到农外就业时没有了后顾之忧,从而也加剧了农民的非农化过程(蒋省三等,2003)。脱离农业生产的农民,或者进入农产品加工企业等从事第二、第三产业的活动而分享农业产业化的收益,或者"毫无牵挂"地进入城镇开展非农活动,其工资性收入均可能有所增加。

理论假说3:农地股份合作制经由财产性收入渠道影响人均纯收入。

蒋省三等人认为在这种制度安排下,与国家征地不同,集体在上交了与土地有关的各项税费以后,土地非农化的级差收益被保留在了集体内部,供集体和农户共享,即农地股份合作制的制度安排有助于农民分享土地非农化带来的土地增值收益(钱忠好等,2003)。具体而言,借助农地股份合作制的制度安排,农民在将土地经营权转移出去的同时,仍拥有资本化了的农地使用权,集体经济组织可通过出租土地及其地上建筑物获得较为稳定的租金收入。假如集体经济组织和农民之间存在合理的利益分配机制,农民可以真正分享土地增值收益,其财产性收入可相应大幅度增加。此外,农民工资性收入和经营性收入增加后,也能够像城镇居民那样投资房地产、股票债券等,从而衍生出更多的财产性收入。

要考察农地股份合作制对农民收入的影响,直观上就是要比较农地股份合作制实施前后农民收入的差异。但是,从严格的实证角度看,如此简单的比较最多只能说明农地股份合作制与农民收入变动之间存在相关性,而无法说明农民收入变动一定是由农地股份合作制度创新所引起。因为与此制度创新同时发生的其他一些政策或经济变化(如农产品价格的波动)也可能引起农民收入的变化。此外,这种简单的比较也未能控制地区间的诸多差异,因此,我们很难对实施效果进行准确判断。

"双重差分模型"是一种用来估计一项政府政策给政策作用对象带来的净影响的计量经济方法。它的基本思路是将一项政策的实施类比于自然实验中对试验对象施加的某种"处理"。该模型把样本划分为四组:实施前的对照组、实施后的对照组、实施前的处理组和实施后的处理组。其中,"处理组"是政策作用对象;"对照组"是非政策作用对象。假设处理组和对照组之间不存在系统差异,通过控制其他因素,可以计算处理组在政策实施前后某个指标(如农民人均收入,用 y 表示)的变化量(收入增长量),同时计算对照组在政策实施前后同一指标的变化量,然后计算上述两个变化量的差值(即所谓的"双重差分值"),就可以反映政策对处理组的净影响。如图1所示。采用"双重差分模型"可以有效控制其他共时性政策的影响和全面实施市(区)和非全面实施市(区)的事前差异,从而可以有效地分离出农地股份合作制对农民收入的净影响。

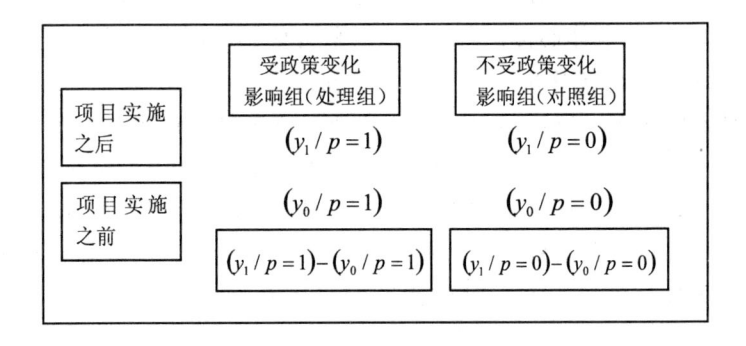

	受政策变化影响组(处理组)	不受政策变化影响组(对照组)
项目实施之后	$(y_1/p=1)$	$(y_1/p=0)$
项目实施之前	$(y_0/p=1)$	$(y_0/p=0)$
	$(y_1/p=1)-(y_0/p=1)$	$(y_1/p=0)-(y_0/p=0)$

图1 政策对处理组的净影响

即:$DD = [E(y_1/p=1) - E(y_0/p=1)] - [E(y_1/p=0) - E(y_0/p=0)]$,其中,$p=1$ 代表全面实施农地股份合作制的市(区),$p=0$ 代表未全面实施农地股份合作制的市(区),y_1 代表实施后的农民收入,y_0 代表实施前的农民收入。

DD 只是一个纯数量概念，需要对其统计上的显著性进行检验。双重差分模型的具体估计方法有 2×2 方格分析法、混合截面数据模型估计法（包括 OLS 法和一阶差分法）、非观测效应综列数据模型估计法（包括固定效应法、一阶差分法和随机效应法）。在模型中，如果对于不同的截面或不同的时间序列，其截距是不同的，则可以采用在模型中加虚拟变量的方法估计回归系数，此种模型被称为固定效应面板模型（fixed effects regression model）。本文将采用非观测效应综列数据模型估计法中的固定效应法来估计。与简单的混合回归相比，固定效应回归可以消除一些不随时间变化的组间的固定差异影响。考虑到数据时间跨度比较长，残差之间可能存在某种相关性或差异性，因此我们进行的是稳健性方差下的固定效应回归。假定随机变量 y 与 p 之间存在的是线性关系，且满足古典线性回归模型的基本假定，则固定效应面板模型是：

$$y_{it} = \alpha + \beta \cdot P_{it} \cdot T_i + \gamma x_{it} + T_t + P_i + u_{it} \tag{1}$$

其中，i 代表市（区），t 代表时期，y_{it} 是市（区）i 在 t 时期的人均纯收入增长率；P_i 是虚拟变量，全面实施农地股份合作制的市（区）为 1，否则为 0；T_t 也是虚拟变量，市（区）在农地股份合作制实施当年及之后被赋值为 1，反之为 0；x_{it} 是一组可观测的控制变量，包括人均 GDP 增长率、1992 年 GDP、人均耕地面积；u_{it} 是无法观测的、因市（区）和时间不同而不同的时变误差。

利用固定效应面板模型以得到参数的一致性估计，此时计量模型（1）中 β 的估计量 $\bar{\beta}$ 就称为双重差分估计量（difference-in-differences estimator）。如果 $\bar{\beta}$ 是显著的，而且是正的，则我们的理论假说成立；否则，理论假说不成立。

使用双重差分模型的关键要求之一是选取恰当而合适的"对照组"，"对照组"与"处理组"除了在实验变量（在我们的例子中是股份合作制）以外必须尽可能相似，否则两个组别显示的差异有可能是其他未控制因素所导致的。对此，我们对变量进行了均值检验，以检验在控制了可观察变量之后两个组别是否存在显著的差异性。

采用双重差分模型估计政策变化效应必须满足一个前提条件，那就是政策变化本身必须是外生的。早在 20 世纪 80 年代中期，农业部就曾选择广东南海等地进行农地股份合作制的改革试验（钱忠好等，2006）。由此可见，农地股份合作制是政府推动下的试点改革。因此，计量分析中的内生性问题基本可以被忽略。此外，在当前中国的户籍制度和土地产权制度之下，农民因为农地股份合作制的原因而迁徙的情况应该非常少，所以，我们也可以排除"准自然实验"本身可能引起的一些内生性反应。

三 经验分析和结果解释

（一）数据说明

1. 数据描述

在样本市（区）中，南海、高明、顺德、三水同属于广东省佛山市所辖区。股份合作制改革在样本期内分层次推进，南海市于 1992 年开始农地股份合作制改革试点，并于 1995 年 3 月遍及全市农村。随着南海率先推出土地股份制合作模式，顺德也从 1994 年初逐渐开创了顺德模式的土地股份合作制，并于 1999 年全面实施。其后，三水市也在 1997 年 9 月作出全面推行以土地为中心的农村股份合作制的决定，并已于 2008 年全面完成。而高明截至 2008 年尚未进行土地股份合作制改革。这样的数据结构使得我们可以把股份合作制改革视为一种"准自然实验"，并对其增收效果进行估计。

南海市 1992~2005 年的相关社会经济数据来自 1993~2006 年的《南海年鉴》，之后数据来自相应年份的《国民经济和社会发展统计公报》；顺德 1993 年的数据由 1995 年《佛山年鉴》中提供的 1994 年数据计算而来，1994~2000 年的数据来自 1995~2001 年的《佛山年鉴》，之后数据来自佛山市顺德区发展规划和统计局网站；三水 1992~2005 年的数据来源于 1993~2006 年的《佛山年鉴》，之后数据来自相应年份的《国民经济和社会发展统计公报》；高明市1992~1997年的相关社会经济数据来自1993~1998年的《佛山年鉴》，1998~2005年的数据来自1999~2006年的《高明年鉴》，之后数据来自相应年份的《国民经济和社会发展统计公报》。

2. 指标解释

被解释变量农民人均纯收入增长率由1992~2009年的农民人均纯收入计算得到。用于反映农地股份合作制进程的变量有农地股份合作制改革，于该市（区）进行农地股份合作制的当年和此后取值1，否则为0；农地股份合作制改革当年，仅在农地股份合作制改革当年取值1，否则取值0；另外14个指标变量"农地股份合作制改革第i年"，分别当该市（区）处于改革第i年时为1，否则为0。值得说明的是，因为南海市农地股份合作制是1995年全面实施的，因此我们认为改革的效果应该在1996年及以后反映出来。

影响各市（区）农民收入变动的因素有多种，但从理论和经验分析，最主要的影响因素是人均GDP变动率、1992年人均GDP、人均耕地面积变动率，其他因素虽然对农民收入也有影响，但有的不易取得数据，如财政补贴；有的与人均耕地面积可能高度相关，如粮食产量；还有的因素在运用面板数据时在地区间的差异并不大，如居民消费价格指数。因此这些其他因素可以不列入模型，即便它们对居民消费有某些影响也可归入随机误差项中，并通过R^2检验结果来检验是否遗漏了重要的控制变量。因此，我们选取以下三个变量来控制其他因素的影响，它们是人均GDP增长率、1992年人均GDP、人均耕地面积变动率。

3. 均值检验

双重差分估计方法的关键是选取的对照组与处理组除了在实验变量（在我们的例子中是股份合作制）以外必须真正可比，否则两个组别显示的差异有可能是其他未控制因素所导致的。为此，我们对全面实施市（区）和未全面实施市（区）进行了均值检验。我们认为，如果全面实施市（区）在全面实施股份合作制之前和对照市（区）的差别不大，那么这个对比更为可信，因为这表明随后的差异由股份合作这一制度创新进行解释是合理的，同时均值检验结果也减轻了选择性的谬误（selection bias）以及为股份合作制的外生性提供了进一步的支持。均值检验的结果如表1所示。

表1 均值检验的结果

变量	南海	顺德	三水	高明
农民人均纯收入增长率	10.86	13.15	11.22	11.15
	(7.56)	(14.4)	(10.91)	(10.73)
人均GDP变动率	19.38	20.96	18.16	25.03
	(11.36)	(13.14)	(16.39)	(19.61)
人均耕地面积变动率	-6.96	-8.52	-3.72	-1.24***
	(14.08)	(10.08)	(5.14)	(0.99)

注：(1) 括号中数字为标准差；(2) ***代表双尾检测下的1%及以上的显著性水平。

从表1可以看出，除了高明的人均耕地面积变动率与均值（-5.11）稍有差异外，全面实施市（区）在全面实施股份合作制之前和对照市（区）的其他变量的均值均不存在显著的差异性。这说明我们选取的对照组符合该模型的要求，即除了农地股份合作制这一试验变量以外，对照组与处理组是真正可比的。全部样本关键变量的描述性统计如表2所示。

表2 全部样本关键变量的描述性统计

变量		时间跨度	样本量	均值	标准差	最小值	最大值
被解释变量	农民人均纯收入变动率（%）	1992~2009	72	11.60	10.97	-3.01	51.48
解释变量	股份合作制（虚拟变量）	1992~2009	72	0.39	0.49	0	1
控制变量	人均GDP变动率（%）	1992~2009	72	20.88	15.35	-1.88	67.4
	1992年人均GDP（元）	1992~2009	72	6544	2454	4327	8063
	人均耕地面积变动率（%）	1992~2009	72	-5.11	9.30	-48	22.22

4. 数据平稳性检验

为了避免"伪回归",确保估计结果的有效性,我们对每个变量的数据序列的平稳性特征,采用相同根单位根 LLC 检验方法和不同根单位根 Fish-ADF 检验方法(如果在两种检验中均拒绝存在单位根的原假设,则我们说此序列是平稳的,反之则不平稳),分别就每个变量的时间序列数据的水平形式进行了检验。其中,检验过程中滞后期的确定采用 SC 最小准则(结果略)。检验结果表明,所有变量均为平稳序列,满足建立固定效应模型的要求。

(二)经验分析

1. 基本回归结果

表 3 列出了固定效应模型(1)的估计结果。计量结果表明,农地股份合作制在实施当年及之后的 3 年内的确对农民人均纯收入有显著的正面影响,或者说农地股份合作制在促进农民增收方面有显著作用。但是从全面实施农地股份合作制之后的第 4 年开始直至第 9 年,农地股份合作制的系数估计值虽依然为正数,但却逐年减小,说明此期间农地股份合作制对农民人均纯收入增长率仍有正向影响,但影响作用均不显著且影响力却越来越小;而从改革后的第 10 年开始直至第 13 年,系数估计值转而为负数(虽然统计上看并不显著),说明这 4 年间股份合作制对农民人均纯收入产生了负面影响;虽然第 14 年系数估计值又变为正数,但是在统计上仍不显著。因此,可以说农地股份合作制不具备持续的增收效应。

2. 结果解释

由以上分析可知,长期来看,农地股份合作制的一个关键目标,即通过制度创新增加全面实施市(区)的农民人均纯收入并没有实现(即全面实施农地股份合作制并没有使得农民人均纯收入比未全面实施市(区)的农民人均纯收入取得更快增长)。除实施当年及以后的 3 年之外的其他年份里,农地股份合作制都没有显著增加农民人均纯收入,所以,农地股份合作制的增收效应在经济上的可持续性就可能存在问题。

表3 固定效应模型的估计结果

	解释变量	系数估计值	R^2	$\overline{R^2}$	D-W值	样本量	F检验
被解释变量：农民人均纯收入增长率	股份合作制改革当年	6.73** (2.49)	0.8151	0.7207	1.58	72	8.63
	改革后第1年	6.76** (2.45)	0.8144	0.7196	1.67	72	8.59
	改革后第2年	6.51** (2.32)	0.8122	0.7163	1.59	72	8.47
	改革后第3年	5.02* (1.81)	0.8043	0.7044	1.56	72	8.05
	改革后第4年	4.14 (1.48)	0.8000	0.6980	1.53	72	7.84
	改革后第5年	4.36 (1.58)	0.8013	0.6998	1.50	72	7.90
	改革后第6年	3.89 (1.37)	0.7987	0.6959	1.49	72	7.77
	改革后第7年	3.53 (1.19)	0.7968	0.6930	1.47	72	7.68
	改革后第8年	2.67 (0.85)	0.7939	0.6888	1.45	72	7.54
	改革后第9年	2.09 (0.61)	0.7923	0.6863	1.41	72	7.47
	改革后第10年	-2.22 (-0.63)	0.7925	0.6865	1.39	72	7.48
	改革后第11年	-0.62 (-0.19)	0.7908	0.6840	1.43	72	7.40
	改革后第12年	-1.2 (0.27)	0.7910	0.6843	1.43	72	7.41
	改革后第13年	-3.62 (-0.70)	0.7927	0.6869	1.41	72	7.49
	改革后第14年	1.82 (0.25)	0.7910	0.6843	1.41	72	7.41

注：（1）括号内为t值；（2）*代表10%水平显著，**代表5%水平显著。

为什么会出现上述实证结果呢？可能的原因如下。第一，依据统计数据所得出的增收效果可能失真。王贵宸（2001）在关于南海市平洲区农民股份合作制和股权流动的调查报告中指出，许多农业劳动力已转入非农产业，并且有了较稳定的收入，但为了维护自己的经济权益不愿把户口迁走。那么，逆向思考即可得出，现实中可能存在这样一种情况：在城市化进程中，一部分收入高、有能力的农民已转移至城镇，同时将户口迁出了农村。中国的城市化进程一直在按一定的比例推进，并且农地股份合作制确实促使了实施地区城市化以更快的速度扩张，农民剩余劳动力以更大的规模转移，从而加速了农民的非农化程度（蒋省三等，2003）。所以，将户口迁出农村的富裕农民客观存在。而被解释变量农民人均纯收入增长率中的农民概念是按户籍来进行统计的，这意味着统计中的农民概念是没有包括曾受惠于农地股份合作制、但收入累积到一定程度后将户口迁出农村的那部分人口。因此，通过计量模型得到的增收效果就很难反映该制度安排的实际增收效果。这或许可以部分地解释为什么该制度安排在实施前3年内可以明显促进农民增收，而之后年份里其增收效果却并不明显。第二，农民的实际分红所得并没有与经济合作社的总收入同比例上涨。我们不否认，一些远离城镇的村社，继续依赖租金收入维持股份分红不断增长的可能性越来越小。但我们同时也不能否认的是，绝大多数集体经济组织的总体收益并没有减少，而是稳步增长。农地股份合作制之所以能够成功推行，是因为土地集中使用后的经济价值要高于分户经营时的经济价值（钱忠好等，2006）。邢少文（2008）的调查显示，随着城镇化程度越来越高，土地在不断增值，南海北边村的土地出租价格从1994年的每亩2000元左右已升至2008年的每亩1.5万元。2007年南海区农民经济总收入比最早开始试点改革时的1992年增长了26.7倍，而农民人均纯收入却只增长4.17倍，股红分配额也仅增长9.91倍。这就是说，农地股份合作制推行一段时间之后，实际分到农民手中的股红并没有与集体经济合作社的总收入同比例上涨，农地股份合作制在促进农民增收方面发挥的作用越来越小。

进一步讲，为什么农民的实际分红所得并没有与经济合作社的总收入同比例上涨？极有可能的原因是，集体经济组织与农民在分享收益的过程中出现了矛盾。

理论上，集体经济组织与农民的收益具有一致性。因为农民是集体成员，其收益要通过集体经济组织得到实现，农地股份合作制下两者作为一个整体在与地方政府博弈中胜出。但是，现实中两者极易出现矛盾，原因在于农地股份合作制的两个内生性问题：政社合一与利益制衡机制缺乏。第一，股份合作组织与村委会是两块牌子，同一班人马，在这样"政社合一"的组织架构下，成员之一的农民与另一成员的乡村集体之间存在着行政上领导与被领导的关系，这使得乡村集体可以凭借优势地位谋求自身利益的最大化（焦必方等，2010），其现实表现则为公积金和公益金的提取数量与农民实际享受到的公共服务和基础设施建设不成比例，集体留用数量过于随意。第二，从表面上看，农地股份合作制引进了股份制的各方利益制衡机制，设立了股东代表大会、董事会和监事会，但是，董事、理事、监事一般仍然主要由村干部交叉兼任（朱守银等，2002）。当财务不公开、监督不到位成为常态，村干部挪用、贪污等行为也就在所难免，出现农民的实际分红所得并没有与经济合作社的总收入同比例上涨的现象也就不难理解了。

四 结论和对策

本文运用1992~2009年佛山四市（区）的年度数据，采用"双重差分模型"的计量方法对农地股份合作制的增收效应进行的研究表明：农地股份合作制在实施当年及之后的三年内，的确在促进农民增收方面发挥了显著的正面作用。但是在以后的年份里增收效果逐年降低甚至为负，且影响作用在统计上均不显著，因此，农地股份合作制没有表现出持续的增收效应。出现上述实证结果，可能的原因包括以下两点。第一，依据统计数据所得出的增收效果可能失真。第二，集体经济组织与农民在分享收益的过程中出现了矛盾，农民的实际分红所得并没有与经济合作社的总收入同比例上涨。进一步讲，政社合一与利益制衡机制缺乏，这两个农地股份合作制的内生性问题致使农民的实际分红所得与经济合作社的总收入的非同步上涨。

一种制度产生的效率是多种因素作用的结果，特别是在制度运行过程中会受到各种因素的影响，因此，对于制度效率的变化我们必须弄清楚其主要原因，而不应简单化。制度改革是否应该推进，主要是看其公共利益能否增进和利益分配是否公平两个基本标准。农地股份合作制改革中，利益分配公平的底线是不让任何人利益受损；更高的要求是，让处于弱势的农民得到足够高的利益分享。农地股份合作制在促进农村规模化经营、改善农业产业结构、推进城市化进程方面均发挥了重要作用，并使集体经济组织和农民作为一个整体实际分享到了经济社会发展带来的土地增值收益，这无疑满足了第一个标准。这样，一种制度安排能走多远，完全取决于第二个标准——利益分配是否公平。因此，现阶段完善农地股份合作制的工作重点应放在健全集体经济组合和农民之间的利益分配协调机制上来。首先，政府应健全各方利益权利制衡机制，完善集体经济组织的内部治理结构，防止"内部人"控制，确保股东代表大会、董事会、监事会各行其职；其次，政府应规范分红的原则和制度，严格根据产权结构进行利益分配，持续满足农民的利益诉求，切实增加农民收入，实现包容性增长。

（作者单位：南京大学经济学院）

参考文献

[1] 段文技、孙航飞：《构建和谐社会下的农村土地产权制度》，《经济研究》2006年第3期。

[2] 傅晨：《农地股份合作制的制度创新》，《经济学家》1996年第5期。

[3] 房慧玲：《广东农村土地股份合作制研究》，《中国农村经济》1999年第3期。

[4] 蒋励：《土地产权制度变革的新探索——对南海市土地股份合作制的评价》，《中国农村经济》1994年第4期。

[5] 蒋省三、刘守英：《土地资本化与农村工业化——广东省佛山市南海经济发展调查》，《管理世界》2003年第11期。

[6] 焦必方、孙彬彬、叶明：《农户参与分享土地市场化收益的研究——兼论农地股份合作》，《社会科学》2010年第6期。

[7] 焦瑾璞、袁鹰：《提高我国居民资本参与分配程度的设想》，《金融研究》2008年第9期。

[8] 罗丹、严瑞珍、陈洁：《不同农村土地非农化模式的利益分配机制比较研究》，《管理世界》2004年第9期。

[9] 聂辉华、方明月、李涛：《增值税转型对企业行为和绩效的影响》，《管理世界》2009年第5期。

[10] 钱忠好、曲福田：《农地股份合作制的制度经济解析》，《管理世界》2006年第8期。

[11] 四川省"五个一"工程重点理论文章课题组：《农村土地资源向土地资本转变对农民收入的影响探析》，《农村经济》2004年第10期。

[12] 史宇鹏、周黎安：《地区放权与经济效率：以计划单列为例》，《经济研究》2007年第1期。

[13] 万宝瑞：《我国农村经营体制的创新——辽粤湘豫农村土地实行股份合作的调查》，《求是》2004年第15期。

[14] 王小映：《土地股份合作制的经济学分析》，《中国农村观察》2003年第6期。

[15] 王贵宸：《关于南海市平洲区农民股份合作制和股权流动的调查报告》，《中国农村经济》2001年第4期。

[16] 邢少文：《南海"土改"14年波折》，《南风窗》2008年第22期。

[17] 余吉祥、沈坤荣：《中国农村居民工资性收入的地区差距：影响因素及路径》，《世界经济》2010年第1期。

[18] 张笑寒：《农村土地股份合作制的农户收入效应——基于江苏省苏南地区的农户调查》，《财经科学》2008年第5期。

[19] 朱守银、张照新：《南海市农村股份合作制改革试验研究》，《中国农村经济》2002年第6期。

[20] 周黎安、陈烨：《中国农村税费改革的政策效果：基于双重差分模型的估计》，《经济研究》2005年第8期。

□潘建伟□

中国区域收入不均等统计分析

一 引言

自20世纪80年代中期以来,伴随着中国区域经济差距的扩大,区域间居民收入不均等问题日益突出,这不仅影响经济持续、均衡发展,而且事关社会稳定。因此区域间居民收入不均等问题始终受到社会各界普遍关注,并成为中国经济与社会发展中研究的热点之一。长期以来,诸多专家学者对中国区域间收入不均等问题展开了广泛研究,形成诸多较有价值的研究成果。综观已有的关于区域收入不均等的研究文献,多数集中于对农村居民收入不均等问题进行研究,或者是从城乡居民全口径的区域收入差距进行研究,或者是从一个省份范围内的收入不均等方面进行研究,或者以GDP指标作为居民收入差距替代指标,而以全国31个省区城镇和农村居民人均收入不均等状况为研究对象的研究尚不多见,本文以全国各区域人口和城镇及农村居民人均收入为依据,运用广义熵指数全面测度与分析中国区域间收入差距的状况、来源构成以及解决路径。

二 研究方法与数据指标说明

研究中国区域收入不均等问题,首先是收入数据选取和测量不均等状况指标的选择。现行研究中使用最为广泛的是基尼系数，特别是对收入差距总体状况的描述，基尼系数具有其自身优势，但计算复杂，同时，基尼系数难以对不均等进行来源构成分解。本文引入另外一个与基尼系数具有一致性，同时计算相对简单并且能够进行区域分解的计量指标——广义熵，利用全国 31 个省份的城镇居民和农村居民人均收入以及城乡人口等数据，运用广义熵模型，对中国区域收入不均等问题从不均等程度测算、动态趋势原因分析及缓解路径等多个层面予以研究。

广义熵（Generailized Entropy），简称 GE 指数（Shorrocks, 1980、1984），是测量区域差距状况较为常用的指标。我们对收入不均等程度进行衡量，其表达式如下：

$$I(y) = \begin{cases} \sum_{i=1}^{n} f(y_i\{(y_i/u)^c - 1\} & ,c \neq 0,1 \\ \sum_{i=1}^{n} f(y_i)(y_i/u)\log(y_i/u) & ,c = 1 \\ \sum_{i=1}^{n} f(y_i)\log(u/y_i) & ,c = 0 \end{cases} \quad (1)$$

在式（1）中，$I(y)$ 为广义熵指数，该值越大，说明收入不均等程度越强；y_i 是第 i 个样本的收入；u 是总样本的平均收入值；$f(y_i)$ 是第 i 个样本人口占总样本人口的比重。参数 c 代表给予收入分配不同组之间的收入差距的权重，可取任何值，最常用的数据是 0 和 1，当 $c = 0$ 时，其给予低水平的差距以较大的权重；当 $c = 1$ 时，GE 指数便是 Theil 指数。无论 $c = 1$ 还是 $c = 0$，两种不平等指数的计算结果却是基本上相同的。因此，为了简单处理，在本文的测度与计算中，我们只取 $c = 0$，此时广义熵指数即具体化为对数偏差均值指数（The Mean Log Deviation Index），简称为 MLD，也有学者将其称为泰尔零阶指数 GE（0），其基本式为：

$$I(0) = \sum_{i=1}^{n} f(y_i)\log\frac{\bar{u}}{y_i} \quad (2)$$

式中变量含义和广义熵指数与一般公式中的各变量含义相同。

三 中国区域间收入不均等计量测度与贡献率分析

(一) 广义熵的计量测度与分析

1. 广义熵的计量测度

本研究采用《中国统计年鉴》中 2001 年以来我国 31 个省份城镇居民人均可支配收入、农村居民人均纯收入以及《中国人口统计年鉴》中全国各个省份人口总量和城乡人口比重等数据,运用广义熵 $I(y)$、一般熵指数模型公式测度我国区域间收入不均等程度以及动态趋势。首先,我们将全国 31 个城镇区域作为一个样本,利用广义熵模型计算中国城镇区域间的广义熵指数,测得中国城镇内部的不均等状况;其次,同样将全国 31 个农村区域作为一个样本,计算中国农村区域间广义熵指数,测得农村内部不均等状况;最后,全国即总的不均等可以简单地用 62 个区域(除港、澳、台,每省有两个区域分别为城镇和农村)的数据计算求得。结果如表 1 所示。

表 1 我国区域间居民收入差距情况表

年份	$I(y)$ 指数	总区域	农村区域内部	城镇区域内部
2001	$I(y)$	0.0721	0.0212	0.0144
2002	$I(y)$	0.0779	0.0210	0.0123
2003	$I(y)$	0.0872	0.0217	0.0134
2004	$I(y)$	0.0865	0.0206	0.0135
2005	$I(y)$	0.0897	0.0216	0.0136
2006	$I(y)$	0.0918	0.0215	0.0131
2007	$I(y)$	0.0825	0.0151	0.0101

数据来源:根据《中国统计年鉴 (2001~2008)》、《中国人口统计年鉴 (2002~2009)》数据整理计算而得。

2. 主要结论分析

（1）就全国总区域不均等而言，2001~2006年，除2004年略有降低外，总体而言全国区域间总不均等程度不断增强，从2001年的0.0721增长到2006年的0.0918，6年增长了27.3%。但到2007年则明显降低，表明中国几年来各级政府对收入分配状况的关注和政策的实施效果开始显现。

（2）全国城镇内部区域间收入差距不均等状况要略好于全国总的区域不均等状况。首先2002年较2001年具有明显改善，2001~2005年城镇内部不均等指数逐年增加，但增长的幅度小于总体区域不均等程度的增长幅度；其次，城镇内部的不均等从2006年便开始下降，比全国区域总体不均等状况早一年（2007年）开始改善。

（3）中国农村内部不均等状况波动性很强。2001~2006年，广义熵指数虽均在0.02左右，但各年不均等程度相当不稳定。农村内部收入不均等与城镇内部及全国总的不均等状况具有相似之处，就是2007年的广义熵指数比2006年的广义熵指数显著降低，表明我国近些年的"三农"政策，特别是2006年采取的包括减免农业税等惠农强农措施，对农村区域间收入不均等状况改善具有显著效果。

（4）农村内部广义熵指数比城市内部广义熵指数高70%左右，表明中国农村内部区域不均等程度比我国城市内部不均等程度要剧烈，也预示着缩小农村区域间收入不均等现象的任务十分艰巨。

（二）中国区域收入不均等贡献率测算与分析

1. 全国区域收入不均等贡献率测算

通常而言，一国区域间总的收入不均等是由区域间的不均等和各区域内部不均等构成的。通过比较区域内部不均等与区域间不均等对总的区域不均等贡献率，有利于分清我国区域间收入不均等的来源构成，进而有利于确定缩小收入区域差距的对策重点和路径，提高政策效率。本研究将区域收入不均等分为城乡之间不均等（即组间不均等）以及城镇内部、农村内部不均等（即组内不均等)。我国城镇内部和农村内部广义熵指数用城乡人口比例加权便得到组内贡献,用总的广义熵指数减去组内贡献就得到组间贡献,用组内贡献除以总的广义熵指数得到组内贡献率;同理,用组间贡献除以总的广义熵指数便得到组间贡献率。结果如表2所示。

表2 全国区域间不均等来源贡献率表

广义熵 年份	区域总的 不均等	组内贡献	组间贡献	组内贡献率 (%)	组间贡献率 (%)
2001	0.0721	0.0194	0.0527	27	73
2002	0.0779	0.0186	0.0593	24	76
2003	0.0872	0.0192	0.0680	22	78
2004	0.0865	0.0185	0.0680	21	79
2005	0.0897	0.0145	0.0752	16	84
2006	0.0918	0.0188	0.0730	20	80
2007	0.0825	0.0119	0.0706	14	86

数据来源:根据《中国统计年鉴(2001~2008)》、《中国人口统计年鉴(2002~2009)》数据整理计算而得。

2. 结果分析

(1) 我国区域内收入不均等对总体不均等贡献在2001~2004年相对稳定,基本在0.0185~0.0194,2005年明显减少,2006年出现反复,而到2007年则明显下降,由2006年的0.0188减少到2007年的0.0119,减少了近37%。

(2) 我国城乡之间的收入不均等对总的不均等贡献呈现阶段式上升特点。2001~2002年处于0.05~0.06,2003~2004年处于0.06~0.07;在2005~2007年则增长到0.07以上,但2005年以后,虽然组间贡献在0.07以上,但有逐年减少迹象。

(3) 从组内不均等和组间不均等对全国区域收入总的不均等贡献率可以看出,在我国组间不均等,即城乡之间收入不均等对全国区域收入不均等贡献率非常大,在70%以上,而且具有不断递增趋势。而组内不均等即城镇内部和农村内部不均等对全国区域收入不均等的贡献率则相对较低,始终处于30%以下,并有不断减少之特征,表明我国区域收入不均等问题更多源于城乡收入不均等。

四 有效缩小中国区域收入不均等的对策建议

第一,贯彻区域均衡发展战略,为区域收入不均等状况改善提供基础保障。2001年,中央提出西部大开发战略,对西部地区的基础设施建设、生态与环境改善、经济社会发展目标提出多项规划与具体政策保障;2003年,中央提出振兴东北规划,通过东北经济的崛起与振兴,缩小内陆省份与东部沿海地区的经济差异和收入差距;等等。这一系列战略的制定与实施是着眼长远,具有多重均等化功效,它们的进一步实施必将对缓解我国区域收入不均矛盾等带来实效。

第二,以缩小城乡差距为重点,提高缩小区域收入差距政策的实效。从中国区域收入不均等的构成上来看,区域收入不均等70%以上可以用组间差异即城乡差异来解释,只有不到30%的不均等是由城镇和农村内部的地区不均等引起的。因此,减缓区域收入不均等状况的重点,应放在加快提高农村区域收入水平上,这不仅是缩小我国区域收入差异的理性抉择,也是最终形成合理收入分配格局的必然选择,更是促进经济社会和谐发展,全面建设小康社会的实质内核。

第三,进一步分析区域收入格局特点,寻找事半功倍的政策突破口。本研究对中国31个区域的城镇、农村收入状况进行收入分配格局统计与分析,按照1/4划分原则,以高于平均收入25%以上为高收入区、以平均收入75%以下为低收入区进行区域划分,结果在城镇和农村出现不同的情况。2000年以来,我国城镇居民收入处于高收入水平的省区仅有4~5个,而在农村处于高收入水平的省区则有7~8个;同时农村居民处于低收入水平的达到14~16个省区,即将近一半省区的农村居民收入水平处于平均收入的75%以下,而在城镇则没有同类现象的发生。2000~2007年,我国区域间城镇居民的最低收入水平仍在平均收入75%以上。这表明我国农村居民的区域差距十分严重，高收入分布在少数省份，大多数省区的农村居民仍处于低收入状态。因此，在改善我国区域收入不均的重点在农村的前提下，我们还要重点关注农村低收入群体收入水平的切实提高，这对扭转我国区域收入不均等状况，乃至真正改善居民收入格局具有"事半功倍"之功效。

第四，注重财政金融政策对区域发展战略的配合与协调，为低收入区域发展注入动力。财政金融政策作为经济增长与社会发展必不可少的条件，对区域收入不均等也有十分重要的作用。农村以及任何低收入区域都源于其经济发展水平落后，因此，区域收入差距的缩小从根本上要靠其经济发展水平的提高，金融制度与体系作为经济发展的"供血"系统，应为其进行前期的发展提供资金，并通过财政政策与货币政策的配合与协调，协助其通过经济的发展，提高自身造血功能，使其具有增长与发展的动力系统，进而提高自身收入水平，缩小与高收入区域的收入差距，进而缓解区域收入不均等状况。

第五，加强和完善社会保障制度，发挥财政转移性支付收入水平的调节功能。20世纪90年代以来，中国的社会保障事业得到了很大的发展，但目前的社会保障制度具有城乡二元特征，偏向城市的财政转移性支出，对城乡收入不均等起到了一定的助推作用。因此，我国应该按照权利和义务对等原则，加快建立农村包括养老、医疗、失业等全方位、多层次的社会保障制度，完善社会保障体系，使社会保障体系化、法制化，为社会保障制度更好地缓解中国城乡收入不均等发挥作用。

（作者单位：北京物资学院经济学院）

参考文献

[1] 万广华：《经济发展与收入不均等：方法和论据》，上海三联书店，上海人民出版社，2006。

[2] 江金启:《中国农村区域收入不均等变动:基于经济发展和制度变迁的解释》,《南方经济》2009年第6期。

[3] 王小鲁、梵纲:《中国地区差距的变动趋势和影响因素》,《经济研究》2004年第1期。

[4] 芦攀等:《中国居民收入差距的定量分析及对策建议》,《现代商贸工业》2008年第1期。

□康静萍 漆 玲□

中国农村居民消费现状及
制约因素分析

2010年10月27日，新华社受权播发了《中共中央关于制定国民经济和社会发展第十二个五年规划的建议》（以下简称《建议》）。《建议》中把"坚持扩大内需战略，保持经济平稳较快发展"放在了特别重要的位置，这也预示着大家已经意识到，只有主要依靠内需的不断增长，才是中国经济持续稳定发展的根本途径。而就当前中国内需来说，消费需求远低于投资需求，消费需求中农村居民的消费尤其滞后。农民消费水平低，究其原因，是复杂及多方面的，是几个方面相互影响共同作用造成的。除了农民自身的原因以外，还包括企业和政府，本文将重点从农民这个消费主体角度，分析制约农村居民消费的因素。

一 中国农村居民的消费现状

1. 城乡居民消费水平差距扩大

改革开放初期，中国居民收入有了较大的提高，与之伴随的是居民消费水平的提高。20世纪80年代初期，城镇居民的人均可支配收入由1978年的343.4元上升到了1985年的739.1，增长1

倍多，农村居民的人均纯收入也从133.6元增加到了397.6元，增长了近2倍。与此同时，城乡居民人均收入比从1978年的2.57∶1降到了1985年的1.86∶1。在此期间，农村消费品零售额在社会消费品零售总额中的比重由41%上升到53%，提高了12个百分点，消费差距大大缩小了。如表1所示。

但从20世纪80年代后期开始，中国城乡消费差距又开始逐渐拉大。根据1998年国家统计局发布的数据显示，中国城乡之间存在着至少15年的消费差距，大大削弱了农村居民最终消费对国民经济增长的促进作用。1998年，在最终消费对国内生产总值33.1%的贡献中，占全国人口70%以上的农村居民的消费对国民经济的贡献率仅为15.8%，比1980年的24.8%下降了9个百分点。

在市场经济发展和工业化过程中，城乡居民收入差距以及消费差距的存在是不能避免的，世界各国亦如此。世界各国工业化工程中城乡居民收入差距一般在1.5倍以下，而中国情况则不同，根据世界银行估算，1997年，中国城乡居民实际收入差距约为4倍，远远高于世界一般水平，如此悬殊的城乡居民收入差距从根本上决定了城乡居民的消费差距。

在最近的10年间，城乡居民的消费差距并没有减小。在消费水平方面，1999年城镇居民人均消费水平为6405元，农村居民为1766元，城市是农村的3.63倍；2006年城镇居民人均消费水平为10423元，农村居民为2847元，城市是农村的3.66倍；到2008年，城镇居民人均消费水平为13526元，比1999年时消费支出增加了1.11倍，农村居民为3756元，比1999年时消费支出增加了1.13倍，但是城乡间的消费比还是保持在3.6倍左右。

在消费总额方面，1978年城镇居民社会消费品零售额为505.2亿元，农村居民为1053.4亿元，城市是农村的0.48倍。在此后的十多年间，城乡居民社会消费品零售额一直在不断提高，1993年，城镇与农村居民社会消费品零售额分别为7138.1亿元和7132.3亿元，城乡社会消费品零售额比为1，即城镇和农村社会消费品零售额同样多。1994~2008年，城乡社会消费品零售额比亦是逐年提高，到了 2008 年，城镇居民社会消费品零售额为 73734.9 亿元，农村居民社会消费品零售额为 34752.8 亿元，城市是农村的 2.12 倍，农村市场消费品零售额占社会消费品零售总额不足 1/3。如表 1 所示。

表 1 城乡居民收入及消费额对比

年份	城镇		农村		城乡对比	
	城镇居民人均可支配收入（元）	城镇居民社会消费品零售额（亿元）	农村居民人均纯收入（元）	农村居民社会消费品零售额（亿元）	城乡居民收入比	城乡居民社会消费品零售额比
1978	343.4	505.2	133.6	1053.4	2.57	0.48
1980	477.6	733.6	191.3	1406.4	2.50	0.52
1985	739.1	1874.5	397.6	2430.5	1.86	0.77
1990	1510.2	3888.6	686.3	4411.5	2.20	0.88
1991	1700.6	4529.8	708.6	4885.8	2.40	0.93
1992	2026.6	5470.3	784.0	5523.4	2.58	0.99
1993	2577.4	7138.1	921.6	7132.3	2.80	1.00
1994	3496.2	9387.8	1221.0	9235.1	2.86	1.02
1995	4283.0	12979.4	1577.7	10634.4	2.71	1.22
1996	4838.9	16199.2	1926.1	12161.0	2.51	1.33
1997	5160.3	18499.5	2090.1	12753.4	2.47	1.45
1998	5425.1	20294.1	2162.0	13084.0	2.51	1.55
1999	5854.0	22201.8	2210.3	13446.1	2.65	1.65
2000	6280.0	24555.2	2253.4	14550.5	2.79	1.69
2001	6859.6	27379.1	2366.4	15676.3	2.90	1.75
2002	7702.8	31376.5	2475.6	16759.4	3.11	1.87
2003	8472.2	34608.3	2622.2	17908.0	3.23	1.93
2004	9421.6	39695.7	2936.4	19805.3	3.21	2.00
2005	10493.0	45094.3	3254.9	22082.3	3.22	2.04
2006	11759.5	51542.6	3587.0	24867.4	3.28	2.07
2007	13785.8	60410.7	4140.4	28799.3	3.33	2.10
2008	15780.8	73734.9	4760.6	34752.8	3.31	2.12

资料来源：根据《中国统计年鉴 2009》数据整理。

2. 中国农村居民的消费结构中恩格尔系数偏高

消费结构又称消费构成,是指一定时期内人们对各种消费品和劳务的消费数量比例关系。当前中国农村居民的消费结构主要是偏重物质生活消费,精神生活消费的比例非常低。商品消费主要集中于食品、居住以及日常生活物质消费等方面,而交通通信、文教娱乐用品及服务等精神生活消费品消费比例较小,旅游休闲、家用汽车、耐用消费品等消费在绝大多数农村地区还处于未开发状态。

中国统计年鉴数据显示,2008年,占据农民消费支出前三位的消费分别是:食品、居住、交通通信。中国农村居民食品消费量已经从1990年的58.8%下降到了2008年的43.67%,食、住两项基本生活消费支出也由1990年的76.14%下降到了2008年的62.21%。正是由于食品和居住消费支出的减少,使得交通通信、医疗保健、文教娱乐用品及服务的消费支出迅速增加。如图1所示。

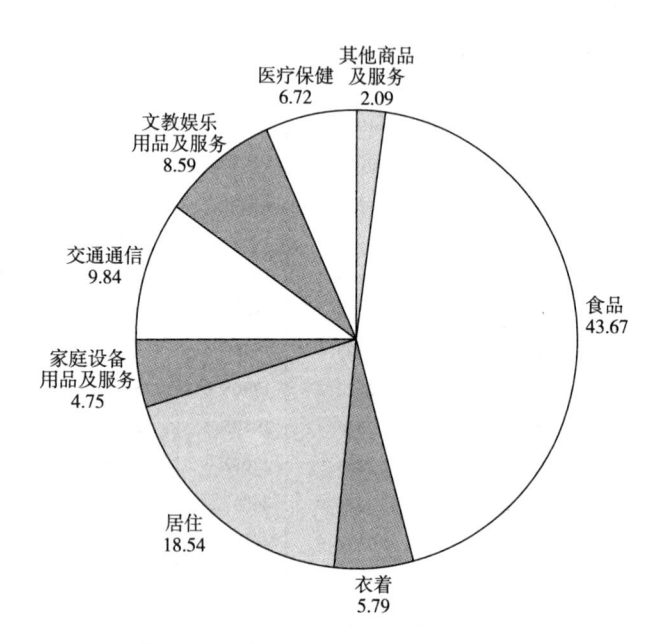

图1 2008年农村生活消费总支出(%)

从以上数据中可以看出,农村居民食品消费比例一直在减小,但是相对于城市居民而言,农村居民食品消费比例仍然是远远大于城市居民。

食品消费支出在居民消费总支出中的比例表现为恩格尔系数,由于食品消费是最基本的一项消费支出,因此,食品消费支出在居民总消费支出中的比例就代表了一定的消费结构和生活水平。恩格尔系数越大,表明居民消费支出在食品上的支出比例越高,则居民必然处于偏重物质生存消费的状态,即居民消费结构高度越低;反之亦然。所以,恩格尔系数可作为衡量居民消费支出结构的重要指标之一。从城乡居民恩格尔系数的比较中可以看出,城乡恩格尔系数一直都在下降,2000年农村居民的恩格尔系数首次突破了50%,到了2007年,这一系数降至43.1%,说明中国农村居民生活基本进入小康阶段。如图2所示。

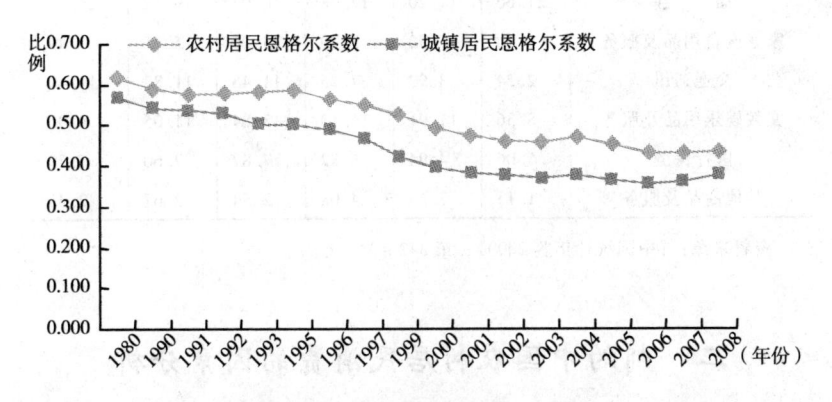

图2 城乡居民恩格尔系数比较

表2为农村居民家庭平均每人生活消费支出构成表,从中我们可以看到,1990~2008年,食品和衣着支出在消费总支出的比例是一个下降的过程,而居住、交通通信、文教娱乐用品及服务以及医疗保健的支出比例则有所上升,但是上升的比例仍然比较低,不足以提高农村居民的消费支出结构。

表2 农村居民家庭平均每人生活消费支出构成

单位:%

指标	1990年	1995年	2000年	2005年	2007年	2008年
生活消费总支出	100.00	100.00	100.00	100.00	100.00	100.00
食品	58.80	58.62	49.13	45.48	43.08	43.67
衣着	7.77	6.85	5.75	5.81	6.00	5.79
居住	17.34	13.91	15.47	14.49	17.80	18.54
家庭设备用品及服务	5.29	5.23	4.52	4.36	4.63	4.75
交通通信	1.44	2.58	5.58	9.59	10.19	9.84
文教娱乐用品及服务	5.37	7.81	11.18	11.56	9.48	8.59
医疗保健	3.25	3.24	5.24	6.58	6.52	6.72
其他商品及服务	0.74	1.76	3.14	2.13	2.30	2.09
生活消费现金支出	100.00	100.00	100.00	100.00	100.00	100.00
食品	41.59	41.10	36.14	36.11	34.97	35.93
衣着	11.75	10.32	7.41	6.93	6.96	6.68
居住	21.66	17.20	17.98	16.04	19.52	20.33
家庭设备用品及服务	8.20	7.92	5.79	5.20	5.37	5.49
交通通讯	2.24	3.92	7.25	11.48	11.87	11.40
文教娱乐用品及服务	8.36	11.91	14.53	13.84	11.05	9.96
医疗保健	5.06	4.94	6.82	7.87	7.60	7.79
其他商品及服务	1.13	2.68	4.08	2.54	2.67	2.43

资料来源:《中国统计年鉴2009》,第342~343页。

二 制约中国农村居民消费的因素分析

农村消费市场的发展在中国市场经济的建设中具有举足轻重的地位,针对中国农村消费市场落后这一现状,从1996年开始,中央政府强调开发农村消费市场的重要性,并出台了一系列刺激农村消费市场的政策措施。但从实际的效果来看,农村消费市场始终是启而不动。从农民自身角度看,主要有以下因素制约了其消费的增长。

(一) 农民收入水平的制约

收入水平是限制农民消费的最主要因素。一般情况下，收入水平与消费支出水平呈正相关关系。即农民纯收入增加，消费水平提高；农民纯收入减少，消费水平降低。

农民收入主要分为四个部分，分别是：工资性收入、家庭经营纯收入、财产性收入以及转移性收入。其中家庭经营纯收入是最主要的收入来源。

工资性收入是指农村住户成员受雇于单位或个人，靠出卖劳动而获得的收入，包括计时工资、计件工资、奖金、津贴和补贴、加班加点工资以及在特殊情况下支付的工资在内的收入。在改革开放初期，中国的乡镇企业如雨后春笋般涌现，对国民经济的发展作出了很大的贡献。但是近年来，由于政府政策以及乡镇企业自身的一些原因，乡镇企业在产业升级的过程中没有跟上步伐，导致乡镇企业的效益大大减少，市场占有率降低，甚至破产。在这种情况下，乡镇企业就不能给农村居民提供足够的就业机会和工资收入，所以一大批农民选择了进城打工。表3罗列了农村居民工资性收入的变化，从纵向上来看，1990～2008年，在不考虑通货膨胀的情况下，工资性收入总体上仍然是增加的趋势。但是增长率却是下降的，1995年工资性收入的增长率为154.8%，2008年的增长率仅为16.1%。

表3 农村居民工资性收入表

单位：元

年份	1990	1995	2000	2005	2007	2008
工资性收入	138.80	353.70	702.30	1174.53	1596.22	1853.73

资料来源：《中国统计年鉴2009》。

家庭经营纯收入是指农村住户以家庭为生产经营单位进行生产筹划和管理而获得的收入。农村住户家庭经营活动按行业划分为农业、林业、牧业、渔业、工业、建筑业、交通运输邮电业、批发和零售贸易及餐饮业、社会服务业、文教卫生业和其他家庭经营,收入包括农业收入、林业收入、牧业收入、渔业收入、工业收入、建筑业收入、交通运输邮电业收入、批发零售贸易及餐饮业收入、社会服务业收入、文教卫生业收入以及其他收入等。家庭经营纯收入是农村居民收入来源中最主要的。近年来虽然农产品的价格有所提高,但是由于通货膨胀严重,导致化肥等生产资料的价格持续上涨,在这种情况下,农民生产经营带来的利润就大大减少了,一部分农民失去了种植农产品的积极性。从表4中可见,1995年比1990年家庭经营纯收入净增加607.24元,增长率为117.1%;2005年比2000年净增加417.26元,增长率为29.2%;2008年比2007年净增加241.89元,增长率为11%,增幅较小。

表4 农村居民家庭经营纯收入表

单位:元

年份	1990	1995	2000	2005	2007	2008
家庭经营纯收入	518.55	1125.79	1427.27	1844.53	2193.67	2435.56

资料来源:《中国统计年鉴2009》。

财产性收入以及转移性收入也是农村居民收入的一部分。财产性收入是指金融资产或有形非生产性资产的所有者向其他机构单位提供资金或将有形非生产性资产供其支配,作为回报而从中获得的收入,即家庭拥有的动产(如银行存款、有价证券)和不动产(如房屋、车辆、收藏品等)所获得的收入。包括出让财产使用权所获得的利息、租金、专利收入,财产营运所获得的红利收入及财产增值收益等。

转移性收入是指农村住户和住户成员无须付出任何对应物而获得的货物、服务、资金或资产所有权等,但不包括无偿提供的用于固定资本形成的资金。一般情况下,它是指农村住户在二次分配中的所有收入,包括政府对个人收入转移支付的离退休金、失业救济金、赔偿等,单位对个人收入转移支付的辞退金、保险索赔、住房公积金、家庭间的赠送和赡养等。

表5 农村居民财产性收入和转移性收入表

单位：元

年份	1990	1995	2000	2005	2007	2008
财产性收入		40.98	45.04	88.45	128.22	148.08
转移性收入	28.96	57.27	78.81	147.42	222.25	323.24

注：缺少1990年财产性收入数据。
资料来源：《中国统计年鉴2009》。

从表5中我们不难发现，农村居民收入增长缓慢，而收入是影响消费的重要因素之一，这在很大程度上制约了农民消费的增长。

（二）消费观念的制约

中国的广大农民现在仍然保持着自给性、封闭性的消费局面。他们一直奉行"勤俭节约"的消费观点。从道德的角度来看，勤俭节约是一种美德，但是从经济学的角度来看，生产、分配、交换、消费这四个环节是一个有机整体，环环相扣，互相制约，没有生产就没有消费；反之，没有消费也就会影响生产。从1996年开始，政府强调开发农村消费市场的重要性并且出台了一系列刺激农村消费市场的政策措施后，中国农村居民的消费结构有所好转，但是由于消费环境、消费条件以及落后消费观念的制约，中国农村居民消费还存在一定的误区，大多数农民只重视物质消费，忽视精神消费；重视储蓄的积累，而忽视了即期消费；重视耐用商品的消费，忽视易消耗品的消费。

中国农民的另一个传统思想是"无债一身轻"，这一传统思想使得农村消费信贷在农村消费市场很难推广开来。因为在农村借钱消费要背负很大的舆论压力，借钱消费通常会被人认为是好吃懒做的表现，但是只要在银行有一定的存款，即使生活过得很艰难，也会被舆论认为是勤俭节约的表现。

文化素质程度决定了消费者消费结构以及消费品位的高低。

中国农村居民文化素质整体偏低，其中农村地区的文盲率偏高，达到10%以上，而具有高中以上文化程度的居民不到10%，文化程度低的人偏重于低端消费，文化程度高的人消费结构就要较为合理些。也正是由于文化知识的欠缺，在中国广大的农村，兴起了封建迷信等一些不良文化的愚昧消费，部分农民用省吃俭用剩下来的钱修建祠堂、坟墓，请巫师看病、看风水，请算命大师算命等。农村居民也比较重视婚嫁丧葬，有的请客送礼，村民之间互相攀比，甚至不惜花掉大半生的积蓄。农村居民几乎没有什么休闲娱乐方式，打牌成了他们打发闲暇时间的方法，一些村民沉迷于打牌、打麻将，甚至公然赌博。这些现象在农村地区具有一定的代表性，不良文化的愚昧消费不但浪费了大量钱财，还严重影响了农村居民的消费习惯。

在物质短缺的计划经济年代，无论是否愿意，节约是一种强制行为，因为生产决定消费，没有生产出足够的消费品，消费从何谈起？全社会成员无论是农村居民还是城镇居民都会受到约束。在物质财富相对丰富的现代社会，合理的节约仍然是必要的，但是对于消费来说，过度的节约是非常不利的，这不但会影响到农村居民生活质量的提高，还会影响农村消费结构的升级，甚至影响到整个国民经济的发展。

（三）农村社会保障制度不健全的制约

中国农村地区社会保障制度不健全，也大大地制约了农民的消费。

农村医疗保障体系不健全。中国卫生服务体系存在的主要问题是，财政对农村的投入不足，资源调配不合理，中国农村居民占总人口的60%左右，而全国卫生资源的80%集中在城镇，只有大概20%的卫生资源为占人口总数60%的人服务，可见资源分布的不合理。

健康对居民而言是非常重要的，而在农村，由于医疗保障体系的不健全，小病不看，大病看不起，因病至贫的现象比比皆是。农村地区的医疗点大多是村级卫生室，而村卫生室条件差，医疗设备落后，医疗水平有限，一些具有较高医疗水平和受过良好教育的义务人员又不愿意到农村去工作，使得农村的医疗服务水平一直上不去。在农村，医疗健康知识的宣传工作被忽略了，农村居民由于知识水平的限制，缺乏对自己身体健康状况的科学了解，小病一拖再拖，一旦引起大病将会使家庭承受巨大的压力。近年来，农村医疗药品市场混乱，一些不法企业将一些假冒伪劣药品和一些过期的药品销往农村市场；医疗费用也不断攀升，呈几何级数增长，农村居民的医疗负担大大超出他们的承受能力；加上农村合作医疗在农村地区的推广不是很成功，使得农村居民看病难、看病贵的问题尤为突出。

养儿防老是中国的传统思想。意思就是生养孩子是为了年老后有所依靠。本来尊老爱幼、孝敬父母是中华民族的传统美德，但随着中国计划生育这一基本国策的贯彻实施，独生子女骤增，由两个独生子女组成的家庭就需要负担四个老人的赡养，子女对老人的赡养能力毕竟有限，这就对农村的社会保障提出了新要求。

中国社会保障也存在着城乡二元结构，城市居民享受了全国总社会保障的90%左右，而城市居民大约只占总人口的40%左右，而占总人口约60%的农村人口却只享受到总社会保障的11%左右。这种格局已表明中国农村居民的社会保障缺失，并且这种格局在一段时间内还无法改变。

农村社会保障投入的不足在一定程度上影响了农村居民的消费欲望。由于社会保障的不健全，农村居民对未来的生活充满了不安全感，他们必然减少当期消费增加储蓄以备未来的不时之需，这对当前扩大内需是非常不利的。

另外，中国政府在农村公共品建设投入不足，也极大地制约了农民的消费意愿。一方面，落后的基础设施给农民生活带来了很大的困难，增加了农民的生活成本，降低了农民的可支配收入；另一方面，很多生活消费品如冰箱、彩电、热水器等都是和基础设施配套消费的，如果没有水电的充足供应，这些家用电器也就发挥不了什么作用了，所以完善的农村基础设施建设对促进农民消费也起着至关重要的作用。这方面的研究成果已经很多，这里不再论述。

总之，制约中国农村居民消费的因素是多方面的，从农民自身角度看，主要是受农民收入偏低、农村基础设施不健全、农村居民消费观念落后等因素制约。因此，我们要从以上几个方面努力采取有效措施来扩大农村居民的消费，这方面有待我们进一步的研究。

（作者单位：江西财经大学经济学院）

□杨新铭□

政府参与、农民自组织与土地流转价格确定

一 引言

土地是城市化进程中不可缺少的资源，现行土地征用、转让制度在为中国经济快速发展、城市化迅速提高方面提供了资源保障。但越来越多的研究表明，农户对现行的土地征用、转让制度越来越多地持不满意态度（钱忠好等，2007），而且2003年以来，信访总量一半以上的问题是关于征地与土地流转的（冀县卿等，2007）。随着城市化进程的加速，出现了大量的土地纠纷，使农民越来越不满当前的征地制度，出现了不少农民个体甚至集体抵制征地的现象。据相关研究，农民对现行制度不满的原因主要是土地征用补偿标准偏低，征地程序不规范，农民组织化程度低等（王小映，2003；钱忠好，2004）。此外，农民缺乏知情权以及土地对农户具有多重保障功能等（钱忠好等，2007），也是农户越来越不愿意出让土地的原因。对湖北302个农户进行调查的结果表明，户主受教育年限、是否具有非农就业技能、对征地补偿的满意程度是影响农户征地意愿的主要因素（穆向丽等，2009）。而康岚（2009）对上海、商丘、沈阳以及湛江四市的失地农民进行了抽样调查，对调查结果的研究表明，影响农民征地意愿的因素包

括抗风险能力、社会保障水平、可持续发展机会等。因此,在征地过程中我们不能仅仅依赖单纯的征地补偿,而应该关注农民失去土地以后能否顺利实现由农业向非农产业就业的转变。在对土地流转的研究中,农民非农就业机会、土地流转收益获得的可能性、农民的受教育年限、非农就业的经历以及人均土地面积等是影响农民土地流转的主要因素(赵晓秋等,2009;金松青等,2004;田传浩等,2004)。

在征地过程中,农民的合理权益为什么会被不断地"合法"侵占?不同的研究挖掘出了不同的原因,主要包括以下几种观点。第一,农村土地权利主体地位模糊,为各利益主体与民争利找到了"合理"借口(吴靖,2010);第二,现行政治体制下,中央和地方财权与事权不平衡,迫使地方政府为促进经济增长而不得不依赖土地财政(刘宗劲,2009);第三,在农地非农流转过程中,农民、政府和企业之间不对等的地位与农民缺乏组织和相关专业知识,弱化了农民充分参与农地流转过程的能力,使农民长远利益不能得到保障;第四,政府在土地征用和供给过程中处于双向垄断地位,造成农地和非农用地价格失衡,侵害农民利益的同时降低了土地资源配置效率,催生了城市房地产泡沫(蔡继明等,2010)。

出于对农民权利的维护,学界对于改革现有土地制度给出了以下不同的方案。第一,将农村土地国有化,即变虚位的集体所有为农村土地国家所有;第二,将农村土地私有化,即变虚位的集体所有为农村土地农民私有。前者有利于将征地过程中复杂的利益关系简单化,有利于国家对土地的规划和使用;后者则有利于保障农民的权益,调动农民积极性对土地进行长期投资。尽管二者都力图明确、统一土地权利主体,但实际上二者都与《宪法》等相关法律对于农村权属的规定不符,因此在短期内缺乏实施的可能。此外,也有学者提出在坚持当前集体所有的前提下,通过明晰集体这一主体的内涵与权利边界,即通过将集体明晰为村小组、村并界定集体的使用权、收益权以及处置权边界等,来化解当前征地中存在的问题(蒋南平,2009)。

其实产权归谁所有并不是特别重要,关键是由谁来使用的问题。因此,将农民的土地使用权物权化也可以实现保障农民土地权益,并有利于土地使用权和收益权分离,为土地流转创造条件(许经勇,2008)。由于农村土地征收使用过程中涉及多重利益主体,包括中央政府、地方政府(含村集体)、企业和农民等,因此,尽管所有权主体缺位、所有权边界不清是当前农村征地的症结之一,但即使使用农村土地彻底国有化或私有化这种极端的确权方式,也不一定能提高农村土地效率并合理保护农民的根本利益。问题的关键在于农民与企业能否公平对等地按照市场规则就土地使用权流转进行博弈?如果可以实现农民与企业之间对等的博弈,农民就可以通过获得土地所有权(也就是土地私有化)来实现自身收益的最大化。如果不能,那么,是什么因素扭曲了正常的市场博弈行为?政府介入土地流转过程能否纠正扭曲的市场行为?有没有什么方式可以在政府不介入的条件下实现农民与企业的对等博弈?

对于上述问题的回答构成了本文的主线。结果发现,政府参与土地流转过程并不会提高土地流转价格,从而使农民土地流转收益得到保障,相反还可能压低土地流转价格,降低土地利用效率,进而损害农民利益。真正有效保障农民土地流转收益的方法是,通过组织化、产业化改变土地流转过程中农民与企业严重的信息不对称与博弈不对等的局面。

本文结构安排如下:第二部分分析不同目标取向的政府对土地流转价格以及农民收益的影响;第三部分分析农民与企业博弈处于劣势地位的原因;第四部分为结论与政策建议。

二 政府参与对农民转让土地收益的影响

当前中国最常用的农村土地流转模式是先由政府收购农村土地,变农村集体土地为国有土地,然后由政府将土地出让给企业。那么,由政府参与的这一过程是否真的能够提高土地使用效率呢?

是否能够提高农民转让土地的收益呢？由于政府是有差异的，有的政府是出于社会福利最大化，有的则是出于政府自身收益最大化，因此我们先要区分不同的政府才能对以上问题有明确的认识。

1. 市场决定的土地流转均衡价格

假定 F 为企业从土地流转中获得的收益，其规模取决于企业数量和土地流转价格，$F = F[p, m(p)]$。其中，p 为单位土地价格，m 为企业数量，土地价格越高能支付相应价格的企业越少，即土地流转价格可以发挥筛选高效率企业的功能。因此，m 是 p 的减函数，即随着土地价格的上升，低效率企业将被驱逐出市场，这就意味着 p 越高企业效率越高。另外，企业数量与单个企业收益密切相关，因此有 $F = m(p)f(p)$。其中 $f(p)$ 为单个企业的收益函数，由于 $f(p)$ 是 p 的增函数，$m(p)$ 是 p 的减函数，据此设定 $f(p) = dp$，$m(p) = (b - cp)$，基于此，企业的总体收益可表示为：

$$F = (b - cp) \cdot d \cdot p = b \cdot d \cdot p - c \cdot d \cdot p^2 \tag{1}$$

令 $db = B, dc = D$，上式可简化为：

$$F = Bp - Dp^2 \tag{2}$$

对 p 求导数可得到企业总体收益 F 最大的一阶条件 $B - 2p = 0$，即当 $p = B/2D$ 时，企业收益达到最大。

对单个农民来讲，其收益取决于土地规模 a、土地价格 p 和工资率 w。但对于农民总体来讲，决定其总收益的为非农就业人数 L、出让土地规模 an 以及土地价格 p 和工资率 w。其中，农民数量以及土地规模外生给定，而 w 代表企业经营效率可以由 p 表示，假定为 $w = \lambda p$；L 为企业数量与单个企业雇用人数 l 决定，即 $L = ml$，l 由技术外生给定，因此，农民总体收益函数可以表示为：

$$M = nap + \lambda pl(b - cp) = (na + \lambda bl)p - \lambda blcp^2 \tag{3}$$

其中 n、a、λ、l、b、c 都为外生给定参数，因此，令：$na + \lambda bl = N$，$\lambda blc = K$，上式可以化简为：

$$M = Np - Kp^2 \tag{4}$$

一阶条件为 $N - 2Kp = 0$，即当 $p = N/2K$ 时，农民的收益达到最大。

如果没有政府参加，只有综合企业和个人参加，当 $\frac{N}{K} = \frac{B}{D} = \bar{p}$ 时，土地流转的市场价格和市场决定企业总体规模等达到均衡，而均衡价格为：$p^* = \frac{\bar{p}}{2}$。如果均衡价格 $p > p^*$，那么企业将不购买土地，即购置土地的成本高于部分企业的利润，而使企业退出土地市场，即企业规模将下降，此时农民会提供更多的土地，这就会促成土地价格下降；而当 $p < p^*$ 时，低效率企业将进入土地市场而使企业总体规模扩张，而此时农民将减少土地供给，从而使土地价格再度上升，重新回到均衡价格 p^*。此时的土地流转规模为：$m(p) = b - cp^*$。

2. 福利最大化政府对土地流转均衡价格的影响

以上是没有政府介入的土地流转价格和土地流转规模。当政府按照整个社会福利最大化为目标函数加入博弈时，土地价格将由中央政府统一指导决定，而中央政府的决策依据就是企业和农民的总体收益最大化，因此有：$G = F + M$，其中 G 为社会总体福利，F 为企业总体收益，M 为农民的总体收益。G 是 F 和 M 的增函数，即政府既不偏向于企业而使农民受损，也不会过度保护农民，而使企业乃至经济发展受损，政府关注企业与农民的总体收益。

$$\max: G = Bp - Cp^2 + Np - Kp^2 \tag{5}$$

对 p 求导数可以得到最大化上式的一阶条件为 $B + N - 2(D + K)p = 0$，根据一阶条件，当中央政府的价格为 $p' = \frac{(B+N)}{2(D+K)}$，此时企业与农民的总收益达到最大，即中央政府兼顾了经济发展与农民生活改善的双重目标。比较中央政府参与前后的土地流转价格，我们可以分析中央政府的定价策略与市场定价的差异，从而说明中央政府政策取向是否合理。用 p^* 与 p' 做差得到下式：

$$p^* - p' = \frac{N}{2K} - \frac{B+N}{2(D+K)}$$

$$= \frac{N(D+K) - K(B+N)}{2K(D+K)}$$

$$= \frac{ND - KB}{2K(D+K)} \tag{6}$$

因为 $\frac{N}{K} = \frac{B}{D} \Rightarrow ND - BK = 0$,代入上式有 $p^* - p' = 0$,所以,在不考虑交易成本的情况下,以社会福利最大化为目标函数的中央政府参与土地流转博弈的结果与市场机制所实现的结果是一致的,即有无中央政府参与博弈并不影响土地博弈的结果。

3. 自身收益最大化政府对土地流转的影响

由于分税制改革以后,地方政府的财权被大量压缩,而基于经济增长的政府官员考核体系又促使地方政府更加关注经济增长,也就是更加关注企业规模的扩大与出让土地的收益。因此,更多的政府是以自身收益而非社会福利最大化为目标函数。地方政府的收益函数主要由企业收益所决定,这是因为企业收益直接决定政府税收收入和手续费水平,即 $G = G(R, T)$,其中,R 为所有企业上缴的税收,由企业的总收益决定,设定税率为 ρ;T 为企业向政府就土地流转所缴纳的费用总和,假定单个企业手续费为一定值 t,那么 T 实际由企业数量 m 所决定,将 F 和 m 的表达式带入 G 有:

$$\begin{aligned} G &= \rho F + T \\ &= \rho(b - cp) \cdot d \cdot p + (b - cp)t \\ &= \rho Bp - \rho Dp^2 + bt - ctp \end{aligned} \tag{7}$$

对 p 求导数可以得到地方政府最大化自身收益函数的一阶条件:$\rho B - 2\rho Dp - ct = 0$,因此土地流转价格演变为 $p'' = (\rho B - ct)/2\rho D$,当 $p = p''$ 时地方政府收益达到最大。市场机制所决定的土地流转价格为 p^*,而地方政府所决定的价格为 p'',比较地方政府参与土地流转前后的价格有:

$$p^* - p'' = \frac{B}{2D} - \frac{\rho B - ct}{2\rho D}$$

$$= \frac{B}{2D} - (\frac{B}{2D} - \frac{ct}{2\rho D})$$
$$= \frac{ct}{2\rho D} > 0 \qquad (8)$$

因为，$p^* - p'' > 0$，所以有 $p^* > p''$。这意味着以自身收益最大化为目标的地方政府介入土地流转会使土地流转价格低于市场机制决定的均衡价格。而这种偏离市场均衡价格的结果必然损害社会总福利。根据上文分析可知，以社会福利最大化为目标的政府参与土地流转过程，土地转让规模为 $m^* = b^* - cp^*$，而依据自身收益最大化的政府参与土地流转过程的土地流转规模为 $m'' = b - cp''$，令 Δm 为两种类型条件下土地流转规模差，所以有：

$$\Delta m = m^* - m'' = -c(p^* - p'') \qquad (9)$$

因为 $p^* - p'' = ct/2\rho D > 0$，所以 $\Delta m < 0$，这意味着以自身收益最大化为目标函数的政府参与土地流转将会导致土地被过度转让，从而使大量低效率企业得以生存，造成土地资源的浪费。

4. 政府参与土地流转对企业和农民收益的影响

根据上文，以社会福利最大化为目标的政府参与土地流转时，土地流转的市场均衡价格与土地流转的均衡规模不受影响，因此，农民的土地流转收益也不受其影响。而以自身收益最大化为目标的政府参与土地流转，既改变土地流转价格也改变土地流转规模，因此，企业与农民收益也会随之改变。在市场机制发挥作用的条件下，企业、农民的收益分别是 $F^* = Bp^* - D(p^*)^2$ 和 $M^* = Np^* - K(p^*)^2$，而当地方政府参与土地流转时企业与农民的收益分别是 $F'' = Bp'' - D(p'')^2$ 和 $M'' = Np'' - K(p'')^2$，令 ΔF、ΔM 为两种类型条件下的企业、农民的收益差，因此有：

$$\Delta F = F^* - F'' = B(p^* - p'') - D[(p'')^2 - (p^*)^2] \qquad (10)$$
$$\Delta M = M^* - M'' = N(p^* - p'') - K[(p'')^2 - (p^*)^2] \qquad (11)$$

因为 $\Delta p = p^* - p'' = \frac{ct}{2\rho D} > 0$，所以有 $\Delta F = D\Delta p(4p^* - \Delta p) > 0$，$\Delta M = K\Delta p(4p^* - \Delta p) > 0$。这一结果意味着以自身收益最大化

为目标的政府参与土地流转会使企业和农民的收益都受到损失。这是因为土地价格的下降会导致低效率企业涌入市场,参与生产而不能使生产资源在高效率企业内部得到最佳使用,从而降低了企业总体收益。而价格下降使农民不能获得土地流转的合理补偿,同时又不能有效降低土地供给,这样在供给增加而价格下降的条件下,农民受到双重盘剥。如果在此过程中再加入贪污腐败等政府官员违规操作的问题,那么农民的利益将被更多地侵占,而土地流转的规模也将更大,社会福利净损失也将更大。

三 信息结构与土地流转均衡价格

上文分析表明,无论哪种政府参与土地流转的方式都不能使农民土地流转收益得到提高,那么依赖当前市场能否改变农民的处境呢?答案是否定的,由于农民与企业之间存在着严重的信息不对称,并且处于不对等的市场地位上,因此,即使农民拥有全部土地产权,农民也不能使自己的收益得到提高,而能改变这种状况的有效方法就是改变农民与企业信息不对称与地位不对等的局面。

1. 博弈模型基本设定与均衡结果

假定企业 E 需要规模为 A 的土地进行投资,投资收益为 I;单户农民 F 拥有土地 a[①],对于企业和农民来讲,土地 a 的单位收益分别为 i 和 r,$i > r$,即企业的收益高于农业。企业为获得规模为 A 的土地使用权,必须与农民就土地价格 p 进行谈判,每进行一次谈判成本为 c,这样为获取土地 A,企业必须进行 n ($n = A/a$) 次谈判,总谈判成本为 nc。如果农民选择转让土地,那么他可以获得土地转让收益 ap,同样也会付出谈判成本 c。因此,企业和农民的博弈有四个策略组合,即(购买、出让)、(购买、保留)、(不购买、出让)、(不购买、保留),相应的支付组合为〔$a(i-p)$ −

---

① 既可以是完全彻底的土地所有权,也可以是物权化的土地使用权。

c, $a(p-r)+w-c$]、$(-c, ar-c)$、$(0, ar)$ 和 $(0, ar)$，如图 1 的博弈矩阵式所示。其中，w 为农民非农就业得到的工资收益①，$a(i-p)-c$ 是企业获得土地的保留价格，而 $a(p-r)+w-c$ 则是农民出让土地的保留价格。

	农民出让土地	农民保留土地
农民购买土地	$a(i-p)-c$, $a(p-r)+w-c$	$-c$, $ar-c$
农民不购买土地	0, ar	0, ar

图 1　完全信息下农民与企业的博弈矩阵

根据企业与农民的支付情况，只要土地转让价格小于企业投资收益与谈判成本之差，即 $p \leq i-(c/a)$，那么购买土地并进行投资对企业就是有利的；而只要土地转让收益能够补偿农民失去土地带来的损失，即 $p \geq r+(c-w)/a$，那么农民出让土地就会是农民的最优策略。因此，当 $r+(c-w)/a \leq p \leq i-(c/a)$ 时，(购买，出让) 就将是均衡策略。如果上述博弈双方信息对称且地位对等，即只要农民有企业收益的充分信息，农民和企业分别处于卖方和买方垄断的地位，或者农民和企业都处于完全竞争地位，也就是说有足够多的企业作为土地需求方和足够多的农民作为土地供给方，那么当 $r+(c-w)/a=i-(c/a)$ 时，得到土地转让均衡价格 p^*，即：

$$p^* = \frac{i+r-(\frac{w}{a})}{2} \qquad (12)$$

上式表明均衡价格 p^* 由企业收益 i、农民土地收益 r、非农就业收益 w 和农民掌握的土地规模 a 共同决定。显然，p^* 是 i、r 和 a 的增函数，是 w 的减函数。其中，w 由劳动力市场外生给定，因此，p^* 实际上由企业收益 i 和农民收益 r 共同决定。在信息完全的

---

① 实际上 w 是期望收益，因为农民有可能并不能非农就业。

情况下 i 和 r 也是确定的,所以土地转让均衡价格 p^* 是一个合理的均衡价格,不会损害农民的收益,它反映了农民和企业将平均分享由土地配置效率提高所带来的收益。

2. 信息结构、土地流转价格与农民收益变化

由于农民缺乏专业和市场知识,充分获得企业收益 i 的信息存在巨大障碍;而对于企业来讲,一方面企业有专业信息搜集人员,另一方面农业生产简单,获得信息也非常容易,因此,可以说企业掌握着农民农业收入 r 的充分信息。这样农民和企业实际处于严重的信息不对称的状态。为简化分析,假定土地流转价格只与博弈双方信息和收益结构相关,如下式所示:

$$p = \begin{cases} \alpha i + (1-\alpha)r & if \quad \alpha > \beta \\ \beta r + (1-\beta)i & if \quad \alpha < \beta \end{cases} \quad \alpha, \beta \in [0,1] \quad (13)$$

其中,α 代表农民所掌握的信息集,而 β 则是企业所获得的信息集,上式(13)说明博弈双方给出的价格与其掌握的信息和对手的保留价格正相关,而与自身的保留价格负相关,这意味着博弈各方有隐藏自身收益信息的冲动。当 $\alpha = 0$ 时,$p = r$,这意味着农民只有自身收益的信息,而缺乏企业的信息,只能凭借自身收益出价;相反,当 $\alpha = 1$ 时,$p = i$,这说明农民掌握企业全部收益信息,因此,将把土地流转价格定在企业的保留价格上。企业的价格决策过程与此相似。因为 $\alpha < \beta$,所以土地流转价格采取的形式如下:

$$p = \beta r + (1-\beta)i \quad \beta > \alpha 且 \beta \in [0,1] \quad (14)$$

上式意味着土地流转价格将由企业单方面决定。将式(14)分别代入农民和企业的支付 $[a(p-r)+w-c]$ 和 $[a(i-p)-c]$ 中,可以分别得到:

$$\begin{aligned} a(p-r)+w-c &= a(\beta r + (1-\beta)i - r) + w - c \\ &= a(1-\beta)(i-r) + w - c \end{aligned} \quad (15)$$

$$\begin{aligned} a(i-p)-c &= a[i - \beta r - (1-\beta)i] - c \\ &= a\beta(i-r) - c \end{aligned} \quad (16)$$

令 $R = [a(p-r) + w - c]$, $L = [a(i-p) - c]$，将式（4）和式（5）等号两边对 β 求导有：

$$\frac{dR}{d\beta} = -a(i-r) \quad (17)$$

$$\frac{dL}{d\beta} = a(i-r) \quad (18)$$

因为 $i > r$，所以 $\frac{dR}{d\beta} < 0$，$\frac{dL}{d\beta} > 0$，即 R 是 β 的减函数，L 是 β 的增函数。这意味着企业掌握的信息越多，企业所付出的土地转让成本越低，相应的支付水平越高；而企业掌握的信息越多，农民转让土地的收益越低，相应的支付水平越低。反之，企业越难掌握农民的信息，其承担的土地转让成本就越高，相应的农民转让土地的收益也就越高。

3. 提高农民土地转让收益的有效途径

除了信息不对称外，企业和农民的市场地位也不对等。由于农民土地规模较小、数量多，处于明显的卖方竞争状态，相反企业则处于卖方垄断地位，至少也是寡头垄断。因此，要提高农民在土地转让中的收益水平，就必须改变企业的信息集和农民的市场地位，为此，我们必须改变单户农民的组织形式和生产方式。首先，我们要改变现有农业简单生产现状，使农业生产产业化，提高农业的复杂程度，增加企业收集农民信息的难度；其次，我们要提高农民的组织化程度，扩大农民的信息范围，增加农民收集处理相关信息的能力。实际上，有效地组织农民对于企业来讲也是有利的，这是因为获得 A 规模的土地，需要进行 n 次谈判，而支出谈判成本 nc。当农民有组织以后，企业可以通过减少谈判次数以降低谈判成本。实际上，农民的组织化、规模化是将企业的谈判成本内生到农民中，这样对企业也是有利的。如果组织足够大，例如有 n 个农民，那么企业的谈判成本将由 nc 降低到 c。农民组织化与产业化程度的提高，将提高农民在土地转让过程中的谈判地位，增加信息量，从而扩大农民的信息集 α，缩小企业的信息集 β，结果将使价格逐渐向农民倾斜，最终由农民组织与企业共同制订土地转让价格。即当 $p_{农民} = (1-\alpha)r + \alpha i$ 和 $p_{企业} = \beta r + (1-\beta)i$ 时，也就是当 $\alpha + \beta = 1$ 时实现均衡，即有：

$$p^* = \beta r + \alpha i \qquad \alpha, \beta \in [0,1] \text{ 且 } \alpha + \beta = 1 \qquad (19)$$

式（19）表明均衡价格由博弈双方的信息集共同决定，而不是由博弈单方决定。这样通过农民的产业化和组织化实现了在现有土地产权形式下农民市场地位的提高以及农民定价能力的提升，从而提高了农民在土地转让中的收益。

四 结论与政策建议

不同目标取向的政府参与土地流转过程，产生的土地流转价格与农民收益是不同的。其中，以社会福利最大化为目标的政府参与并不改变市场决定的价格和农民收益；而以自身收益最大化为目标的政府参与土地流转，会使得土地流转价格下降而土地转让规模高于市场均衡规模，从而导致既不利于农民提高土地转让收益，也不利于土地资源集约利用的结果。因此，政府退出土地流转过程，不仅不会影响土地流转效率以及农民从土地流转中获得的收益，反而会提高土地利用效率。

农民真的能够靠自身提高土地流转收益吗？由于农民与企业之间信息不对称，使得农民在土地流转博弈过程中处于劣势地位，土地流转价格将主要由企业决定。因为与单个农民的简单传统农业相比，企业的规模更大，生产专业化程度更高，信息更为复杂，因此，企业获取农民信息更为容易，而农民则很难。为此，要有效保护农民土地使用权流转，政府就只能通过改善农民与企业的博弈地位，方法是改变原有的生产方式以提升自身在博弈中的不利地位。一方面，组织化、产业化和规模化的经营，可以丰富农民生产活动的信息；另一方面，农民可以通过参与非农经济活动而更多地了解企业的相关信息。农民自组织形成并稳定存在的关键是允许农民纠正自身的行为偏离，在现行农村土地集体所有的制度下，农民还有可能纠正自身行为，但如果土地私有或国有以后，农民失去土地就不可能再回到原点。因此，政府应保持现有土地集体所有制度，通过完善农民对土地的使用权属，变单个农民为农民经济组织，而不是依赖村、镇、县（区）等政府，或使村集体由政治功能转向单独的经济功能，从而摆脱上级政府的影响。只有这样，才能真正保护农民在农村土地流转过程中的收益不受损。

（作者单位：中国社会科学院经济研究所）

参考文献

[1] 穆向丽等：《农户农用地征用意愿的影响因素实证分析》，《中国农村经济》2009年第8期。

[2] 康岚：《失地农民被征用土地的意愿及其影响因素》，《中国农村经济》2009年第8期。

[3] 钱忠好等：《农民土地产权认知、土地征用意愿与征地制度改革》，《中国农村经济》2007年第1期。

[4] 冀县卿、钱忠好：《论我国征地制度改革与农地产权制度重构》，《农业经济问题》2007年第12期。

[5] 王小映：《全面保护农民的土地财产权益》，《中国农村经济》2003年第10期。

[6] 钱忠好：《土地征用：均衡与非均衡——对中国现行土地征用制度的经济分析》，《管理世界》2004年第12期。

[7] 赵晓秋、李后建：《西部地区农民土地流转医院影响因素的实证分析》，《中国农村经济》2009年第8期。

[8] 金松青、Klausdeininger：《中国农村土地租赁市场的发展及其在土地使用公平性和效率性上的含义》，《经济学季刊》2004年第4期。

[9] 田传浩、贾生华：《农地制度、地权稳定性与农地使用权市场发育：理论与来自苏浙鲁的经验》，《经济研究》2004年杜1期。

[10] Harsanyi, J. C. and R. Selten., *A General Theory of Equilibrium Selection in Games*, Cambridge: MIT Press, 1988.

［11］吴靖:《中国整体问题研究综述与思考》,《经济学动态》2010年第7期。

［12］刘宗劲:《政府角色:中国征地问题的内在逻辑及其化解》,《经济体制改革》2009年第1期。

［13］蔡继明、程世勇:《地价双向垄断与土地资源配置扭曲》,《经济学动态》2010年第11期。

［14］蒋南平:《中国农村土地集体所有权问题研究》,《经济学动态》2009年第9期。

［15］许经勇:《我国农村土地产权制度改革的回顾与前瞻》,《经济学动态》2008年第7期。

□ 秦 震 □

英、法城市化模式比较及其对中国的启示

随着工业化的快速推进，中国城市化正在走入"通过圈地来推进城市化"的误区，"土地城市化快于人口城市化，粗放型建设城市"的问题日益严重。英、法作为工业化先行国家，城市化起步早、推进快，其成功经验值得借鉴。比较英、法城市化可知，工业化导致经济结构的彻底改变，是城市化的根本动力；始终坚持市场为主导、政府引导，以促使工、农与城市化协调发展，是城市化快速推进的重要保证；将工业化、农业现代化和城市化结合为一个系统工程全面推进，是城市化可持续发展的根本途径。

一 英国城市化进程

英国是世界上农村人口向城镇聚集最早的国家，城市化经历了以农村为主、初步启动、迅速繁荣到相对稳定的过程，大致可以分为三个阶段。

第一阶段（1520~1801）：城市化萌芽阶段。其特点为伦敦作为政治经济中心优先崛起，中小城市发展迅速以及乡村城镇化出现萌芽，形成大城市与小城镇并存的局面。伦敦人口在1770年占

英国总人口的11%，为英国第一大城市，而600～1000人的小城镇有600多个，成为联系城市与农村的桥梁。但此时英国经济重心仍然在农村，城镇人口比重约为20%，城市化处于较低水平。

第二阶段（1801～1900）：快速繁荣阶段。以1851年为界，前期城市化表现为大量人口从农村向城市，从农业向第二、第三产业转移，新兴工业城市迅速发展；中后期以人口在城市之间和在第二、第三产业之间转移为主，同时人口开始从城内向郊区转移，城市化运动逐渐被郊区化运动所取代。英国城市化率在1801年为27.5%，1851年为50.2%，在19世纪中后期达到70%，英国成为世界第一个实现城市化的国家。如表1所示。[1] 在这一时期，工业革命的发生，机器替代手工劳动促使经济结构发生巨大变化。据统计，1801年，英国农业、工业和服务业产值比为32:23:45，该比例在1841年则变为22:34:44。经济结构的巨大改变，大工业促使一批新兴工业城市如爱丁堡、曼彻斯特和利物浦开始兴起，从而对周边劳动力产生了巨大的吸引力。大量人口从农村向城市聚集，从农业向第二、第三产业转移，从事建筑业、制造业、运输业和商业的人数逐年增加，其占劳动力总数的比重从1801年的29.7%上升到1901年的46.3%。同时，政府大力发展交通运输业，1825年，第一条铁路修建，到19世纪中叶基本形成了铁路运输网，铁路通车里程从1848年的4646英里增长至1858年的8354英里、1870年的13562英里。便利的交通成为人口转移重要的物质保证。这一时期，全国大部分城市都以相当快的速度发展并向外扩延，城市群逐渐形成。19世纪中后期，由于大规模的城市运动积累的大城市病导致"逆城市化"现象，英国开始重视完善城市体系，增加城市设施服务，提高城市功能和人口素质。

第三阶段（20世纪至今）：解决因城市化不断完善阶段。20世纪以来，英国政府采取措施解决因工业开发、商业发展、农业发展和环境保护等带来的诸多问题，先后通过创建新城转移200万

---

[1] E. A. Wrigley: *People, Cities and Wealth: The Transformation of Traditional Society*, Blackwell, 1992, p.162.

人口，通过清除贫民窟改造内城，实行"强制所有的开发项目不得占用绿带区用地"的绿带政策以保护环境，协调各方面关系，推进城市化从量的增加向质的提高方面转变。

表1 英国城市人口占总人口比例变化

单位：%

年份	1520	1600	1670	1700	1750	1801	1851	1911
城市人口占总人口百分比	5.25	8.28	13.5	17.0	21.0	27.5	50.2	78

二 法国城市化进程

法国城市化起步比英国晚半个世纪，且发展缓慢，历经曲折，直至20世纪30年代才基本实现城市化，其进程大致可以分为四个阶段。

1. 初始阶段（1850年前）

法国封建等级制度森严，社会不重视商业以及对商人地位的鄙视，使得资产阶级力量极为微弱，资本主义经济发展缓慢。与此同时，以小农经济为主体的法国农业根本无法为工业提供发展需要的原料和劳动力。因此，在19世纪以前，法国城市化发展极为缓慢，城市化率在1500年、1789年和1809年分别为10%、16%和18.8%，3个世纪仅仅增加了6个或9个百分点。而此时英国城市化水平已达到约30%，高出法国十几个百分点，直到1850年，法国城市化率还停留在19%的低水平。

2. 缓慢推进阶段（1852~1913）

法国工业革命始于1820~1825年，机器生产逐渐取代手工劳动。19世纪法国工业经历了快速增长（30年代至60年代）、增速减慢（70年代至1895年）和再次迅速增长（1895年至1913年）三个时期。在此期间，交通运输业迅速发展，铁路里程从1847年的1830公里增至1856年的6500公里、1860年的9000公里，1870

年又猛增至 17500 公里。铁路网的建立促进了经济的发展,但法国工业始终没出现"飞跃",无法创造巨大的就业岗位吸纳劳动力。1866~1913 年,工业的就业人数只增长了 4.2%,第三产业的就业人数只增长了 7.4%。据统计,1913 年法国务农人口占全部就业人口的 37.4%,工业就业人口占 33.8%,商业、服务性就业人口占 28.8%,法国城镇人口占总人口的比重在 1911 年为 40.9%,显然,法国仍然是个农业工业国。19 世纪 50 年代后,城市人口增长的幅度具体如表 2 所示。①

表 2　法国城市人口占总人口比例变化

单位: %

年份	1851	1861	1872	1881	1891	1901	1911
城市人口占总人口的百分比	25.5	28.9	31.1	34.8	37.4	40.9	44.2

3. 加速阶段 (1913~1954)

第一次世界大战后法国经济有了飞跃发展,工业年平均增长率达到 8.2%,超过美国 (4.6%)、德国 (4.5%)、英国 (3.4%) 和意大利 (4.3%)。重工业部门如一些大的汽车厂、飞机厂、冶金厂和机械制造厂纷纷建立。工业的迅速发展,大大增加了城市对劳动力的需求,农业机械化和专业化使农业就业人口缩减了 14%,大批农村人口离乡入城。城市人口在全国总人口中所占的比例不断上升,1921 年为 46.4%,1926 年为 49.1%,1931 年达到 51.2%,城市人口第一次超过农村人口,基本实现了城市化。

4. 稳步发展并日益完善阶段 (1954 年至今)

第二次世界大战后,法国经济经历了恢复、初步发展到高速发展时期。工业从轻工业转向重工业,工业生产以 6.1% 的年均增长率增长。工厂制的推行,鼓励企业集中的政策使得企业规模得

---

① 许平:《法国农村社会转型研究 19 世纪—20 世纪初》,北京大学出版社,2001。

以扩大，劳动力逐步集中。在农业方面，土地集中政策和农业现代化的全面推进，使农业生产率大幅度提高，释放出大量劳动力向第二、第三产业转移。战后法国劳动力就业结构在1950年为28.6∶35.2∶36.2，在1960年为21.3∶38.2∶40.5，在1970年为13∶38.8∶48.2，1980年为8.8∶34.2∶57。法国城镇人口在20世纪末增至76%，基本实现城市化。法国城市化最突出的特点是地区差异大，发展极端不平衡。法国政府采取"限制大城市尤其是巴黎发展，鼓励落后地区和农村地区发展"的政策，先后将巴黎等大城市的750万人口迁出，1968~1975年巴黎人口减少11%，里昂人口减少14%，其他一些大城市人口也有所减少，因此，战后法国走上了一条促进大城市、中小城镇和小城镇和谐发展的道路。

三　英、法城市化模式比较

英、法城市化都是工业化的产物，城市化与工业化同步发展，二者成功的关键都在于：正确处理了工业、农业和城市化的关系，城市与农村的关系，市场与政府的关系；将工业化作为城市化的原动力，大工业创建大城市，也促使小城市壮大为大城市；通过合理规划以协调地区之间的不平衡，既防止大城市无限扩大，又限制小城市遍地开花。不过，英国城市化是顺利、有序地快速推进，而法国城市化却显得不那么顺利，而是缓慢、曲折。分析可知，法国工业化的缓慢进程以及农业的落后无疑是造成这种差异的主要原因。在城市化过程中，政府的干预程度以及城市化后期两国的城市发展道路也有所不同。

1. 工业化的不同进程导致城市对农村人口的不同拉力

工业化即人类社会从以农业为基础的传统社会过渡到以机器大工业为特征的现代社会，是城市化的原动力。尽管英、法都是从工业革命起城市化进程才开始加速的，但英国工业化是快速推进甚至是突飞猛进的，而"法国工业化过程的特征是渐进性的、持续性的、没有明显突破的较均匀的发展"。英国工业革命后，手工劳动为机器大生产所代替,煤炭工业、炼铁工业以及机械制造业的兴起,交通运输业的迅速发展,使得社会生产力出现了一个划时代的飞跃,城市对农村人口产生巨大的拉力。1835~1895年,棉纺织工业的工人从21.9万人增加到53.9万人,炼铁和铸造业工人从1851年的80032人增长至1871年的180207人。1801~1901年,从事制造业、采矿业和建筑业的从业人员在全国就业人口中的比重由29.7%上升到46.3%。从事农业的劳动力比重从35.9%下降到8.7%,1851年从农业转移到采煤业的工人就有77598人。人口的聚集使得城市大规模地发展起来,出现了曼彻斯特、索尔福德、斯托克波特、贝里、普雷斯顿等纺织工业城市,煤、铁工业发达的南威尔士、加的夫、斯旺西、纽波特等新兴城市,城镇生活成为工业活动的一个标志。

法国工业革命始于1820~1825年,到19世纪中叶工业才迅速增长,但19世纪下半叶工业增长的轨迹呈现间歇起伏的特征,而且工业生产能力远不及英国。数据显示,1850年英国拥有50万马力,而法国仅拥有6.7万马力;1880年,法国增长至54.4万马力,但远远落后于英国的200万马力。从19世纪中叶开始,法国农村人口开始涌入城市,但转入城市的人口规模明显受制于城市工业发展的节奏:1876~1888年、1896~1901年、1906~1911年是法国工业高涨时期,同时又是移民运动发展的高潮时期,1872~1876年、1881年、1901~1906年为工业危机时期,移民的数量明显减少。如表3所示。① 从工业革命开始,至1931年初步实现工业化,法国经历了一个多世纪。直到第二次世界大战后,法国工厂集中加速,技术设备大规模更新,先进技术大量引进,重工业蓬勃发展,城市吸引力才成为不可阻挡之势,劳动力迅速从农业转向第二、第三产业。1954年,城市居民占全国总人口的58.6%(3020万人),到1968年占70%(3480万人),14年里城市人口增加460万人。

---

① 杜帕奇埃等:《法国人口史》,第3卷,第131、132页。

表3 19世纪法国农村人口迁入城市情况

年代	移民数量（万人）	年代	移民数量（万人）
1831~1841	47.3	1872~1881	105.3
1841~1851	84.9	1881~1891	85.2
1851~1861	126.5	1891~1901	104
1861~1871	86.7	1901~1911	109.2

2. 农业与城市化的关系

英国农业对城市化的作用路径为"商品经济的发展对农业变革提出要求→农业革命和'圈地运动'→劳动生产率提高→为工业化提供动力（原材料、粮食、劳动力等）→工业化和城市化得到发展"。英国历史上经历了两次大规模的圈地运动：16世纪圈占大片土地以扩大牧场，合并小块土地从事集约化经营；18世纪为适应市场需求，大力发展畜牧业，圈占公地，屯购农场，采用排水、施肥技术进行农业改革。"圈地运动"促使大农场的建立，农业产业结构的调整，生产技术的进步和管理水平的提高。据载，16世纪"同一块耕地，圈地后产量增加了13%"，1815~1819年以及1832~1833年，英格兰每英亩小麦产量提高了16%，而农业劳动力仅增加了2.7%。对于"圈地运动"释放出来的大量劳动力以及部分被驱逐的佃农来说，"工业是唯一的出路"，"卖了土地的自耕农和没有工作的雇工都准备离开乡村……人们从乡村教区不断向市镇迁移，以及从市镇向都市迁移"，"生力军涌向工业"，这就是土地运动与工业革命的重要联系。在英国工业化和城市化高速发展时期，英国始终没有忽略农业的发展，农业现代化全面推进，农业生产率居世界前列。

法国既没有"圈地运动"，也没有真正的农业革命，甚至整个19世纪直到第二次世界大战前，法国农业的发展始终是比较缓慢的。1815~1840年，农业生产以每年1.7%的速度递增，1840~1865年为2.62%，1865~1900增长仅为0.26%。19世纪末，法国每个农业劳动生产者的生产率比英国低49%，比荷兰低39%，比比利时低38%。法国农业落后的根本原因在于小农经济的落后性。

虽然法国是一个大土地所有制和小土地所有制并存的国家，但只在土壤肥沃、资源丰富的平原地区存在少数大农场，在大部分地区小土地所有者从事小农经济，大土地所有者采用"分成制"将土地租给农民，任其进行小规模经营。1862年法国对全国约322.6万农业生产者耕种面积进行统计，耕地10公顷以上的农业生产者只占总人数的25%。如表4所示。① 小农经济的弊端表现在以下方面。一是不利于集中经营，无法进行分工、机械化和技术推广，无法实现农业现代化；二是小农思想保守，不愿改变旧的生产方式，农产品商品化程度低；三是不需要雇用农业工人，更无法解放劳动力。19世纪农业落后于工业的增长，无法对人口从农村转入城市形成有效的推力。

表4　19世纪下半叶法国农业生产者耕种面积情况统计表

耕种面积	<5公顷	5~10公顷	10~20公顷	20~40公顷	>40公顷
占生产者百分比	56%	19%	11%	9%	5%

第二次世界大战后，法国政府意识到农业的落后对工业以及城市化的消极作用，开始大力发展农业，多管齐下，法国农业出现大飞跃。

首先，推行土地集中政策，具体措施如下。一是建立非营利性的由国家代表实行监督的股份有限公司——土地政治与农村安置公司，从小农户那里收购农田，然后根据转让后有利于改进农业结构的精神把它们卖给农场主，重新分配土地。据统计，1975年法国有30个这样的公司，自公司创立到1977年底，共收购土地98.6万公顷，重新分出土地84.9万公顷，10.6万个农场得到了扩大或改建。二是设立"改进农业结构社会行动基金组织"，通过发放退休金和补助金鼓励年老的农业经营者放弃耕作。至1977年底，有54.3万个农场主在领到离农终身年金后移交土地，面积达950万公顷，约占全国农田面积的1/3。三是由国家承担合并小块土地

---

① 罗歇·利韦：《法国农业新貌》，农业出版社，1985，第46、50页。

所需的费用，并对拔除树篱等附加费用给予津贴，以促进小块土地的合并。土地集中政策使农场数目大为减少，农场面积不断扩大。全国农场数目从1955年的228.57万个减少到1975年的130.37万个，1975年比1955年减少了43%。法国农场的平均面积达23公顷以上，超过西德（1.6公顷）、比利时和荷兰（14公顷）以及意大利（7.2公顷）。

其次，战后法国将农业机械化列为优先发展项目，降低农机价格，扩大农用拖拉机的使用。为了提高农民的科技水平，法国大力发展农业科研和农业教育工作，建立完善的农业科研体系，1959~1977年，法国农业中学增加了930所，高等农业院校从14所增加至31所。

各方面的努力使得法国农业生产迅速发展，农业增加值指数从1959年的83.2上升至1979年的112.5（1970为100），农业劳动生产率在1963~1973年平均每年增加7.2%，高于整个经济部门（年均增长率为5.1%）。1978年，农畜产品的产量年平均增长率为4.1%，高于德国（3%）、英国（2.6%）、美国（2.2%）。农业现代化使得农业结构发生了巨大变化，农村人口占全国总人口的比重从1950年的44%下降到1975年的27%，尽管随后农业人口外流的速度放慢，但农村人口继续减少。

3. 政府干预程度

英国是一个君主立宪政体的国家，三权分立以反对君主专制。19世纪英国城市化快速发展的时期，英国政府主要担任提供公共服务的职能，突出表现在以下方面。第一，完善法律法规，保证人口自由流动。政府先后修改《济贫法》和《定居法》，消除妨碍人口自由迁徙的法律障碍。第二，大力投资基础设施建设，如交通、住宅、通信、医疗卫生、教育等。1868年和1875年，政府两次颁布《工人住宅法》，建设廉租房，并低价出售给需要购买房屋且收入偏低的住户。到20世纪末期，66%的住房私人拥有，人均达一人一房的标准。第三，以市场为主导，政府与公众合作规划城市。20世纪，为解决大城市病，英国政府开始进行城市规划，规划工作由中央政府的环境部、地方政府的地方规划局、地方的私人机构和慈善机构共同参与。在英国建造新城和旧城改造的过程中,公众的参与在城市规划体系中都占据重要地位,公众的评论意见是环境事物大臣批准结构规划的重要依据;地方规划局也举行多次公众调查会,听取当地居民的意见,及时修改计划。

法国城市化以市场为主导,但政府扮演了不可或缺的重要角色,显示出较强的集权倾向,总体上城市化打上了强权和国家干预主义的烙印。

第二次世界大战后,法国政府推行一系列恢复经济的措施,对产业结构和产业布局进行明确规划,集中力量优先发展煤炭、电力、钢、水泥、运输和农业机械等基础部门,对机械、化工以及电子技术、电信等部门给予了大量的资金、技术支持,建立起雄厚的工业基础。

法国政府颁布《农业指导法》,通过建立非营利性的土地政治与农村安置公司,以其良好的信誉和雄厚的资金为支持,以社会效益最大化为原则,在与农民平等协商的条件下购买并重新安置土地,实现土地集中。政府通过拨款发放补助和退休金的形式,鼓励年老的农民放弃土地;降低农机和化肥的价格,运用投资、信贷手段购置农业设备,扩大机器设备在农村的普及;兴建引水工程,完善农村基础设置,消除小农经济对工业发展造成的阻碍。

法国政府还颁布法令禁止巴黎、里昂等大城市向外扩张,限制在北部、东部工业区建立大工厂;对于向落后地区迁厂、建厂的企业家,政府提供投资援助,减免营业税,减少运输费用,对能源实行临时性减价,提供现代化设备、科技人员和熟练工人等。如对从巴黎迁出的占地 500 平方米以上的工厂,政府给予 60% 的拆迁补偿。

法国城市规划工作如基础设施、交通设施、住宅改造、城市布局等由国家政府、行政区级政府、省级政府和市镇级政府主导,只有在需要完成某些专项规划或特殊目的时,才组建各类专业机构,这与英国政府和公众共同参与有明显的差别。

4. 20 世纪英、法不同的城市改造模式

"城市病"表明大城市无限制扩大的城市化模式不具有可持续

性。1946年，英国颁布新镇法，将"建立不同规模等级的新镇"作为长期的城市开发政策，用新镇来解决从母城分散出来的人口和工业，新镇以"自我平衡、社区平衡和保护环境"为基本发展理念，具有完备的水、电、气、道路、公共交通等城市基础设施，因而对迁入者产生了强大的吸引力。至1974年5月，英国设立了33个新镇（建成28个），共容纳180万人口，迁入2009个新的工业企业或公司企业。然而，新镇的建设造成城市人口大量转入新镇，使旧城陷入困境：城市环境质量下降，市中心区商业活动萧条，大量的废弃住宅遗留在城市中心地带。据统计，1971～1981年，伯明翰市人口下降17.6%，曼彻斯特市人口下降23.9%，利物浦和伦敦也出现严重的工业和环境衰退。在不得已的情况下，英国政府开始重视旧城改造与开发，但为了防止旧城改造对城市边缘土地的滥用和环境的破坏，20世纪70年代，政府提出了绿带政策，对城市边缘地带的土地进行管理，控制边缘地区开发，可见，英国在建立和完善新镇的同时，依然重视旧城的发展和其各项功能的完善。

　　法国城市化的一大特点是地区之间的极端不平衡发展，首都巴黎与各地区的差距最明显，巴黎人口占到全国的近20%，商品交易占到全国的50%，制造业占到76%，其他三个区里昂，马赛和里尔-鲁贝-图尔昆地区的人口超过50万人，而西部、西南部、中部以及科西嘉则基本上是落后的农业区。这一现象不仅有悖于"都市均衡发展战略"，对于巴黎等大城市来说，巨大的环境负担、人口拥挤对城市管理、基础设施的完善提出的高要求，已经超出了自身的承载力，规模继续扩大势必引发严重的社会问题。而落后地区的人口面临的低生活水平，享受的简陋的基础设施，也造成了巨大的心理落差。为了促进地区间平衡发展，法国在限制大城市外延的同时，通过建立能与巴黎的统治中心地位相抗衡的大都市区，通过公共政策的激励来促进里昂-图尔昆、图卢兹、南西-梅斯、泊德、南特-圣纳扎尔和斯特拉斯堡等地的发展，形成不同的发展极，在分散巴黎过重负担的同时，对周边地区形成新的辐射，形成一个新的巨大的城市圈。

四 英法城市化进程对中国的启示

第一,城市化的经济内涵是工业化,但没有农业发展伴随的工业化和城市化,将会出现一系列问题。因为农业生产力的发展,粮食出现剩余,这是城市发展的充分条件,而农业生产率提高释放出来的劳动力恰是工业发展的主要劳动力来源。英国在城市化过程中,始终坚持农业的基础地位,而19世纪法国农业的落后不仅是经济发展缓慢的表现,更直接减缓了城市化进程。英国的农业革命、圈地运动和法国的土地集中都表明,大规模的集中经营和农业的机械化、现代化是发展农业的重要手段。

中国长期以来通过牺牲农业来发展工业,改革开放30年来,工业产值迅速增长,但"农村真穷,农民真苦,农业真危险"却成了中国"三农"问题的真实写照。目前中国农业主要问题表现在以下方面。一是小农经济阻碍规模化经营,农户户均占有耕地仅0.37公顷,人均耕地面积仅为0.1公顷,为世界平均水平的42%,土地碎化程度比法国还要严重。二是农业投资成本的不断提高,市场信息不对称,小农都是单打独斗,自身的势单力薄使农民在市场中处于弱势地位,无谈判能力,增收困难,一些中西部地区出现"贫困的城市化",农民务农太穷被迫进城挣钱贴补家用。三是农业劳动者老龄化,许多农村的年轻人进城打工,村里留下"38、61、99部队",劳动生产力低下;由于"第二代农民工"大多不熟悉耕种之事,且立志要在城市里扎根,已形成"离土离乡"的局面,发展中国农业隐藏着后继无人的危机。

我国坚持农业的基础地位不动摇,继续对农业给予补贴和政策支持是政府必须坚持的长期战略。首先,中国可以建立类似法国国土整治和农村安置公司的机构,以合理价格购买愿意脱离农业的农民土地,对集体土地所有权进行补偿。法国政府规定:"65岁男劳力或60岁女劳力,自愿离开农业经营把自己的土地转让出去",退休金每人每月为3000法郎,补助金每人每月为1500～

3000法郎（目前法国工人最低工资标准为4500法郎左右）。中国也可以通过建立良好的社会保障体系，以保障换土地，通过治理、改良后，土地按标准经营面积租给农民，建立规模适当的农场，政府通过信贷对经营农场的农民给予资金、技术支持。其次，政府成立非营利性的农村合作组织，作为连接农民与市场的纽带，将农民团结起来，代表农民与市场需求者谈判，为农民争取正当权益，这也是农民增收的重要途径。最后，政府应该鼓励年轻人从事农业生产，对有志于从事农业的年轻人应该给予免费的农业科技知识培训，提高经营者的素质和经营管理水平。

第二，圈地不是工业化、城市化的必由之路。中国城市化要具有可持续性，应摆脱"以剥夺农民土地扩城区、建新城，依赖房地产业推动城市化"的思维模式。前面已分析，导致英国圈地运动与法国土地集中的原因在于土地的碎化对农业发展的阻碍，而绝非城市扩张需求。圈地没有改变农业用途，而是治理后以实现集约化经营带来高效率的产出。因此，圈地运动对城市化的贡献在于：提高农业生产力，为城市提供更多的产品和原料；释放劳动力，为工业和城市建设提供动力。

目前，中国城市化的一大特点为"土地城市化快于人口城市化"。1978~2007年的29年间，中国城市化水平由7.92%提高到28.62%，耕地面积由9938.95万亩减少到9490.67亩，这意味着中国城市化水平每提高一个百分点，是以减少耕地45万亩为代价的。2003~2008年，278个地级以上城市市辖区建成区的面积增长达35.76%，但非农业人口增长只有9.33%，超过90%的省市建成区面积增长速度远快于城市人口增长速度。当房地产业被认为是推动城市化的重要方式，那么剥夺农民土地推动城市化则成为必然结果。"十一五"期间，全国共批准新增建设用地3300多万亩，土地出让每年平均达到660万亩，这也必然带来严重后果：土地利用粗放、土地严重浪费。据估算，中国城市土地40%以上属于低效率利用，5%处于闲置状态，2007年全国城市有闲置土地、空闲土地、批而未供土地近400万亩，占建设用地的7.8%。建设用地对农业用地的占用削弱了中国的粮食综合生产能力和可持续发展能力，加深了土地急剧减少与耕地紧缺之间的矛盾，失地农民失去生存保障，其生活状况恶化。由此看来，"圈地城市化"是再次以牺牲农业来发展工业，牺牲农村来发展城市的表现，是与中国"工业反哺农业，城市反哺农村"的战略不相适应的。

第三，由于政府是自身利益与公共利益的同一体，其不同的利益取向将决定不同的城市化模式，所以，继续推进中国城市化，关键在于中国政府职能的转变。中国政府应该明确自己对民众和社会该承担的责任，将公共利益摆在第一位，从行政主导城市化向市场主导转变，抛弃"唯政绩马首是瞻"的利益短视心态；政府应从房地产业中撤离，转向不以赢利为目的的公共服务业，着力解决城市环境问题、基础设施、住宅问题，兴建廉租房以满足日益增大的住房需求；政府应完善农村基础设施、社会保障，增大农村教育投资，建立农村合作组织维护农民在市场中的权益，真正给农民增收；政府还应做好城市规划工作，进行大、中、小城市和小城镇在空间上的布置，构建出一个有序的、功能齐备的、社会效益最大的城乡系统。总之，中国政府应始终坚持农业的基础地位，将农业发展、工业化和城市化结合为一体，相互促进，共同发展，偏袒一方而忽视另一方，最终都会影响城市化的速度和效果。

（作者单位：华南师范大学经济与管理学院）

参考文献

[1] 布莱恩·贝利：《比较城市化——20世纪的不同道路》，商务印书馆，2008。

[2] 保尔·芒图：《十八世纪产业革命》，商务印书馆，1983。

[3] 米希尔·米绍：《法国城市规划40年》，社会科学文献出版社，2007。

[4] 陈锡文：《英国社会转型时期经济发展研究》，首都师范大学出版社，2002。

[5] 周英:《城市化模式选择:理论逻辑与内容》,《生产力研究》2006年第3期。

[6] 董永在、冯尚春:《英—法城市化进程的特点及其对中国的借鉴》,《当代经济》2007年第12期。

[7] 盛广耀:《中国城市化模式的反思与转变》,《经济纵横》第9期。

[8] 高云才:《城市化不能"大跃进"——中国城市化观察》,人民网,2010年2月14日。

[9] 仇保兴:《国外模式与中国城镇化道路选择》,人民网,2005年6月。

[10] 陈锡文:《我们需要什么样的城镇化》,人民网,2010年1月29日。

[11] 杨澜、付少平、蒋周文:《法国小农经济改造对中国的启示》,《世界农业》2008年第10期。

[12] E. A. Wrigley, *People, Cities and Wealth: The Transformation of Traditional Society*, Blackwell, 1992, p. 162。

[13] 许平:《法国农村社会转型研究 19世纪—20世纪初》,北京大学出版社,2001。

[14] 罗歇·利韦:《法国农业新貌》,农业出版社,1985。

□陈宏伟□

国外关于农村劳动力转移的研究

"十二五"期间,随着城镇化过程的加快,国家将深化户籍制度改革,加快落实放宽中小城市、小城镇特别是县城和中心镇落户条件的政策,促进符合条件的农业转移人口在城镇落户并享有与当地城镇居民同等的权益,农村劳动力将实现进一步的转移。因此,对国外有关于研究影响农村劳动力转移的文献进行系统回顾,以便进一步提出中国城镇化过程中关于农村劳动力转移影响因素研究的建议,从而制定相应对策,引导农村劳动力实现平稳、有序的转移,具有重要的理论意义和现实意义。

一 从人口学角度解释人口迁移趋势

19世纪中后期的瑞文斯汀(Ravenstein,1889)被认为是系统研究人口迁移现象的先驱,他从人口学的角度全面阐述了人口迁移的原因,并总结出"人口迁移规律"。第一,为了寻求商业中心和机会,人们尽可能迁移到他力所能及的地方;第二,短期内就近迁移,长期则延续到较远的城市,其中女性人口更倾向于短期迁移,男性人口则长、短期兼而有之;第三,人口迁移过程中总会遇到不同的阻碍,有从农村向城市的正向迁移,也有从城市向农村的回流迁移,因此净迁移总是小于总迁移;第四,迁移的主要动力来源于经济原因，坏的法律、重税、气候变化和来自外在的压迫等都可能使人们迁移，但是，所有这些原因引致的迁移数量都没有由人们内生的改善生存、生活条件的欲望所引起的迁移数量大。① 这几个简单的基本规律为后人认识人口迁移问题提供了帮助，并提供了进一步研究的基础。

二　从工业部门和农业部门间生产率差异角度出发的迁移理论

第一，在农村劳动力转移方面最具有代表性的理论是阿瑟·刘易斯（W. Arthur. Lewis，1954）的二元结构理论。他在深化大卫·李嘉图模型的基础上，构建了一个新的两部门模型作为当今发展中国家的发展理论。他的模型分析了具有不同行为准则的传统部门（以农业为代表）和现代部门（以工业为代表）之间交互作用的发展过程。在工业部门的劳动力供给具有无限弹性，从而可以确保资本积累与利润同步增长这一点上，刘易斯的模型和李嘉图的模型是相同的。刘易斯的机制是以传统部门存在着剩余劳动力为基础的。按照他的理论，发展中国家的农村社区因盛行家庭、部落和村庄内相互帮助和收入分享的习俗而雇用了过多的劳动力，以致劳动的边际生产力即便不为零，也大大低于制度工资率。如果工业部门按照固定的制度工资率提供就业机会，对农业产出边际贡献率低于制度工资率的劳动力来说，就会愿意转移到工业部门去。相应地，在所有剩余劳动力尚未全部从农业部门转移出去之前，劳动力供给将维持水平状态，李嘉图的资本和利润平行增长过程将一直持续着，工业部门吸收农业劳动力的"这个过程要一直继续到剩余劳动力消失为止"。在所有农业剩余劳动力都被工业部门吸收之后，相应于工业部门对劳动力的进一步吸收，

---

① Kamaljit Singh, *Internal Migrationin A Developing Economy*, National Book Organisation, 1991.

农业部门的工资率将沿着它的边际生产力曲线提高。这个标志着传统经济转型为现代经济的转折点,被成为"刘易斯拐点"。达到转折点后,经济的二元性质不再存在,农业成为现代经济的组成部分,其工资率和人均收入沿着向上倾斜的劳动力供给曲线持续上升。刘易斯由此指出,在以贫穷和剩余劳动力为特征的传统经济体制中,实现经济现代化的机制是隐而不见的。[1]

虽然在中国的城镇化进程中,城市里并不是充分就业的,同时由于制度及组织方面的原因使得工业部门也不是按照固定的制度工资率提供就业机会的,但是刘易斯模型首次从宏观的层面上阐述了劳动力转移的动力和过程,揭示了工业和农业结构变动及城乡差别可能消除的内在机制,具有十分重要的理论意义。

第二,拉尼斯-费景汉人口流动模型(Fei-Rains Model)是费景汉(John. C. H. Fei)和拉尼斯(G. Ranis)以刘易斯人口流动模型为基础提出的更为精细的劳动力转移模型。[2] 它重视农业在经济发展中的作用,强调了农业劳动生产率的重要性,指出只有提高农业劳动生产率,才有可能有一部分剩余农产品提供给转移出来的劳动力消费,并把农业发展分为三阶段,对解决中国农村劳动力转移问题具有重要的意义。

第一个阶段是劳动力无限供给阶段。传统农业中存在大量边际生产率为零的显性剩余劳动力,将其转移至工业,农业生产总量不变。吸收农业剩余劳动力的同时,工业部门还吸收了农产品剩余。此时工业工资水平不变,企业主利润增加,为工业进一步扩张提供了大量资本。

第二个阶段是隐性劳动力转移阶段。显性劳动力转移完毕,农业劳动力的边际生产率提高,但隐性劳动力仍然存在,继续流向工业部门。劳动力的流失引起农业总产量的减少,粮食价格随之上涨。工业部门开始与农业部门争夺劳动力,农业劳动力边际产量开始由零变

---

[1] 速水佑次郎、神门善久:《发展经济学——从贫困到富裕》,李周译,社会科学文献出版社,2009,第73~75页。

[2] Ranis, Gustav and J. C. H. Fei, *Development of the Labor Surplus Economy: Theory and Policy*, Richard D. Irwin, 1964.

正，工业部门必须提高工资以补偿劳动力离开农业的机会成本，工业部门工资率缓慢上涨，吸收劳动力速度减缓，限制了工业部门的扩张。可见农业的发展对工业乃至整个国民经济都产生着重要的影响。

第三个阶段是农业现代化阶段。农业告别传统，进入现代化阶段。剩余劳动力已被工业部门完全吸收，农业生产效率达到最高。农业和工业、城市和农村面临统一的劳动力市场在平均利润率基础上的平等竞争，此时工业和农业工资水平一致，均由市场决定，农业劳动力进入商业化阶段。工业部门若吸收农业劳动力，必须付出高于由劳动边际生产率决定的工资。经济发展实现了由二元结构向一元结构的转变。

该理论强调重视农业技术创新，加大对农业投资的力度，实现农业和工业同步增长，弥补了刘易斯模型中没有考虑技术进步因素和农业发展状况的不足，并从动态的角度来考虑劳动力转移、经济发展和结构调整过程。但是，该理论中所提到的农业和工业、城市和农村面临统一的劳动力市场在平均利润率基础上的平等竞争，工业和农业工资水平一致，均由市场决定，这在中国长期以来的二元经济结构中是难以实现的。

三 从个体决策角度出发的迁移理论

第一，乔根森模型（乔根森理论）是美国经济学家戴尔·乔根森（D. W. Jorgenson）于1967年在《剩余农业劳动力和二元经济发展》一文中依据新古典主义（New Classicalism）分析方法创立的一种理论。[1] 同时也是出于对古典主义的反思，该理论在一个纯粹的新古典主义框架内探讨工业部门的增长是如何依赖农业部门而发展的。该理论认为工业部门的工资等于边际生产力，而农业部门的工资等于劳动的平均产品，劳动力可以在两部门之间自

---

[1] D. W. Jorgenson, *Surplus Agricultural Labor and the Development of a Dual Economy*, Oxford Economic Papers, New Series, Vol. 19, No. 3, 1967, pp. 288–312.

由流动，工业的发展取决于"农业剩余"和人口规模，农业是经济发展的基础。当农业剩余规模越大，劳动力转移规模也越大，两者同比例增长。落后农业部门的产量由土地和劳动所决定，生产函数呈收益递减。该理论认为农村剩余劳动力转移的前提条件是农业剩余。当农业剩余等于零时，不存在农村剩余劳动力转移。只有当农业剩于大于零时，才有可能形成农村剩余劳动力转移。在农业剩余存在的前提条件下，乔根森又提出了一个重要假设，即农业总产出与人口增长相一致。在这种条件下，随着农业技术的不断发展，农业剩余的规模将不断扩大，更多的农村剩余劳动力将转移到工业部门。因此，农业剩余的规模决定着工业部门的发展和农村剩余劳动力转移的规模。

乔根森理论认为工资率是随着资本积累上升和技术进步而不断提高的，这一点不同于此前刘易斯等人的理论。刘易斯理论认为在全部剩余劳动力转移到工业部门之前，工资率由农业人均收入水平决定，是固定不变的理论。乔根森理论则认为转移的动力在于需求结构与消费结构的改变，农业部门还为工业部门提供劳动产品剩余，要使就业转换得以实现，必须保证农业提供的剩余中能满足越来越多非农产业劳动力对产品的消费需求。但是乔根森模型仍然忽视了对农业物质投资的重要性以及城市失业等问题。

第二，托达罗是20世纪70年代美国著名的发展经济学家，他认为西欧和美国的经验是，劳动力从农村流向城市是经济发展的一个重要标志，劳动力从传统农业中释放出来，重新配置到城市生产部门，促进了城市工业化进程。刘易斯、费景汉、拉尼斯正是以这一历史经验为背景，建立起他们的模型，试图以此来说明发展中国家的劳动力转移过程和经济发展状况。但是刘易斯理论是以城市生产规模可以不断扩大并全部吸收农村大量剩余劳动力为前提条件的。20世纪60~70年代的实际情况则表明，在许多发展中国家，尽管城市失业和就业不足现象在不断加剧，但仍有大量的农村人口源源不断地流入城市。显然，在这种情况下，以发达国家的旧经验为依据的刘易斯—费—拉尼斯模型，难以对这一现象加以解释，因而对发展中国家的实用性是有限的。

按照托达罗的模型,人口流动基本上是一种经济现象,尽管城市失业现象已十分严重,但是人们更加关注的已不再是城乡的现实收入差距,而是城乡预期的收入差异,因此他们更加有决心从农村转移到城市。城乡间的预期收入差距是托达罗理论中主要的人口流动动机。

托达罗人口流动模型主要包括以下含义。一是促使人口流动的基本力量,除了比较利益与比较成本的经济因素之外,还包括心理因素;二是城乡预期的收入差距,是促使人们作出从农村移入城市决定的主要动机;三是农村劳动力获得城市工作机会的概率与城市失业率成反比;四是人口流动率有可能超过城市工作机会的增长率,并且在一定程度上是合理的,特别是在城乡预期收入差距逐渐扩大的条件下,这种趋势更加明显。

在托达罗看来,发展中国家关于人口流动的政策牵涉到工资、收入、农村发展和工业化各方面的发展战略,它应该包括下述内容。一是应该尽量平衡城乡之间的经济发展水平。如果进一步拉大城乡之间的收入差距,则尽管城市失业率不断上升,但农村劳动力仍然具有较大的动机流入城市。过量的农村劳动力涌入城市,不仅会引起城市中许多的社会经济问题,还将造成农村劳动力不足。二是仅注重创造城市就业机会,而不提高农村居民收入和增加农村就业机会,不是解决城市失业问题的有效方法。三是对于农村地区不宜不加选择地扩大中、高等教育事业的投资。因为农村中受教育程度越高的人,他们所预期的城乡收入差距越大,越容易向城市流动,过剩的农村劳动力进入城市会造成城市的失业现象更加严峻,因此,农村要发展的是与产业结构和就业需求相适应的教育体系。四是要从城市就业的需求和供给两个方面制定综合性的政策,关键在于摆脱只重城市的偏见,应注重鼓励农村的发展。[①]

托达罗从城乡间预期收入的差距角度来分析农村劳动力流向

[①] 迈克尔·P. 托达罗:《经济发展与第三世界》,中国经济出版社,1992,第243~245页。

城市的动机,是一项重大进步。但是在他的观点中,夸大了农村劳动力流入城市的负面影响,没有强调农民外出打工的收入对发展农业经济的积极作用。

四 从家庭决策出发的新经济迁移理论

以斯塔克为代表的新经济迁移理论与传统理论假设个人为决策主体有着很大的不同,该理论将家庭作为决策主体,提出在大多数发展中国家,劳动力外出或者迁移的决策不是单纯由个人所决定的,而是加入了更多的家庭因素。家庭作为生产和生活的基本单位,每个成员拥有共同的资源和财产,家庭根据预期收入最大化和成本风险最小化的原则,决定家庭内部成员的外出或者迁移。[1] 传统迁移理论认为收入是同质的,只是数量的不同。而新经济迁移理论认为,收入是不同质的,具有不同的效用。因此,家庭有时在决策时不是一味地追求收入的最大化,而是追求收入来源的多元化。[2] 同等收入是具有不同的效用和心理感受的,新经济迁移理论认为,家庭决定部分劳动力流动或者迁移不仅是为了提高绝对收入水平,而且是为了改善在一个特定群体中的收入相对被剥削地位。[3]

新经济迁移理论与传统迁移理论相比,首先指出农村劳动力的转移会促进农业生产投入,农民通过外出务工的收入能改善农村信贷市场的不足;其次,外出的决策不是由个人来决定的,而是家庭内部资源优化配置的结果;最后,对于迁移的决策并不是单纯考虑绝对的预期收入差距,而是只要存在相对剥削就会存在迁移。城乡

---

[1] Stark Oded, *The Migration of Labor*, Cambridge: Basil Blackwell, 1991.
[2] Taylor, J. E. and T. J. Wyatt, "The Shadow Value of Migrant Remittances, Income- and Inequalityina Household Farm Economy", *Journal of Development Studies*, Vol. 32, No. 6, 1996, pp. 899 – 912.
[3] Stark Oded and Taylor, J. E., "Migration Incentives and Migration Types, The Role of Relative Deprivation", *The Economic Journal*, Vol. 9, 1991, pp. 1163 – 1178.

收入差距即使缩小,也会存在农村劳动力流动和迁移的动力。

五 从城市的经济发展拉力角度出发的二元劳动力市场理论

二元劳动力市场理论提出迁移的动机来源于城市经济的二元结构及其内生的劳动力需求。① 在城市经济中,存在着工资高、待遇优的部门和工资低、条件不好的部门,两种部门的劳动力供求是不一样的。工资待遇高和条件相对较好的部门往往吸引具有较高人力资本的人或者是生活在城市中的本地人,而那些工资低、条件差的部门由于缺乏吸引力,会出现劳动力供给不足的现象,因此需要吸引外地劳动力进行补充。这也正像中国当前现实所反映出来的一样,在城市里从事建筑业、餐饮业、制造业等脏、累、收入低的工作的人往往是来自外地的农民工,这不仅是因为农民工的人力资本低,还因为这些部门的工作具有周期性,就业不稳定,正好符合农民工具有较强流动性的特点。二元劳动力市场理论主要是从城市经济发展的需求方面来考虑农村劳动力转移的动力,强调的是城市需要所产生的拉力,而不仅仅是城乡之间二元结构造成的收入差距。

六 从资本积累和资本扩张角度出发的劳动力市场理论

第一,以 David M. Gordon 为代表的分割的劳动力市场理论是在 20 世纪 70 年代初期提出的,在 *Segmented work, divided workers* 一书中把劳动力市场的分割看成是垄断资本主义发展和阶级斗争发展的产物。该理论认为劳动力市场的分割是在资本主义从竞争

---

① Piore M. J., *Birds of Passage*: *Migration Laborin Industrial Societies*, Orlando: Academic Press, 1979.

到垄断的过渡过程中不可避免的,初级无产阶级化、同质化和分化相重叠、相交叉的阶段已经促使美国劳动进程和劳动市场得以形成和发展。由于资本的进一步扩张,使得农业劳动力出现剩余,而城市发展又需要大量的雇佣工人,因此在资本主义初期,雇佣劳动成为生产组织的主要方式。美国是一个人口较少的国家,城市的经济发展吸引了国外移民以及本国的农村剩余劳动力,劳动力的大规模转移也巩固了早期无产阶级时代的生产。在资本主义初期,劳动力市场是不存在阶级分化的,并且在很大程度上依赖技术熟练的工人。第二次世界大战之后的加速资本积累阶段,在市场以及技术进步的作用下,大企业为了获得更加有效和可靠的控制,开始探索新的机制。资本积累改变了劳动过程,雇主开始提高技术、引进新机器以及创新对工人的管理体制,以便资本家能够找到在工作场所中屈服于资本权威的劳动工人,这在一定程度上造成大量人口进入雇佣劳动境地,被再次补充到劳动蓄水池之中。[1]

第二,美国工人阶级出身的经济学家哈里·布雷弗曼在其著作《劳动与垄断资本》中提到把马克思理论应用于资本不停地扩张而造成的新方法和新职业上去,包括各种劳动过程在各种职业内部的演变以及劳动在各种职业之间的转移。生产过程的转变过程是在资本积累的推动之下发生的,对于劳动人民来说,这种转变首先表现为各工业部门的劳动过程的不断变化,其次表现为劳动在各种职业和各个工业部门之间的再分配。他把工人阶级根据其"与生产资料的关系",定义为不占有劳动手段或者对劳动手段没有所有权、而必须把自己的劳动力出卖给占有劳动手段的人的那个阶级。他在著作中提到:在美国,19世纪初叶大约有4/5的人口是不受雇于人的;到1870年,这个比数已经下降到1/3左右;到了1940年,下降到不超过1/5;到1970年,只有1/10左右的人口是不受雇于人的。这种最新的社会关系在一些国家里取得优势

---

[1] David M. Gordon, Richard Edwards and Michael Reich, *Segmented work, divided workers*, Cambridge Univerdity Press, 1982.

的速度很快，以着重说明能把一切其他形式的劳动变成雇佣劳动的资本主义经济趋势的特殊力量。一方面，工人缔结合同，因为社会状况使得工人没有其他的谋生之路；另一方面，雇主占有一定数量的资本，而且力求加以扩大，而雇主为了扩大资本，会把一部分资本变为工资，劳动过程就这样开始了。这是一个创造使用价值同时扩大资本的过程，因此可以看做是创造利润的过程，在这期间劳动过程成为了资本积累的过程。①

左派学者从资本积累和扩张角度出发的劳动力市场理论为我们对劳动力转移影响因素的研究开辟了新的视野。特别是中国在城镇化建设中，政府对农村、农业投入了大量资本，同时也有民间资本运作于农业生产之中，土地集约化经营使得农业生产效率得以大大提升，同时也破坏了农村原有的制度结构和经济结构，大量的农村劳动力被闲置出来。农业比重的降低，第二、第三产业的发展又会带动城市就业，因此城市的有工资的雇佣劳动对农村剩余劳动力产生了极大的吸引力，也成为劳动力转移的一个较为重要的动力。

（作者单位：天津师范大学经济学院）

---

① 〔美〕哈里·布雷弗曼：《劳动与垄断资本》，方生等译，商务印书馆，1973，第3、11、27、49~50页。

图书在版编目(CIP)数据

中国的城镇化道路/王振中主编.—北京:社会科学文献出版社,2012.4
(政治经济学研究报告)
ISBN 978-7-5097-3190-1

Ⅰ.①中… Ⅱ.①王… Ⅲ.①城市化-研究报告-中国 Ⅳ.①F299.21

中国版本图书馆 CIP 数据核字(2012)第 041132 号

政治经济学研究报告 13
中国的城镇化道路

主　　编／王振中

出 版 人／谢寿光
出 版 者／社会科学文献出版社
地　　址／北京市西城区北三环中路甲 29 号院 3 号楼华龙大厦
邮政编码／100029

责任部门／财经与图书管理事业部　　　责任编辑／高　雁　梁　雁
　　　　　(010) 59367226　　　　　　　责任校对／白　云　王彩霞
电子信箱／caijingbu@ssap.cn　　　　　　责任印制／岳　阳
项目统筹／高　雁
总 经 销／社会科学文献出版社发行部　　(010) 59367081　59367089
读者服务／读者服务中心 (010) 59367028

印　　装／三河市尚艺印装有限公司
开　　本／787mm×1092mm 1/20　　　印　张／23
版　　次／2012 年 4 月第 1 版　　　　　字　数／411 千字
印　　次／2012 年 4 月第 1 次印刷
书　　号／ISBN 978-7-5097-3190-1
定　　价／69.00 元

本书如有破损、缺页、装订错误,请与本社读者服务中心联系更换
▲ 版权所有　翻印必究